기문둔갑정해

기문둔갑겸정해

청암 곽동훈 지음

도서출판 선영사

머리말

세상의 주인이 있다면 그것은 본래부터 정해진 것이 아니고 오로지 인내와 노력에 의하여 만들어지는 것이다.

세상은 절대로 어느 한 사람만을 치우치게 사랑하지 않는다. 진정으로 공평하고 사사로움이 없는 것이 세상 천지의 이치이다. 하지만 자신의 그릇도 측량하지 못하고 무지에 의하여 끝없는 욕심과 이기심으로 뭉쳐진 존재가 인간이다. 이것은 세상이 내것인 양 착각하고, 세상사를 무리하게 관철해 보려는 인간의 아집 때문이다.

이러한 현상을 다스리기 위해 수천 년의 세월 동안 여러 검증을 거쳐 성장해 온 기문 둔갑이 스승의 역할을 할 것이라고 확신했다. 따라서 이 학문의 핵심인 운명을 중심으로 정진하여 몇 십 성상의 피땀 끝에 거둬들인 열매가 이 책이다.

인간의 운運은 선천운과 후천운, 즉 숙명과 운명 두 가지로 분류한다.

선천운인 숙명은 인간의 힘으로는 어찌해 볼 도리가 없지만, 후천운인 운명은 자신이 어떻게 처신하느냐에 따라서 얼마든지 개척해 나갈 수가 있다. 다시 말해서 좋은 운명으로 갈 수 있는 문이 스스로 열려 있는데도 사람이 게으르고 노력을 하지 않아 그 행운을 잡지 못하고 있다.

  인간이 한평생을 살아가는 데 있어 자신의 뜻을 펼치고 주어진 삶을 바꾸어 살기 위해서는 이 《기문둔갑정해奇門遁甲正解》가 중요한 생활의 지침서가 되어 줄 것이라 믿는다. 독자 여러분은 운명의 성盛함과 쇠衰함을 미리 깨달아, 나쁜 일은 피해 가고 좋은 일은 배倍가 되기 바란다.

2008년 늦은 봄 청암주역원에서
곽동훈 적음

여는 글

한없이 넓고 큰 힘 앞에서 대문을 열며

1. 역학 총설易學總說

1) 운명運命이란 무엇인가?

사람들은 흔히 "팔자가 좋다, 사주가 나쁘다."라는 말을 많이 한다. 그렇다면 사주 팔자四柱八字란 도대체 무엇이길래 사람을 운명의 굴레에서 벗어나지 못하게 하는 것일까?

누구나 세상을 살다보면 알 수 없는 무언無言의 힘을 느끼게 된다. 그것은 인간의 힘으로는 어찌해 볼 수 없는 기운으로, 때로는 마법에 걸린 듯 꼼짝 못 하게 벗어나기 어려운 절망적 상황으로 치닫게 하기도 하고, 어느 시기에는 뜻밖의 행운을 잡아 생각지도 않았던 재물이 들어오기도 한다.

이렇듯 자기의 소신과 관계 없이 내외적으로 나타나는 현상을 운명이라고 한다. 그러나 운이나 사주 팔자를 너무 찾다보면 자신도 모르는 사이에 '운명은 어느 한 구획으로 정해져 있어 팔자 소관이니 어쩔 수 없다.'라는 체념을 하게 되고, 그것은 다시 좌절이라는 부작용을 낳게 된다. 또 운명론에 너무 얽매이다 보면 무슨 일을 실행해 보지도 않고 단념을 하거나 만사를 소극적으로 운용하기 쉽다. 그러나 우리 속담에 하늘이 무너져도 솟아날 구멍이 있다는 말도 있듯이 어떠한 악운이 닥쳐도 빠져나갈 길은 반드시 있다. 바로 이것이 우리가 역학을 공부하는 이유이다.

다가오는 미래를 예지할 수 있다면 나쁜 운이 오면 피해 가고, 좋은 운이 오면 그 운을 마음에 흡족하도록 활용하면 된다. 이렇듯 역학을 바르게만 사용하면 우리의 삶을 더욱 윤택하게 만들고 생활의 활력소 역할을 할 것이다.

그러나 오늘날의 역학은 뛰어난 학문적 가치임에도 불구하고 때로는 사주를 불신하는 사람들에 의해 미신화되기도 하지만, 그럼에도 역학은 음양 오행을 운용하는 자연과학으로 우리들의 생활에서 빼놓을 수 없는 중요한 위치를 차지하고 있으며, 역학에 관심을 가진 사람도 점차 늘어나고 있는 추세이다.

그렇다면 사주 팔자란 과연 무엇이길래 인간 만사의 길흉화복을 예측할 수 있는 것인가?

2) 사주 팔자란 무엇인가?

사주 팔자란, 사람이 태어난 생년·생월·생일·생시를 음양 오행의 형상으로 표현한 것으로서 연·월·일·시, 이 네 개의 기둥으로 이루어져 있어 사주四柱라 하고, 사주 전체의 글자가 여덟 자이므로 사주 팔자四柱八字라고 부른다. 동양에서는 예로부터 인간의 모든 생활과 학문에 음양 오행陰陽五行의 원리를 적용하였으며, 우주는 음양 오행으로 이루어져 있다는 것이 동양 철학의 정설이다.

3) 음양 오행이란 무엇인가?

음양陰陽이란, 음과 양 두 개의 개체가 서로 결합하여 이루어진, 떨어질 수 없는 하나의 조직체로서 상대적相對的인 개념으로 분석한다. 동적動的인 것과 정情적인 것, 양지陽地와 음지陰地, 체體와 용用, 위와 아래, 맑음과 흐림, 굳셈과 부드러움, 물질적으로는 하늘과 땅, 해와 달, 여름과 겨울, 남자와 여자, 노인과 소년 등 세상의 모든 것을 음과 양으로 구분할 수 있으며, 이 모든 것이 곧 우주를 이루는 기본 요소들로서 우주의 변화와 자연과 인간사의 실상實相을 파악하는 데 필요한 것이다. 즉, 시간과 공간 속에서 한없이 변화하는 우주와 만물의 원리를 탐구하는 원천이 바로 음양이다.

우리가 알고 있는 주역周易이란 학문도 음양의 이원론二元論에서 시작되었다. 이를테면, 인간의 기운과 우주의 기운이 상호 작용하여 새로운 상황을 낳고, 발전과 번영을 거듭하면서 인간과 우주의 기운이 가장 근접할 수 있는 정점을 찾는 학문이 바로 주역이다.

그리고 오행五行이란, 태양太陽·소양少陽·태음太陰·소음少陰의 사상四象과 더불어 지구地球의 변화하는 원리를 목·화·토·금·수의 다섯 종류의 상像으로 설명한 것으로서 복합적인 개념을 가지고 있다.

즉, 오행에는 방위와 공간, 시간과 계절, 삼라만상의 온갖 사물들의 기본 성정을 함축하고 있으며, 우주가 변화하고 순환하는 개념을 다섯 가지 물상을 취하여 설명한 것으로 돌고 도는 오행의 이치 속에 역易이 변화하는 원리를 내포하고 있다.

오행목·화·토·금·수을 이해하려면 그 자체만 보지 말고 그 안에서 무궁하게 작용하는 힘을 서로 비교하여 고찰하여야 한다.

예를 들면 토土를 이야기할 때, 흙으로만 보려 하지 말고 흙 속에 내포되어 있는 성정을 깊이 헤아리며 변화의 원리와 이치를 깨달아야 한다.

4) 오행의 생극生剋이란 무엇인가?

오행간의 생生하는 것을 상생相生이라 한다. 서로 도와주는 상생 관계는 목생화木生火·화생토火生土·토생금土生金·금생수金生水·수생목水生木의 다섯 가지이다. 먼저 나무로 불을 지피므로 목생화이고, 불에 타고 남은 재는 땅으로 돌아가니 화생토이며, 흙 속에서 광석을 캐내므로 토생금이고, 차가운 쇠에는 이슬이 맺히고 이슬이 모여 큰 물을 이루므로 금생수이며, 물이 있어야 나무가 자랄 수 있으니 수생목이다.

오행간의 극剋하는 것을 상극相剋이라 한다. 서로 다투는 상극 관계는 목극토木剋土·토극수土剋水·수극화水剋火·화극금火剋金·금극목金剋木의 다섯 가지이다. 나무는 흙 속을 헤집고 뿌리를 내리므로 목극토이고, 흙으로 댐을 쌓아 물을 가두거나 간척을 하므로 토극수이다. 물로 불을 제압하므로 수극화이고, 불에 쇠를 달구어 녹이므로 화극금이며, 쇠로 도끼·톱·낫 등을 만들어 나무를 자르므로 금극목이다.

이와 같이 상생·상극을 생각하면, 상생은 좋고 상극은 나쁘다고 생각할 수 있으나, 그것은 아니다. 그 모든 것을 어떻게 쓰여지느냐에 따라서 좋을 수도 있고 나쁠 수도 있는 법이다.

예를 들면, 어떤 오행이 약해서 상태가 나쁠 경우에는 생해 주는 오행을 만나면 좋은데, 만일 너무 많이 생하여서 넘쳐 버리면 오히려 나쁜 결과를 초래하고, 반대로 강하면 극이나 설기洩氣하는 오행을 만나야 좋은데, 너무 많이 극하거나 설기하여 부족하면 나쁜 결과가 올 수 있다.

이처럼 너무 넘치거나 부족한 것은 모두 좋지 않다. 대개 사람이 병드는 것도 그 사람에게 내재內在되어 있는 음양 오행이 한쪽으로 편고偏孤되어 일어나는 현상이며, 한의원에서 환자를 진료할 때도 대개 음양 오행의 이치에 따라 처방을 한다.

본래 우주는 음양 오행의 이치에 의해 이루어졌으며, 지구 역시 우주의 일부분이다. 인간 또한 소우주로서 음양 오행의 한계를 벗어날 수 없으며, 인체의 구성도 희한하게 하늘의 모습을 닮아 있다.

사람 머리가 둥근 것은 하늘의 둥글음을, 사람 발이 각진 것은 땅의 각짐을 닮아 있다. 하늘에 해와 달이 있듯이 사람에게 눈과 귀가 있고, 하늘에 낮과 밤이 있듯이 사람에게 깸과 잠듦이 있으며, 하늘에 천둥과 번개가 있듯이 사람에게 고함과 노함이 있고, 하늘에 맑음과 흐림이 있듯이 사람에게 기쁨과 슬픔이 있으며, 하늘에 비와 이슬이 있듯이 사람에게는 눈물과 콧물이 있다.

또한 하늘에 사계절이 있으니 사람에게 사지四肢가 있고, 하늘에 오행이 있으니 사람에게 오장五臟이 있으며, 하늘에 여섯 극점極點이 있으니 사람에겐 육부六腑가 있다. 하늘의 팔방八方에서 부는 바람이 있으니 사람에겐 여덟 군데 마디八節가 있고, 하늘에 아홉 별이 있으니 사람에겐 아홉 구멍이 있다. 하늘에 십이지十二支가 있으니 사람에겐 십이 경맥이 있고, 하늘에 이십사절기가 있으니 사람에겐 이십사개의 혈穴 자리가 있으며, 하늘에 삼백육십오도가 있으니 사람에겐 삼백육십다섯 골절이 있다.

이렇듯 우주의 만물은 음양 오행으로 구성되었으며, 인간을 소우주로 칭하는 것도 이러한 이치 때문이다.

5) 역학의 발전

우리 인간처럼 우연성偶然性에 지배받고 있는 것도 드물다. 지구상의 헤아릴 수조차 없는 수많은 만물 가운데 인간으로 태어났지만, 위로는 지위가 높고 재력이 탄탄한 집안의 자식으로, 밑으로는 죽 한술 얻어먹기 힘든 비천한 집안의 자식으로 태어난다. 이같이 제각기 다른 처지와 위치에서 본의 아닌 삶을 시작하여 불확정한 인생 항로를 거쳐 흙으로 돌아간다.

이 우연이라는 항로를 숙명과 운명이라 한다. 그러면 이 거대한 숙명과 운명의 작용에 대하여 인간은 대항할 수 없는 것인가? 숙명과 운명의 압박 속에서 벗어나려는 인간의 몸부림은 닥쳐오는 미래를 수단과 방법을 가리지 않고 미리 규명하여 인간 생활에 이용하려고 노력하였다.

이러한 인간의 노력과 연구의 역사는 동서양 모두 지금으로부터 약 사천 년 전 밤하늘의 별을 보고 앞날을 예지하는 점성술로 시작되었으며, 이것은 해와 달, 그리고 행성의 움직임이 인간의 운명과 연관성이 있다는 논리에 근거를 두었다.

서양의 점성술은, 입춘에서 한 해를 시작하는 동양의 역학과는 달리, 춘분을 기준으로 한 해를 시작한다. 그리고 한 해를 십이궁으로, 하루를 십이시로 나누어 운명을 예지한다. 이외 집시들이 애용했던 칠십팔 장의 카드로 점을 치는 타롯이라는 카드점이 번성했다.

동양의 점술은 약 삼천오백 년 전부터는 대체로 음양과 오행을 이용하여 점占을 하였는데, 이것은 종합하여 추명학推命學이라 부르고, 오행의 생화극제生和剋制를 이용하여 시간적인 개념을 도입한 명리학命理學을 위시하여 오성술五星術·구성학九星學·기학氣學·육임六壬·태을수太乙數·자미두수紫微斗數 등이 미래예지학으로 점진적 발전을 하였다.

그후 당唐나라 때의 이허중李虛中은 사주 팔자를 연간年刊을 중심으로 하여 오행의 생과 극으로 사주 보는 법을 완성하였고, 송宋나라 때 서공승徐公升(徐子平이란 이름으로 더 잘 알려져 있다)은 일간日干을 중심으로 하여 오행의 생극으로 사주 보는 법을 확립하여 오늘날 사주 추명학의 근본이 되었다. 이와 같은 점술의 흐름이 기문 둔갑을 제외한 나머지 역학의 일반적인 흐름이라 보는 것이 보편적이다.

6) 운명은 어떻게 변환시켜야 하는가?

사람은 태어나서 죽을 때까지 긴 세월 동안 타고난 생년·월·일·시의 기운에 의하여 운명이 결정된다는 사실을 무척 억울하게 생각하는 사람도 있을 것이다. 특별히 좋은 사주를 타고났다면 모르겠지만, 반대의 경우라면 도저히 믿고 싶지 않을 것이다. 그것은 자신이 원해서 받은 날짜가 아니기 때문에 더욱 그러하다.

인간은 태어난 날짜와 시간도 중요하지만, 태어난 장소와 환경의 영향도 무시할 수 없다. 예전부터 임산부들이 태어날 아기들을 위해 음악을 듣고 책을 읽는 등의 태교에도 많은 신경을 쓰고 있지만, 아기가 태어난 날짜와 시간의 중요성은 변함이 없다.

그 이유는, 아기가 이 세상에 태어나 고고의 탄성을 울리며 산소 호흡을 처음하는 순간, 그 시時가 끊임없이 변화하는 만물을 포용하고 있는 공간인 우주의 기운이 아기의 체내로 들어와 몸의 근간을 이루는 체질을 만드는 것이다. 따라서 아이가 태어난 순간 태양은 어디에 위치하고 있으며, 달은 어디에 위치하고 있는가, 이러한 이유로 인하여 아기가 태어난 시간에 우주의 기운이 어떠한지를 살피는 것이 사주 감정의 중요한 단초가 되고 있다.

우리들이 흔히 이야기하는 운運이란 것은 바로 그 사람에게 내재되어 있는 우주의 기운을 말한다. 그 사람의 기운과 우주의 기운이 서로 일치하고 호흡이 잘 맞을 때는 운이 좋아서 만사 형통하지만, 자신의 기운과 우주의 기운이 서로 어긋나면 우주의 기운에 적응하지 못하여 흉한 일이 일어나게 된다.

그렇다면 타고난 생년·월·일·시의 사주 팔자는 절대적인 것인가? 저자는 전혀 절대적이라고 생각지 않으며, 우리 인간의 노력으로 변경할 수 있으리라 확신한다. 운이 전생애에 걸쳐서 지대한 영향력을 미칠 수는 있을지언정 변경 및 전환을 못 시키는 것은 아니다.

우리 인간은 경험과 체험을 소중히 여긴다. 하지만 경험과 체험 그 자체가 소중한 것이 아니라, 과거의 실패·차질·오산 등으로 인해 얻은 쓴 경험을 살려 미래의 선도에 유용하는 데 그 보람이 있을 것이다.

2. 기문 둔갑 총설奇門遁甲總說

1) 기문 둔갑의 일반적 개념

　동양의 점술학 가운데 음양 오행을 이용하여 미래를 예지하는 가장 대표적인 학문이 명리학命理學 또는 추명학推命學으로 불리는 학문이다. 그런데 이것은 일간日干 중심으로 연·월·일·시의 시간 개념만을 유추하여 판단하기 때문에 문제가 많다. 그러나 기문 둔갑은 시간 위에 공간이라는 개념을 도입하여 인간의 운명이 시간과 공간의 영향으로부터 얼마나 유기적有機的인 관계를 유지하는가를 학문으로 표현한 것이 기문 둔갑이므로 명리학과는 비교될 수 없다.

　기문국의 해석은 음양오행의 생화극제生和剋制와 문괘성장 간의 조우, 그리고 하도河道 낙서洛書에 근간을 두고 변화하는 구궁의 조화에 있으므로 역易의 기초 지식이 없으면 공부하는 데 어려움이 따른다.

　그러나 음양 오행의 개념과 명리의 육친六親과 격국格局의 개념 정도만 조금 알면 이 책을 통하여 어렵지 않게 소화할 수 있으므로 가벼운 마음으로 임하면 차츰 임상에 자신감이 생길 것이다.

2) 기문 둔갑의 유래由來

　황제黃帝 헌원씨軒轅氏: 중국에서 전설로 전해지는 복희씨伏羲氏·신농씨神農氏와 함께 삼황三皇으로 불림가 탁록濁鹿: 중국 하북성 동남쪽에 위치함에서 치우천왕蚩尤天王과 전쟁을 할 때 고전을 면치 못하였다. 그러다 동방東方의 삼청궁三淸宮에 있는 자부선사를 찾아가 동방 은서東方隱書인 기서奇書를 전수받고 돌아와 신구神龜의 등에 새겨진 낙서洛書와 문왕의 후천팔괘를 합쳐서 군사軍師인 풍후風后에게 명령하여 문자로 완성한 것이 기문 둔갑의 시작이 되었다.

　풍후에 의해 기문 둔갑이 처음 완성된 당시에는 1080국으로 정립되었으나, 후대 주周나라 때 강태공姜太公이 병법兵法을 깨우치고 기문을 수정하여 기문 72국으로 만들었으며, 강태공은 주무왕周武王의 군사軍師가 되어 상商나라를 치는 데 큰 역할을 하였다. 그후 한고조漢高祖 유방劉邦을 도와 천하를 통일하는 데 큰 공을 세운 장자방

장자방張子房:張良이 황석공黃石公으로부터 삼략三略을 전수받아 기문을 18국으로 정예화하였다.

이것은 동지冬至 이후의 12절기를 양둔 9국으로 하고, 하지夏至 이후의 12절기를 음둔 9국으로 하여 1년을 음둔·양둔 18국陰遁陽遁十八局으로 정립하여 현재까지 전해지고 있으며, 이외의 중국 기문의 발전 과정에서 공헌한 인물과 자료들을 정리하면 다음과 같다.

제갈공명諸葛孔明:諸葛亮의 《기문둔갑비급대전奇門遁甲秘笈大全》, 수지중隨志中의 《오자서둔갑문伍子胥遁甲文》《신도방둔갑경信都芳遁甲經》《갈비삼원둔갑葛秘三元遁甲》, 당대唐代 이정李靖의 《둔갑만일결遁甲萬一訣》, 호건胡乾의 《둔갑경遁甲經》, 송대宋代 사천정司天正 양유덕楊維德의 《둔갑옥함부응경遁甲玉函符鷹經》, 명대明代 정도생程道生의 《둔갑연의遁甲演義》, 왕수인王守仁의 《기문진전奇門眞傳》, 원천강袁千罡의 《만법귀종萬法歸宗》, 청대淸代의 《협기변방서協紀辨方書》와 《사고전서四庫全書》 등이 있다.

둔갑 기문에 능한 역사적 인물로는 황제皇帝·풍후風后·강태공姜太公·황석공黃石公·장자방張子房·제갈공명諸葛孔明·원천강袁千罡·이정李靖·악비岳飛·유백온劉伯溫 등이 정통하였으며, 이외에도 많은 기문 대가들이 등장하였다.

근래에 중국 후베이성에서 고대 군사에 관한 서적인 《금함기문둔갑비급전서金函奇門遁甲秘笈全書》가 발견되었다. 이 책은 한나라를 세운 고조 유방을 도와 중국을 통일한 장자방과 삼국 시대 촉한의 군사인 제갈공명이 저술하고, 그 후 명대明代 군사 연구가인 유백온이 다시 정리하여 편집한 것으로 알려졌다.

우리 나라의 기문 역사는 장구하나 기문과 관련된 문헌은 극히 드물다. 일설에 의하면 고구려 시대에 국사國師인 을파소乙巴素 선사가 청구기문총방靑邱奇門總坊을 창시했다고 전해지고 있고, 연개소문 장군도 기문 둔갑에 능통하였다. 통일신라 시대의 사천박사司千博士를 지낸 김암金巖 선생이 둔갑입성법遁甲立成法을 만들어 패강浿江에서 병사들에게 팔진병법八陣兵法을 가르쳐 국방력을 강화했고, 고려 시대의 강감찬姜邯贊 장군은 호풍환우呼風喚雨·축지법縮地法·역귀법役鬼法을 이용하여 거란군 수십만을 대파하였다.

조선 시대에 이르러 개국 공신 정도전鄭道傳은 《팔진삼십육변도八陣三十六變圖》를 저술했으며, 이율곡李栗谷·박설천朴雪川·기로사奇蘆沙 선생 등이 기문을 사용하였고, 특히 화담花潭 서경덕徐敬德 선생과 토정土亭 이지함李之菡 선생이 기문 둔갑에 능통하였다고 전해진다.

우리 나라의 기문 저서로는 《홍연진결洪烟眞訣》《홍연정결洪烟正訣》《설강국비결設罡局秘訣》《현무발서玄武發書》《신통력도술천서神通力道術天書》 등이 있다. 근래에는 지리노부 운담雲潭 선생이 1724년에 《홍연진결》을 요약하여 출간하였으며, 그 후 필자의 스승이신 신병삼申秉三 선생과 김우제金于齊 선생, 그리고 이 책의 감수를 위해 도움을 주신 사형師兄 청호靑湖 박준현朴準泫 선생 등이 기문 연구 발전에 공이 크신 분들이다.

3) 기문 둔갑의 작국作局과 접근법?

음양은 사상四象을 낳고, 사상은 팔괘八卦로 발전하였으며, 팔괘는 다시 한 괘 한 괘를 서로 한 번씩 합하여 육십사괘六十四卦로 대성괘를 이루어, 우주 삼라만상의 이치를 깨우치는 주역의 공간적인 개념을 비롯해, 음양이 오행으로 화化하고, 화한 오행의 생화극제生和剋制를 이용하여 인간사의 이치를 예지하는 명리학의 시간적인 개념이 합치되어 이루어진 학문이 바로 기문 둔갑이다.

따라서 역학계의 으뜸인 기문 둔갑은 주역의 공간적 개념과 명리학의 시간적 개념을 결합하여 인간 만사萬事의 이치를 풀어나가는 학문으로 역학의 최고봉이라 할 수 있다.

기문 둔갑의 작국作局은 우주의 축소판으로 대지大地를 의미하는 감·곤·진·손·중·전·태·감·이의 구궁九宮에 문괘성장門卦星將을 포국布局하여 인간 만사의 길흉을 간명하는 학문으로, 크게 홍국과 연국으로 구분하며, 문괘성장의 포국은 일정한 원칙에 의하여 구궁에 배치된다.

기문 둔갑의 기奇는 육의삼기六儀三奇의 奇를, 문門은 팔문八門의 門을, 갑甲은 구궁의 육의六儀 가운데 무戊로 둔갑遁甲을 하여 구궁에 나타나지 않으므로 기문 둔갑이라 한다.

기문 둔갑은 홍국과 연국을 합한 홍연국洪烟局을 이용하는 학문으로, 홍국은 음에

11. 인동초人冬草 ……………………………………… 321
12. 질경이 차전초車前草 ……………………………… 325
13. 수영초酸模草 ……………………………………… 327
14. 수영초 酸模草 …………………………………… 331
15. 층층초蓼 莪草 …………………………………… 333
16. 애완의 천리향 …………………………………… 342
17. 질경과 질경대 / 뿌리 ……………………………… 348
18. 고사리들의 기도 군상들 ………………………… 350

제6부 영정결

1. 기운 돋정 솔바람 ………………………………… 361
2. 정성주의 해시 …………………………………… 373
3. 영국차들 …………………………………………… 382
4. 월년 ………………………………………………… 391
5. 영의의 해시 ……………………………………… 393
6. 월국비밀 …………………………………………… 401
7. 일숙비밀 …………………………………………… 413
8. 시낭時朗 …………………………………………… 425
9. 시경초詩經草 ……………………………………… 428
10. 중운재화草 ……………………………………… 431
11. 정오초朱物草 …………………………………… 434
12. 오명초茨逖草 …………………………………… 438

제3부 생명과 우주관

1. 상원수 $\underline{\equiv}$ 元包犧 185
2. 조식장기 $\underline{調神藏氣}$ 189

제4부 역사관

1. 동이한국가 $\underline{東夷韓家}$ 三者 195
2. 동이상고의 정치 배경 209
3. 사기열전 $\underline{史記列傳}$ 入門 234
4. 신웅구전 $\underline{神雄九傳}$ 九倧九訓 240
5. 신라불경 $\underline{新羅佛經}$ 八體 253

제5부 출·예절

1. 기공 혜성의 이해 269
2. 궁중과 청룡·태충구정 $\underline{靑龍九劒}$ 및 창기·육진검 275
3. 기신검 $\underline{氣神劒}$ 286
4. 영제의 $\underline{靈祭儀}$ 舞蹈 292
5. 봉곡무 $\underline{鳳曲舞}$ 295
6. 지정무 $\underline{至精舞}$ 兼義禮 299
7. 사상문 士 $\underline{士相門}$ 十提儀 302
8. 제무도회 $\underline{祭舞蹈會}$ 308
9. 제웅기 $\underline{祭雄祈}$ 儀禮演舞 313
10. 경가정골유무 $\underline{經歌正骨流舞}$ 315

차 례

머리말

여는 글

제1부 기초편

1. 음양 오행陰陽五行과 간지干支 23
2. 사주四柱 기둥 세우기 32
3. 역易이란 무엇인가? 37
4. 십이운성十二運星 80
5. 홍연국洪煙局 95
6. 성국成局 112
7. 통기通氣 114
8. 기문 둔갑 격국론格局論 116
9. 기문 둔갑 격국론格局論의 중요성 147

제2부 홍국편

1. 팔괘八卦 153
2. 팔문신장八門神將 164
3. 태을구성太乙九星 174

국악의 제재에 포함하며, 음악의 용어 및 개념에 해당하는 내용은 '음악 요소와 개념 체계표'에 포함하였다. 음악 요소와 개념 체계표는 2009 개정 음악과 교육과정에 제시된 음악 요소와 개념 체계표에서 국악과 관련된 용어인 장단, 시김새, 형식, 음색, 빠르기·셈여림을 국악의 특성을 고려하여 조정한 것이다. 그리고 국악의 표현 영역에 있는 가창 부분은 '발성, 호흡, 표현을 살려 노래 부르기'로 용어와 순서를 수정하였다.

음악을 활용하는 생활화 영역에서는 '음악을 즐기는 태도 갖기'로 수정하여, 음악을 좋아하고 즐기는 태도 인성의 함양에 도움이 되도록 하였다. 또한, 생활 속에서 즐겨 부르고 듣는 우리나라 음악을 포함하여 용어를 수정하였다.

국악의 주요 특징은 국가 수준의 공통 교육과정인 음악과 국악의 내용이다.

국악의 교육적 활용과 관련하여 ≪初等學校≫에 제시된 음악과 교육 과정 음악에 있어서 국악 활동은 단지 기능을 조금 더 익혀서 잘할 수 있을 뿐 아니라, 서양음악 중심의 편중된 교육을 바로 잡아 민족 공동체의식을 함양하고, 우리 고유의 정서를 체득하게 할 것이다.

이 글의 목적이다.

≪기문둔갑장신법≫은 양이 적어 일찍 정리하지 못했던 것으로, 호칭·성격, 정보의 일반적 내용 등에 대해 먼저 알아보고 그 뒤 본격적으로 책을 살펴보고자 한다. "기사가 드는 서 가나다가 모자라고, "물음에 답하시어, 옥황이 일컫고 심심 이를 옥황으로 정하였는데, 이 옥황은 하는 일이 없어서 생각하여 좋은 일을 할 양반이어서 편작으로 보면 일종의

모두 옮기를 끝냈다.

기문 오래전부터 우리나라에 전해지는 법술이며, 여러 문헌에 기문 배우는 것이 어렵다, 세상에 퍼뜨리지 말라고 하여 인간으로서 좋은 한 방법, 그 외 많은 사상에 이미, 또 그 뜻에 사람만이 알 것이다.

13. 구재론求財論 ·· 441
14. 혼인론婚姻論 ·· 446
15. 출행론出行論 ·· 450
16. 질병론疾病論 ·· 453
17. 직장론職場論 ·· 458
18. 부임론赴任論 ·· 460
19. 개점론開店論 ·· 461
20. 방문론訪問論 ·· 462
21. 임신과 출산론 ·· 464
22. 대인론待人論 ·· 466
23. 객래론客來論 ·· 468
24. 소식론消息論 ·· 470
25. 투자론投資論 ·· 471
26. 수생受生의 경중輕重 ······························· 473
27. 구궁 생극九宮生剋의 경중輕重 ················ 474

제7부 국운편

1. 대국大局과 국운國運 ······························· 479
2. 지방국 ·· 489
3. 국운의 해석 방법 ···································· 495
4. 완성된 간방입중국 ·································· 503
   (1979년 박대통령이 서거한 입추절의 국운)

5. 2007년 입추절 국운 ……………………… 511
6. 2007년 양력 11월 1일 국운 ……………… 514

제8부 부록편

1. 장신법藏身法 ……………………………… 519
2. 변신법變身法 ……………………………… 523
3. 축지법縮地法 ……………………………… 525
4. 남녀 상응법男女相應法 …………………… 527
5. 장풍掌風 …………………………………… 529
6. 벼락부자가 되는 법 ……………………… 533
7. 수명壽命을 연장하는 법 ………………… 535
8. 장수약 제조법 …………………………… 538
9. 시험에 합격하는 법 ……………………… 539
10. 구천현녀九天玄女 이보법耳報法 ……… 541

제1부 기초편

01 음양陰陽五行과 간지干支

1. 음양陰陽

하늘은 양이요, 땅은 음이며, 해는 양이요, 달은 음이다. 남자는 양이고, 여자는 음이며, 강하고 밝고 적극적이고 투명한 것은 양이고, 약하고 어둡고 소극적이며 탁한 것은 음이다. 이를 배치해 보면 다음과 같다.

음	양	음	양
땅	하늘	달	태양
안	바깥	여자	남자
끝	시작	신하	임금
凹	凸	가벼움	무거움
발	머리	닫음	엶
낮음	높음	약함	강함
북	남	아래	위
우측	좌측	천함	귀함
겨울	여름	움직이지 않음	움직임
짝수	홀수	빈천	부귀

음양의 구별은 어느 한 가지로만 확정 지을 수 없는 것이다.

음이 있으면 양도 있다는 상대성이며, 서로 화합과 상극을 끊임없이 반복하고 융화하면서 우리의 모든 일상사에 무한대적으로 영향을 미치는 것이 그 원리이다.

2. 오행五行

木 火 土 金 水
목 화 토 금 수

우주 삼라 만상의 변화와 원리를 나무·불·흙·쇠·물로 함축시켜 놓은 것이며, 이것은 춘·하·추·동의 사계절과 시간·방위와 공간, 즉 우주의 기본 성질을 의미하는 것으로서 연속적으로 변화하고 있는 것이 오행이다.

3. 음양 오행의 조화調和

물과 불이 잘 조화되고 적당한 온도가 되어야 모든 생물체가 성장할 수 있는 것이며, 햇빛이 너무 강하면 말라붙고 너무 추우면 얼어붙어서 모든 생물이 살아 나갈 수 없다. 이와 같이 음양 오행의 조화는 중요한 것인데, 이 법칙을 모든 우주의 변화에 적용하여 인간 세상사 모든 것에 응용토록 한 것이 역리易理이다.

1) 오행의 상생相生

오행간의 상관 관계에서 한 오행이 다른 오행을 도와 주는 것을 상생이라 한다.

상생 관계는 목木은 화火를 생하고, 화는 토土를 생하고, 토는 금金을 생하고, 금은 수水를 생하고, 수는 목을 생한다.

木生火　火生土　土生金　金生水　水生木
목생화　화생토　토생금　금생수　수생목

2) 오행의 상극相剋

한 오행이 다른 오행을 이기는 것을 상극相剋이라고 한다.

상극 관계는 목은 토를 극剋하고, 토는 수를 극하고, 수는 화를 극하고, 화는 금을 극하고, 금은 목을 극한다.

木剋土　土剋水　水剋火　火剋金　金剋木
목극토　토극수　수극화　화극금　금극목

4. 간지干支의 조성造成

중국 고대의 황제黃帝가 나라의 어려움을 바로잡고 하늘에 축원 기도를 하여 계시를 받아, 천간天干은 10간으로 하늘 모양을 본떠 만들었고, 지지地支는 12개의 지지로 땅의 모양을 본떠 만들었으며, 12마리의 동물을 상징하고 있다.

1) 천간天干

甲 乙 丙 丁 戊 己 庚 辛 壬 癸
갑 을 병 정 무 기 경 신 임 계

2) 지지地支

子　丑　寅　卯　辰　巳　午　未　申　酉　戌　亥
자　축　인　묘　진　사　오　미　신　유　술　해
쥐　소　범　토끼　용　뱀　말　양　원숭이　닭　개　돼지

3) 간지의 음양 오행 조견표早見表

오행	목木		화火		토土				금金		수水	
	양	음	양	음	양		음		양	음	양	음
천간	甲	乙	丙	丁	戊		己		庚	辛	壬	癸
지지	寅	卯	午	巳	辰	戌	丑	未	申	酉	子	亥
계절	봄		여름		봄	가을	겨울	여름	가을		겨울	
방향	동		남		중앙				서		북	
색	청색		적색		황색				흰색		검정색	
숫자	3, 8		7, 2		5, 10				9, 4		1, 6	

5. 육십갑자六十甲子

천간인 갑甲·을乙·병丙·정丁·무戊·기己·경庚·신辛·임壬·계癸의 10간과 자子·축丑·인寅·묘卯·진辰·사巳·오午·미未·신申·유酉·술戌·해亥의 12지지를 차례차례로 양간陽干은 양지陽支와 음간陰干은 음지陰支와 붙여 나가면 육십갑자를 얻는다.

이때 하늘인 10간은 그대로 두고 땅을 상징하는 12지지만 돌려 붙여 감으로써 지구가 자전한다는 지동설을 육십갑자가 대변해 주고 있다.

甲子	乙丑	丙寅	丁卯	戊辰	己巳	庚午	辛未	壬申	癸酉
甲戌	乙亥	丙子	丁丑	戊寅	己卯	庚辰	辛巳	壬午	癸未
甲申	乙酉	丙戌	丁亥	戊子	己丑	庚寅	辛卯	壬辰	癸巳
甲午	乙未	丙申	丁酉	戊戌	己亥	庚子	辛丑	壬寅	癸卯
甲辰	乙巳	丙午	丁未	戊申	己酉	庚戌	辛亥	壬子	癸丑
甲寅	乙卯	丙辰	丁巳	戊午	己未	庚申	辛酉	壬戌	癸亥

육십갑자는 갑자甲子·을축乙丑으로 시작하여 임술壬戌·계해癸亥에 이르며, 연속적으로 순환되고 있다.

6. 간지의 성격

1) 천간天干

甲寅 : 하늘이 처음 열리는 개벽이고, 땅에서는 큰 나무를 상징하며, 봄철에 나무의 껍질이 터져 새싹이 돋아나는 시기이다.

乙卯 : 하늘에서는 바람의 작용을 상징하고, 땅에서는 화초·넝쿨을 의미하며, 모든 생물체가 처음 그 형상을 세상에 드러내는 어린 시절이다.

丙午 : 하늘에서는 태양을 상징하고, 땅에서는 큰 불을 의미하며, 양의 기운이 가장 왕성하고 만물이 완연하게 그 모습을 드러내는 시기이다.

丁巳 : 하늘에서는 달과 별이고, 땅에서는 촛불·호롱불 또는 희미한 빛을 의미하며, 만물이 성장하고 있는 상태를 말한다.

戊辰, 戌 : 하늘에서는 원석이나 먼지이고, 땅에서는 큰 산을 의미하며, 모든 생물체가 왕성하게 성장하는 것을 뜻한다.

己丑, 未 : 하늘에서는 구름이요, 땅에서는 정원·밭 또는 작은 동산을 의미하며, 만물의 성장이 완성 단계에 이르렀음을 뜻한다.

庚申 : 하늘에서는 서리·이슬을 의미하고, 땅에서는 철광석이나 큰 쇳덩이를 상징하며, 모든 생물체가 충분히 자라서 거의 완성된 것을 뜻한다.

辛酉 : 하늘에서는 옅은 서리이고, 땅에서는 금·은·보화 또는 작은 쇳덩이를 의미한다. 만물이 성장을 완전히 끝내고 수확의 결실을 맺는 시기이다.

壬子 : 하늘에서는 큰 비나 우레이고, 땅에서는 바다를 의미하며, 모든 성장이 한 시대를 마치고 다음 세대로 가기 위한, 마치 폭풍이 불어닥치기 직전의 고요함을 뜻한다.

癸亥 : 하늘에서는 습기·눈·안개이고, 땅에서는 시냇물·연못·이슬이다. 겨울이 얼

마 남지 않았으며, 다음의 새로운 세계가 시작되기 위해 서서히 움직이는 시기이다.

2) 지지地支

땅이 가지고 있는 우주의 원리를 표현한 것으로써

子 : 양기가 움트는 것을 말하며 씨앗을 잉태한 것과 같고,
丑 : 한기가 스스로 물러가기 시작한 것이며,
寅 : 따뜻한 기운이 나와 모든 생물체가 활동을 시작하기 위해 준비 중이다.
卯 : 모든 생물체가 드디어 땅 위로 솟아나오는 것을 의미하고,
辰 : 생물체가 힘을 얻어 발전할 기운을 지니고 있음을 뜻하며,
巳 : 양기가 충만함을 말한다.
午 : 음양이 서로 부딪치고 어우러지면서 활발히 교제하는 것을 의미하며,
未 : 양의 쇠퇴가 시작된 것이다.
申 : 모든 물체의 형체가 완성되었음을 의미하고,
酉 : 그 결실을 얻기 위해 수확하는 시기이며,
戌 : 모든 수확이 완료되었음을 의미한다.
亥 : 한 시대는 끝났지만 다음을 위해 씨앗이 암장되어 있음을 의미한다.

7. 지지장간地支藏干

지지의 기운 속에는 천간의 기운이 숨어 있는데, 이것을 지장간이라 하고, 여기餘氣·중기中氣·정기正氣로 삼분된다.

여기는, 절기는 변했으나 아직도 앞 절기의 영향이 있는 것을 나타내고, 중기는 중간의 기로써 삼합三合하여 바뀌는 오행을 나타내며, 정기는 그 지지가 갖고 있는 오행의 간干을 취득한 것이다. 이것을 지장간支藏干이라고 하며, 월도 중요하지만 연·일·시 중에 내장되어 있는 지장간이 작용되기도 하는데, 천간에 나타난 지장간의 작용이 더욱 강대하다.

1) 지장간地藏干의 심천深淺

장간\지지	子	丑	寅	卯	辰	巳	午	未	申	酉	戌	亥
여기 餘氣	壬 十日 五分	癸 九日 三分	戊 七日 二分半	甲 十日 五分半	乙 九日 三分半	戊 五日 一分半	丙 十日 三分半	丁 九日 三分	戊 七日 三分半	庚 十日 五分	辛 九日 二分	戊 七日 二分半
중기 中氣		辛 三日 一分	丙 七日 二分半		癸 六日 一分	庚 七日 三分半	己 九日 三分半	乙 三日 二分	壬 七日 二分		丁 三日 二分	甲 七日 一分
정기 正氣	癸 二十日 七分	己 十八日 六分	甲 十六日 二分半	乙 二十日 六分半	戊 十八日 六分	丙 十六日 五分	丁 十一日 三分半	己 十八日 六分	庚 十六日 六分半	辛 二十日 六分	戊 十八日 六分	壬 十六日 五分

2) 간지干支의 한·난·조·습寒暖燥濕

난조暖燥	甲乙丙丁戊
한습寒濕	己庚辛壬癸

甲·乙·丙·丁·戊는 태양의 기운이 왕성한 봄·여름의 정기를 표시하므로 덥고 건조하다.

己·庚·辛·壬·癸는 음의 기운이 왕성한 가을·겨울의 정기를 뜻하므로 차고 습한 기운을 가지고 있다.

난조暖燥	寅 卯 巳 午 未 戌
한습寒濕	申 酉 亥 子 丑 辰

지지도 천간과 같은 이치로 寅·卯·巳·午·未·戌은 따뜻하고 건조한 기운을 가지고 있으며, 申·酉·亥·子·丑·辰은 차고 습한 기운을 가지고 있다. 이를 계절별로 보면 가을·겨울은 차고 습하며, 봄·여름은 덥고 건조하다. 예컨대 역리의 제일 요소가 천간 지지의 한·난·조·습이니, 이것을 알지 못하면 오행의 진리를 깨닫기 어렵다.

3) 사절四節과 오행

봄 : 목木이 왕성하고 화火는 강해지며, 수水는 줄어들고 금金은 갇히게 되며, 토土는 죽게 된다. 온화한 절기이므로 화창함을 상징하는 목이 왕성한 계절이다.

여름 : 화가 왕성하고 토는 강해지며, 목은 힘이 없어지고, 수는 갇히게 되며, 금은 죽게 된다. 덥고 따뜻한 절기이므로 불을 상징하는 화가 왕성한 계절이다.

가을 : 금이 왕성하고 수는 강해지며, 토는 약해지고 화는 갇히게 되며, 목은 죽게 된다. 써늘한 절기이므로 모든 결실을 거두는 금이 왕성한 계절이다.

겨울 : 수가 왕성하고 목은 강해지며, 금은 약해지고 토는 갇히게 되며, 화는 죽게 된다. 추운 절기이므로 춥고 습하며 수가 왕성한 계절이다.

4) 토土의 속성

辰·未·戌·丑월은 사계절의 중앙이다.

辰 : 봄의 절기이며, 찬 기운은 물러가고 따뜻한 기운이 오는 여름과의 중간 절기이며, 만물을 배양하는 영향이 풍부하면서 습한 흙이다.

未 : 여름의 절기이며, 더위는 약해지고, 서늘한 가을과의 사이를 연결하는 절기이며, 여름과 가을을 화해시키는 윤택한 흙이다.
戌 : 가을의 절기이며, 모든 결실이 완성되고, 앞에 오는 겨울을 극복하기 위해 만물을 수용하고 있는 건조한 흙이다.
丑 : 겨울의 절기이며, 모든 역할을 거두고 장래를 위해 씨앗을 내장하고 있는 차가우면서도 영양분을 숙성시키는 흙이다.

8. 절기법節氣法

사주의 원리는 기후의 원리 그대로 음양과 오행의 기호인 간지로 풀어나가는 것이며, 특히 한 절기 가운데 오행의 조화가 우주의 불가사의한 법칙과 자연의 기상에 의해 끊임없이 바뀌고 있으며, 입춘절에서 1년이 시작되고, 월도 절節을 기준으로 해서 바뀐다. 절기節氣는 12절節과 12의 중기中氣가 합해서 24절기로 순환되며 기문 둔갑에서도 아주 중요한 역할을 하고 있다.

절기節氣의 조견표

계절	월음력	월月 지支	절節	중기中氣
봄	1	寅	입춘立春	우수雨水
	2	卯	경칩驚蟄	춘분春分
	3	辰	청명淸明	곡우穀雨
여름	4	巳	입하立夏	소만小滿
	5	午	망종芒種	하지夏至
	6	未	소서小暑	대서大暑
가을	7	申	입추立秋	처서處暑
	8	酉	백로白露	추분秋分
	9	戌	한로寒露	상강霜降
겨울	10	亥	입동立冬	소설小雪
	11	子	대설大雪	동지冬至
	12	丑	소한小寒	대한大寒

02
사주四柱 기둥 세우기

1. 연주年柱

인간이 태어난 해의 간지干支를 연주年柱라고 한다. 그리고 사주의 간지를 정하는 데 있어 먼저 연주부터 정하는 것이 순서이다. 연年의 간지는 금년의 간지로부터 생년生年에 이르기까지 육십갑자六十甲子를 거꾸로 세어 나가면 된다. 여기에서 주의할 것은 전년前年과 금년今年의 구별은 음력陰曆을 기준으로 하는 것이 아니라, 입춘立春을 기준으로 한다.

그러므로 2004년에 출생하였더라도 입춘 전前에 출생했을 때는 연지年支가 갑신甲申이 아니라 2003년도의 간지인 계미癸未가 된다. 또한 같은 입춘 당일에 출생하였더라도 그 해 간지를 쓸 것인지, 그전 해의 간지를 쓸 것인지는 입춘 절입節立의 시각時刻에 의하여 결정된다. 가령 오전 11시에 입춘절立春節이 바뀐다면 오전 11시 전前에 태어난 사람은 입춘일에 출생하였더라도 전년前年의 간지를 쓴다.

2. 월주月柱

생월生月 간지를 정함에 있어서 주의할 것은 연의 간지를 정함에 있어서도 입춘을 기준으로 하듯이, 각월各月의 간지를 정함에 있어서도 절입 시기를 기준으로 한다.

가령, 2004년 1월 15일에 출생한 사람은 1월의 절입일節入日이 1월 14일양력 2월 4일부터이므로 월주가 병인丙寅이지만, 1월 13일에 출생한 사람은 비록 1월에 출생했더라도 1월 절입 전節立前이기 때문에 전년도 12월의 월주인 을축乙丑으로 생월의 간지를 삼는다.

3. 일주日柱

출생일出生日의 간지를 일주라 한다.
생일의 간지는 복잡한 공식이 필요하니 만세력에 의존할 수밖에 없다. 여기에서 주의할 것은 연의 구분區分은 입춘을, 월의 구분은 절입 시기를 기준으로 하듯이, 일日의 구분은 자시子時를 기준으로 한다.

4. 시주時柱

출생 시각이 결정되며, 예부터 동양에서는 12시각으로 나누어 사용해 왔다. 그리고 시의 간지는 월주月柱의 간지와 같이 시지時支는 항상 일정하고 시간時干은 일간日干을 기준으로 결정된다.

子時 : 전날밤 23시 ~ 0시 59분
丑時 : 01시 ~ 02시 59분
寅時 : 03시 ~ 04시 59분
卯時 : 05시 ~ 06시 59분
辰時 : 07시 ~ 08시 59분
巳時 : 09시 ~ 10시 59분
午時 : 11시 ~ 12시 59분

未時 : 13시 ~ 14시 59분
申時 : 15시 ~ 16시 59분
酉時 : 17시 ~ 18시 59분
戌時 : 19시 ~ 20시 59분
亥時 : 21시 ~ 22시 59분

지구의 자전自轉과 공전公轉에 의해 발생하는 시간은 일정한 법칙에 의해 일어나므로 변할 수 없다. 그러나 현재 우리 나라에서 사용하고 있는 시간이 표준시보다 30분 정도 차이가 있으므로 낮 12시 30분이 정오가 되고, 새벽 0시 30분이 자정이 됨을 명심해야 한다.

5. 대운大運 정하기

명리학에서의 대운이란 세월이 흐름에 따라 사주四柱와 운세運勢, 그리고 천지 자연의 조화에서 순행과 역행에 의해 오는 길흉화복吉凶禍福을 말한다.

대운은 월주를 기준으로 정하며, 연간이 양에 속하는 남자와 연간이 음에 속하는 여자의 대운은 순행順行하고, 연간이 음에 속하는 남자와 연간이 양에 속하는 여자의 대운은 역행逆行한다.

- 순행順行 : 월주가 갑자甲子이면 을축乙丑·병인丙寅·정묘丁卯·무진戊辰의 순서대로 천간과 지지가 앞으로 나아간다.

- 역행逆行 : 월주가 을축乙丑이면 갑자甲子·계해癸亥·임술壬戌·신유辛酉의 순서대로 뒤로 가는 것을 말한다.

6. 대운大運의 수數

대운의 수는 천간 지지天干地支를 합合한 간지의 운이 앞으로 변화해 나갈 큰 흐름을 말하며, 이를 다시 분류分類하는 경우 간干·지支를 각각 5년씩 담당한다 하면 몇 살에 어느 대운에 포함되는가 하는 대운의 수는 운명을 감정하는 핵심적 요소 가운데 하나가 된다.

- 양년생陽年生 남자와 음년생陰年生 여자의 대운은 생일부터 다음 달 절입일節入日까지의 일수日數를 삼분三分한다.
- 음년생 남자와 양년생 여자의 대운은 생일부터 지나간 달의 절입까지의 일수를 삼분한다.

일수를 삼분함에 있어, 남는 숫자가 2면 반올림하고, 남는 숫자가 1이면 버린다. 즉, 일수가 4일이면 대운의 수는 1일이 되고, 1세·11세·21세·31세…… 마다 10년 단위로 대운이 변한다.

일수의 계산은 정확히 생일 및 절입의 시간까지 계산해야 하지만, 보통 시간 이하는 계산에 넣지 않고 있으며, 기문 둔갑의 총수總數와 명리의 대운수는 판이하게 다르므로 뒤에 자세히 설명할 것이다.

예를 들어, 1984년 음력 4월 15일 인시생寅時生의 사주를 세워본다.

남

乙	甲	癸	壬	辛	庚		時	日	月	年
亥	戌	酉	申	未	午		丙	己	己	甲
57	47	37	27	17	7		寅	酉	巳	子

여

癸	甲	乙	丙	丁	戊		時	日	月	年
亥	子	丑	寅	卯	辰		丙	己	己	甲
53	43	33	23	13	3		寅	酉	巳	子

7. 야자시夜子時와 명자시明子時

자子·시時를 둘로 나누어 23시부터 24시까지는 저녁 야자시夜子時라 하고, 0시부터 01시까지는 새벽 명자시明子時라 한다. 학설은 구구하지만 나는 30년 이상 이를 적용해 왔다.

03
역易이란 무엇인가?

1. 역易의 유래

　중국 고대 삼황헌원씨·신농씨·복희씨의 한 사람인 복희씨가 천하를 다스릴 때 하수 河水: 黃河에 나타난 용마龍馬: 머리는 용이고 몸은 말의 형상을 한 신비스러운 짐승의 등에 있는 55개의 점인간의 머리에 있는 가마같이 소용돌이치는 무늬을 보고, 우주 만물의 생성 이치를 깨달아 천체天體와 지구地球와 인간人間, 즉 천지인天地人 삼재三才의 도道를 문양으로 형상화하여 '복희팔괘伏羲八卦'를 만들었다.

　그리고 약 2000년 후 은대殷代 말기에 서쪽 제후로 있던 문왕文王이 복희의 팔괘와 하우씨夏禹氏: 하나라의 시조인 우임금 때 출연하였다는 신성스러운 거북의 몸에 나타난 무늬, 즉 낙서洛書의 이치를 근본으로 삼아 문왕의 팔괘를 만들었고, 주역 64괘의 차례를 새롭게 정하여 괘사를 붙이니 바로 문자로 된 역의 시작이며, 문왕의 아들 주공이 문왕의 역을 계승하여 각괘의 384효爻마다 설명을 붙이니, 문왕의 괘사와 주공의 효사를 합하여 '주역경문周易經文'이라 한다.

　그후 춘추春秋 말엽에 공자가 선대 성인들의 가르침을 계승하여 자신의 사상과 경륜을 담아 주역을 해명해 보고자 열 가지로 시도한 것을 '십익十翼: 열개의 날개'이라고 하며, 주역의 말씀에 숨어 있는 심오한 진리를 터득하여 해석과 해설과 해명을 덧

붙임으로써 현재의 역이 완성되었다.

역은 간괘艮卦로 시작되는 연산역連山易, 곤괘坤卦로 시작되는 귀장역歸藏易, 건괘乾卦로 시작되는 주역, 이렇게 3역이 있었는데, 모두 8괘로 64괘를 이루었다고 전해진다. 그러나 지금은 주역만이 전해지고 있다.

 1) 복희씨 : 선천팔괘先天八卦 및 복희64괘

 2) 문　왕 : 후천팔괘後天八卦 64괘의 차서와 괘사　　경문經文
    주　공 : 384효의 효사　　　　　　　　　　　　경문經文

 3) 공　자 : 십익十翼 대전大傳의 찬　　　　　　　　전문傳文

십익은 10편의 글을 말하며, 상하上下에 팔방八方을 더한 10방을 의미하니 두루 통한다는 뜻이다.

2. 하도河圖의 유래

복희씨가 세상을 다스릴 때 황하黃河河水에 나타난 용마에 그려져 있는 무늬河圖를 보고 천지 창조와 음양 오행 간의 무한대로 순환되는 상생相生에 대한 이치를 상징한 그림이다.

용마의 등에 있는 55개의 점을 보고 뜻을 얻었다 하여 하도·용마하도龍馬河圖, 또는 선천도先天圖라 한다.

하도 河圖

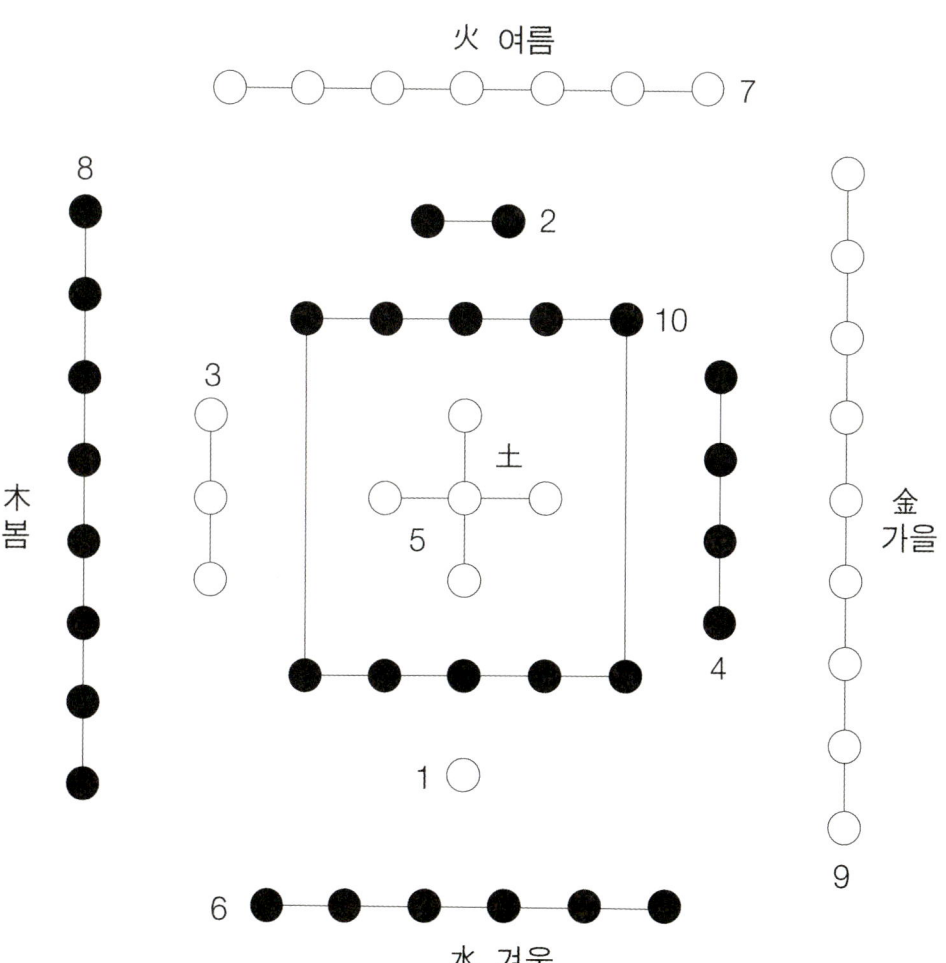

3. 하도의 수리數理

1) 하도수河圖數의 배합配合

하도를 보면 하얀 점은 홀수, 검은 점은 짝수로 하여 모두 55점으로 구성되어 있다. 1, 2, 3, 4, 5는 안에 있어 근본이 되니 만물의 생명을 낳는 생수生數라 하고, 6, 7, 8, 9, 10은 외부에서 둘러싸고 있어 형상을 갖추니 만물의 형체를 이루는 성수成數라고 한다.

6, 7, 8, 9, 10의 성수는 1, 2, 3, 4, 5의 생수에 각각 5점中宮의 생수씩을 더하여 이루어진 것이다. 따라서 생수 1, 2, 3, 4, 5는 성수 6, 7, 8, 9, 10을 낳는 체가 되며, 성수 6, 7, 8, 9, 10은 생수 1, 2, 3, 4, 5를 이루는 용이 된다.

또한 홀수와 짝수의 관계로 볼 때 홀수1, 3, 5, 7, 9는 양수이자 동적이므로 천수天數에 해당하고, 짝수2, 4, 6, 8, 10는 음수이며 안정된 상태이므로 지수地數에 속한다. 천수의 합은 25$^{1+3+5+7+9}$, 지수의 합은 30$^{2+4+6+8+10}$이므로 그 총합은 55이며, 하도수河圖數라 하고 선천수라고도 한다.

2) 하도 오행은 음양의 조화로 이루어진다. 즉, 양수陽數인 1은 음수陰數인 6과 합하여 수水를 생성하며, 음수인 2는 양수인 7과 합하여 화火를, 양수인 3은 음수인 8과 합하여 목木을, 음수인 4는 양수인 9와 합하여 금金을 생성한다.

중앙의 5는 생수의 체로서 성수의 체인 10과 합하여 토土를 생성하니, 이 5와 10을 중심으로 모든 조화가 이루어진다.

3) 하도를 오행으로써 풀이하면 수水로부터 만물이 비롯되며, 물이 아래로 흐르는 이치에 의해 아래쪽의 북방에 1·6 수가 배치되고 화火에서 만물이 성장하며, 불이 위로 타오르는 이치에 의해 위쪽의 남방에 2·7 화가 배치되며, 하도의 상하는 오행의 기氣로써 대비된다.

또한 목木의 기운으로 만물의 싹이 트이므로 해가 뜨는 동방에 3·8 목木이 자리하고, 금金의 기운으로 만물이 열매를 맺으므로 해가 지는 서방에 4·9 금金이 자리하며,

하도河圖의 좌우는 오행의 질質로써 대비된다.

상하 좌우의 수水·화火·목木·금金은 모두 토土를 근본으로 하여 생성 유행生成流行하며, 중궁中宮의 5·10 토土가 중재·조절함으로써 오행의 조화가 있게 되는 것이다. 토土는 오행의 기氣와 질질質을 같이 구비하고 있다.

그리고 토는 기와 질로써 이루어지나, 시간적으로 보면 오행간에 서로를 낳고 낳아 무한대로 순환되는 오행 상생의 이치가 나타난다.

오행의 기본수와 하도수와의 관계를 도표로 정리하면 다음과 같다.

基本數	1	2	3	4	5	6	7	8	9	10
十干	甲	乙	丙	丁	戊	己	庚	辛	壬	癸
五行	木		火		土		金		水	
河圖數	3	8	7	2	5	10	9	4	1	6
陰陽	陽	陰	陽	陰	陽	陰	陽	陰	陽	陰

基本數	1	2	3	4	5	6	7	8	9	10	11	12
十二支	子	丑	寅	卯	辰	巳	午	未	申	酉	戌	亥
五行	水	土	木		土	火		土	金		土	水
河圖數	1	10	3	8	5	2	7	10	9	4	5	6
陰陽	陽	陰	陽	陰	陽	陰	陽	陰	陽	陰	陽	陰

※ 위의 도표는 사주의 간지를 오행 기본수로 전환시킨 후 9씩 공제하여 기문 포국을 하는 데 기초가 되고, 하도수는 기문 포국이 완성된 후 해석하는 데 근본이 되므로 기본수와 하도수의 역학 관계를 이해해야 한다.

4. 음양의 상象

주역에서 음과 양의 작용을 상象으로 표시하는데, 바로 양효-와 음효--이다. 하늘은 양이고 땅은 음이니, 하늘이 먼저 열리고 땅이 그 다음에 열리므로 양은 1획으로 표시하고, 음은 2획으로 표시한다.

전언에 의하면 양효-는 이어졌으니 남자의 성기를 상징한 것이고, 음효--는 끊어졌으므로 여자의 성기를 상징한 것이라고 한다.

1) 역易의 구성

괘위 卦位	8	7	6	5	4	3	2	1
팔괘 八卦	坤 ☷	艮 ☶	坎 ☵	巽 ☴	震 ☳	離 ☲	兌 ☱	乾 ☰
사상 四象	老陰 ⚏		少陽 ⚎		少陰 ⚍		老陽 ⚌	
양의 兩儀			陰 --			陽 —		
				太極				

팔괘八卦가 생긴 내력을 말해 주고 있으며, 곧 만물이 생성되기 이전을 표현하고 있는 셈이다.

태극이 양의음·양가 되고, 양의가 사상이 되고, 사상이 팔괘를 이룸으로써 우주 만물의 생성 과정을 보여 주고 있다. 하나태극:☯ 가 둘양의:음--, 양— 을 생기게 했고, 둘이 넷사상:老陰⚏,少陽⚎,少陰⚍,老陽⚌ 을 생기게 했으며, 넷이 여덟八卦:건坤☷ 간艮☶ 감坎☵ 손巽☴ 진震☳ 이離☲ 태兌☱ 건乾☰을 생하였음을 보여 주고 있다.

음陰:--과 양陽:—을 기호로 표시할 때는 효爻라고 한다. 양의음·양는 효가 하나씩이고, 사상은 효가 둘이며, 팔괘는 효가 세 개씩이고 소성괘小成卦라 칭한다.

2) 대성괘大成卦 64괘

64괘는 8괘소성괘를 발전시킨 것이다. 8괘는 천지 만물의 형상과 형태를 상징하는 근본적인 것이기는 하지만, 우주 만물이 변화하고 생성하는 이치는 갖추어지지 않은 것이었다. 그러므로 8괘의 한 괘 한 괘를 둘씩 짝을 지어 위아래로 배치하여 64괘를 만든 것이다. 그래서 소성괘小成卦:세 개의 효로 된 괘는 대성괘大成卦:여섯 개의 효로 된 괘로 되고, 8괘는 64괘로 되었다.

3) 효爻 384효

대성괘는 여섯 개의 효로 구성되어 있다. 괘가 때라면 효는 때에 맞게 변화가 이루어지는 이유를 말해 준다. 괘가 사상이라면 효도 곧 사상이다. 효를 양효와 음효 두 가지로 한 것은 하늘과 땅을 상징한 것이며, 소성괘가 세 개의 효로 이루어진 것은 천天·지地·인人 세 가지, 즉 삼재三才를 의미한 것이다.

4) 팔괘의 속성

괘상	괘명	자연	인물	성격	인체	동물	오행	색
☵	坎감	물 달月 서리 이슬	작은아들 중남中男	음험, 천함 외유내강 근심	귀 신장 피	돼지	水	검은색
☷	坤곤	땅 밭이나 들 마을	어머니	유순 인색 균등	배 비장 위	소	陰土	황색
☳	震진	우레 번개	장남	움직임 조급 놀람	발 간 터럭	용	陽木	파란색 녹색 푸른색

☴	巽손	바람	장녀	부드러움 화합 과단성 및 일관성 결여	다리 기맥	닭 새종류	陰木	청록색
☰	乾건	하늘	아버지 임금	강건	머리	말	陽金	진한 적색
☱	兌태	연못 비	막내딸 첩, 소녀	즐거움 훼절 구설	입 혀	양	陰金	흰색
☶	艮간	산 구름 분묘	막내아들 소남少男	정지 막힘 고요함	손 손가락	개	陽土	누런색
☲	離리	해·불 무지개 맑음	작은딸 중녀中女	총명 명랑	눈 심장	꿩 오리	火	붉은색 홍색

5. 복희선천팔괘伏羲先天八卦

복희씨가 하도를 근거로 하여 팔괘를 그린 것이며, 이는 우주 삼라 만상의 근원 및 본체를 상징하므로 선천팔괘라고 한다.

복희선천팔괘 방위도

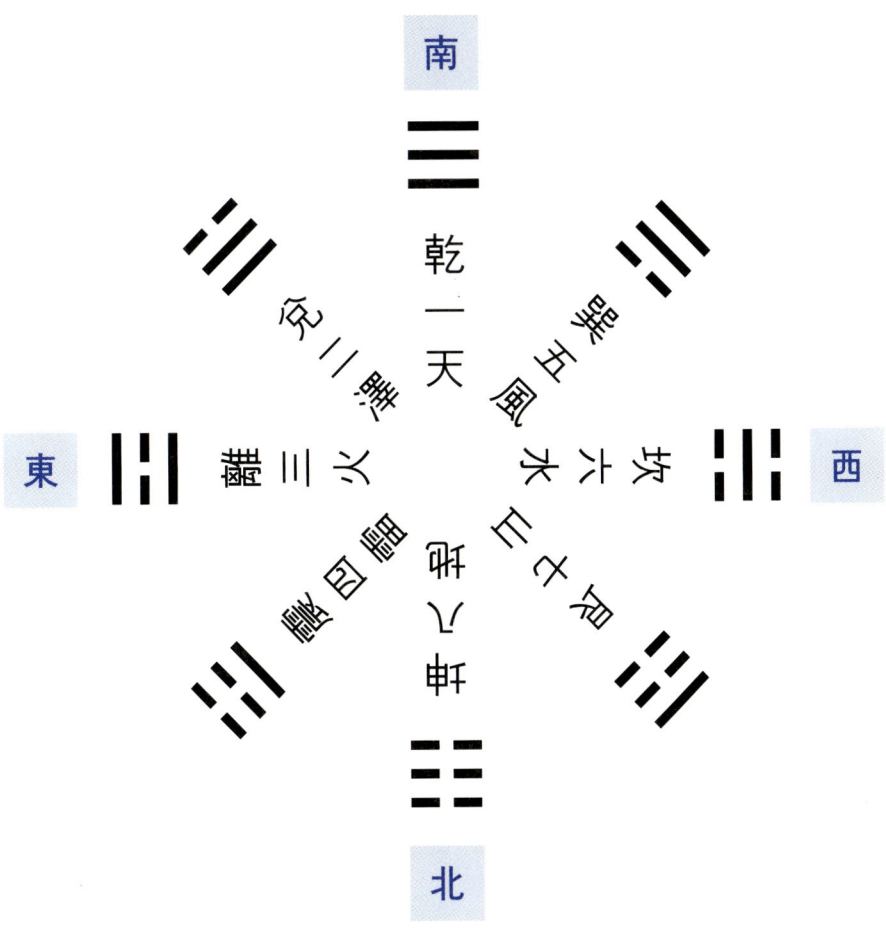

건乾:☰은 하늘天이고 남南을 뜻하며, 곤坤:☷은 땅地이며 북北을 뜻한다. 이離:☲는 해日이고 동東을 뜻하며, 감坎:☵은 달月이고 서西를 뜻한다. 이러한 방위를 뜻하는 건곤감리乾坤坎離를 사정四正이라 한다.

간艮:☶은 산山이고 서북西北을 의미하며, 태兌:☱는 연못澤이고 동남東南을 의미한다. 손巽:☴은 바람風이고 서남西南을 의미하며, 진震:☳은 우레雷이고 동북東北을 의미한다. 이런 방위를 의미하는 간태손진艮兌巽震을 사유四維라고 한다.

그리고 두 괘의 수數를 합해서 9가 되는 괘끼리 대칭이 된다. 즉, 건일乾一의 1一과 곤팔坤八의 8八을 합하면 9九가 되어 건곤乾坤은 대칭이 되는 것이다. 그리고 선천에서는 10을 체로 하고 9를 용으로 한다. 다시 말해서 복희선천팔괘를 보면 대칭되는 정방위의 배합이 각기 9인데서 이를 확인할 수 있다.

복희선천팔괘는 기문국의 문괘성장 가운데 팔괘의 고유한 방위궁이다.

6. 낙서洛書의 유래

낙서는 하우씨夏禹氏가 홍수를 다스릴 때 낙수洛水:황하의 지류에 출연한 신령스러운 거북의 등에 그려진 45개 점의 무늬를 보고 신묘한 이치를 깨달아 치수治水 사업에 성공하였다고 한다. 그리고 거북 등의 그림을 낙서 또는 신구 낙서神龜洛書라고 하며, 후천지도後天之圖라고도 한다.

하도는 오행 상생하는 이치인 데 반해, 낙서는 오행 상극하는 이치가 나타난다. 또한 낙서의 수리를 후천수라고도 하며, 이것을 그림과 수로 표현하면 다음과 같다.

낙서洛書

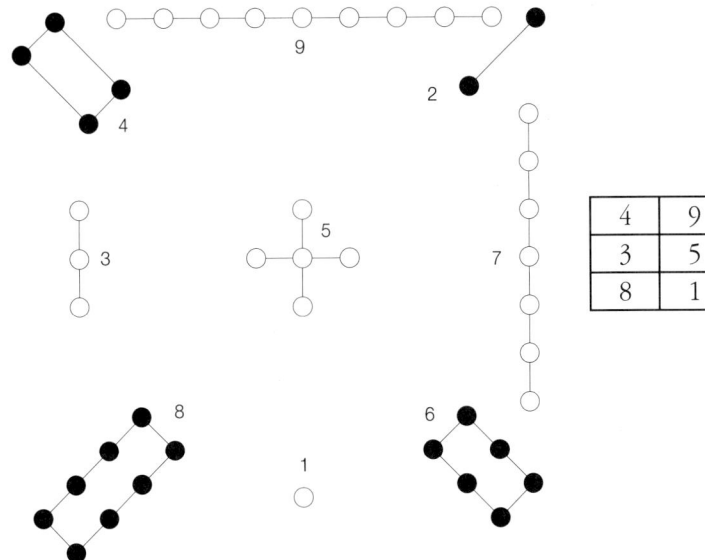

1) 낙서의 수리數理

(1) 낙서를 거북 등 위치로써 살펴보면 한가운데 다섯 개의 흰 점을 중심으로 아래에 1를, 위에 9, 좌측에 3, 우측에 7이 상하 좌우로 마주하여 있고, 윗모서리 좌우에 4와 2가, 아랫모서리 좌우에 8과 6이 배치되어 총 45개의 점이 9궁九宮으로 나뉘어 배열하고 있다.

바로 이 9궁이 기문 둔갑의 기본基本인 구궁도九宮圖의 기초가 되기 때문에 충분히 이해해야 한다.

(2) 낙서는 불규칙하게 배열해 있는 것 같지만, 사방 좌우의 합의 수가 15이며, 중앙의 5를 중심으로 각각 제 위치를 잡고 있다. 곧 중앙의 5가 조화의 주체임을 나타낸다.

(3) 선천팔괘와 후천팔괘를 하도와 낙서를 근본으로 괘위卦位:괘의 방위 수와 효획

관계를 비교해 보면, 먼저 선천팔괘는 서로 마주하는 효획의 합이 각각 9이다 예:乾 3획과 坤 6획의 두 합이 9획, 괘위의 합도 9를 이루는 반면예:1乾과 8坤의 괘위의 합이 9, 후천팔괘는 서로 마주보는 1坎과 9離, 2坤과 8艮, 3震과 7兌, 4巽과 6乾이 각각 10을 이루니, 선천팔괘는 선천하도의 10을 체로 하여 9를 용으로 삼고, 후천팔괘는 후천낙서의 9를 체로 하여 10을 용으로 한다. 즉, 선천은 10체 9용 생하는 가운데 극하는 원리이 근본이요, 후천은 9체 10용 극하는 가운데 생하는 원리이 근본이다.

(4) 선천의 생성生成함은 오행 상생의 원리요, 후천의 극화剋化됨은 오행 상극의 작용이다. 그러나 상생에는 상극이 내포되어 있으니 선천에는 만물이 생장하는 가운데 오히려 생존 경쟁과 약육 강식이 있는 것이고, 상극의 원리에도 그 이면에 상생의 이치가 있으니 바로 만물이 성숙되어 열매를 맺는 데에는 비록 깎여 떨어지는 고통이 있지만, 이로 인해 씨를 뿌리고 결실의 기쁨도 함께 누리는 것이다. 화火가 금金을 극하지만 화火가 생하는 토土가 다시 금金을 생한다. 그래서 상극 속에 상생이 되는 것이다.

7. 문왕후천팔괘文王後天八卦

문왕의 후천팔괘는 낙서를 근거로 작성된 것이며, 이를 후천도라고도 한다. 복희선천팔괘가 자연의 이치에 따라 배열된 것이라면 문왕후천팔괘는 만물이 생성된 후 운행되는 이치를 배열한 것이라 할 수 있다. 즉, 선천팔괘가 태극이 삼변하여 음양·사상·팔괘를 이루는 이치로써 배열되어 자연히 생성하는 상태인 반면, 후천팔괘는 음양이 사귀어 화성化成하고 오행이 생·화·극·제하는 작용의 이치라 할 수 있으며, 인사적인 남녀 관계의 조화를 이룬다.

이를테면 후천팔괘를 인사적으로 볼 때 서와 남에 음괘인 손巽:장녀·이離:중녀·곤坤:모·태兌:소녀가 있고, 북과 동에 양괘인 건乾:부·감坎:중남·간艮:소남·진震:장남이 위치하고 있어 음양이 교통하고 남녀가 상합하는 이치가 있다.

후천팔괘는 기문국을 포국하고 해석하는 데 근본이 된다.

문왕후천팔괘 방위도

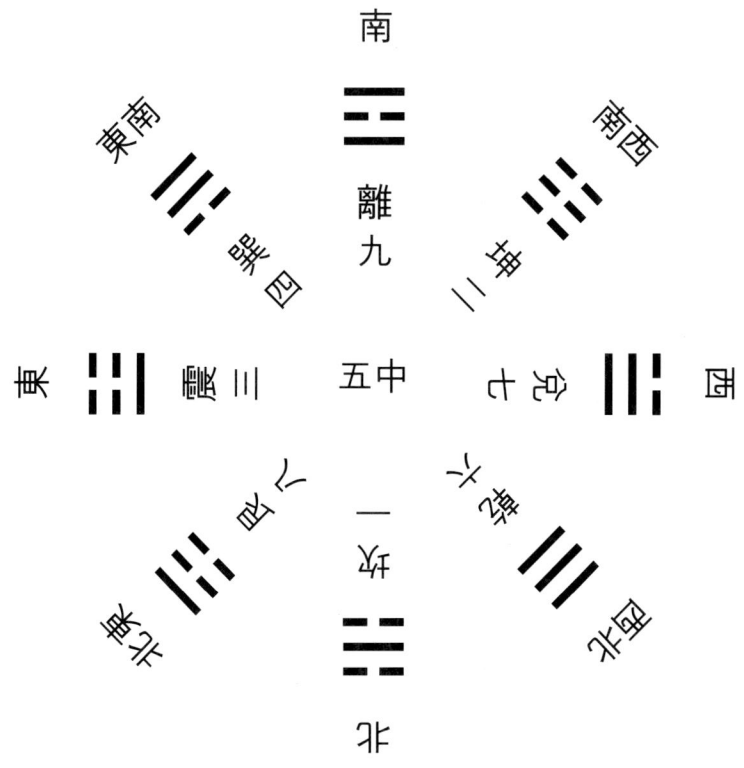

후천팔괘는 일월이 움직이고 사계절이 교류하는 작용을 나타내려고 한 팔괘의 배열이다. 감坎:月:水이 북에 있고 이離:日:火가 남에 있으며, 복희팔괘에서 남에 있던 건乾은 북서로 갔고, 북에 있던 곤坤은 남서로 움직였다.

후천팔괘의 차서는 선천팔괘와는 달리 낙서 구중수에 따라 一감, 二곤, 三진, 四손,

五중, 六건, 七태, 八간, 九이로 숫자매김을 한다.

8. 기문둔갑구궁 기본도 奇門遁甲九宮基本圖

낙서의 구궁 원리와 후천팔괘가 결합하여 시간과 공간을 포괄한 우주 삼라 만상의 변화와 음양 오행의 생화극제生化劇劑:상생하고 화합하며, 상주하고 제재하는 관계를 예측하여 천문·지리·인간 만사의 길흉을 판단한 것이 기문 둔갑이며, 그 기초가 기문구궁 기본도이다.

구궁 기본도

東南間方	南	南西間方
4 巳 辰 ☴ 巽	9 午 ☲ 離	2 未 ☷ 申 坤
3 卯 ☳ 震 東	5 中	7 兌 ☱ 酉 西
8 艮 寅 ☶ 丑	1 坎 ☵ 子	6 乾 ☰ 戌 亥
東北間方	北	北西間方

기문을 작국하고 해석할 때 구궁의 수리, 그리고 팔괘소성괘의 위치와 속성이 중요한 위치를 차지하므로 정확히 이해해야 한다.

국운과 평생국을 해석할 때는 태을구성과 포국된 구궁의 팔괘를 결합하여 대성괘를 만들어 응용하며, 어느 순간의 단시점을 해석할 때는 천봉구성과 시가팔문을 결합하여 대성괘를 만들어 응용한다.

9. 기문 둔갑 장신법藏身法과 만법귀종萬法歸宗

기둔 둔갑 장신법과 만법귀종 등은 동양학의 다른 학술에 없는 기문 둔갑만의 비법으로 천지 조화를 부리고, 축지법·변신술·장신술·투벽술 등을 자유 자재로 행할 수 있는 일종의 도술이며, 중국에서는 장자방·제갈공명·유백온·원천강 등이, 우리나라에서는 화담 서경덕 선생·토정 이지암 선생·증산 강일순 선생 등이 술법에 능했다고 전해진다.

10. 기문 둔갑의 구성

기문 둔갑은 천지 팔방의 팔문신장과 천포구성의 별과 팔괘로써 작국하며, 천문·지리·인사 명리에 관한 일과 우주 내에서 발생하는 삼라 만상의 생사·흥망·귀천 등의 모든 일에 있어서 오직 기문 둔갑을 포국함으로써 판단이 가능하다.

기문 둔갑奇門遁甲

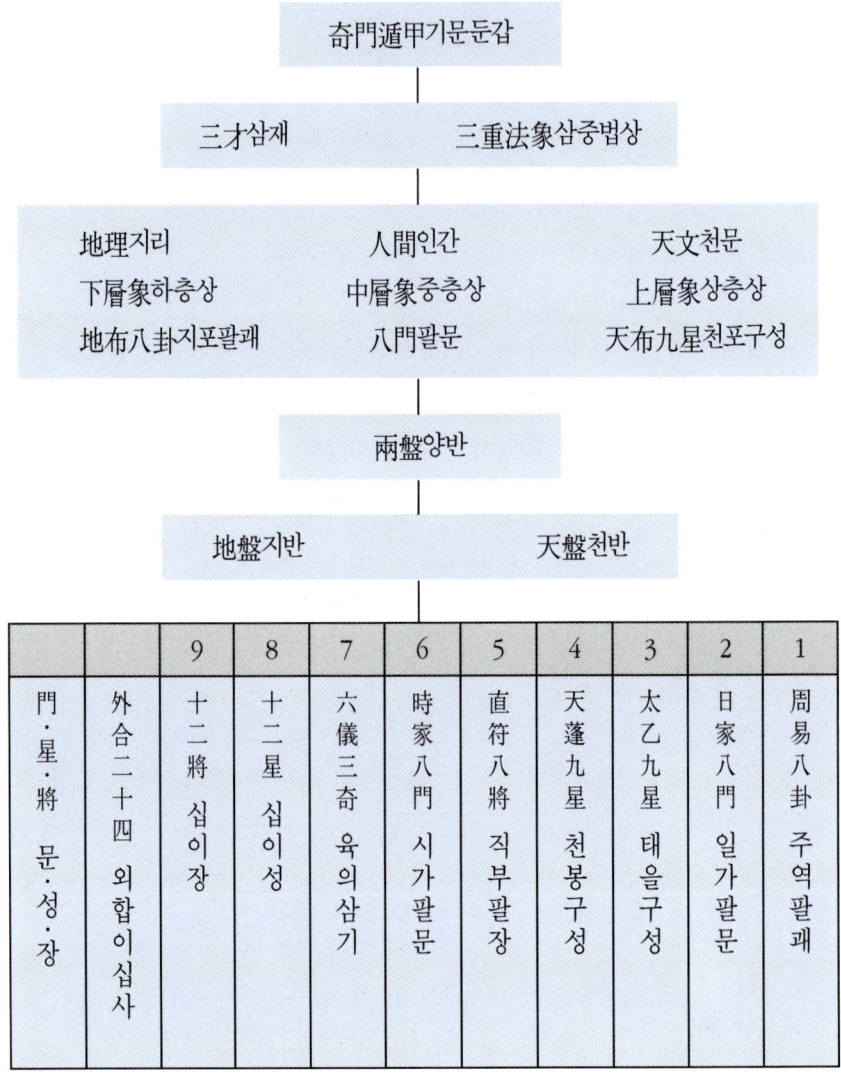

기문 둔갑은 홍국洪局과 연국烟局으로 구분되며, 홍국은 일지日支를 위주로 하고, 연국은 시간時干을 위주로 한다. 그리고 실제적으로 활용할 시에는 홍국과 연국을 구분하지 않고 각각의 장점을 살려 함께 이용하며, 이 홍연국을 바탕으로 음양을 조화시키고 오행을 교합하여 천문·지리·인사·병술·점술뿐만 아니라, 술법을 행하는 데까지도 응용되었다.

1) 홍국과 연국의 구분

홍 국	陰 음	體 체	洪局數 홍국수	太乙九星 태을구성	八卦 팔괘	日家八門 일가팔문
연 국	陽 양	用 용	六儀三奇 육의삼기	天蓬九星 천봉구성	直符八將 직부팔장	時家八門 시가팔문

* 홍국을 우리 나라식 기문 둔갑, 연국을 중국식 기문 둔갑으로 구분하는 학설도 있지만, 홍국과 연국이 함께 아우러져야만이 삼재의 도를 얻을 수 있다.
* 기문국의 의미
  기문 둔갑의 해석을 위해 포국이 완성된 것을 기문국이라 한다.

2) 천지반 포국天地盤布局

태극과 음양의 사상을 바탕으로 숫자를 일으키어 우주 삼라 만상의 변화를 미리 예견하고 인간 만사에 적용토록 한 것이 역학 수리의 근본이며, 이를 기반으로 한 오행의 기본수는, 하늘인 천간은 갑甲에서 1이 시작되고, 땅인 지지는 자子에서 1이 시작된다.

3) 천간 및 지지의 오행 기본수五行基本數

천간	甲	乙	丙	丁	戊	己	庚	辛	壬	癸		
기본수	一	二	三	四	五	六	七	八	九	十		
지지	子	丑	寅	卯	辰	巳	午	未	申	酉	戌	亥
기본수	一	二	三	四	五	六	七	八	九	十	十一	十二

4) 천지반수 산출

사주의 간지를 오행의 기본수로 전환시킨 후 모두 합산한 뒤 9씩 공제한 나머지 수가 천지반수이다.

예) 1961년 음력 5월 21일 진시생辰時生 곤명坤命

천간 기본수
1 + 4 + 1 + 8 = 14 ÷ 9 = 1   나머지 수 5
　　　　　　　　　　　　　　　천반수

甲 丁 甲 辛
辰 酉 午 丑
5 + 10 + 7 + 2 = 24 ÷ 9 = 2   나머지 수 6
지지 기본수　　　　　　　　　　지반수

5) 다음은 중궁수中宮數의 배치이다

중궁수란 구궁의 중궁에 배치되는 상·하 2개의 수이며, 중궁 위쪽의 수는 중궁 천반수中宮天盤數라 하고, 아래쪽의 수는 중궁 지반수中宮地盤數라 하며, 합하여 중궁 천지반수中宮天地盤數라 한다.

만일 오행의 기본수를 합산하거나, 9씩 공제한 후 나머지 결과 수가 9일 경우에는 그대로 9가 천지반수이다.

* 구궁에 포국한 천지반수가 곧 홍국수洪局數이다.

6) 중궁수를 구궁에 붙이는 순서

중궁의 지반수는 구궁을 순행順行하고, 중궁의 천반수는 구궁을 역행逆行한다.

구궁 순행도		
巽 四	離 九	坤 二
震 三	中 五	兌 七
艮 八	坎 一	乾 六

구궁 역행도		
巽 六	離 一	坤 八
震 七	中 五	兌 三
艮 二	坎 九	乾 四

구궁의 천지반수는 중궁의 지반수가 가장 중요하므로 앞에서 예로 든 1961년 음력 5월 21일 진시생辰時生의 경우 지반수를 중심으로 지반 6국·천반 5국이라 하며, 이 사주를 구궁에 배치해 보면 다음과 같다.

十 巽	五 離	八 坤
九 震	지반수 六 中	三 兌
四 艮	七 坎	二 乾

지반 6국 포국
중궁 지반수가 6이므로 감坎·곤坤·진震·손巽 순으로 1씩 증가하여 순행하였으며, 11수부터는 다시 1로 시작되니 중궁에 1이 은복隱伏:숨다의 의미되고, 건乾 二·태兌 三·간艮 四·이離 五 순으로 순행한다.

一 巽	六 離	三 坤
二 震	지반수 五 中	八 兌
七 艮	四 坎	九 乾

천반 5국 포국
중궁 천반수가 5이므로 이離·간艮·태兌·건乾 순으로 1씩 증가하여 역행하였으며, 중궁에 10이 은복隱伏되고, 11수부터는 다시 1로 시작되니, 손巽 一·진震 二·곤坤 三·감坎 四 순으로 역행한다.

一 十	六 五	三 八
二 九	천반수 五 지반수 六	八 三
七 四	四 七	九 二

지금까지 포국한 지반과 천반을 합쳐 배치할 때 지반은 아래에, 천반은 위에 배속된다.

7) 기문국 천지반 18국

기문국에 천지반을 배치하는 방법은 지반 9종류, 천반 9종류이다. 이것을 종류별로 포국하면 다음과 같다.

(1) 지반 포국

지반 1국		
五	十	三
四	一	八
九	二	七
지반 6수 은복		

지반 2국		
六	一	四
五	二	九
十	三	八
지반 7수 은복		

지반 3국		
七	二	五
六	三	十
一	四	九
지반 8수 은복		

지반 4국		
八	三	六
七	四	一
二	五	十
지반 9수 은복		

지반 5국		
九	四	七
八	五	二
三	六	一
지반 10수 은복		

지반 6국		
十	五	八
九	六	三
四	七	二
지반 1수 은복		

지반 7국		
一	六	九
十	七	四
五	八	三
지반 2수 은복		

지반 8국		
二	七	十
一	八	五
六	九	四
지반 3수 은복		

지반 9국		
三	八	一
二	九	六
七	十	五
지반 4수 은복		

(2) 천반 포국

천반 1국		
七	二	九
八	一	四
三	十	五
천반 6수 은복		

천반 2국		
八	三	十
九	二	五
四	一	六
천반 7수 은복		

천반 3국		
九	四	一
十	三	六
五	二	七
천반 8수 은복		

천반 4국		
十	五	二
一	四	七
六	三	八
지반 9수 은복		

천반 5국		
一	六	三
二	五	八
七	四	九
천반 10수 은복		

천반 6국		
二	七	四
三	六	九
八	五	十
천반 1수 은복		

천반 7국		
三	八	五
四	七	十
九	六	一
천반 2수 은복		

천반 8국		
四	九	六
五	八	一
十	七	二
천반 3수 은복		

천반 9국		
五	十	七
六	九	二
一	八	三
천반 4수 은복		

* 지반 5국은 감궁坎宮에서부터 1로 시작하여 구궁을 순행한다는 학설도 있지만, 저자는 이를 적용하지 않는다.

예) 천지반 포국이 기문 포국의 시작이 된다. 1960년 음력 12월 17일 사시생巳時生 건명乾命의 사주를 예를 들어 보자.

10 + 3 + 6 + 7 = 26 ÷ 9 = 2   나머지 수 8
천반수

癸 丙 己 庚
巳 寅 丑 子

6 + 3 + 2 + 1 = 12 ÷ 9 = 1   나머지수 3
지반수

· 천지반수를 구궁에 포국하면 다음과 같다.

四 七	九 二	六 五
五 六	천반수 八 지반수 三	一 十
十 一	七 四	二 九

(천반 8수 은복)
(지반 3수 은복)

* 명리에서는 남자와 여자의 대운이 반대로 돌아가지만, 기문국은 남녀의 포국법이 동일하다.

11. 천지반수의 지지 전환

오행의 기본수를 9씩 공제하여 천지반수를 산출한 다음, 구궁에 지반은 순행順行, 천반은 역행逆行하여 포국이 완료된 시점부터는 천지반수를 오행의 지지로 전환시켜 기문국을 해석한다. 즉, 천지반수를 오행 정수五行定數로 인식하고 기문국을 해석하는 것이다.

천지반수를 오행의 지지로 전환시켜 보면 다음과 같다.

천지반수	一	二	三	四	五	六	七	八	九	十
오행의 지지	子	巳	寅	酉	辰戌	亥	午	卯	申	丑未

* 천지반수 5와 10은 양토陽土인 진술辰戌이 있고, 음토陰土인 축미丑未가 있는데, 기문국에 천지반수 5가 올라 있으면 양둔 출생자陽遁生는 진辰이고 음둔 출생자陰遁生는 술戌이다. 또 천지반수 10이 올라 있으면 양둔 출생자는 축丑이고 음둔 출생자는 미未이다.

양둔생陽遁生	오양토五陽土	진辰	십음토十陰土	축丑
음둔생陰遁生	오양토五陽土	술戌	십음토十陰土	미未

기문국에서는 동지冬至에서 하지夏至 전까지를 양둔이라 하고, 하지에서 동지 전까지를 음둔이라 한다.

* 천지반수를 오행의 지지로 전환시켜 예를 들어보자.

예) 1962년 음력 8월 13일 자시생子時生 건명乾命 : 음둔

```
 7 + 9 + 6 + 9 = 31 ÷ 9 = 3    나머지 수 4
 庚  壬  己  壬                   천반수
 子  子  酉  寅
 1 + 1 + 10 + 3 = 15 ÷ 9 = 1    나머지 수 6
                                지반수
```

未 十 未 十	戌 五 戌 五	巳 二 卯 八
子 一 申 九	酉 四 亥 六	午 七 寅 三
亥 六 酉 四	寅 三 午 七	卯 八 巳 二

(천반 9수 은복)
(지반 1수 은복)

12. 오행 정수 五行定數

하도의 이치를 근본으로 삼아 하도 수리에 오행이 덧붙여진 것을 오행 정수 구궁의 천지반수라 하고 하도수라고 한다.

(1·6 水) (2·7 火) (3·8 木) (4·9 金) (5·10 土)

오행 정수 조견표

천간	甲	乙	丙	丁	戊	己	庚	辛	壬	癸
지지	寅	卯	午	巳	辰戌	丑未	申	酉	子	亥
오행	木		火		土		金		水	
오행정수	3	8	7	2	5	10	9	4	1	6
음양	陽	陰	陽	陰	陽	陰	陽	陰	陽	陰

1) 오행 단합五行單合 : 육합六合

지지 12자가 만났을 때는 반드시 합·반·충·극의 작용을 일으키며, 그 중 친화적인 관계를 가지고 있는 것이 합이다.

지지는 가장 근접하게 있는 지지와 만나면 자연적으로 곧 친합이 되며, 기문국에서는 동일한 궁의 천지반 합이 역량은 더 크다.

천간합은 그 영향이 빠른 경향이 있고, 지지합은 느린 경향이 있다.

一十	三六	八五	五四	二九
자축합子丑合	인해합寅亥合	묘술합卯戌合	진유합辰酉合	사신합巳申合
土	木	火	金	水

2) 오행 삼합五行三合

지지 중 서로 화합·보조하는 성격을 가진 지지 3자가 모이면 삼합이 되어 하나의 강력한 힘을 발휘한다. 기문국에서는 중궁이 포함되면 역량이 더 크다.

三七五	二四十	九一五	六八十
인오술삼합 寅午戌三合	사유축삼합 巳酉丑三合	신자진삼합 申子辰三合	해묘미삼합 亥卯未三合
火	金	水	木

3) 천간 상충天干相沖

십간十干은 일곱 번째의 천간天干과는 오행이 서로 상극 관계에 있고, 음양도 양은 양끼리, 음은 음끼리 상호 조화되지 않는 오행이 만나면 극충剋沖이 되는 것이다. 또 일곱 번째의 글자와는 서로 살상 관계가 있다 하여 상극칠살相剋七殺이라 한다.

三九	七九	五一	七一	五三
갑경충甲庚沖	병경충丙庚沖	무임충戊壬沖	병임충丙壬沖	무갑충戊甲沖

八四	四二	二六	十六	十八
을신충乙辛沖	신정충辛丁沖	정계충丁癸沖	기계충己癸沖	기을충己乙沖

천간 상충은 자신이 강하고 왕성하며, 승왕乘旺·거왕居旺할 시에는 오히려 발전하지만, 자신이 약할 시에 만나면 소송·파재破財·파가破家·병액·생리사별生離死別·이동·사업 변동이 일어난다.

4) 지지충地支沖

지지의 충도 천간충처럼 일곱 번째의 지지와 만나면 충을 하는데, 정면 상대가 되므로 상충相沖이라 한다. 기문국에서는 대충방끼리의 충이니 반음反吟이라고 한다.

모든 일에 발전성이 없고 막힘이 많으며, 이혼·도적·좌천·송사 등의 분쟁이 발생하지만, 귀인방貴人方에 길문길괘吉門吉卦를 만나 획기적인 변동을 단행하면 오히려 좋은 일이 발생한다.

一七	十十	三九	八四	五五	二六
자오충子午沖	축미충丑未沖	인신충寅申沖	묘유충卯酉沖	진술충辰戌沖	사해충巳亥沖

5) 방합方合

십이지지를 사방위(봄·여름·가을·겨울)로 배치할 때 방향이나 계절의 성향이 같은 기운들끼리 국局을 이루어 강력한 세력을 형성하는 것을 말한다.

三八五	二七十	九四五	六一十
인묘진寅卯辰	사오미巳午未	신유술申酉戌	해자축亥子丑
木	火	金	水

6) 삼형살三刑殺

주로 송사·형액·관재 구설·교통 사고의 피해를 입게 되는데, 그러나 형살刑殺이 기문국에서 길신吉神으로 작용할 때에 오히려 권위·권력의 화신으로 변한다.

三 二 九	十 五 十
인사신 삼형寅巳申三刑	축술미 삼형丑戌未三刑

7) 자형自刑

무례하고 냉정하며, 화가 나면 위아래 구분 없이 시비를 자초하여 친우와의 불목·질병·출가 등으로 비운에 빠지게 된다. 그래서 자신의 발등을 스스로 찍는 형국이다.

一 八	五 五	七 七	四 四	六 六
자묘형子卯刑	진진형辰辰刑	오오형午午刑	유유형酉酉刑	해해형亥亥刑

8) 육파六破

두 기운이 서로 부딪쳐 깨어진다는 의미이며, 희생·손해, 눈에 보이지 않는 우환, 그리고 파괴와 분열을 의미한다.

一 四	十 五	三 六	八 七	二 九	五 未
자유파子酉破	축진파丑辰破	인해파寅亥破	묘오파卯午破	사신파巳申破	술미파戌未破

9) 육해六害

글자 그대로 손해를 보는 것을 의미하며, 좀처럼 머리를 숙일 줄 모르니 암암리에 손해를 보고, 재앙·근심·증오·원망·방해를 의미한다.

一 十	十 七	三 二	八 十	九 六	四 五
자미해子未害	축오해丑午害	인사해寅巳害	묘진해卯辰害	신해해申亥害	유술해酉戌害

10) 원진元嗔

주로 남녀간에 서로를 의심하여 풍파가 많고, 증오·이별·고독·억울함의 의미이며, 선심을 쓰고도 공덕은 없고 무시당하는 형국이다.

一十	十七	三四	八九	五六	二五
자미子未	축오丑午	인유寅酉	묘신卯申	진해辰亥	사술巳戌

11) 복음伏吟

편하고 좋은 것만을 탐하고 자만심이 강하며, 쓸데없이 고집이 세고 남의 흉을 잘 보며, 표리 부동하다. 그러나 기문국에서 길방吉方과 흉을 소멸시키는 길문吉門을 만나면 오히려 국무총리·국회의장·대법원장에 오를 만큼 관운이 좋다.

一一	十十	三三	八八	五五	二二
자자子子	축축丑丑	인인寅寅	묘묘卯卯	진진辰辰	사사巳巳

七七	十十	九九	四四	五五	六六
오오午午	미미未未	신신申申	유유酉酉	술술戌戌	해해亥亥

12) 귀문鬼門

귀신이 몰고 오는 살인데, 정신이 이상해져 미친 행동을 잘 하고 노이로제·우울증·근친 상간 등 이해할 수 없는 일들을 저지르며, 연주와 일주의 궁이 극剋되면 자살이나 강탈을 당하니 주의해야 한다.

一四	十七	三十	八九	五六	二五
자유귀子酉鬼	축오귀丑午鬼	인미귀寅未鬼	묘신귀卯申鬼	진해귀辰亥鬼	사술귀巳戌鬼

13. 천을귀인·녹성·상문·조객·양인살

1) 천을귀인天乙貴人

국중의 천을귀인은 매사가 형통하고 일체의 흉살을 제거하여 귀인의 음덕으로 위기에서도 구원을 받게 되며, 평생 행복하게 살 수 있는 길성 중의 길성이다. 천을귀인과 녹성의 부법은 일간을 기준으로 하여 중궁과 연·월·일·시궁의 지반수와 비교한다.

일주천간 日柱天干	갑무경甲戊庚	을기乙己	병정丙丁	신辛	임계壬癸
천을귀인 天乙貴人	축미丑未	자신子申	해유亥酉	인오寅午	사묘巳卯
지반수 地盤數	十十	一九	六四	三七	二八

2) 녹성祿星

녹성은 권력과 관록을 의미하며, 자신을 보강하고, 모든 활동에 새로운 환경을 열어줌으로써 복록이 왕성하다. 또한 일생이 편안하며, 연·월·일·시주가 상호 조화가 되고, 상생되면 초야에 묻힌 서생이 순식간에 대권을 잡는다.

일주천간 日柱天干	甲	乙	丙戊	丁己	庚	辛	壬	癸
지지록 地支祿	寅	卯	巳	午	申	酉	亥	子
지반수 地盤數	三	八	二	七	九	四	六	一

* 천을귀인과 녹성이 동궁同宮하면 복록이 배가 된다.

3) 상문·조객喪門弔客

상문·조객은 특히 교통 사고나 불의의 사고를 조심해야 한다. 상문·조객이 붙은 방향으로는 문상이나 위문을 가면 질병과 불구 등 횡액이 발생한다.

연지年支	子	丑	寅	卯	辰	巳	午	未	申	酉	戌	亥
상문喪門 지반수地盤數	寅 三	卯 八	辰 五	巳 二	午 七	未 十	申 九	酉 四	戌 五	亥 六	子 一	丑 十
조객弔客 지반수地盤數	戌 五	亥 六	子 一	丑 十	寅 三	卯 八	辰 五	巳 二	午 七	未 十	申 九	酉 四

4) 양인살羊刃殺

양인살은 길신이 되면 강한 의지와 힘으로 권력을 장악하여 성공하기도 하지만, 흉살로서 폭발하면 불측의 재앙이 닥쳐오며, 때로는 분수에 넘치는 일을 하다가 뒷 감당을 못하고 패망하여 도주한다.

(1) 일륙 수一六水 궁에 흉살로 동하면 주색으로 패가 망신하여 재물과 명예를 손상하고 익사 또는 자살한다.

(2) 이칠 화二七火 궁에 흉살로 동하면 시비·관재 구설·욕심 때문에 크게 실패하며, 화재도 주의해야 한다.

(3) 삼팔 목三八木 궁에 흉살로 동하면 풍병·성병·피부질환·가스 중독 등 건강에 유의해야 하며, 자신의 인생을 비관하여 자살할 수 있다.

(4) 사구 금四九金 궁에 흉살로 동하면 교통 사고·총기 사고·폐병·정신병 등 불의의 사고를 당하며 불구가 된다.

(5) 오십 토五十土 궁에 흉살로 동하면 여행시 불의의 사고를 당하거나, 병사·횡사·강도 등의 흉액이 있으며, 신세를 지고도 은혜를 원수로 갚는다.

일주천간日柱天干	甲	丙戌	庚	壬
양인살羊刃殺	卯	午	酉	子
지반수地盤數	八	七	四	一

* 음일생은 양인을 인정하지 않는다.

14. 신살 오행수 神殺五行數

신살 오행수는 기문국에서 주로 이용되는 5대 신살로서 개념은 명리와 동일하고 신살의 산출은 연지와 일지의 삼합을 이용하는데, 연지보다는 일지 위주가 신살의 영향력이 더욱 강하다.

기본 지지基本地支	신자진申子辰	사유축巳酉丑	인오술寅午戌	해묘미亥卯未
겁살劫煞	二	三	六	九
역마驛馬	三	六	九	二
망신亡身	六	九	二	三
연살年煞	酉	午	卯	子
화개華蓋	辰	丑	戌	未

1) 신살神煞

(1) 겁살劫煞

겁살이 길성과 같이 있고 생왕되면 대인의 풍모가 있으며, 총명하여 행정부의 우두머리가 되거나, 군인은 대권을 잡게 된다. 겁살이 사·절지에 있거나 흉살과 같이 작용하면 겁탈·강탈·도적·비명 횡사를 한다.

(2) 역마驛馬

역마가 생왕하고 녹·귀인과 같이 있으면 임기 응변의 재주가 뛰어나서 생각하지 못한 뜻밖의 이익을 얻을 수 있으며, 명예·인기·번영·발전의 의미가 있다.

역마가 사·절지에 있거나, 공망 또는 흉살을 만나면 분주하고 이동이 많지만, 실속과 이득이 없다.

(3) 망신亡身

망신살은 주로 실패·도적·사기·주색 잡기 등 내부적으로 손상당하는 것을 말하고, 흉성과 동궁하면 눈치는 빠르나 게으르고 거짓말을 잘 하며 송사를 잘 일으킨다. 반면, 길신과 동궁하고 생왕하면 계산이 빠르고 권모 술수가 능한 사람이 된다.

(4) 연살年煞

일명 도화桃花 또는 함지살咸池煞이라고 한다.

기문국에서 일궁日宮에 동궁하거나 수궁水宮에 동궁하고, 흉성과 어울리면 매우 흉측하며, 호색·음란·음탕을 주관하는 살이다. 반면, 길신으로 작용하고 절개를 지키면 연예·인기업에 종사하여 이름을 크게 떨치고 대성하기도 한다. 연살 방향에 여름 풍경화나 태양을 상징하는 온난한 그림을 걸어두면 좋다.

(5) 화개華蓋

화개는 학문·예술·종교·문화, 그리고 고독을 상징하며, 길성으로 작용되면 야망이 크고 이상주의자이며, 팔방 미인으로 재주가 많다.

흉성으로 작용되면 머리는 총명 영리하지만, 세상 사람들의 인정을 받지 못하고 자칫 악의 구렁텅이에 빠지며, 생활이 궁핍하고 신용이 떨어진다. 승려나 종교인으로 가면 좋으나 호색하면 패가 망신한다.

2) 천마天馬

천마는 사주의 월지와 기문국의 지반수를 비교하여 정하고 해당궁에 천마로 표기한다.

지반수地盤數	三	九	七	一	五	五
천마天馬	寅	申	午	子	戌	辰
월지月支	子午	卯酉	寅申	巳亥	辰戌	丑未

천마는 기문국의 구성이나 문괘성장과의 관계를 유추하여 종합적으로 판단해야 하는데, 작용은 역마와 비슷하나 범위는 해외 이민·해외 여행·해외 파견 등 그 역량이 강하고 광범위하다.

천마가 연궁·일궁이 승왕·거왕하고, 길문·길괘를 만나면 생살지권을 쥐고 있는 지위에 오르며, 연궁·일궁이 극되고 흉성을 보면 흉살지기가 더욱 왕성해져 자살하거나 질병 등으로 고생하는 경우가 많다. 특히 편관을 만나면 더 흉하다.

3) 신살의 부법

(1) 신살은 연지와 일지를 기준으로 삼합을 이용하여 산출한다.
(2) 겁살·역마·망신은 궁의 지반수와 비교한다.
(3) 연살과 화개는 기존의 지지궁과 비교한다.
(4) 가. 신살의 표기는 연지의 삼합 오행에 해당하면 다음과 같이 표기한다.

세겁歲劫	세마歲馬	세망歲亡	세년歲年	세화歲華

나. 일지의 삼합 오행에 해당하면 다음과 같이 표기한다.

일겁日劫	일마日馬	일년日年	세년歲年	일화日華

* 겁살·연살·화개는 중궁의 은복 지지와도 비교한다.

(5) 신살부법의 예를 들면 다음과 같다.

```
時    日    月    年
4     1     5     3
丁    甲    戊    丙
卯    辰    午    戌
4     5     7     11
```

世　　　　十 　　　　　三 日馬, 日華, 天馬	月　　　　五 　　　　　八	二 　　　　　一
時　　　　一 　　　　　二 歲亡, 歲年, 日劫	四 　　　　　九 歲馬	七 　　　　　六 歲劫, 日亡, 日年
六 　　　　　七	三 　　　　　十	歲　　　　八 　　　　　五 歲華

기문국에서 연·월·일·시年月日時가 앉은 궁의 표기는 다음과 같다.

연지年支가 앉은 궁은 세歲로 표기하고
월지月支가 앉은 궁은 월月로 표기하고
일지日支가 앉은 궁은 세世로 표기하고
시지時支가 앉은 궁은 시時로 표기하고
유년流年이 앉은 궁은 유流로 표기한다.

중궁과 연·월·일·시·유년이 앉은 궁을 동처動處라 하고, 그 외의 궁을 정처靜處라 한다.

 * 형·충·파·해·합·원진·복음·귀인·녹성·양인·사문·삼문과 신살이 동처에 붙으면 그 역량은 더욱 증가한다.
 * 유년流年 개념은 명리의 대운과 같다.

15. 합·충合沖의 이해

기문 둔갑에서 합·형·충·파·해·신살 등의 개념과 이해 관계는 명리와 거의 유사하다.

그러나 기문국만의 특성이 있는데, 요약해 보면 다음과 같다協·형·충·파·해를 줄여 합·충으로 부르겠다.

· 합·충을 볼 때 중점을 두는 궁은 연궁·월궁·일궁·시궁·중궁이다.
· 합·충을 보는 방법은 구궁의 천반과 지반의 관계와 그리고 동처연궁·월궁·일궁·시궁·중궁·유년궁을 통틀어 동처라 칭한다 천지반과 중궁 천지반과의 관계를 보고 판단한다. 즉, 각 궁의 천반과 지반, 또 동처 간끼리 합·충이 이루어진다는 것이다.
· 육합은 동처 상호간의 합보다는 같은 궁에 있는 천반과 지반과의 합의 힘이 더 강하다. 삼합의 경우는 동처에 삼합의 요소가 모두 있어야 삼합으로 인정한다. 그러나 동처에 자오子午·묘유卯酉·제왕帝王이 포함하여 삼합의 요소가 2개만 있어도 반합으로 인정한다.

1) 합合

(1) 방합方合 : 인묘진寅卯辰:三, 八, 五,　　사오미巳午未:二, 七, 十
　　　　　　 신유술申酉戌:九, 四, 五,　　해자축亥子丑:六, 一, 十
(2) 삼합三合 : 해묘미亥卯未:六, 八, 十,　　신자진申子辰:九, 一, 五
　　　　　　 사유축巳酉丑:二, 四, 十,　　인오술寅午戌:三, 二, 五
(3) 육합六合 : 자축子丑:一, 十,　　인해寅亥:三, 六,　　묘술卯戌:八, 五
　　　　　　 진유辰酉:十, 四,　　사신巳申:二, 九,　　오미午未:七, 十

2) 형충파해刑沖破害

(1) 형刑 : 삼형 인사신三刑寅巳申:三, 二, 九,　　삼형 축술미三刑丑戌未:十, 五, 十
　　　　 자묘子卯:一, 八,　　진진辰辰:五, 五,　　오오午午:七, 七
　　　　 유유酉酉:四, 四,　　해해亥亥:六, 六

(2) 충沖 : 자오子午:一, 七,   　　　인신寅申:三, 九,   　　　묘유卯酉:八, 四
　　　　　진술辰戌:五, 五,   　　　축미丑未:十, 十,   　　　기해己亥:二, 六
(3) 파破 : 자유子酉:一, 四,   　　　축진丑辰:十, 五,   　　　인해寅亥:二, 六
　　　　　묘요卯午:八, 七,   　　　사신巳申:二, 九,   　　　술미戌未:五, 十
(4) 해害 : 자미子未:一, 十,   　　　축오丑午:十, 七,   　　　인사寅巳:三, 二
　　　　　묘진卯辰:八, 五,   　　　신해申亥:九, 六,   　　　유술酉戌:四, 五

16. 삼살三煞

1) 5토五土는 천강이라는 살성煞星이고 7화七火는 형혹이라는 살성이며, 9금九金은 태백이라는 살성이다. 토·화·금土火金은 육의 무병경戊丙庚이고, 5·7·9는 천지반수이며, 이 삼자三字의 살성이 기문국에 모두 동하는 경우 삼살의 성립은 이루어진다. 천지반수 5·7·9 중 하나의 수가 중궁에 은복되어 있어도 삼살은 성립된다. 5무토五戊土 천강살은 여러 가지 환란을 몰고 오는데, 특히 인생 비관·자살·위암·피부암 등 질병이 발생하며, 토지·가옥·문서·수표 부도와 관련된 분쟁이 발생한다. 더욱이 형혹 화성火星의 생을 받으면 그 흉살은 더욱 강해지며, 천강살·형혹살·태백살이 편관鬼에 해당되면 흉살의 작용은 더욱 크다.
2) 7병화七丙火 형혹살은 타인과의 이해 관계 및 금전 문제로 시비·관재 구설이 있으며, 병난을 불러들이는 흉살이다.
3) 9경금九庚金 태백살은 살생과 살기의 숙살지기이므로 교통 사고·수술·관재·구설을 일으키는 흉살이며, 천강 토성의 생을 받으면 살기가 오른 금金이므로 태백살의 영향은 더욱 커진다.
4) 7병화七丙火는 난을 일으키고, 9경금九庚金은 화를 부르니, 5무토五戊土 천강살이 없어도 7병화 형혹살과 9경금 태백살만으로도 상전은 이루어진다.
5) 살의 경중을 구분하면 육의 천반 무병경戊丙庚과 지반수 5·7·9는 더욱 흉하고, 육의지반 무병경과 천반수 5·7·9는 조금 경하다.

6) 살성이 부모궁에 있으면 부모가 흉하고 액이 있으며,
	처재궁에 있으면 처로 인한 불상사와 재물이 흩어지고,
	관귀궁에 있으면 직업에 관한 일과 관재수가 있으며,
	기신궁己身宮에 있으면 자신이 흉액을 당하고,
	자식궁에 있으면 자식으로 인해 흉사가 발생한다.
7) 동궁同宮에 쌍금雙金·쌍화雙火·쌍칠雙七·쌍구雙九가 동하면 흉액의 영향은 더욱 강해진다.
8) 삼살과 7병9경살七丙九庚殺이 모두 나쁜 것만은 아니며, 기문국의 구성 요소에 따라 오히려 자극이 되고 좋은 변화를 가져올 때도 있지만, 근본적으로 삼살과 7병9경살은 흉살이므로 경거 망동은 피해야 한다.

17. 공망空亡

1) 공망이란 천간天干:甲乙丙丁戊己庚辛壬癸 십 자와 지지地支:子丑寅卯辰巳午未申酉戌亥 십이 자를 육십갑자로 배합할 때 반드시 두 자는 남게 되는데, 이것을 공망이라 한다.

순중旬中	일주日柱										공망空亡
甲子	甲子	乙丑	丙寅	丁卯	戊辰	己巳	庚午	辛未	壬申	癸酉	戌亥
甲戌	甲戌	乙亥	丙子	丁丑	戊寅	己卯	庚辰	辛巳	壬午	癸未	申酉
甲申	甲申	乙酉	丙戌	丁亥	戊子	己丑	庚寅	辛卯	壬辰	癸巳	午未
甲午	甲午	乙未	丙申	丁酉	戊戌	己亥	庚子	辛丑	壬寅	癸卯	辰巳
甲辰	甲辰	乙巳	丙午	丁未	戊申	己酉	庚戌	辛亥	壬子	癸丑	寅卯
甲寅	甲寅	乙卯	丙辰	丁巳	戊午	己未	庚申	辛酉	壬戌	癸亥	子丑

부법은 일주 위주로 공망의 지지를 확인한 다음 공망이 해당하는 지지궁地支宮에 공망으로 표기한다.

기문국에서의 공망은 어느 간지를 중심으로 볼 것인지는, 연주 중심과 일주 중심, 또는 연국에서는 연주 중심, 월국에서는 월주 중심으로 해야 한다는 여러 가지 이론이 구구하지만, 지금까지 저자의 경험에 의하면 기문국에서의 공망은 어느 국이건 일주를 위주로 보는 것이 타당하며, 단 시국점時局占은 시주時柱 그대로 본다.

(1) 세궁世宮:日이 공망이면 마음이 공허하고 정서가 불안하여 마음에도 없는 행동을 잘하며, 타인의 도움을 전혀 받을 수 없고, 혹은 비관하여 자살하는 수도 있다.

(2) 식상궁食傷宮이 공망이면 자식과의 인연이 박하고, 질병·출가 등으로 이별하게 되며, 자식으로 인해 정신적·육체적 고통을 받게 된다.

(3) 재성궁財星宮이 공망이면 부부간의 불화로 인해 공방空房 생활을 피할 수 없고, 손재수가 있어 금전 문제로 애로가 많다.

(4) 관성궁官星宮이 공망이면 직업상의 변동이며, 보통 실직할 운이지만 길문·길괘를 만나면 오히려 확장 변동하는 수가 있고, 재판·송사는 불리하다.

(5) 인성궁印星宮이 공망이면 부모와 인연이 없고, 일찍 집을 떠나 타향살이를 하게 되며, 문서로 인해 관재·구설·사기·음해·명예 훼손이 있으며, 매사에 손해를 본다.

(6) 연·월年月이 공망이면 조상과 부친이 흉하거나 해롭고, 형제와도 인연이 없고, 출생지와 인연이 없으니 고향을 떠나 홀로 타향살이를 한다.

(7) 생시生時가 공망이면 마음이 안정이 안 되고 산만하여 남들이 이해할 수 없는 엉뚱한 행동을 함으로써 대사를 그릇치고, 자식과도 인연이 없으며, 평생국에서 생사가 공망이면 말년이 고독하다.

또한 공망의 영향은 오행의 성격에 의해 목·화·토·금·수木火土金水로 분류하여 해석한다.

(8) 목공즉절木空則折이라, 목木이 공망이면 나무는 하늘로 뻗어 성장하는 것이 순리인데, 공망을 만나면 매사 잘 되어 나가다 중도에 하차하고 마는 격이다.

(9) 화공즉발火空則發이라, 화火가 공망이면 불이 기세 좋게 연소할 때에 불을 때리면 사면 팔방으로 흩어져 더욱 광범위하게 연소하므로 오히려 발전의 기상으로

판단한다.
(10) 토공즉붕土空則崩이라, 토土가 공망이면 땅은 두드리면 꺼지므로 하고 있는 모든 일들이 잘 되어 나가다 갑자기 파재수를 만나니 경거망동하면 대패하고, 변동은 금물이다.
(11) 금공즉명金空則鳴이라, 금金이 공망이면 쇠는 두드리면 소리가 더 멀리 퍼져나가므로 사해에 명예를 떨치고 의외의 발전이 있다.
(12) 수공즉류水空則流라. 수水가 공망이면 물은 두드리면 유속이 빨라지므로 막혔던 일이 신속히 이루어질 수가 있으며, 해외 진출도 이상적이다.

2) 보편적으로 기문국에서 공망의 영향을 논해 보면 다음과 같다.
(1) 공망에 해당하는 궁이 겸왕兼旺·거왕居旺·승왕乘旺·수생受生하여 왕성하면 공망의 영향은 감소된다.
(2) 기문국에서 천반·지반·상하가 형충이면 모든 일이 발생하는 흉인데, 공망을 만나면 흉의 영향은 감소된다.
(3) 길문·길괘가 공망을 만나면 좋은 운은 감소되며, 흉문·흉괘가 공망을 만나면 나쁜 운은 반감된다.
(4) 삼살과 7화七火·9금九金의 살은 공망의 영향을 크게 받지 않는다.
(5) 공망은 12운성에 의해서도 영향이 증감增減하는데, 12운성의 장생·건록·제왕을 만나면 공망의 영향은 감소되며, 쇠·병·사를 만나면 공망의 영향은 더욱 증가한다.

18. 총공總空

총괘수가 공망이면 총공이 되는데, 총괘수란 중궁의 지반수를 말한다. 중궁의 지반수가 3三일 경우, 간궁艮宮이 공망이면 총공이 되며, 중궁의 지반수가 4四일 경우, 태궁兌宮이 공망이면 총공이 된다. 총공이 되면 결국 중궁 자체가 공망이란 뜻이다.

중궁 지반수中宮地盤數	총공망總空亡
三寅, 十丑	간궁艮宮이 공망이면 총공
八卯	진궁震宮이 공망이면 총공
五辰, 二巳	손궁巽宮이 공망이면 총공
七午	이궁離宮이 공망이면 총공
十未, 九申	곤궁坤宮이 공망이면 총공
四酉	태궁兌宮이 공망이면 총공
五戌, 六亥	건궁乾宮이 공망이면 총공
一子	감궁坎宮이 공망이면 총공

총공의 영향은, 평생국이 총공이면 평생 되는 일이 없으며, 몸과 마음이 불안정하여 세상살이가 고달프다. 혹 포부가 커서 큰일을 도모해도 끝에 가서는 꼭 파산하게 된다. 연국이 총공이면 평생국의 총공과 만찬가지이므로 그 해 일 년 동안은 재물·사업·직장 등의 이동·변동은 절대 안 되며, 앞날을 위해 공부하는 세월로 삼아야 한다.

단, 세궁歲年宮 지반수가 중궁 지반수를 생하고, 중궁 지반수가 세궁世日宮 지반수를 생할 경우, 중궁 지반수가 세궁歲宮 지반수를 생하고, 세궁歲宮 지반수가 세궁世宮 지반수를 생할 경우에는 총공의 영향을 전혀 받지 않는다.

또한, 생궁의 육의삼기와 문괘가 성하며, 왕성한 중궁 지반수가 세궁世宮 지반수를 생하든지, 세궁世宮 지반수가 중궁 지반수를 생하면 총공망의 영향은 육의삼기와 문괘의 성쇠에 따라 감소되거나 또는 해소된다.

19. 거공居空

거공이란 제자리에 앉아서 공망을 당한다는 뜻으로 공망궁의 지지와 지반수가 같은 경우를 말한다. 즉, 진궁震宮이 공망을 당했을 때 진궁 지반수가 8八일 경우, 또는 곤궁坤宮이 공망을 당했을 때 곤궁 지반수가 10十이나 9九일 경우 거공망이 된다.

궁宮	지반수地盤數	거공망居空亡
간궁艮宮	三寅, 十丑	간궁이 공망이면 거공
진궁震宮	八卯	진궁이 공망이면 거공
손궁巽宮	五辰, 二巳	손궁이 공망이면 거공
이궁離宮	七午	이궁이 공망이면 거공
곤궁坤宮	十未, 九申	곤궁이 공망이면 거공
태궁兌宮	四酉	태궁이 공망이면 거공
건궁乾宮	五戌, 六亥	건궁이 공망이면 거공
감궁坎宮	一子	감궁이 공망이면 거공

거공망居空亡의 영향은 단순한 공망보다 공망의 영향을 더 크게 당한다는 것이다. 특히 거공망궁에 해당되는 육친은 대개 사망·이별하게 되며, 요행히 떨어져 있는 경우에는 횡액을 면할 수 있으나, 사회 활동의 어려움과 심신의 괴로움은 피할 수가 없을 것이다.

평생국에서 세궁世宮이 거공에 해당하는 경우, 입산 수도나 평생 독신 생활을 할 정도로 외롭고 고독하다.

보편적으로 거공망의 영향은 총공과 비슷하며, 거공망의 해소의 증감도 총공의 경우와 같다.

20. 고방·허방 孤方·虛方

고방·허방이란, 고방은 공망궁空亡宮을 말하고, 허방은 공망궁의 대충방對沖方을 말한다. 고방·허방의 대충성을 이용한 배고격허背孤擊虛의 방술方術이 있는데, 주로 병술과 사냥술에 이용되었다.

고방孤方	허방虛方
공망궁이 자축방子丑方이면	대충방은 오미방午未方
공망궁이 인묘방寅卯方이면	대충방은 신유방申酉方
공망궁이 진사방辰巳方이면	대충방은 술해방戌亥方
공망궁이 오미방午未方이면	대충방은 자축방子丑方
공망궁이 신유방申酉方이면	대충방은 인묘방寅卯方
공망궁이 술해방戌亥方이면	대충방은 진사방辰巳方

배고격허술이란, 전쟁시 고방인 공망궁을 등지고 대충방인 허방을 향해 공격하면 백전백승이며, 전쟁 중 진을 칠 때, 또는 사냥시 짐승을 몰이할 때 고방에 진을 치고 허방 쪽으로 유인하여 공격하면 크게 성공할 수 있다. 특히 주역 팔괘의 절명絶命이 허방궁에 해당되면 적을 완전히 초토화시킬 수 있다. 또한 배고격허술은 전쟁과 사냥에만 이용되는 것이 아니고 우리 주위의 모든 일상사 사업·부동산·직업·재물 등의 이동·변동시에도 적용한다.

21. 절공 截空

절공이란 일간日干에 임·계壬癸가 들어와 붙는 지지를 말한다.
즉, 사주의 일간이 갑·기·토甲己土이면 임·계는 임신壬申·계유癸酉에 붙는데, 이때 지지 신·유申酉가 절로 공망이다.

일간日干	절공截空
갑기토甲己土이면 임신·계유壬申·癸酉이니	신유申酉가 절공
을경금乙庚金이면 임오·계미壬午·癸未이니	오미午未가 절공
병신수丙辛水이면 임진·계사壬辰·癸巳이니	진사辰巳가 절공
정임목丁壬木이면 임인·계묘壬寅·癸卯이니	인묘寅卯가 절공
무계화戊癸火이면 임자·계축壬子·癸丑이니	자축子丑이 절공

절공의 영향은 운수·교통·통신 등의 이동시에 피해야 할 방향이다. 특히 전쟁 중에 적군이 매복할 수 있는 방향이므로 군대 이동시 철저히 관찰해야 하며, 가능하면 피해 가야 할 방향이다.

22. 전월공前月空

전월공망이란 지지에 해당하는 월의 전월前月을 공망으로 보는데, 예를 들면 사월巳月이면 진辰月을, 미未月이면 오午月을 공망으로 본다. 그리고 전월공망이 되면 좋은 운도 나쁜 운도 없는 것으로 보면 된다.

즉, 모든 것이 무효화된다는 것이다. 그러나 기문국에서 전월공망의 영향은 미미하므로 참고만 해야 한다.

04 십이운성十二運星

십이운성을 일명 포태법胞胎法이라고도 한다.

포태법은 명리학에서는 천간이 어느 지지를 만났을 때 생왕의 기운을 얻고, 어느 지지를 만났을 때 병·사의 기운을 받아 쇠잔해지는지, 그러한 천간의 기운을 측정하기 위해서 사용한다. 또한 기문국에서는 세궁世宮 지반수가 구궁九宮 각각의 자리에서 어떠한 위치에 있으며, 각 궁의 상관 관계는 어떠한지, 그리고 구궁 지반수의 왕旺·상相·휴休·수囚·사死의 기운을 측정하기 위해서 포태법을 사용하는 것이다.

1. 포태법胞胎法

포태법은 인간과 우주 만물의 생·로·병·사의 과정을 풀이한 것으로써, 출생하고 죽어 무덤에 들어가 다시 환생하여 태어나기까지의 과정을 십이 단계로 나누어 표현하였는데, 불교의 십이 인연법과도 연관이 있는 듯하며, 그 십이 단계를 인간의 생육 과정에 맞추어 설명해 보면 다음과 같다.

포胞 : 절絶이라고 한다. 인간의 생명이 어머니의 자궁 속에 입태하기 직전의 부모 결합 시기에 해당한다.
태胎 : 부모님이 서로 결합하여 한 생명이 어머니의 자궁 속에 입태된 상태이다.

양養 : 어머니의 모태 속에서 점차 성장해 가는 과정이다
생生 : 장생이며, 모태 속에서 성장한 태아가 이 세상에 출생하는 것을 뜻한다.
목욕沐浴 : 세상에 태어난 아이를 목욕시키고 대변·소변을 씻겨주는 시기이다.
대帶 : 관대冠帶라고 한다. 사람이 성장하여 옷을 갖춰 입는 것처럼 만물이 성장하여 겉모습을 갖춘 형태이다.
관冠 : 건록建祿 또는 임관臨官이라고 한다. 장성해서 관을 쓰고 결혼을 하여 아버지가 되며, 사회에 나가 벼슬을 하는 시기를 말한다.
왕旺 : 제왕이고, 인생 최고의 절정기이며, 왕성한 장년 시기이다.
쇠衰 : 왕성한 때가 지나면 노쇠하기 마련이므로 인생의 노년기에 임했음을 말하며, 절기로는 가을과 같다.
병病 : 사람이 늙어서 시들고 병든 노년기를 말하며, 절기로는 초겨울 낙엽이 완전히 진 상태를 말한다.
사死 : 사람이 병들어 사망하는 것과 같다
장葬 : 묘墓 또는 고庫라고 한다. 죽어서 장사 지내고 지하에 묻히어 인생 일대가 끝났음을 말한다.

2. 십이운성 부법十二運星附法

1) 양국 순행陽局順行

	胞	胎	養	生	浴	帶	冠	旺	衰	病	死	葬
一六水	巳	午	未	申	酉	戌	亥	子	丑	寅	卯	辰
二七火 五十土	亥	子	丑	寅	卯	辰	巳	午	未	申	酉	戌
三八木	申	酉	戌	亥	子	丑	寅	卯	辰	巳	午	未
四九金	寅	卯	辰	巳	午	未	申	酉	戌	亥	子	丑

2) 음국 역행陰局逆行

	胞	胎	養	生	浴	帶	冠	旺	衰	病	死	葬
一六水	午	巳	辰	卯	寅	丑	子	亥	戌	酉	申	未
二七火 五十土	子	亥	戌	酉	申	未	午	巳	辰	卯	寅	丑
三八木	酉	申	未	午	巳	辰	卯	寅	丑	子	亥	戌
四九金	卯	寅	丑	子	亥	戌	酉	申	未	午	巳	辰

3) 십이운성 부법

양국양둔:동지부터 하지 전까지 출생과 음국하지부터 동지 전까지 출생으로 나뉘어지는데, 양국은 순행하고 음국은 역행한다.

(1) 세궁世宮 지반수가 일육 수一六水이고, 양국이면 수절어사水絕於巳이니 사巳의 지지궁인 손궁에 포태를 붙이고, 오태午胎·미양未養·신생申生·유욕酉浴·술대戌帶·해관亥冠·자왕子旺·축쇠丑衰·인병寅病·묘사卯死·진장辰葬 순으로 순행한다. 음국이면 수절어오水絕於午이니 오午의 지지궁인 이離궁에 포태를 붙이고, 사태巳胎·진양辰養·묘생卯生·인욕寅浴·축대丑帶·자관子冠·해왕亥旺·술쇠戌衰·유병酉病·신사申死·미장未葬 순으로 역행한다.

(2) 세궁 지반수가 이칠 화二七火나 오십 토五十土이고 양국이면 화토절어해火土絕於亥이니 해亥의 지지궁인 건궁에 포태를 붙이고, 자태子胎·축양丑養·인생寅生·묘욕卯浴·진대辰帶·사관巳冠·오왕午旺·미쇠未衰·신병申病·유사酉死·술장戌葬 순으로 순행한다. 음국이면 화토절어자火土絕於子이니 자子의 지지궁인 감궁에 포태를 붙이고, 해태亥胎·술양戌養·유생酉生·신욕申浴·미대未帶·오관午冠·사왕巳旺·진쇠辰衰·묘병卯病·인사寅死·축장丑葬 순으로 역행한다.

(3) 세궁 지반수가 삼팔 목三八木이고 양국이면 목절어신木絕於申이니 신申의 지지 궁인 곤궁에 포태를 붙이고, 유태酉胎·술양戌養·해생亥生·자욕子浴·축대丑帶·

인관寅冠·묘왕卯旺·진쇠辰衰·사병巳病·오사午死·미장未葬 순으로 수행한다. 음국이면 목절어유木絶於酉이니 유酉의 지지궁인 태궁에 포포를 붙이고 신태申胎·미양未養·오생午生·사욕巳浴·진대辰帶·묘관卯冠·인왕寅旺·축쇠丑衰·자병子病·해사亥死·술장戌葬 순으로 역행한다.

(4) 세궁 지반수가 사구 금四九金이고 양국이면 금절어인金絶於寅이니 인寅의 지지궁인 간궁에 포포를 붙이고, 묘태卯胎·진양辰養·사생巳生·오욕午浴·미대未帶·신관申冠·유왕酉旺·술쇠戌衰·해병亥病·자사子死·축장丑葬 순으로 수행한다. 음국이면 금절어묘金絶於卯이니 묘卯의 지지궁인 진궁에 포포를 붙이고, 인태寅胎·축양丑養·자생子生·해욕亥浴·술대戌帶·유관酉冠·신왕申旺·미쇠未衰·오병午病·사사巳死·진장辰葬 순으로 역행한다.

(5) 십이운성을 붙일 때 5토五土는 일륙 수一六水와 같이, 10토十土는 이칠 화二七火와 같이 붙이는 방법도 있다. 부법도 일륙 수一六水이고 양국이면 사巳의 지지궁이 아닌 사巳의 지반수인 이二가 소재하고 있는 궁에 포포를 붙인다. 그리고 양국은 수행, 음국은 역행하는 방법도 있으며, 또한 음국·양국 구분 없이 무조건 수행하는 방식도 있다.

3. 십이운성과 공망

1) 양국 순행

양 5국陽五局　　　　辛8　癸10　丁4　戊5
　　　　　　　　　　　酉10　丑2　巳6　戌11

月　　　五六 帶冠	十一 旺	七四 衰病
六 空亡　五 浴	九二	時　　　二九 死
世　　　一 空亡　十 生養	八三 胎	歲　　　三八 胞葬

2) 음국 역행

음 1국陰一局　　　　壬9　庚7　甲1　乙2
　　　　　　　　　　　午7　辰5　申9　酉10

世　　　七八	時　　　二三	月　　　九六
帶浴	生	空亡 養胎
八七	一四	歲　　　四一 空亡
冠	總空	胞
三二	十五	五十
旺衰	病	死葬

4. 십이운성 해석

기문국에서 십이운성은 세궁世宮 지반이 구궁九宮에 어떠한 영향을 미치고 있으며, 또 구궁 지반의 왕·쇠·강·약의 기운을 추정하기 위한 역할을 한다. 그리고 중궁은 십이운성이 닿지 않는데, 세궁歲宮 지반이 중궁 지반을 생生할 경우 세궁歲宮에 소재하고 있는 십이운성의 영향을 받고, 세궁世宮 지반이 중궁 지반을 생할 경우 세궁世宮에 소재하고 있는 십이운성의 영향을 받는다.

십이운성이 구궁九宮에 생·대·관·왕이 해당하는 경우 길하고, 길문·길괘와 동궁하면 더욱 길하며, 구궁에 욕·장·태·양에 해당하면 길·흉이 없는 평으로 해석한다. 또한 구궁에 쇠·병·사·포가 해당하면 흉하고, 흉문·흉괘·병칠丙七·경구庚九·귀鬼와 동궁하면 더욱 흉하다.

1) 포胞 : 절絶이라고도 하며, 명주에 포胞가 닿으면 끈기가 없어 변동이나 변화가 심하고, 세상 물정을 몰라 남을 너무 믿어서 잘 속아 넘어간다. 그리고 명국에서 포胞가 일위一位뿐이면 흉도 없고 길도 없는 평으로 본다. 그러나 포胞가 상주한 세궁世宮이 파극이 되면 부모·형제의 덕이 없고, 처자와도 인연이 없으며, 동분서주로 분주하기만 하고 실속이 없다.

2) 태胎 : 온화하고 평온 무사한 기운을 내포하고 있으나, 부드럽고 연약하여 소극적이다. 태胎의 기운은 흉도 없고 길도 없는 중간 정도이며, 세궁世宮에 상주하면 집념과 패기가 부족하여 남에게 의지하려는 의타심이 많다. 또한 고상하지만 신념이나 아량이 넓지 않으며, 부부간에 불신하는 경향이 있으니 유의해야 한다.

3) 양養 : 어머니의 뱃속에서 자라나는 시기이니 배우고 육성되는 기상이며, 영리하고 도량이 넓어 매사에 무리를 하지 않는다. 반흉·반길하여 길성과 화합하면 복력이 있고, 흉살과 상봉하면 재앙이 발생한다. 세궁世宮에 상주하면 양자로 양가를 승계하는 경우가 많고, 자신의 부모와는 인연이 약하다.

4) 생生 : 장생의 준말이며, 명 중에 장생을 만나면 감수성이 예민하고, 창작성이 풍부하며, 행복과 번영, 그리고 점진적인 발전을 의미한다. 세궁世宮에 장생이 상주하면 소년에 과거 급제하여 정부의 요직을 맞게 된다. 더욱이 길운·길괘를 만나면 부모 형제가 영화롭고, 현처를 만나 부부 화합도 잘 되며, 사회적으로 순탄하게 성공한다.

5) 욕浴 : 목욕이라고 하며, 수중에서 목욕시키는 형국이니 항상 자신을 꾸미고, 씻고 몸치장하는 것은 풍류를 의미한다. 변화와 변덕이 심하고, 세상 물정이 어두워 남에게 잘 속고 실패가 많다. 남자는 이 살을 만나면 고독하고, 주색으로 패가 망신하기 쉬우며, 여자는 생·리·사별을 피하기 어렵고, 정신적·육체적으로 방황하기 쉽다. 그러나 명국에서 목욕살과 도화살연살이 상봉하고 관성이 출중하면 오히려 과거에 급제하여 벼슬길에 오르고 출세도 하니 꼭 흉하다고만 할 수 없다. 월·일·시가 동궁한 궁에 목욕살이 상주하면 음탕하고 음흉하며 의리를 저버리는 변절자이다. 또한 세궁世宮에 목욕살이 상주하면 주의력

이 산만하고 집중력이 부족하여 무슨 일이든 끝까지 밀고 나가기가 어렵고, 부모 형제와도 인연이 없으며, 주색으로 파가破家하지만 사교성만큼은 좋다.

6) 대帶 : 일명 관대冠帶라 하고, 왕성한 청년기를 의미한다. 관대는 어떠한 난관에 봉착해도 개척 정신과 투쟁 정신이 특히 강하여 과감하게 풀어나가지만, 정신적으로 미숙하고 경험이 부족하다. 교양과 덕망을 쌓으면 부귀하나, 자존심이 강하고 남의 간섭이나 지배를 받기 싫어하므로 대인 관계에서 적을 만들기 쉬우니 유념해야 한다. 세궁世宮에 관대가 상주하면 초년 시절에는 빈한하나 중년부터 발복하고, 길문·길괘와 만나면 비범한 인재로서 크게 이름을 빛낼 것이고, 자손이 발복하여 그 덕을 얻으나 파극되면 모든 것이 허사이다.

7) 관冠 : 일명 건록建祿이라 하며, 육체와 정신이 완성되어 지모를 겸비한 성숙 시기이며, 사상이 건전하고 계획이 치밀하며 의리가 강하다. 세궁世宮에 관이 상주하고, 귀하거나 길격이면 사업 또는 정치가로서 크게 성공하여 이름을 사해에 떨친다. 여성은 애정 문제에 유의해야 한다.

8) 왕旺 : 제왕帝旺이라 하고, 일생 최고의 전성 시대이며, 활동력이 왕성한 시기이다. 경험과 지식이 풍부하여 매사에 신중하면서도 독선적이고, 고집과 자존심이 강하여 만인에 군림하는 두령격이다. 기상이 중후하여 조용히 처신하더라도 천하에 이름을 빛낸다. 세궁世宮에 왕이 상주하면 수완이 좋고 통찰력이 있는 우두머리이며, 학문 연구도 좋아한다. 그러나 부귀 명문가이지만 배우자에게는 해로우며, 백년 해로하기가 어렵다.

9) 쇠衰 : 인간 만사의 최성기가 끝나고, 점차적으로 시들고 저물어가는, 성패가 다사다난한 시기이다. 인생의 황혼기에 해당하며, 패기는 약하고 박력은 부족하지만 정신적으로 성숙하고 노련하여 어려운 일을 쉽게 풀어나가는 재치는 있으나 매사에 소극적이다. 세궁世宮에 쇠가 상주하면 허영이나 사치 없이 차분하고 조용하며, 문장력도 좋고 글씨도 잘 쓰며 꼼꼼하다. 그래서 전문 기술직이나 학문 연구, 교사직으로 나가면 성공한다. 여성은 생각이 깊어 실수가 별로 없는 현모양처로 내조를 잘 한다.

10) 병病 : 나이가 들고 병이 들면 노쇠해지는 것이 자연의 순리이다. 병이 든 환

자가 이런저런 생각이 많듯 환상과 몽상이 많고, 지나친 걱정으로 신경을 많이 쓴다. 병의 흉한 기운은 자신이 자기 분수를 알고 한 가지 일에 인내심을 갖고 꾸준히 정진해 가는 것이 피해 갈 수 있는 길이며, 급속하게 일을 추진하거나 무리하면 꼭 실패한다. 세궁世宮에 병이 상주하면 정신이 산만하고 잔소리가 많으며, 변덕 또한 심해서 매사가 용두사미격이다. 특히 건강상의 문제가 가장 염려되는데, 병이 나는 부위와 경중은 병이 상주하고 있는 궁의 속성에 해당하는 인체의 부위에 탈이 날 수 있으며, 천지반수가 상극이 되면 병의 상태는 더욱 중하다.

11) 사死 : 병의 고통에서 벗어나 죽음으로 모든 것을 끝맺는 시기이다. 성품은 욕심이 없고 솔직한 호인이지만, 매사에 기회를 만나지 못하고 늙어서 의지할 곳도 없다. 세궁世宮에 사가 상주하면, 부모·형제·처자와도 인연이 없으며, 몸이 약하고 잔병 치레가 많다. 그러나 솔직한 성품에 재주가 있으니 전문 기술직으로 나가면 평생 생활하는 데는 지장이 없다.

12) 장葬 : 묘墓 또는 고庫라 하고, 인간이 죽으면 무덤에 들어가듯이 모든 기운이 땅에 묻힌 것과 같다. 세궁世宮에 장이 상주하면 순박·소탈하고, 낭비를 하지 않는 노력가이며, 비교적 운이 늦게 열리고, 장남이든 차남이든 선조의 묘를 치산治山하며, 장손이 아니더라도 묘를 지키거나 가업을 계승한다.

* 십이운성의 형세를 논해 보면 생·대·관·왕은 사귀四貴로, 태·양·욕·장은 사평四平으로, 쇠·병·사·포는 사기四忌로 구분할 수 있다.

5. 오행五行의 왕상휴수사旺相休囚死

기문국에서의 오행 왕상휴수사는 구궁의 지반수를 중심으로 구궁의 천반수, 구궁의 기본지지 오행, 월령과 대조하며, 구궁 지반수가 가지고 있는 힘의 강약을 측정하는 데 사용된다.

- 지반수와 같은 오행에 해당하면 '왕'이다.
- 지반수를 생해 주는 오행에 해당하면 '상'이다.
- 지반수가 설기하는 오행에 해당하면 '휴'이다.
- 지반수가 극하는 오행에 해당하면 '수'이다.
- 지반수를 극하는 오행에 해당하면 '사'이다.

지반수	왕旺	상相	휴休	수囚	사死
三八:木	春:木	冬:水	夏:火	四季:土	秋:金
二七:火	夏:火	春:木	四季:土	秋:金	冬:水
五十:土	四季:土	夏:火	秋:金	冬:水	春:木
四九:金	秋:金	四季:土	冬:水	春:木	夏:火
一六:水	冬:水	秋:金	春:木	夏:火	四季:土

* 지반수가 왕·상에 해당하면 힘을 얻어 왕성하고, 휴·수·사는 힘을 얻지 못하여 쇠약하다.

6. 육친六親의 포국布局

기문국에서 육친을 붙일 때 정하는 기준은 일지日支이며, 이것은 곧 일지가 속한 궁의 지반수를 가리키고, 명칭은 세궁世宮 지반수이다.

기문국에서는 타궁의 지반수를 세궁世宮 지반수와 비교하여 육친을 산출한다. 즉, 명리학에서 일간日干의 역할을 기문국에서는 세궁世宮 지반수가 하는 것이다.

육친을 산출하는 데 개념은 명리학과 비슷하지만 다른 점도 있으므로 유념해야 하며, 가장 중요한 것은 남녀 구분 없이 육친 관계를 보는 것이다. 예컨대 명리에서는 편재偏財를 아버지, 정인正印을 어머니로, 남명男命은 관성官星을, 여명은 식상食傷을 자식으로 보는 데 반해, 기문국에서는 정인正印을 어머니, 편인偏印을 아버지, 자식은 남녀 구분 없이 식신食神을 여아로, 상관傷官은 남아로 본다.

1) 육친 조견표

己身 世宮 地盤數	兄 劫財	女孫 食神	男孫 傷官	妾 偏財	妻 正財	鬼 偏官	官 正官	父 偏印	母 正印
一	六	三	八	七	二	五	十	九	四
六	一	八	三	二	七	十	五	四	九
七	二	五	十	九	四	一	六	三	八
二	七	十	五	四	九	六	一	八	三
三	八	七	二	五	十	九	四	一	六
八	三	二	七	十	五	四	九	六	一
九	四	一	六	三	八	七	二	五	十
四	九	六	一	八	三	二	七	十	五
五	十	九	四	一	六	三	八	七	二
十	五	四	九	六	一	八	三	二	七

* 기문국에서는 홍국수와 홍국수를 서로 대조하여 육친을 산출하는데, 기준은 일주의 홍국 지반수이다. 일주의 홍국 지반수는 곧 세궁世宮 지반수이니, 세궁世宮 지반수를 중심으로 타궁의 지반수와 대조하여 육친을 산출한다.

2) 육친의 해석

(1) 비견比肩 : 나 자신인 세궁世宮 지반수가 상주하는 일주궁이다.

일주궁은 왕해야 하며, 파·극이 되지 않아야 한다. 만약 심약하거나 파·극이 되면 인덕이 없고, 대립·분배·분가·불화·쟁투 등으로 편한 날이 없으며, 모든 것이 헛되고 쓸모없이 된다. 또한 일주가 왕한 사람은 자기가 최고라는 생각으로 매사를 자기 위주로 처리하거나 독주하여 주위로부터 따돌림당하거나 배신당하고 고독해진다. 그러므로 스스로 자신을 알고 정신 수양을 통해 아집과 자만을 버리고 자신만 잘 통제하면 큰 인물이 된다.

(2) 겁재劫財 : 형제·자매·친구·동료·동업자를 상징하며, 이들로 인해 발생하는 모든 길흉사와 사회의 역동적인 환경으로 인해 자신에게 미치는 외형적인 일을 광범위하게 해석할 수 있는 궁이다.

(3) 식신食神 : 자식을 의미하는데 딸자식이며, 후배·수하인을 상징한다. 식신·상관은 내가 생하는 자로 나의 화신이자 분신이며, 나의 표현력이다. 또한 나의 재를 생하여 식상 생재하니 양명지본의 원신이 된다. 그리고 식신이 상주하는 궁의 구성이 파극이 없고 안정되어 있으면 의식주·복록·다산·풍만·명랑·인덕·배품의 영향이 있으며, 식극관하여 칠살을 억제해서 나를 수호해 준다.

(4) 상관傷官 : 아들자식·후배·수하인·직장·진로를 상징한다.
식신·상관은 나의 기운을 통과시켜 설기를 해 주니 나에겐 시원한 융통성이 된다. 상관이 상주하는 궁의 구성이 좋으면 나의 기운을 빼내어서 보시하고, 덕을 베풀고 공덕과 음덕을 쌓기 위해 봉사와 희생 정신이 강하지만, 파극이 되면 극자·무법·범법·쟁투·구설·반항·실권·불화·공상·교만의 흉성으로 나타난다.

(5) 편재偏財 : 남자의 경우 부인·정부·여자·큰 재물을 뜻하며, 여자의 경우는 큰 재물을 뜻한다. 편재가 상주하는 궁은 일확 천금이나 투기·복권 당첨·도박·밀수 등 대중 지배물로 인해 이 사회에서 움직이는 큰돈의 흐름을 해석할 수 있는 궁이다.

(6) 정재正財 : 남자의 경우에는 부인이나 자신의 노력으로 성실하게 버는 수입을 의미하며, 여자의 경우에는 착실한 재물을 상징한다. 정재는 내가 노력하고 수고한 대가로 받는 봉급이며, 유산·이자·관리 육성·책임감·성실·근면·신용의 뜻이 있으며, 남자는 아내의 일신상에 대하여 유추할 수 있는 궁이다.

(7) 편관偏官 : 일명 귀鬼라 호칭하고, 남자의 경우 관공서·일 또는 직업을 상징하고, 여자의 경우 남자·정부·관공서·일·직업을 상징한다. 편관이 상주하는 궁

은 강하고 파극이 있으며, 문괘가 안정되지 않으면 살인·강도·도적·질병·시비·재앙·귀신·혼백·광포·흉악·관재·송사·쟁투의 흉성이 된다. 그러나 궁이 왕성하고 파극이 없으며, 문괘의 구성이 잘 되어 있으면 오히려 군인으로서 병권을 장악하고, 더 나아가서는 대권까지 쟁취한다.

(8) 정관正官 : 남자의 경우 관청·직업·일을 상징하고, 여자의 경우는 남편·남자·관청·직업·일을 상징한다. 정관은 관리·관제·통제·법률·규율·질서·도덕·충고를 상징하고, 여성은 남편의 일신상에 대하여 유추할 수 있다.

(9) 편인偏印 : 아버지를 의미하고, 문서·매매사·부동산·학술·명예·인기를 상징한다. 편인은 파재·실권·병재·고독·이별·색난·박명을 뜻하며, 부모님의 일신상에 대하여 유추할 수 있다.

(10) 정인正印 : 어머니를 의미하고, 문서·매매사·부동산·학문·공부를 상징한다. 정인은 지혜·총명·산업 진흥·생애 안락·무병 식재·복수 쌍전을 뜻하며, 부모님의 일신상에 대하여 유추할 수 있다.

3) 육친의 의의意義

명리의 중요한 것 중 하나가 육친법이며, 일명 육신 또는 십신이라 한다. 명리에서는 일주日柱의 천간天干을 사주의 주체, 곧 명주를 의미한다. 그리고 이 일주日柱의 천간天干을 일간日干·기신己身·일주日主라고 칭하는데, 명리의 해석은 이 일간과 다른 일곱 자와의 사이에서 오행상의 왕약 관계, 기상적 조후 관계, 그리고 운로상에서 맞이하는 대운大運과 연운年運의 오행의 조화가 어떻게 변화하느냐에 따라서 판단하게 된다. 그러나 기문국에서는 세궁世宮 지반수, 즉 일지日支가 명리의 일간日干 역할을 수행하고 있다.

그리고 세궁世宮 지반수와 타궁의 지반수와의 관계를 분석할 때 육친 관계는 육신의 원리에 표준을 두고 중심적으로 검토하며, 육친의 해석은 육친을 적용하는 방법에서 차이가 있지만, 해석은 명리와 큰 차이는 없다.

(1) 비견比肩 : 나, 그리고 일주日柱와 동일한 오행을 비겁比劫이라 하는데, 그 중에서도 음양이 동일하면 비견이라 한다. 또한 기문국에서는 일주궁日柱宮 곧 세궁

世宮이 상주하는 궁이다.

(2) **겁재劫財** : 나, 그리고 일주日柱와 동일한 오행으로서 음양이 서로 다르면 이를 겁재라 한다.

(3) **식신食神** : 나, 그리고 일주日主가 생하는 오행으로서, 음양이 동일한 오행을 말한다. 식신食神은 자신이 낳은 자식인데 왜 식신이라 했는지. 이것은 나의 기운을 설기해 가는 오행이지만, 나의 재물을 생해 주는 원신이 되기 때문에 식신이라 하는 것이다. 즉, 갑목甲木의 식신인 병화丙火는 갑목의 재물인 무토戊土를 생해 주는 원신이 되는 것이다.

(4) **상관傷官** : 내가 생해 주는 오행인데 음양이 같지 않으면 상관이 되고, 음양이 같으면 식신이 된다. 갑 일주가 정화丁火를 만나면 갑목甲木이 정화를 생해 주므로 정화는 갑목의 상관이 된다. 그리고 상관의 속뜻은 관성을 주관한다는 뜻이니, 갑쪽의 상관인 정화가 갑목의 정관正官인 신금辛金을 극파하며, 갑목의 편관偏官인 경금庚金 또한 정화가 불로 녹여서 극상하므로 상관이라고 한 것이다.

(5) **편재偏財** : 내가 극하는 오행 중 음양이 나와 동일하면 음양 조화를 이루지 못하여 편재라고 한다. 양견양陽見陽과 음견음陰見陰의 경우이니, 즉 갑 일주가 무토戊土를 만나면 편재가 되고, 무 일주戊日主가 임수壬水를 보면 편재를 만난 것이다.

(6) **정재正財** : 내가 남을 극하는 오행을 아극자我克者, 곧 재성이라 한다. 가령 일주日柱가 목木이라면 극을 받은 토土가 재성이 된다. 이때 음양이 다르면 조화가 이루어진 것으로 정재라 하고, 음양이 같으면 음양 조화가 맞지 않은 것이므로 편재라 한다.

이를테면 갑 일주가 기토己土를 만나면 음양의 조화를 이루면서 양 일주陽日柱가 음토陰土를 극제한 것이므로 정재가 된다.

(7) **편관偏官** : 나를 극하는 오행인데, 일명 귀鬼, 또는 칠살七煞이라 한다. 편관은 음견음·양견양의 나를 극하는 관성으로서 극하는 정도가 정관正官의 경우와 달리 극살하기 때문에 매우 흉하다. 가령 갑 일주가 경금庚金을 만나면 갑도 양陽이고 경庚도 양이므로 음양의 조화가 안 되는 극아자克我者이므로 편관이 된다.

(8) **정관正官** : 나를 극하는 오행을 관살이라 하는데, 음양의 조화가 맞으면 정관이고 맞지 않으면 편관이 된다 정관은 양견음·양견양의 극아자를 말하며, 길성으로 보지만 정관도 태다太多하면 흉신 관귀로 본다. 가령 갑 일주가 신금辛金을 만나면 양목陽木이 음금陰金의 극제를 받는 것으로 정관이 된다.

(9) **편인偏印** : 나를 생해 주는 오행이지만 음양의 차이가 있어서 정·편正偏의 구별을 한 것이다. 정인正印에 비해서 나를 생육해 주는 성질이 미흡한 점이 있다. 그것은 음양 조화를 얻지 못한 이치이다. 갑 일주가 임수壬水를 보면 양목陽木이 양수陽水의 생을 받는 것이므로 편인偏印이다.

(10) **정인正印** : 나를 생해 주는 오행을 인수印綬라 하고, 육친 관계는 부모에 해당하는데, 나를 생해 주는 오행 가운데 일주와 음양이 다른 오행을 정인이라 한다. 가령 갑 일주에 대해 계수癸水가 정인이며, 계 일주癸日柱에 경금庚金이 정인이다.

* 육친 포국의 예를 들면 다음과 같다.
음력 1951년 9월 13일 유시생酉時生 곤명坤命

음 9국陰九局

丁4　丙3　戊5　辛8
酉10　戌11　戌11　卯4

偏官　　　　八三	正官　　　　三八	偏財　　　　十一
正印　歲　九二	食神　　　　二九	正財　時　五六
偏印　　　　四七	劫財　　　　一十	比肩　月世　六五

94　기문둔갑정해

05 홍연국洪煙局

홍洪은 장대한 물이므로 수水로 표현하고, 연煙은 불을 의미하므로 화火로 표현한다. 따라서 홍국과 연국을 합산하여 구성된 기문국은 곧 음양국으로 이루어졌으며, 홍국은 일지日支 위주이고, 연국은 시간時干 위주이다.

1. 홍국수洪局數

기문 둔갑의 기초적인 원리는 수리에서 비롯된다.

기문 둔갑이란 하도·낙서가 근본이고, 하도·낙서란 용마와 거북 등에 그려진 상像이며, 다시 그 상 속에 나타나 있는 수數가 근본이 되고, 바로 이 상수像數가 홍국수로 변환되어 기문 해석에 중요한 역할을 하고 있다. 홍국수는 구궁의 천반수·지반수의 총칭이며, 기문 둔갑에서의 역할은 구궁의 천지반수가 어떤 오행으로 변화하여 기문국을 해석하는 데 활용되는지를 판단하는 것이다.

2. 홍국수 해석

홍국수는 기문국의 해석에서 오행 통변의 근본이 된다.

홍국수 해석의 기본적인 방법은 홍국수를 지지로 전환시켜 합형충파해合刑沖破害 등 오행의 성격과 속성을 보는 것이며, 홍국수 천반수와 지반수를 이용하여 64괘를 만들어 구궁의 속성·위치·문괘와 대조하여 해석하기도 한다. 구궁의 속성은 곧 팔괘의 속성이므로 팔괘의 속성을 정확히 이해해야 한다. 홍국수 해석에서 지반수 위주로 해석하는데, 그것은 성국成局과 통기通氣를 따질 때 지반수 중심으로 해석하는 데서 비롯되지만, 천반수를 배제해서는 안 된다. 홍국수 해석에서 구궁의 오행과 기본 지지地支의 오행이 중요한데, 그 중 기본 지지의 영향이 더욱 크다.

3. 오십 토五十土

1) 오십 토가 구궁 지지의 본래 자리에 상주하면 음국·양국 구분하지 않고 합형충파해合刑沖破害를 살핀다. 가령 십토十土가 곤궁坤宮에 있을 경우, 양국이면 축토丑土로 보고, 음극이면 미토未土로 보는 것이 홍국수를 지지로 전환시키는 원칙이지만, 이 경우는 음국·양국을 가리지 않고 미토로 본다.

2) 간산艮山은 오토五土에 해당하고 양토陽土이며, 곤지坤地는 십토十土에 해당하고 음토陰土이니, 기문 둔갑의 연국을 해석하는 경우 남자는 간궁艮宮의 상황도 참조해야 하며, 여자는 곤궁坤宮의 길흉도 살펴야 한다.

중궁中宮의 홍국수·육의삼기·문괘성장은 곤궁坤宮으로 출궁出宮하여 보조하는 것이 기문국의 원칙이니, 곤궁 해석시에는 중궁의 상황도 살펴야 한다.

기문국의 한 동처動處에서 오십 토五十土가 왕성하고 육의 무기戊己와 동궁하면 해당 육친을 부자로 본다. 이것은 토土를 부富로 보기 때문이다.

주역에 의하면 오십 토인 무기戊己는 천·지·인天地人 삼재를 다스리고 귀신도 통제한다.

* 동처動處란 연·월·일·시의 궁과 중궁·유년궁을 말하며, 정처靜處는 동처 이외의 궁을 가리킨다. 기문국에서는 음양 오행의 기운이 동처를 통해 흘러가므로 동처

를 중요시한다.

4. 중궁中宮

중궁은 한 나라의 장수가 되니 팔방을 지배하고 통솔하는 궁이다. 하여 모든 일의 성패가 중궁에 의해 결정된다.

1) 부모가 중궁에 동動하면 부모에 관한 일이 생기고, 처재가 동하면 처첩에 관한 일과 재물에 관한 일이 생기고, 자손이 동하면 자손에 관한 일이 생기며, 정관이 동하면 관직의 일이 생기고, 귀鬼:편관가 동하면 병액과 관재의 일이 생긴다.

세간歲干이 중궁에 동하면 왕과 부父에 관한 일이 있고, 세지歲支가 동하면 관작위와 모母에 관한 일이 있으며, 월간月干이 동하면 형제·친구·방백方伯에 관한 일이 있다. 월지月支가 동하면 자매·빈객·막부幕府에 관한 일이 있고, 일간日干이 동하면 자기 자신에 관한 일이 있으며, 일지日支가 동하면 처·첩과 집안 내 소사小事에 관한 일이 있다. 시간時干이 동하면 남아 자식에 관한 일이 있고, 시지時支가 동하면 여아 자식에 관한 일이 있다. 경庚이 중궁에 들어가면 파괴·분열·병액이 있으며, 병丙이 중궁에 들어가도 핏빛 재앙과 걱정·근심이 있으니 왕·휴·생극·합·형·충·파·해·공망을 참고하기 바란다.

2) 중궁의 천지반수는 기본 오행을 본래의 형태로 유지한다고 본다.

가령 중궁의 본성은 토성土星인데, 천지반수 일류 수一六水가 붙으면 중궁 토土가 토극수土剋水하여 반목하는 것이 아니고, 깊은 산 속에 고인 옹달샘처럼 자신의 영역이 확고하니 중궁이 내포하고 있는 만사가 원만히 해결되는 걸로 해석한다.

또한 삼팔 목三八木이 상주하는 경우, 중궁의 토성土星과 파극되는 것이 아니고, 나무가 흙 속에 뿌리를 내리고 새들이 날아와 둥지를 트는 것과 같은 형상이니, 중궁이 의미하고 일들이 잘 풀리는 것과 같다고 해석한다.

기문국에서 동처는 중궁을 통하지 않고도 타궁에 생·화·극·제의 영향을 주지만,

동처 이외의 궁은 중궁을 경유하지 않고는 타궁에 영향을 줄 수 없다.

3) 점국占局

점국이란 사주와 관계 없이 인간 만사의 길흉화복을 판단하기 위해 일정한 시점의 연·월·일·시를 선택하여 기문국을 조식하는 방법이다.

점관사占官事에서 식상이 중궁에 동하면 관사는 불길하다고 해석한다. 그러나 세·월歲月이 관을 생조하고 관궁이 거왕居旺하면 흉은 해소된다. 또한 점관사에서 관이 중궁에 동해도 관사는 이루어진다고 해석한다.

점재사占財事에서 식상이 중궁에 동하면 재사는 길하며, 재성이 중궁에 동해도 재사는 이루어진다고 해석한다. 그러나 세·월이 재를 파극하고, 용신과 세歲가 서로 상극하면 재사는 불길하며, 세歲와 용신과 중궁이 서로 상극되어도 불성한다.

5. 홍국수 입중洪局數入中

일류 수一六水가 중궁에 동하면 유동적 사업·외교·무역·도적·주색 등의 일이 있고, 이칠 화二七火가 동하면 문서 구설·송사·횡액 등의 일이 있으며, 삼팔 목三八木이 동하면 농림업·행정, 일신상의 대소사 등이 있다. 사구 금四九金이 동하면, 문무·재정·경제 분야 등의 일이 있고, 오십 토五十土가 동하면 약사·산사·전택사·치산 등의 일이 있다.

이와 같이 중궁은 만사·만물의 변화를 판단하는 중심이니, 팔방과의 관계와 기문국의 종합 판단에서 중요한 요충지 역할을 하며, 중궁의 천지반수가 세궁世宮에서 상하 뒤바뀌어 있을 때, 기문 조식이 해당하는 해에는 외교적 수완이 변화 무쌍하다.

6. 총괘궁總卦宮

1) 총괘궁이란 중궁 지반수 본래의 구궁을 말한다. 가령, 중궁 지반수가 일一일 경

우 감궁이 총괘궁, 이二일 경우 곤궁이 총괘궁, 삼三일 경우 진궁이 총괘궁, 사四일 경우 손궁이 총괘궁, 육六일 경우 건궁이 총괘궁, 칠七일 경우 태궁이 총괘궁, 팔八일 경우 간궁이 총괘궁, 구九이면 이궁이 총괘궁이다.

2) 총괘궁은 기문국의 중심인 중궁의 본토이며, 총괘수라 칭하는 중궁 지반수의 원신이 되므로 기문국에서의 역할은 심대하며, 총괘궁이 공망에 해당하는 경우 중궁도 총괘공망이 된다.

총괘공망의 영향은 총공망과 비슷하고, 총괘공망 해소의 경우에도 총공망과 같으니 총공의 경유를 참고하기 바란다.

총괘공망 해소의 관건은 총괘궁과 세궁世宮이 서로 상생하면 총괘공망은 해소된다.

3) 총괘수중궁 지반수와 재성궁 지반수의 생극 관계에서 상생하면 처와 인연이 있고, 상극하면 처와 인연이 없다.

이것은 총괘궁이 어느 육친을 생하고 극하는지를 판단해서 상생에 해당하는 육친은 길하고, 상극에 해당하는 육친은 흉하다고 판단한다.

연국의 기문국을 해석할 때 총괘수와 세궁世宮 지반수가 서로 상생하면 당년의 만사는 모두 길하고, 상극하면 모두 흉하다.

4) 약 총괘수 일륙 수一六水가 총괘공망에 해당하면 그 피해는 이루 설명할 수 없을 만큼 흉하다. 평생국이 총괘공망을 당하면 평생 흉하고, 연국이 총괘공망을 당하면 그 해 1년간은 만사 불통한다. 단, 총괘궁과 세궁世宮이 서로 상생하면 공망의 영향은 반감된다.

7. 칠화상심七火相心

1) 기문국에서는 칠화七火로써 사람의 마음과 기질을 판단할 수 있으며, 또한 세궁世宮 천지반수의 생극 관계나 홍국수 자체를 분석하여 사람의 성격 등을 판단하는 경우가 있다.

칠화로써 판단하는 방법은 지반수 칠화가 상주하는 궁이 승왕·거왕·겸왕·수생하여 기운이 왕성하면 포부가 크고 정신이 티없이 맑아 깨끗하다. 반면, 칠화가 극파되거나 공망이면 옹졸하고 이기적인 경향이 농후하다고 본다. 그리고 칠화에 길문·길괘가 동궁하면 명예를 중시하며 위엄과 결단력이 있고, 흉문·흉괘가 동궁하면 몸과 마음이 불안정하다. 또한 칠화의 성정론에는 지반수 칠화와 동궁한 천반수 오행의 속성을 함께 아울러 보는데, 예를 들면 지반수 칠七 위에 일류 수一六水가 동궁하면 지혜와 재주는 많지만 몸과 마음이 불안정하여 고달픈 경향이 있으며, 오십 토五十土와 동궁하면 심성이 착하고 자선심이 강하지만 평생 분주하고 실속이 없다.

　삼팔 목三八木과 동궁하면 인자하고 이해심이 많으며, 사구 금四九金과 동궁하면 자신의 세력을 너무 믿고 설치다가 실패할 우려가 많다. 이칠 화二七火와 동궁하면 복록이 왕성하고 문장이 높아 세인의 존경을 받는다. 그러나 흉문괘와 동궁하면 길함은 감소된다.

　2) 사진四辰에 일류 수가 동궁하면 심기가 깊고 총명하며 배포가 있는 재사才士의 명이다. 사진은 연·월·일·시궁을 말하고, 동처는 연·월·일·시궁과 중궁·유년궁을 말한다.

　3) 동처궁 한 곳에 일·육一六이 있는데, 타궁에 육·일六一로 천반수와 지반수가 뒤바뀌어 있는 경우, 서로 상통하는 형국이니 활동력이 왕성하여 투기나 모험도 두려워하지 않고 권모 술수가 기묘하다.

8. 오행의 성정性情

　1) 세궁世宮:日主에 일수一水가 붙으면 임자壬子 양수陽水이므로 매사에 적극적이며 총명하여 임기 응변에 뛰어나고, 또한 이해심이 많으며 사교성이 뛰어나다. 특히 자부심·승부욕·출세욕이 강하고 말을 잘 하는 사람이 많다. 또한 아량이 넓어 남을 용서하고 이해하는 데도 인색하지 않다. 그러나 지나치게 왕하면 호색하고 수다스러우며, 권모 술수를 잘 쓰므로 주위로부터 견제와 따돌림을 당한다.

　2) 육수六水가 붙으면 계해癸亥 음수陰水이므로 가볍고 증발되는 기氣이자 수분이

어서 변화가 많고 눈물이 많으며, 감정 변화가 많은 특색이 있다., 또한 조용하면서도 지혜로워 처신도 신중하며, 자기의 속을 내보이지 않는 성품이다. 특히 언어나 행동에 조심성이 많아 남이 듣기 싫어하는 말은 좀처럼 하지 않고 우쭐대는 일이 별로 없다. 대체로 남의 말을 경청하는 편이며, 상식이 풍부하고 팔방 미인이 많다. 그러나 세궁世宮의 구성에 따라 이해 타산에 너무 밝아 밉살스러운 경향을 보이는 사람도 있으며, 지나치게 약아 이기적인 경향이 농후한 사람도 있다.

3) 세궁世宮에 삼목三木이 붙으면 갑인甲寅 양수陽水이므로 갑甲과 인寅은 육십갑자의 으뜸이란 위치가 상징하듯 성품이 곧고 직선적이며, 주관이 강하여 굽히는 것을 싫어한다. 또한 대체로 인자하고 너그러우며, 대쪽 같은 선비 기질이 강하여 항상 위만 바라보면서 살고, 낙천적이며 미래 지향적이다. 그러나 지나치게 왕하면 과시욕이 강해 실리적이지 못하고 허황된 면도 있으며, 무엇보다 고집이 너무 세서 그 고집을 꺾을 수 없으니, 자칫 일을 그르칠 수가 있다,

4) 팔목八木이 붙으면 을묘乙卯 음목陰木이므로, 성품이 부드럽고 우회적이며, 무리하지 않고 대세의 흐름에 잘 순응하는 편이다. 또한 겁이 많고 잘 놀라며, 마음이 여리고 결벽성이 있어서 내면적 갈등으로 인해 근심 걱정이 많다. 궁이 너무 약하면 신경성 질환·중풍·간질환 발생 등 건강에 유의해야 한다.

5) 세궁世宮에 칠화七火가 붙으면 병오丙午 양화陽火이므로, 글자 그대로 태양을 상징하며, 불 같은 성품이지만 밝고 명랑 쾌활하여 표현력이 좋고, 매사에 적극적이며 부지런하다. 또한 기질 그대로 마음을 먹으면 속에 담아두지 못하고 직선적으로 내뱉으며, 그로 인해 구설을 자초한다. 너무 왕하면 사치가 심하고, 소비 욕구가 강하며, 감정의 기복이 심하여 표현력이 지나쳐 시비 구설이 많다.

6) 이화二火가 붙으면 정사丁巳 음화陰火이므로, 은근하고 끈기 있게 조용히 내면의 열정을 불태우며, 분위기에 민감한 일면이 있다. 그러나 생각이 단순하여 권모술수를 쓰지 못하고, 감정을 그대로 표현하기 때문에 남들이 볼 때는 오히려 동정심이 갈 정도이다. 인정이 많고 의협심이 강해서 자기와 상관 없는 일까지 간섭하다가 손해를 보기도 하는데, 웬만한 손해에는 눈도 꿈쩍 않을 정도로 의협심과 동정심이 많다.

7) 세궁世宮에 오토五土가 붙으면 무진戊辰 술양토戌陽土이므로, 큰산이란 이미지

그대로 성품은 중후하고 원만하며, 포용력이 있어 너그럽고, 신용과 약속을 소중히 여기는 사람이며, 처음부터 끝까지 변함이 없는 사람이다. 요행이나 기적을 바라지 않고 늘 근면하는 마음 자세로 쉬지 않고 노력하는 타입이다.

또한 신용을 중시하며, 책임감이 강하여 한번 내뱉은 말은 분명히 실천하고, 맡은 일에 충실하다.

8) 십토十土가 붙으면 기축己丑 미음토未陰土이므로, 성품은 온후 독실하여 변함이 없고 순박하며, 실리적이고 변칙적인 것을 싫어하며, 순리를 추구한다. 약고 똑똑한 편이며 두뇌 회전이 빠르고, 의심이 많아 웬만한 일에는 잘 속지 않으나. 호기심이 많고 이상한 취미가 있어 색다른 학문이나 이상한 기술·종교, 이상한 사람한테 잘 넘어가는 수가 있다.

9) 세궁世宮에 구금九金이 붙으면 경신庚申 양금陽金이므로, 개성이 강하고 부지런하며 내유외강하다. 활동력이 왕성하며, 승부욕이 강해서 투기나 모험도 두려워하지 않는다. 우직하고 강직하여 명예를 중시하며, 위엄과 결단력이 있고 인정이 많아 약자를 잘 돕는 성품이다. 그러나 왕하고 파극이 있으면 살벌하고 잔인하며, 권위적으로 주위를 억압한다. 경금庚金은 숙살지기로 계절은 가을이니, 가을에 서리가 내려 모든 초목을 죽이듯 숙살지권을 장악한다. 그래서 힘의 결정체로 권력·명예·숙살·살생·억제 등의 뜻을 지니고 있다.

10) 사금四金이 붙으면 신유辛酉 음금陰金이므로, 부드러우면서도 예리한 면을 동시에 가지고 있다. 행동거지가 단정하고 말이 거칠지 않으며, 더욱이 잘난 척하지도 않고 거만하지 않으며, 조심성 있고 예의 바르기 때문에 누구에게나 호감을 산다. 다만, 의지력이 약하고 귀가 엷어서 남의 말에 잘 넘어가거나 유혹을 잘 당한다. 보수적이고 질투심이 강하다.

9. 궁체론宮體論

천반수는 궁宮이자 외外이며 객客이다. 곧 외부적인 여건으로 인해 일어나는 동적인 것이다.

지반수는 체體이자 병丙이며 주主이다. 곧 내부적인 여건으로 인해 일어나는 정적인 것이며, 외부적인 여건에 반응하는 주인과 같다.

10. 중궁中宮의 궁체론宮體論

중궁은 세궁歲宮:연궁·세궁世宮:일주궁과 함께 기문국의 해석에서 중요한 역할을 한다. 이 가운데 중궁은 일국을 통솔하는 수상의 역할을 수행하니 그 영향은 더욱 심대하다.

1) 궁宮에 해당하는 중궁 천반은 외부적인 일을 유추하므로, 천반이 형충이 되어 극이 되면 일단 외부적인 일을 도모하는 데 불리하다고 판단한다.

2) 체體에 해당하는 중궁 지반은 궁체 이론상 왕하면서도 안정되는 것이 중요하며, 궁宮인 천반의 생조를 받든지, 거생居生·거왕居旺하든지, 다른 동처로부터 생조를 받고 파극이 없으면 일단 내부적인 일과 가정사가 길하다고 판단한다. 그리고 궁宮과 체體가 생조하는 기신己身과 육친은 중궁의 혜택을 받아 빠르게 발복이 된다. 가령 궁과 체가 세궁世宮을 생조하면 본인이 발복하고, 형궁兄宮을 생조하면 동기간에 발복이 있다.

3) 식상궁食像宮은 생조하면 자식에게 길사가 있으며, 재궁財宮을 생조하면 처첩과 금전상의 융통이 좋다. 관궁官宮이 생조되면 관운이 발복하고 사업적인 혜택이 있으며, 부모궁父母宮이 생조되면 부모에게 길사가 있고, 문서운이 좋으므로 특허·매매·면허·발령 등의 경사가 있다.

그러나 중궁이 총공에 해당하거나 천지반수가 형충파해가 되고, 문괘성장이 흉하면 중궁의 생조는 오히려 화를 불러들일 수 있다.

11. 홍국수洪局數의 분류

홍국수는 일정한 법칙에 의해 구궁에 포국되는데, 그 포국된 홍국수를 분류하여 기문국의 전체 상황을 파악할 수 있다. 기본적으로 중궁의 천지반수를 보면 기문국의 전체적인 흐름을 알 수 있으며, 포국된 구궁의 천지반수를 기준으로 국을 분류해 보면 다음과 같다.

1) 생국生局 : 홍국수 상하가 서로 상생하는 국이다. 구궁이 모두 상생으로만 이루어진 경우는 흔하지 않지만 동처를 중심으로 상생이 많은 경우는 생국으로 판단한다.
2) 전국戰局 : 홍국수 상하가 서로 상극하는 국이다.
3) 충국沖局 : 홍국수 상하가 서로 충돌하는 국이다. 보통 충궁이 비충궁보다 적지만 그 힘은 위력적이다.
4) 원진국怨嗔局 : 홍국수 상하가 서로 원진인 국이다. 원진은 동궁同宮의 천지반수는 물론, 동처 상호간에도 대조한다.
5) 형파해국刑破害局 : 홍국수 상하가 서로 형·파·해인 국이다.

상생이든 상극이든 동처에서 이루어지는 것이 그 힘의 역량이 더욱 크다. 중궁의 천지반수를 통해 생국生局으로 판단되면 자신의 주변과 융화가 잘 되고, 화합하는 기운이 왕성하여 일의 성사가 원만하다.

그러나 이와 반대로 형충파해국으로 판단되면 맞부딪치고 대결하는 형국이라, 그 피해가 구체적이고 빠르다. 예를 들면, 중궁의 천반수가 세력이 있고 왕성하면 외부적인 여건으로 인한 변동이며, 그 일은 화합과 융합이 잘 될 것이고, 중궁 지반수가 형충파해국으로 판단되면 내부적으로 인한 변동이며, 그 일을 추진하는 데 일단은 파란 곡절이 많다고 본다.

12. 감궁坎宮과 이궁離宮의 관계

기문 둔갑은 후천 팔괘의 음양과 오행이 근간이므로 기문국의 하늘과 땅인 이궁과 감궁이 서로 조우가 되는지를 중요시하는데, 이것은 이궁 천반수와 감궁 지반수와의 상생·상극을 분석하는 것이다.

예를 들면, 이궁의 천반과 감궁의 지반이 상극이 되면 감궁이 암시하는 운세의 양호한 기운이 삭감되며, 이궁의 천반이 감궁의 지반을 상생하면 감궁이 암시하는 불길한 운세의 기운도 삭감된다.

13. 홍국수의 오행통변五行通辯

홍국수의 오행통변은 구궁九宮에 있는 지반수를 중심으로 천반수, 고유궁 오행, 12지지오행, 사주의 월령, 십이운성과 대조하여 강약을 측정하는 방법이다. 지반수는 천기天氣가 모아지는 삶의 터전이므로 지반수 위주로 통변하는 것이 기본이지만, 천반수도 배제해서는 안 된다.

기문 둔갑의 해석은 홍국수와 문괘성장이 육의삼기의 보조를 받아 얼마만큼의 역량이 있고, 어느 정도의 힘을 발휘하느냐에 따라서 자연과 인간사의 모든 원리를 파악할 수 있다.

그리고 문괘성장이 아무리 유력해도 홍국수의 구성이 무력하고 위치한 환경이 좋지 않으면 아무런 소용이 없다. 특히 인사人事 해석시 홍국수의 활용 범위가 다양하므로 인간 만사의 핵심 사항을 파악할 수 있으며, 육친의 길흉과 성패의 시점 등을 판단하는 기준이 된다.

홍국수와 직접적으로 오행통변의 역학 관계가 있는 요소들은 홍국수 천반수와 지반수·궁오행고유궁오행·지지오행12지지오행, 사주의 월령이다.

구궁 고유의 오행과 12지지의 오행을 표기해 보면 다음과 같다.

辰　　陰木　　巳	午 火	未 陰土 　　　　申
卯　陽木	土	陰金　酉
寅　陽土 　　　　　丑	水 子	陽金　戌 亥

14. 통변通辯의 종류

통변의 종류는 거居·수受·승承·겸왕兼旺·관왕冠旺으로 나누어진다.

1) 거居

구궁의 지반수가 어떠한 환경에 처해 있는지를 나타내는 것으로 구궁의 오행과 십이지지 오행의 영향력에 대해 표현한 것이다.

2) 거생居生

三八木이 坎宮, 二七火가 巽·震宮

五十土가 離宮, 四九金이 艮·中·坤宮

一六水가 乾·兌宮에 입주하면 거생에 해당한다.

3) 거극居克

三八木이 乾·兌宮, 二七火가 坎宮

五十土가 巽·震宮, 四九金이 離宮

一六水가 艮·中·坤宮에 입주하면 거극에 해당한다.

4) 거쇠居衰

三八木이 離宮, 二七火가 坤·中·艮宮

五十土가 乾·兌宮, 四九金이 坎宮

一六水가 巽·震宮에 입주하면 거쇠에 해당한다.

5) 거사居死

三八木이 離宮, 二七火가 兌宮

五十土가 震宮, 四九金이 坎宮

一六水가 震宮에 입주하면 거사에 해당한다.

6) 거고居庫

三八木이 未土宮, 二七火가 戌土宮

五十土가 戌土宮, 四九金이 丑土宮

一六水가 辰土宮에 입주하면 거고에 해당한다.

홍국수는 근본적으로 앉은자리의 영향을 가장 많이 받으며, 그 가운데 구궁팔괘의 오행보다 구궁에 은복되어 있는 십이지지의 영향을 더욱 많이 받는다. 그리고 앉은자리의 생生을 받는 상태를 거생居生이라 하고, 거생을 받는 지반은 일단 궁이 암장하고 있는 뜻을 쟁취할 유력한 힘을 갖게 된다.

7) 수受

주체主體인 지반수를 중심으로 천반수와 지반수의 생극 관계生剋關係를 표현한 것이다.

8) 수생受生

天盤이 一六水이고 地盤이 三八木이면 受生
天盤이 三八木이고 地盤이 二七火이면 受生
天盤이 二七火이고 地盤이 五十土이면 受生
天盤이 五十土이고 地盤이 四九金이면 受生
天盤이 四九金이고 地盤이 一六水이면 受生에 해당한다.

9) 수극水克

天盤이 四九金이고 地盤이 三八木이면 受克
天盤이 一六水이고 地盤이 二七火이면 受克
天盤이 三八木이고 地盤이 五十土이면 受克
天盤이 二七火이고 地盤이 四九金이면 受克
天盤이 五十土이고 地盤이 一六水이면 受克에 해당한다.

천반이 지반을 생하는 것을 수생受生이라 하고
지반이 천반을 극하는 것을 수극受克이라 한다.
천반이 지반을 생하면 최상이고, 지반이 천반을 생하면 보통으로 보는데, 처음에는 일이 풀릴 듯하지만 뒤에는 막히고 일이 지연되는 경향이 있다.
천반이 지반을 극하면 최악이고, 지반이 천반을 극하면 처음에는 극이 되지만 끝에 가서는 어느 정도 해소되는 경향이 있다. 결국 지반이 천반을 극하는 것보다 천반이 지반을 극하는 것이 더욱 흉하다.

10) 승乘

지반수와 월령과의 관계에 대하여 표현한 것이다.

11) 승왕乘旺

月令이 寅卯木일 경우 三八木이면 乘旺

月令이 巳午火일 경우 二七火이면 乘旺
月令이 辰戌丑未土일 경우 五十土이면 乘旺
月令이 辛酉金일 경우 四九金이면 乘旺
月令이 亥子水일 경우 一六水이면 乘旺

12) 승생乘生
月令이 寅卯木일 경우 二七火이면 乘生
月令이 巳午火일 경우 五十土이면 乘生
月令이 辰戌丑未土일 경우 四九金이면 乘生
月令이 辛酉金일 경우 一六水이면 乘生
月令이 亥子水일 경우 三八木이면 乘生

13) 승극乘克
月令이 寅卯木일 경우 五十土이면 乘克
月令이 巳午火일 경우 四九金이면 乘克
月令이 辰戌丑未土일 경우 一六水이면 乘克
月令이 四九金일 경우 三八木이면 乘克
月令이 亥子水일 경우 二七火이면 乘克

14) 승쇠乘衰
月令이 寅卯木일 경우 一六水이면 乘衰
月令이 巳午火일 경우 三八木이면 乘衰
月令이 辰戌丑未일 경우 二七火이면 乘衰
月令이 申酉金일 경우 五十土이면 乘衰
月令이 亥子水일 경우 四九金이면 乘衰

15) 승수乘囚

지반수가 　三八木이면 四季節 출생자
　　　　　二七火이면 秋節 출생자
　　　　　五十土이면 冬節 출생자
　　　　　四九金이면 春節 출생자
　　　　　一六水이면 夏節 출생자가 승수乘囚에 해당한다.

월령이 어떠한 지반을 승왕·승생할 경우 이것을 승령乘令하였다 하며, 승령한 지반은 그 궁이 암시하는 뜻을 쟁취할 유력한 힘을 갖게 된다.

월령과 지반과의 관계에서 월령이 지반을 극하면 흉이 되지만, 반대로 지반이 월령을 극하는 경우는 흉이 되지 않는다. 가령 월령이 세世를 극하면 승극乘克이니 활동이 막히고 답답하지만, 세世가 월령을 극하면 자신이 타인을 이용하거나 제압하여 지배 통솔한다. 승乘의 개념은 오행의 왕생휴수사의 개념과 같으며, 월령은 월지지月支地를 의미한다.

16) 겸왕兼旺

겸왕은 천반과 지반의 오행이 같다. 예를 들면, 지반이 일륙 수一六水이면 천반도 일륙 수인 경우이다.

천지반이 겸왕하여 왕성해지면 궁이 예시하는 일들을 풀어 헤쳐나가는 유력한 힘을 갖게 된다. 그러나 궁宮에 쌍구금雙九金과 쌍칠화雙七火가 상주常駐하면 궁이 예시하는 일들이 풀리는 와중에 급격한 흉살을 만날 수 있으니 유심히 살펴야 한다.

17) 관왕冠旺

관왕은 지반인 삼팔 목三八木이 간진궁艮震宮, 이칠 화二七火가 손이궁巽离宮, 오십 토五十土가 곤중간궁坤中艮宮, 사구 금四九金이 곤태궁坤兌宮, 일륙 수一六水가 건감궁乾坎宮에 입주入住하면 십이운성의 관대·제왕궁으로 유력한 힘을 행사할 수 있다.

위와 같이 지반수 중심으로 측정하여 보면 왕·생旺生이 가장 강하다는 것을 알 수 있으며, 힘이 강하다면 궁宮을 자극하고 일깨워서 대범하게 만들어 주는 초석이 되는 것이다. 그리고 수극受克을 당하더라도 거왕居旺·거생居生·승왕乘旺·승생乘生·관왕冠旺하면 쇠약한 것으로 보지 않는다.

06 성국成局

성국이란 세궁歲宮·월궁月宮·세궁世宮·시궁時宮과 중궁中宮의 천지반이 서로 연결되어 상생하는 것이다. 기문국을 해석할 때 가장 기본이 되는 것이 성국成局이며, 성국이 되는 국은 일단 길국吉局으로 판단하고, 성국이 안 되면 흉국凶局으로 판단한다. 이것은 기문국에서 큰 기氣의 흐름이 원활하게 소통되는가를 판단하는 것이다.

기문국에서 성국의 예를 들면 다음과 같다.

중궁中宮이 세궁歲宮을 생生하고 세궁歲宮이 일日을 생한 경우
세궁歲宮이 중궁中宮을 생하고 중궁이 일日을 생한 경우

성국에서 가장 중요한 국국은 중·세·일中歲日이 서로 상생 유통되는 국이며, 다음으로 세歲·월月·일日·시時가 서로 상생 유통되는 국이다.

세歲가 월月을 생하여 일日과 시時를 생한 경우
시時가 일日을 생하여 월月과 세歲를 생한 경우

위의 경우도 성국으로 보는데, 인체에 비유하면 심장에서 혈액이 대동맥을 따라 몸 전체로 퍼져나가는 것과 같으므로, 일단 세궁世宮은 중궁中宮과 사진궁四辰宮의 생生을 받는 것이 좋으며, 그 중 중궁과 세궁歲宮의 생생이 가장 왕성하다.

반면, 불성不成이 되면 흉한데, 가장 흉한 경우는 다음과 같다.

세궁歲宮이 월궁月宮을 극하고, 월궁이 일궁日宮을 극하며, 일궁이 시궁時宮을 극한 경우 가장 흉하다. 단, 양극양과 음극음이 대흉하고, 양극음과 음극양은 소흉하다.

세궁歲宮이 중궁을 생하고 중궁이 일日을 극한 경우
중궁이 세궁歲宮을 생하고 세궁歲宮이 일日을 극한 경우
세궁歲宮이 월月을 극하고 월이 시時를 극한 경우
시時가 일日을 극하고 월이 세歲를 극한 경우
시와 월이 동시에 세궁歲宮을 극한 경우
월과 일이 동시에 세궁歲宮을 극한 경우
일궁日宮이 세궁歲宮을 극한 경우
중궁이 극을 받은 경우

위의 경우에도 불성으로 간주하는데, 일단 성국이 되면 길吉로 판단하고, 불성이 되면 흉으로 판단한다. 이 성국과 불성으로 기문국의 흐름을 간략하게 예측할 수 있다. 예를 들면, 중궁 지반이 관성인데 세궁歲宮 지반이 재성이고 중궁 지반과 생으로 연결되었다면 중궁 관성의 힘이 강해져서 세궁世宮을 극하는 경우가 생긴다. 이때 인성이 비동처非動處에 있던지 세궁世宮과 멀리 떨어져 있을 경우, 거기에다 문괘門卦까지 흉하면 중궁의 관성이 세궁世宮을 직접 극하여 졸지에 비명 횡사할 수 있다고 예측할 수 있다.

성국에서 근본이 되는 것은 세궁歲宮·중궁中宮·세궁世宮의 지반이 연결되어 상생 유통하는 것이고, 일단 세궁世宮은 세궁歲宮과 중궁의 생을 받는 것이 좋다. 기문국을 포국하고 해석할 때 가장 먼저 홍국수의 성국과 통기를 확인한 후 기문국의 전체적인 흐름을 읽어 길흉을 판단한다.

07 통기通氣

1. 통기란 사진四辰:연·월·일·시의 궁과 중궁의 지반이 연결되어 서로 상생 유통하는 것이며, 천반을 통하여 연결되어도 통기로 간주한다. 이와 같이 통기란 사진四辰과 중궁의 기운이 서로 상생 유통하여 조화를 이루는 것이다. 통기에서 중요하게 취급되는 것이 천반과 지반의 힘의 역할이다. 즉, 지반의 기운이 천반의 기운보다 2.5배가량 강한 작용을 하기 때문에, 천반을 통한 통기보다는 지반 자체만의 통기가 더 강력하다. 그 이유가 지반은 체體이고 주인이기 때문이다.

2. 통기가 이루어지는 기본 원칙은, 첫째는 동일 궁宮 내의 천반과 지반의 상생 유통하는 것이고, 두 번째는 구궁九宮의 지반과 지반의 상생 유통이고, 세 번째는 구궁의 지반과 천반, 천반과 지반의 상생 유통이고, 네 번째는 구궁의 천반과 천반이 상생 유통하는 것이다. 또한 통기의 유무를 해석할 때는 구궁의 천지반과 월령과의 왕·생·휴·수·사의 관계도 참고해야 한다. 그리고 기문국에서 통기의 우선 순위는 동일 궁 내의 천지반이 상생 유통되면서 사진四辰과 중궁의 지반과 지반이 상생 유통되는 것을 최우선으로 한다.

기문국에서 생과 극을 진·가眞假로 구분해 보면, 양이 음을 생하고 음이 양을 생하는 것을 진생眞生이라 하며, 양이 양을 생하고 음이 음을 생하는 것을 가생假生이라 한다. 극의 경우는 양이 양을 극하고, 음이 음을 극하는 것을 진극眞剋이라 하고,

양이 음을 극하고 음이 양을 극하는 것을 가극假剋이라 한다. 그러므로 진생·진극이 가생·가극보다 그 힘과 역량이 3배 정도 강하다.

통기에서 생과 극의 순서는 생이 극보다 항상 먼저 작용하며, 진眞이 가假보다 우선 작용한다. 가령 중궁의 지반에 사구 금四九金일 경우 타궁에 일륙 수一六水와 삼팔 목三八木이 있을 때 일륙 수一六水를 먼저 생한다는 것이며, 양금陽金이 중심적으로 작용할 때 타궁에 양수陽水와 음수陰水가 같이 있을 경우 음수를 생하는 데 먼저 힘이 간다는 것이다.

3. 통기를 분석할 때 연·월·일·시궁과 중궁의 5개 동처궁을 위주로 하며, 유년궁은 포함하지 않는다. 그리고 유년운을 해석할 때도 위의 5개 궁을 위주로 통기를 살핀다.

통기와 성국은 매년 그 시기의 길흉화복을 해석하는 개념이 아니고, 기문국의 본 바탕을 해석하는 기초적이고 총괄적인 개념이며, 일단 통기와 성국이 되면 그 기문국은 좋은 국으로 판단할 수 있다.

통기의 종류를 분석해 보면 다음과 같다

첫 번째는 기문국의 지반수만으로 이루어지는 통기인데, 가장 정상적인 통기의 형태이며, 기문국에서 말하는 100% 통기의 의미이다.
두 번째는 지반수만으로 통기가 안 되어 천반수를 통하여 이루어지는 50% 정도 통기의 형태이다.
세 번째는 동처의 육의삼기, 동처의 기본 오행을 통하여 이루어지는 25% 정도 통기의 형태이다.
네 번째는 원래는 유년궁을 제외하지만, 유년궁·육의삼기·기본 오행을 동원하여도 통기가 안 되는 완전히 불통인 기문국이다. 이렇게 통기가 불통인 상태에는 일체 움직이지 않는 것이 상책이다.

08 기문 둔갑 격국론格局論

사주 팔자에서 격국은 음양 만물의 체와 용으로 기문이나 명리에서 중요하게 응용되었다. 기문 격국의 격은 주로 연·월·일·시의 사간四干·직부구성直符九星·삼기三奇가 어우러져 이루어졌고, 국은 주로 팔문八門·천봉구성天蓬九星·직부구성·삼기가 어우러져 이루어진다. 기문격국은 본래 병술과 전투시에 많이 응용되었으며, 택일擇日·택시擇時·택방擇方 등 시국과 점국에 폭넓게 활용되었다.

1. 길격吉格

1) 삼기귀인승전격三奇貴人昇殿格

(1) 을기승전乙奇昇殿
- 격을 이루는 시기 : 천반 을기乙奇가 진궁震宮에 임臨할 때

(2) 병기승전丙奇昇殿
- 격을 이루는 시기 : 천반 병기丙奇가 이궁離宮에 임할 때

(3) 정기승전丁奇昇殿
- 격을 이루는 시기 : 천반 정기丁奇가 태궁兌宮에 임할 때
- 격의 길흉 : 삼기귀인승전격은 귀인이 직위에 관한 진급·영전·임명 등의 길의吉意가 있다.

을기승전은 지반에 경庚이 있을 때 합이 되어 흉의凶意를 완화시킨다.
병기승전은 지반에 신辛이 있을 때 합이 되어 흉의를 완화시킨다.
정기승전은 지반에 임壬이 있을 때 합이 되어 흉의를 완화시키고, 만일 지반에 무戊가 있을 때에는 흉을 만나도 길하게 된다.

2) 삼기상길격三奇上吉格
- 격을 이루는 시기 : 천지반 정·병·을丁丙乙 삼기가 시가팔문時家八門 가운데 삼길문인 개문·휴문·생문을 만나는 경우이다.
- 격의 길흉 : 경사가 있고 기쁨이 있는 대길격이다.

3) 삼기전사격三奇傳使格
- 격을 이루는 시기 :
  ㉮ 甲己일에 乙奇가 연궁이나 일궁에 임하는 경우
  ㉯ 丙辛일에 丙奇가 연궁이나 일궁에 임하는 경우
  ㉰ 乙庚일에 丁奇가 연궁이나 일궁에 임하는 경우
  ㉱ 丁壬일에 乙奇가 연궁이나 일궁에 임하는 경우
  ㉲ 戊癸일에 丁奇가 연궁이나 일궁에 임하는 경우
- 격의 길흉 : 길함을 더해 주고 흉함을 덜어주는 길격이다.

4) 옥녀수문격玉女守門格
- 격을 이루는 시기 : 천반 정丁이 시가팔문 중 생문의 정위궁인 간궁에 임하는 경우이다.
- 격의 길흉 : 이격을 이루면 교육과 학술 방면에 매우 길하고 만사가 여의하며, 모든 흉살이 침범하지 못한다.

5) 삼기득사격三奇得使格
(1) 을기득사乙奇得使

- 격을 이루는 시기 : 천반이 을기乙奇이고 지반이 기己나 신辛일 경우

(2) 병기득사丙奇得使
- 격을 이루는 시기 : 천반이 병기丙奇이고 지반이 경庚이나 무戊일 경우

(3) 정기득사丁奇得使
- 격을 이루는 시기 : 천반이 정기丁奇이고 지반이 임壬이나 계癸일 경우
- 격의 길흉 : 충신이 자신을 인정하는 군주를 만나는 길격으로 대인 관계나 화합을 도모하는 일에 길하다. 특히 을기득사격은 하나로써 열을 당하고, 약한 것으로 강한 것을 누르는 장점이 있다.

6) 교태격交泰格
- 격을 이루는 시기 : 을가정乙加丁·을가병乙加丙의 형태이다. 즉, 천반 육의 을乙이 지반 정丁·병丙 위에 앉는 것을 말한다.
- 격의 길흉 : 이 격은 서로 화목·친목을 이루는 형국으로 판단하며, 객보다는 주인에게 유리하다.

7) 천우창기격天遇昌氣格
- 격을 이루는 시기 : 정가을丁加乙의 형태이다.
- 격의 길흉 : 일반 사람은 평범하고, 귀한 사람은 즐거움이 있다. 주인이 객을 생하는 형국이라 주인보다는 객이 유리하다.

8) 삼기리합격三奇利合格
- 격을 이루는 시기 : 정가무丁加戊의 형태이다
- 격의 길흉 : 화가 변하여 복이 되는 형국이다. 모든 사람에게 행운이 있으며, 죄가 있어도 하늘이 감면해 주는 격이고, 장거리 여행에도 좋다.

9) 청룡회수격靑龍回首格
- 격을 이루는 시기 : 갑가병甲加丙의 형태인데, 사주가 갑자·을축·병인·정묘·무

진·기사·경오·신미·임신·계유 시時일 경우, 기문국에서는 갑자 직부상의 무戊를 갑甲으로 보니 무가병戊加丙의 형태가 청룡회수격에 해당한다.
- 격의 길흉 : 모든 일이 만사 형통하고 순조롭게 풀리는 것을 의미한다. 사회에서는 윗사람의 덕을 보고, 직장에서 직장 상사가 나를 선택하여 천거하는 운세이다.

10) 비조질혈격飛鳥跌穴格
- 격을 이루는 시기 : 병가갑丙加甲의 형태인데, 시주가 갑자·을축·병인·정묘·무진·기사·경오·신미·임신·계유 시일 경우, 기문국에서는 무戊를 갑甲으로 보니 병가무丙加戊를 병가갑丙加甲으로 보고 이 격을 적용한다.
- 격의 길흉 : 재물·경제·경영·귀인의 도움을 받을 수 있는 길격으로 해석하며, 무슨 일이든 시작하면 반드시 성공할 수가 있다.
그러나 일신상의 신액은 유의해야 한다.

11) 주함화격朱含花格
- 격을 이루는 시기 : 병가을丙加乙의 형태이다.
- 격의 길흉 : 이 격은 새가 꽃잎을 물고 있는 형상으로, 공적인 일에 좋고, 상대방의 신뢰를 얻을 수 있으며, 멀리서 기쁜 소식을 들을 수 있는 격이다.

2. 흉격凶格

1) 패격悖格
- 격을 이루는 시기 : 병가병丙加丙·병가시직부丙加時直符·시직부가병時直符加丙·병가사간丙加四干·사간가병四干加丙을 모두 패격으로 보는데, 이 가운데 병가병丙加丙의 영향력이 가장 크다.
- 격의 길흉 : 정치 및 사회의 기반이 흔들리고 문란해지는 흉격이다. 하극상, 부

하의 배신, 손아랫사람이 윗사람을 극하는 흉의이다.

2) 천망사장격天網四張格 : 高格·低格이 있음
   - 격을 이루는 시기 : 시간가계時干加癸·계가시간癸加時干·계가사간癸加四干·시간가계四干加癸·계가계癸加癸의 형태이며, 계癸는 천망이고, 임壬은 지망이다. 이 중 고격高格은 육계六癸가 중궁·건궁·태궁·간궁·이궁에 있는 경우이고, 저격底格은 육계六癸가 감궁·곤궁·진궁·손궁과 혹은 중궁에 있는 경우이다.
   - 격의 길흉 : 천망사장격 중 고격은 위엄이 있고 인품이 좋으나 어려운 상황은 피해 갈 수 없고, 저격은 인격은 떨어지지만 어려운 상황에 한 가닥 희망은 있다고 본다. 일단 천망사장이 궁에 붙으면 도망갈 수가 전혀 없는 것으로 판단한다.

3) 지망차적격地網遮寂格
   - 격을 이루는 시기 : 시간가임時干加壬·임가시간壬加時干·임가사간壬加四干·시간가임四干加壬·임가임壬加壬의 형태이며, 이 중 고격은 육임六壬이 중궁·건궁·태궁·간궁·이궁에 있는 경우이고, 저격은 육임이 감궁·곤궁·진궁·손궁에 있는 경우이다.
   - 격의 길흉 : 천망사장격은 고격이 더 흉하지만, 지망차적격은 저격을 더 흉하게 본다. 상대방과의 투쟁을 피해야 하고, 전시에는 공격을 중지하고 병사들의 움직임을 자제하라는 뜻이다.

4) 복궁격伏宮格
   - 격을 이루는 시기 : 천반육경가직부天盤六庚加直符의 형태이다. 즉, 육의삼기 천반 경庚이 시주時柱의 부두 위에 앉은 경우이다. 가령 을사乙巳 시라면 갑진甲辰 순에 속하니 부두가 임壬이 되므로, 육의삼기 경가임庚加壬의 형태가 복궁격에 해당한다.
   - 격의 길흉 : 주인과 객 양방 모두 흉격이니 움직임은 불가하다.

5) 비궁격飛宮格

- 격을 이루는 시기 : 천반직부가육경天盤直符加六庚의 형태이다. 복궁격의 반대 형상으로 시주의 부두가 육의삼기 지반인 경庚 위에 앉는 경우이다. 가령 을사乙巳 시라면 갑진甲辰 순에 속하니 부두가 임壬이 되므로 육의삼기 임가경壬加庚의 형태가 비궁격에 해당한다.
- 격의 길흉 : 복궁격과 같이 주객 모두 불리하다.

6) 시묘격時墓格

- 격을 이루는 시기 : 사주의 시간時干이 십이운성의 묘궁墓宮에 해당하는 경우이다.

時干	甲乙	丙丁	戊己	庚申	壬癸
墓宮	坤宮	乾宮	乾宮	艮宮	巽宮

- 격의 길흉 : 앞으로 진출하는 데 방해와 재앙이 따르는 흉격이다. 음간陰干보다 양간陽干이 더 흉하다.

7) 박제화의격迫制和義格

- 격을 이루는 시기 : 시가팔문과 구궁과의 관계를 말하는 격으로, 4종류가 있다. 시가팔문의 오행은 기본궁정위문의 오행이다.
  (1) 박격은 시가팔문의 오행이 구궁의 오행을 극하는 경우이고,
  (2) 제격은 구궁의 오행이 시가팔문의 오행을 극하는 경우이고,
  (3) 화격은 팔문의 오행이 구궁의 오행을 생하는 경우이고,
  (4) 의격은 구궁의 오행이 팔문의 오행을 생하는 경우이다.
  특히 일부의 길격은 박·제에 해당될 때는 길격이 암시하는 운세가 반감된다.
- 격의 길흉 : 박·제격은 극으로 보고, 화·의격은 생으로 판단한다. 시가팔문 가운데 길문을 궁이 극하면 길성은 감소하고, 흉문을 궁이 극하면 흉성 또한

감소된다. 반대로 길문이 궁을 생해도 길성의 기운이 빠져 길의는 감소하고, 흉문이 궁을 생해도 흉성의 기운이 빠져 흉의 또한 감소된다.

8) 이룡상비격二龍相比格
- 격을 이루는 시기 : 육갑가육을六甲加六乙의 형태이다.
- 격의 길흉 : 이 격은 경쟁과 분쟁 등의 대립 관계가 생긴다. 개문·생문·휴문과 동궁하면 그 흉은 감소된다.

9) 청룡수곤격靑龍受困格
- 격을 이루는 시기 : 육갑가육무六甲加六戊의 형태이다.
- 격의 길흉 : 이 격은 군주나 손윗사람의 배신으로 토사구팽당하는 형극이며, 전쟁에서는 군대의 움직임을 즉각 중지하고 동태를 관망해야 한다.

10) 화파수지격火坡水地格
- 격을 이루는 시기 : 천반·지반 병·정이 감궁에 임하는 경우이다.
- 격의 길흉 : 모든 일이 불길하지만 주인은 무난하다.

11) 목입금향격木入金鄕格
- 격을 이루는 시기 : 갑자직부인 천·지반 무戊와 천·지반 을乙이 건궁 또는 태궁에 임하는 경우이다.
- 격의 길흉 : 만사가 여의치 않지만 주인은 무난하다.

12) 화임금위격火臨金位格
- 격을 이루는 시기 : 천반·지반 병·정이 건궁 또는 태궁에 임하는 경우이다.
- 격의 길흉 : 주인은 불길하며 객은 이익을 본다.

13) 금벽목림격金劈木林格
- 격을 이루는 시기 : 육의인 천반·지반 경庚·신辛이 진궁 또는 손궁에 임하는 경우이다.
- 격의 길흉 : 이 격은 쇠로 나무를 쪼개는 흉격으로 몸에 상해를 입는다. 주객 중 이익은 객에 있다.

14) 목래극토격木來剋土格
- 격을 이루는 시기 : 천반·지반 을乙이 간궁 또는 곤궁에 임하는 경우이다.
- 격의 길흉 : 을목乙木이 토궁을 극해서 흉이 되는 것이며, 주인은 불길하고 객은 이롭다.

15) 복간격伏干格
- 격을 이루는 시기 : 천반 경庚이 일간지반 위에 앉는 경가일간庚加日干을 말한다.
- 격의 길흉 : 해당하는 육친과 인연이 없고, 자신과 배우자가 상하는 흉격이다.

16) 비간격飛干格
- 격을 이루는 시기 : 일간에 해당하는 천반 육의삼기가 지반 경庚 위에 앉는 일간가경日干加庚을 말한다.
- 격의 길흉 : 본인과 가족이 상하고, 육친과의 덕이 없다.

17) 복음격伏吟格
- 격을 이루는 시기 : 복음격은 세 종류로 이루어져 있다.
  가. 순복음旬伏吟 : 사주의 시주가 갑자·갑술·갑신·갑오·갑진·갑인 시의 경우에 이루어진다.
  나. 반복음半伏吟 : 사주의 시주가 무진·기묘·경인·신축·임자·계해 시의 경우에 이루어진다.
  다. 별격복음別格伏吟 시 부두순장이 입중궁하고 시간이 입곤 중인 경우와, 시간이 입중하고 시의 부두순장이 입곤궁인 경우이다.
- 격의 길흉 : 복음격은 스스로 재화를 부르는 형국이니 모든 움직임이 불가하다. 단, 복음은 객이 흉하고 반복음은 객이 흉하지 않다.

18) 삼기입묘격三奇入墓格
- 격을 이루는 시기 : 정·병·을 삼기가 십이운성의 묘에 해당하는 경우이다. 천반 정기丁奇가 간궁艮宮에 닿을 때, 천반 병기丙奇가 건궁乾宮에 닿을 때, 천반 을기乙奇가 곤궁坤宮에 닿을 때 입묘격이 이루어진다.
- 격의 길흉 : 일체의 행동과 움직임이 마땅하지 않으나 수성으로 들어가면 무난하다.

19) 육의격형격六儀擊刑格
- 격을 이루는 시기 : 천반 직부가 형에 해당하는 궁에 앉는 경우이다.
  시 부두순장 갑자 : 무戊가 진궁에 앉는 경우
  시 부두순장 갑술 : 기己가 곤궁에 앉는 경우
  시 부두순장 갑신 : 경庚이 간궁에 앉는 경우
  시 부두순장 갑오 : 신辛이 이궁에 앉는 경우
  시 부두순장 갑진 : 임壬이 손궁에 앉는 경우
  시 부두순장 갑인 : 계癸가 태궁에 앉는 경우
- 격의 길흉 : 일체의 움직임이 불길하고, 모든 것이 끊어지며 파괴되는 현상이 일어난다.

20) 육의수제격六儀受制格
- 격을 이루는 시기 : 육의 무·기가 감궁에 있는 경우, 육의 경·신이 진궁 또는 손궁에 있는 경우, 육의 갑·을이 간궁 또는 곤궁에 있는 경우, 육의 병·정이 건궁 또는 태궁에 있는 경우, 육의 임·계가 이궁에 있는 경우.
- 격의 길흉 : 구궁은 주인이고 육의삼기는 손님이니, 손님이 주인을 극하므로

객보다 주가 더 흉하다.

21) 오불우시격五不遇時格
- 격을 이루는 시기 : 시간 육의삼기와 일간 육의삼기가 서로 극하는 경우예를 들면, 갑과 경, 을과 신, 병과 임, 정과 계, 무와 갑일 때 이루어진다.
- 격의 길흉 : 모든 일이 흐트러지고, 행동에 장애가 많다. 특히 부자父子 간에 동거하면 큰 흉액이 따르니 별거해야 할 것이다.

22) 지라점묘격地羅占墓格
- 격을 이루는 시기 : 이 격은 복음격 가운데 임가임壬加壬을 말한다.
- 격의 길흉 : 만사가 길하면 대길하고, 흉하면 아주 대흉한다.

23) 연·월·일·시격年月日時格
- 격을 이루는 시기 : 이 격은 연격·월격·일격·시격으로 나누어지는데, 천반 경庚이 연간·월간·일간·시간 위에 앉는 경우이다.
- 격의 길흉 : 이 격은 손님이 언제 오느냐의 기준을 결정한다. 즉, 경가년간庚加年干이면 연내年內에 온다고 판단하고, 경가일간庚加日干이면 그 날에 온다고 판단하며, 이 격에 해당되지 않으면 오지 않는 것으로 판단한다.

24) 대격大格
- 격을 이루는 시기 : 경가계庚加癸의 형태이다.
- 격의 길흉 : 일궁世宮이 대격에 해당하면 본인의 착오로 인한 실패가 찾아오고, 내부에서 외부로 점차 붕괴된다. 부귀한 명은 크게 부귀하고, 천한 명은 풍전 등화와 같이 더욱 위험하다.

25) 소격小格
- 격을 이루는 시기 : 경가임庚加壬의 형태이다.

- 격의 길흉 : 손해·손상·손실로 인하여 분쟁이 발생하고, 남녀간의 음심이 발동한다.

26) 형격刑格
- 격을 이루는 시기 : 경가기庚加己의 형태이다.
- 격의 길흉 : 주로 관사의 일로 형을 당한다.

27) 청룡도주격靑龍逃走格
- 격을 이루는 시기 : 을가신乙加辛의 형태이다.
- 격의 길흉 : 이별·사별·파재·타향살이·손재 등이 따르고, 노비는 주인을 배신하며, 일가가 야반 도주하는 형국이다.

28) 백호창광격白虎猖狂格
- 격을 이루는 시기 : 신가을辛加乙의 형태이다.
- 격의 길흉 : 백호가 함정에 빠져 미쳐 날뛰는 형국이므로 불화·증오·억울함·사별 등이 있고, 몸은 쇠진하며, 여자는 정조를 잃는다. 객은 흉하지 않다.

29) 등사천교격騰蛇天矯格
- 격을 이루는 시기 : 계가정癸加丁의 형태이다.
- 격의 길흉 : 악살이 끊이지 않고 부딪쳐 깨어지는 형국이므로, 우환이 겹치고 진퇴 양난이라 비관 자살할 격이다.

30) 주작투강격朱雀投江格
- 격을 이루는 시기 : 정가계丁加癸의 형태이다.
- 격의 길흉 : 문서와 관계된 일로 인한 송사·시비 구설이 있고, 재판도 패해 구속되는 형국이다. 주인은 흉하지 않다.

31) 형입태백격熒入太白格
- 격을 이루는 시기 : 병가경丙加庚의 형태이다.
- 격의 길흉 : 예측할 수 없는 불의의 재난이 발생하는 흉격이다. 그러나 도적 점에서 이 격이 나오면 도적은 반드시 물러가며, 병술에서도 이 격이 나오면 적은 반드시 물러간다. 주인은 불리하고 객은 흉하지 않다.

32) 태백입형격太白入熒格
- 격을 이루는 시기 : 경가병庚加丙의 형태이다.
- 격의 길흉 : 핏빛 재앙·증오·박복·방해가 발생한다. 도적과 적이 반드시 들어오는 형국이다. 주인은 이롭고 객은 불리하다.

33) 전격戰格
- 격을 이루는 시기 : 경가경庚加庚의 형태이다.
- 격의 길흉 : 조화를 깨뜨리며, 공격하여 이산·파괴·살상·불화·갈등·대립 등의 속성이 있다.

3. 기문 71국

국은 본래 72국으로 구성되어 있고, 주로 전쟁과 관련된 내용인데, 비급을 하나 잃어버려 71국만 전해지고 있다.

1) 청룡득로국靑龍得露局
천반 을기乙奇가 구천·천주·생문시가팔문이 함께 동궁하는 형태이다. 이익은 객에 있으니 거동이나 거사를 하면 짧은 시간 내에 객이 승리하고, 출문하면 대승한다.

2) 비룡재천국飛龍在天局

천반 을기가 천보·두문시가팔문과 함께 동궁하는 형태이다. 거래나 승부 등의 이익은 객에 있고, 장거리 여행 및 해외 여행에 좋으며, 서방西方으로 나아가는 것이 좋다.

3) 태음당권국太陰當權局

천반 을기가 천임·태음과 함께 상문시가팔문에 임하는 형태이다. 이익은 객에 있고, 협상과 교섭에서 유리하며, 윗사람에 이익이 있으므로 장군이 병사들을 이끌고 출군하면 승리한다.

4) 오호임문국五虎臨門局

천반 을기·백호·천심·사문시가팔문이 동궁하는 형태이다. 이익은 객에 있고, 이궁이 길지이며, 재물을 구하는 데 길하다. 출사할 때 손궁으로 나가고, 이궁에 앉으면 승리한다.

5) 천마치성국天馬馳星局

천반 을기·육합·경문景門:시가팔문이 동궁하는 형태이다. 활동하며 휴식하는 장소는 손궁 방향이 길하고, 움직이는 경우에는 태궁 방향이 좋다. 참모나 부하의 의견대로 따르면 승리한다. 이익은 객에 있다.

6) 벽력뢰전국霹靂雷全局

천반 을기·직부·천영·두문시가팔문이 동궁하는 형태이다. 객이 유리하니 변호인이나 대리인을 내세우는 것이 길하고, 출병도 장군은 진영에서 쉬고 부장이 출전하면 승리한다.

7) 백호양위국白虎揚威局

천반 을기·직부·천주·휴문시가팔문이 동궁하는 형태이다. 타협이나 협상보다는 적을 급습하면 승리하고, 이익은 객에 있다.

8) 월출천충국月出天衝局

천반 을기·태음·천금·경문驚門:시가팔문이 동궁하는 형태이다. 건궁이 길지이고, 손궁 방향에서 희소식이 있으니, 건궁으로 나아가 손궁에 진영을 설치하는 것이 좋고, 이익은 객에 있다.

9) 태음득령국太陰得令局

천반 을기·천보·구천이 동궁하는 형태이다. 혼자 행동하는 것보다 여럿이 합심하여 행동하는 것이 좋다. 이익은 객에 있다.

10) 육합회춘국六合回春局

찬반 을기·태음·천주·상문傷門:시가팔문이 동궁하는 형태이다. 곤방에 숨어 있다가 공격하는 자가 있고, 이익은 주인에 있으니 출행·출동·출병하면 큰 손해를 본다.

11) 천라지망국天羅地網局

천반 을기·구천·천보·생문시가팔문이 동궁하는 형태이다. 대리인을 내세우지 말고 자신이 직접 움직이면 길하다. 원행이나 출행에 길하고, 이익은 객에게 있다.

12) 희룡쟁소국喜龍爭巢局

천반 을기·구천·천금·경문景門:시가팔문이 동궁하는 형태이다. 승리는 객한테 있으니 행동하지 말고 매복하는 것이 길하며, 거동은 이궁 방향이 좋다.

13) 옥녀귀관국玉女歸關局

천반 을기·육합·천주·두문시가팔문이 동궁하는 형태이다. 승부는 주인에게 있으므로 행동하지 않는 것이 유리하다. 간궁 방향은 이롭고 수비함에 좋으나, 곤궁 방향은 흉하다. 날씨가 맑으면 거동하고 흐리면 잠복하는 것이 좋다. 진군시 황운黃雲이 일어나면 길한 징조다.

14) 조점고지국鳥占枯枝局

천반 을기·주작·천임·사문시가팔문이 동궁하는 형태이다. 주인에게 이익이 있으니 출행·거동을 피해야 한다. 군사를 출병하면 병사들의 사기가 떨어지고 산란해져서 공을 세우지 못한다. 특히 이궁 방향으로의 원행·출병·거동은 절대 삼가야 한다.

15) 황룡승천국黃龍升天局

천반 을기·등사·천보·경문景門시가팔문이 동궁하는 형태이다. 이익이 객에 있으니 거동하는 것이 길하다. 출군시 수전水戰이 유리하고 육전은 불리하니 육도는 피함이 좋다. 수전을 행하면 동풍이 불 것이니 이 경우 화공계를 쓰면 대승한다.

16) 천호사충국天虎司衝局

천반 을기·태음·천봉·개문시가팔문이 동궁하는 형태이다. 이익이 주인에게 있으니 출병·거동을 하지 않는 것이 좋다. 만약 진군시 구름이 태양을 가리고 날씨가 흐리면 불길한 징조이니 즉각 중지해야 한다.

17) 천추직일국天樞直日局

천반 을기·구지·천예·휴문시가팔문이 동궁하는 형태이다. 이익이 객에 있으니 거동에는 길하나 감궁 방향은 피해야 한다. 건궁 방향에서 출병하여 곤궁 방향에 진을 치면 좋다.

18) 풍산백화국風散百花局

천반 을기·육합·천금·상문시가팔문이 동궁하는 형태이다. 거동하면 교통 사고·시비·구설 등의 악운이 있으니 반드시 피해야 한다. 만약 출병했을 경우 서풍이 불면 후퇴해야 하며, 손궁 방향으로 돌아가면 손해를 줄일 수 있다. 이익은 주인에게 있다.

19) 백로횡강국白露橫江局

천반 을기·태음·천충·생문시가팔문이 동궁하는 형태이다. 출행은 강이나 운하 등

물을 끼고 거동하는 것이 길하다. 출행방은 감궁 방향이 좋고, 이궁 방향은 흉하니 피해야 한다. 이익은 주인에게 있고, 수전이면 대승한다.

20) 허숙생풍국虛肅生風局
천반 을기·천보·백호·두문시가팔문이 동궁하는 형태이다. 이긴다 해도 작은 승리일 뿐이니 욕심을 부리지 말 것이며, 이익은 객에 있다. 만약, 출병하면 물을 피해 가는 것이 상책이다. 진군은 간궁 방향이 길하고, 휴식은 손궁 방향이 길하다.

21) 천문대개국天門大開局
천반 을기·직부·천임·개문시가팔문이 동궁하는 형태이다. 감궁방으로 출행이나 거사하는 것이 좋고, 감궁 방향에서 근무하거나 거주하는 사람의 말대로 처신하면 일은 성사된다. 이익은 객에 있다.

22) 곤고변화국昆蠱變化局
천반 을기·등사·천임·경문驚門:시가팔문이 동궁하는 형태이다. 태궁으로 거동하는 것이 길하며, 날씨가 바람 불고 비나 눈이 오면 더욱 좋다. 출병시 먹구름이 공중에 떠 있고 4리쯤 가다 비를 만나면 싸움에서 크게 이로울 징조. 이익은 객에게 있다.

23) 비아박화국飛蛾撲火局
천반 을기·구천·천임·경문景門:시가팔문이 동궁하는 형태이다. 이익은 객에 있으니 정靜하면 불리하고 동動하면 승리한다. 전투시 직접적인 공격보다 적을 유인하여 공격하는 것이 좋다. 군사를 움직일 때 쉬지 않고 계속 활동하는 것이 유리하고, 특히 적의 위장 투항이나 이간질 등 간계를 조심해야 한다.

24) 시횡편야국尸橫遍野局
천반 을기·천주·백호음둔은 현무·사문시가팔문이 동궁하는 형태이다. 출행이나 거동하는 것은 불가하다. 특히 당일 오시午時에 동動하면 불길하며, 건궁 방향의 진영을 철저히 수비해야 한다.

25) 어룡변화국魚龍變化局
천반 병기丙奇가 구진·천봉·경문景門:시가팔문과 함께 동궁하는 형태이다. 거동·원행·출병 등 출사하는 것이 유리하며, 특히 곤궁방이 대길하다. 이익은 객에 있다.

26) 오성취회국五星聚會局
천반 병기·육합·천예·휴문시가팔문이 동궁하는 형태이다. 대리인보다 자신이 직접 일을 처리하는 것이 길하며, 여름에는 장마비를 만남이 좋고, 겨울에는 큰 눈을 만나는 것이 좋다. 이익은 객에 있으며, 곤궁 방향으로 나가 손궁방에 진영을 설치하는 것이 좋다.

27) 여어실수국如魚失水局
천반 병기·주작·천임·생문시가팔문이 동궁하는 형태이다. 거동하면 흉액을 당하니 출병이나 거동을 피하는 것이 길하고, 꼭 필요한 경우에는 감궁 방향을 피하고 건궁 방향으로 조심해서 움직이는 것이 좋다. 이익은 주인에게 있다.

28) 득출천라국得出天羅局
천반 병기·직부·천심·상문시가팔문이 동궁하는 형태이다. 거동·출행·출병·원행 등 활동하는 것이 좋으나, 감궁 방향은 꼭 피해야 하며, 이궁 방향이 길하다. 이익은 객에 있다.

29) 육갑봉시국六甲逢時局
천반 병기·직부·천예·두문시가팔문이 동궁하는 형태이다. 이익이 객에 있으나 거동시 시간 선택을 해야 하는데, 그 중 사·오시午時가 길하다. 만약 시간을 지키지 않고 거동하면 사고가 따른다. 출행시 손아랫사람과 동행하면 일이 성사되기 어렵다.

30) 보경중마국寶鏡重磨局

천반 병기·현무·천영·사문시가팔문이 동궁하는 형태이다. 이익은 객에 있으나 거동시에는 처음은 고통스럽고 후에 이루어지기 때문에 신중을 기해야 한다. 대장이 직접 싸움터를 진두 지휘하면 처음은 패하나 뒤에는 승리하며, 출군시 진궁방이 대길하다.

31) 사팔룡혈국蛇八龍穴局

천반 병기·태음·경문시가팔문이 동궁하는 형태이다. 이익이 객에 있으니 거동·원행·거사·출병 등에 길하고, 상업과 금전 융통에 좋다. 장수가 군사를 이끌고 적을 공격하면 대승하고, 출군할 때 건궁방에 북소리가 들리고 흰구름 등이 북두성을 가리며 먹구름이 군사의 머리 위를 덮은 듯하면 크게 전과를 거둘 징조이다.

32) 홍곡충천국鴻鵠沖天局

천반 병기·육합·개문시가팔문이 이궁에 동궁하는 형태이다. 거동·출행에 길하고, 새로운 일을 창출하는 데 길하며, 동업도 무난하다. 이익은 객에 있다.

33) 천갈택지국天喝擇地局

천반 병기·등사·천예·휴문시가팔문이 동궁하는 형태이다. 이익이 주객 상반이라 거동·출행하면 처음은 흉하고 후에 길하다. 거동치 않아도 역시 처음은 흉하고 후에 길하다. 사업차 먼 길을 갈 때 회사를 나와서 4리쯤가다 날씨가 흐려지고 비를 만나면 길한 징조이다.

34) 사입연소국蛇入燕巢局

천반 병기·구지·천임·생문시가팔문이 동궁하는 형태이다. 이익이 주인에게 있으니 거동·출행은 삼가고, 상대방을 불러들여 대결이나 담판을 하면 주인이 승리한다. 거동할 시에는 손아랫사람이나 부하가 화를 당한다.

35) 천문득지국天門得地局

천반 병기·육합·천보·상문시가팔문이 동궁하는 형태이다. 이익이 객에 있으므로, 거사·거동하면 길하다. 특히 진궁방이 대길하므로 산업 진출이나 적 공격시 진궁방으로 돌아나가 적을 궁격하면 큰 공을 세운다.

36) 고목봉춘국枯木逢春局

천반 병기·육합·천임·두문시가팔문이 동궁하는 형태이다. 이익이 객에 있으니 거동 출행하면 길하다. 혹 사업이나 전투에서 피해를 봐도 잘 수습하여 재차 공격하면 승리한다.

37) 교룡실수국蛟龍失水局

천반 병기·구천·천예·경문시가팔문이 동궁하는 형태이다. 이익이 주인에 있으므로 출행은 불길하다. 부득이 출행하려면 태궁방 쪽으로 나아가 수로水路를 끼고 거동하면 화를 면한다.

38) 천충림진국天沖臨陣局

천반 병기·현무·천보·사문시가팔문이 동궁하는 형태이다. 거동 출행은 불가하며, 부득이 할 경우 손궁 방향으로 거동하는 것이 좋다. 이익은 객에 있으나, 거동은 불리하다.

39) 풍운취회국風雲聚會局

천반 병기·직부·천예·경문驚門:시가팔문이 동궁하는 형태이다. 이익이 객에 있으니 거병 출행에 유익하다. 특히 손궁방에 이득이 있고, 귀인을 만난다. 신규 사업 진출에 길하고, 출근·출병 시에 4리쯤 지나 새들이 날아오르는 것을 보면 대길할 징조이다.

40) 군양박호국群羊搏虎局

천반 병기·구천·천예·개문시가팔문이 동궁하는 형태이다. 이익이 주인에게 있으니 거동 출행은 불가하다. 특히 진·술·일시에 거사·거동·출병하면 크게 패한다.

41) 천일조림국天日照臨局

천반 병기·태음·천봉·휴문시가팔문이 동궁하는 형태이다. 부하·아랫사람한테 일을 맡기지 말고 본인이 직접 진두 지휘하면 큰 이득을 본다. 이익은 객에 있으니 거동 출행에 길하다. 특히 간궁방으로 나아가면 큰 이익이 있다.

42) 추풍서기국秋風西起局

천반 병기·육합·천충·생문시가팔문이 동궁하는 형태이다. 이익이 객에 있으나 거동 출행은 흉하며, 출행시 많은 사람들을 만나면 불길한 일이 발생한다. 사업 목적으로 이동할 때 간궁방으로 나아가 태궁방 쪽에서 상대방을 접촉하면 이득이 있고, 이 동시 육로보다는 물을 끼고 이동하는 것이 좋다.

43) 하괴탈백국河魁奪魄局

천반 병기·주작·상문시가팔문이 동궁하는 형태이다. 출병 거동에 유익하며, 특히 이궁 방향과 태궁 방향이 좋다. 이익은 객에게 있으며, 출행시 서쪽태궁 방향에서 불이 일어나는 것을 보면 대길하다.

44) 천을사충국天乙司沖局

천반 병기·구천·천심·두문시가팔문이 동궁하는 형태이다. 거동 출행은 태궁 방향이 길하고, 이익은 객에 있다.

45) 화분곤강국火焚崑岡局

천반 병기·태음·천영·경문景門시가팔문이 동궁하는 형태이다. 거동 원행에 대길하며, 이익은 객에 있다. 출행시 붉은색 옷을 입은 사람이 서쪽에서 오는 것을 보면 대길할 징조다.

46) 천하전봉국天河轉逢局

천반 병기·육합·천주·사문시가팔문이 동궁하는 형태이다. 이익은 주인에게 있으니 거동 출행은 대흉하다. 사업이나 출군시에 40리쯤 지나 비를 만나고, 새떼가 남쪽에서 날아오는 것을 보면 흉한 징조이다.

47) 태을득령국太乙得令局

천방 병기·주작·천임·경문驚門:시가팔문이 동궁하는 형태이다. 이익이 객에 있으니 매사 적극적으로 행하면 유리하고, 거동 출행이 모두 길하다. 사업이나 전쟁시에 상대방을 먼저 공격하면 승리를 거둔다.

48) 하괴직시국河魁直時局

천반 병기·구진·천심·개문시가팔문이 동궁하는 형태이다. 거동 출행에 길하며, 물을 끼고 거동하는 것이 더욱 길하다.

49) 우제창강국雨霽滄江局

천반 정기丁奇·직부·천임·휴문시가팔문이 동궁하는 형태이다. 거동·출행하는 것이 길하다. 출행시 감궁방으로 행하면 더욱 길하다. 거사시에 감궁방으로 나와 곤궁방에서 경쟁자를 만나면 승리한다.

50) 승광쟁위국勝光爭位局

천반 정기·태음·천금·생문시가팔문이 동궁하는 형태이다. 출행·거동하면 흉하며, 이익은 주인에게 있다.

51) 군계화봉국群鷄化鳳局

천반 정기·육합·천임·상문시가팔문이 동궁하는 형태이다. 거동 출행에 길하며, 특히 진궁 방향이 더욱 길하다. 이익은 객에 있다.

52) 화련금단국火煉金丹局
천반 정기·주작·두문시가팔문이 동궁하고 인·묘·일시寅卯日時를 만나는 형태이다. 주인과 객의 운세가 서로 비등하니, 거동 출행의 경우 처음에는 흉하지만 후에는 길하고, 태궁 방향이 더욱 길하다. 거동시에 북풍이 크게 일어나면 불길한 징조이니 퇴각하는 것이 좋다.

53) 육합림진국六合臨陣局
천반 정기·육합·천보·생문시가팔문이 동궁하는 형태이다. 거동 출행에 유리하며, 이궁 방향이 길방이고, 정면 대결보다는 우회적으로 돌아 치는 것이 좋다. 이익은 객에 있다. 거동시에 동쪽이궁방으로 무지개가 피어오르는 것을 보면 매우 대길할 징조다.

54) 뇌진백리국雷震百里局
천반 정기·태음·천봉·휴문시가팔문이 동궁하고 진·술·일辰戌日 시를 만나는 형태이다. 이익이 객에 있으니 진궁방으로 출행하면 길하다. 거사·출군시 진군방으로 유인하여 공격하면 대승한다. 거사·출군 시에 황색옷을 입은 노인이 어린이의 손을 잡고 와서 보고자 하거든 만나라. 매우 유익한 이야기를 듣는다.

55) 표변남산국豹變南山局
천반 정기·직부·천보·개문시가팔문이 동궁하는 형태이다. 거동 출행에 유리하며, 특히 진궁 방향이 길하다. 이익은 객에 있다.

56) 태세좌영국太歲坐營局
천반 정기·육합·천심·경문驚門:시가팔문이 동궁하는 형태이다. 거동 출행에 대체로 길하며, 이익은 객에 있다.

57) 고주랑강국孤舟浪江局

천반 정기·구천·천영·사문시가팔문이 동궁하는 형태이다. 거동 출행에 유리하며, 감궁 방향이 더욱 길하다. 이익은 객에 있다.

58) 서락강반국鼠落糠盤局

천반 정기·백호·천금·경문景門:시가팔문이 동궁하는 형태이다. 주인과 객의 운세가 비등하니 거동 출행하면 처음은 흉하고 후에 길하다. 외교·사업·출사는 큰 공을 세우기 어렵다.

59) 옥녀반회국玉女反回局

천반 정기·육합·천심·두문시가팔문이 동궁하는 형태이다. 이익이 주인에게 있으니 거동 출행은 불길하며, 만약 출행한다면 건궁 방향이 길하다. 거동 출행시 이궁방에서 불이 일어나는 것을 보면 불길한 징조이니 즉각 멈춰야 한다.

60) 육정충진국六丁沖陣局

천반 정기·현무또는 주작·천임·경문景門:시가팔문이 동궁하는 형태이다. 거동 출행에 유리하며, 특히 간궁·이궁 방향이 좋다. 이익은 객에게 있다.

61) 금강소지국金剛掃地局

천반 정기·태음·천임·사문시가팔문이 동궁하는 형태이다. 거동 출행하면 처음에는 흉하고 후에는 길하다. 거동시에는 진궁방이 유리하다. 이익은 주인과 객이 서로 비등하다.

62) 하락정상국河洛呈祥局

천반 정기·구천·천보·사문시가팔문이 동궁하는 형태이다. 거동 출행은 이궁 방향이 좋고, 움직이지 않고 매복할 경우에는 진궁 방향이 좋다. 이익은 객에 있다.

63) 태백수광국太白睡光局

천반 정기·구천·천금·휴문시가팔문이 동궁하는 형태이다. 이익이 객에 있으니 외교·사업·출병 등이 모두 길하다. 거동시에는 진궁방으로 나가 건궁방에서 상대하면 유리하다. 행군시에 4리쯤 가다 동남방손궁방에서 서광이 비치면 대길하다.

64) 서생구정국鼠生九鼎局

천반 정기·구진·천보·개문시가팔문이 동궁하는 형태이다. 거동 출행에 길하다. 특히 건궁 방향이 길하고, 이익은 객에 있다.

65) 삼대득위국三臺得位局

천반 정기·구천·천임·경문景門:시가팔문이 동궁하는 형태이다. 거동 출행 등이 대길하고, 특히 간궁 방향으로 나가면 더욱 길하다. 이익은 객에게 있다.

66) 음양불교국陰陽不交局

천반 정기·구지·천주·경문景門:시가팔문이 동궁하는 형태이다. 거동 출행에 불길하다. 이익은 주인에게 있다.

67) 천덕조문국天德照門局

천반 정기·구천·천임·경문景門:시가팔문이 동궁하는 형태이다. 거동 출행에 흉하다. 부득이 움직인다면 이궁 방향이 길하다. 이익은 주인에게 있다.

68) 월덕림문국月德臨門局

천반 정기·구진·천금·두문시가팔문이 동궁하는 형태이다. 거동 출행에 유리하고, 특히 곤궁 방향이 더욱 길하다. 이익은 객에 있다.

69) 월패당공국月悖堂空局

천반 정기·현무또는 주작·천심·상문시가팔문이 동궁하는 형태이다. 이익은 주인에게 있어 거동 출행은 흉하다. 부득이 출병하면 15리쯤 가다 서북방건궁방에서 봉사가 찾아와 정보를 제공해 주면 그대로 행하면 액을 면한다.

70) 나예과도국 羅銳過渡局

천반 정기·직부·천보·생문시가팔문이 동궁하는 형태이다. 거동 출행에 유리하며, 간궁 방향이 더욱 길하다. 이익은 객에 있다.

71) 형혹생광국 熒惑生光局

천반 정기·천봉·휴문시가팔문이 동궁하는 형태이다. 이익이 객에 있으니 거동·출병·출행·거사 등이 모두 길하다. 이궁방이 길방이니 출전하면 이궁 방향으로 행군하고, 감궁방에 군영을 설치하라. 출전시 동방진궁방에서 바람이 일면 화공계를 쓰면 적을 쉽게 섬멸할 수 있고, 서남방곤궁방에서 흰 구름이 뭉개뭉개 피어오르면 대길한 징조이니 용병해도 좋다.

4. 격국의 이해

국은 주로 삼기와 팔문·천봉구성·직부팔장이 어우러져 이루어진다. 원론적으로 기문에서는 천반수가 객客이고 선동자도 객이다. 결국 먼저 움직이는 자가 객이 되는 것이다. 격국의 해석에서 이익은 주인에게 있다. 또는 '주主는 흉하지 않다'라는 해석이 나오는데, 이것은 먼저 거동하는 것이 길한지, 아니면 방어에 치중하는 것이 유익한지를 표현하는 중요한 대목이다.

기문의 이치상 승부의 기본적인 면에서 나와 상대방이 있다. 따라서 공격이든, 협상이든, 어떠한 관계가 설정되면 내가 먼저 공격을 할 것인지 아니면 방어에 치중할 것인지를 알 수가 없으므로, 이것을 다룬 대표적인 학문이 기문 격국론이다. 그 예를 살펴보자.

예) 양둔 2국의 경우

丁 庚	己 丙	庚 戌
乙 己	辛 朱天生 雀任門	丙 癸
壬 丁	癸 乙	戊 壬

천반 기병奇丙이 주작朱雀·천임天任·생문生門과 함께 동궁했으므로 여어실수국如魚失水局에 해당한다. 이익은 주에 있으니 거동 출행은 흉하고, 만약 거동하면 화상을 당한다. 부득이 거동하려면 감궁 방향을 무조건 피해야 한다. 군사들은 출병하면 화공계·화살·총 등에 많이 상하므로 출병은 중단하고, 매복·은복 등 잠복하여 기습 공격하면 승리한다. 외교와 사업적인 목적도 상대방을 불러들여 교섭하면 이익을 취할 수 있다.

5. 구둔격九遁格

1) 천둔天遁
- 격을 이루는 시기 : 병가무丙加戊가 생문시가팔문과 동궁하는 형태이다.
- 격의 길흉 : 모든 일에 경사가 있다. 하늘의 도움을 받아 권위와 명예가 오르고, 뜻밖의 횡재가 있다.

2) 인둔人遁
- 격을 이루는 시기 : 천반 정기丁奇·태음·휴문시가팔문이 동궁하는 형태이다.
- 격의 길흉 : 경영·주식·외판·초청·혼인·모사, 적군의 기밀 탐지, 염탐, 정보 동향 파악, 귀인을 만남, 장수를 구함 등 만사가 대길하다.

3) 지둔地遁
- 격을 이루는 시기 : 을가기乙加己·개문시가팔문이 동궁하는 형태이다.
- 격의 길흉 : 모든 일이 대체로 길하지만, 특히 군대의 배치·매복, 묘 이장·안장, 건물의 신축·개축 등에 더욱 길하다.

4) 신둔神遁
- 격을 이루는 시기 : 천반 병기丙奇·생문시가팔문이, 구천이 상주하는 궁에 동궁하는 형태이다.
- 격의 길흉 : 천지 신명·조상신·호법신 등의 신불 기도에 길하며, 비와 바람을 부르는 일에도 좋고, 군대 이동, 장수의 배치, 임명·이동에도 길하다.

5) 귀둔鬼遁
- 격을 이루는 시기 : 천반 정기丁奇·구지 휴문시가팔문이 동궁하는 형태이다.
- 격의 길흉 : 정보 기밀 탐지, 역습·암습·침투·신술을 행하고, 사귀를 쫓는 일에 좋다.

6) 호둔虎遁
- 격을 이루는 시기 : 을가신乙加辛이 생문시가팔문과 간궁에 동궁하는 형태이다.
- 격의 길흉 : 군대의 기습 공격, 요새·진지 구축, 영혼 천도에 길하고, 정신적인 면의 기쁨이 있다.

7) 풍둔風遁
- 격을 이루는 시기 : 천반 병기丙奇·개문시가팔문이 손궁에 동궁하는 형태이다.
- 격의 길흉 : 바람을 불러일으켜 전투시 적을 격파하고 일상 생활에 이용한다. 특히 전쟁에서의 계책은 화공으로 적을 격파함이 좋다.

8) 운둔雲遁
- 격을 이루는 시기 : 천반 을기乙奇·개문시가팔문이 곤궁에 동궁하는 형태이다.
- 격의 길흉 : 기우제를 지내 구름과 비를 불러 적군과의 대치·공격·수비·정적 제거·병기 제조 등에 길하고, 가뭄이 들 경우에 기우제를 지내는 등 일상 생활에도 응용되는 길격이다.

9) 용둔龍遁
- 격을 이루는 시기 : 을가계乙加癸·휴문시가팔문이 감궁에 동궁하는 형태이다.
- 격의 길흉 : 물을 이용하여 적을 공격하고, 매복하여 암습하고, 강도·도적을 생포하고, 정치적 경쟁자를 제거하고, 기우제·용신 기도를 드리는 데 길하다.

* 이상으로 구둔격은 대체로 모든 일에 길하나, 동궁하는 궁이 십이운성이 사巳와 묘卯에 해당하면 그 길운은 감소된다.

6. 오가격五假格

1) 천가격天假格
- 격을 이루는 시기 : 천반 정·병·을 삼기 중 하나와 경문景門시가팔문·구천직부팔장이 동궁하는 형태이다.
- 격의 길흉 : 귀인의 도움, 재물 획득, 언론 소통 등 모든 일에 대해 복록의 기운이 상생한다.

2) 지가격地假格

(1) • 격을 이루는 시기 : 천반 육의삼기 정·기·계 중 하나와 두문시가팔문이 태음궁에 동궁하는 형태이다.
  • 격의 길흉 : 경쟁자를 제압하는 데 길하고, 적진 침투·밀탐·염탐·교란·매복·피난·도망가는 일에 길하다.

(2) • 격을 이루는 시기 : 천반 육의삼기 정·기·계 중 하나와, 두문시가팔문이 육합궁에 동궁하는 형태이다.
  • 격의 길흉 : 이것저것 생각지 말고 무조건 피하는 것이 상책이다.

(3) • 격을 이루는 시기가 천반 육의삼기 정·기·계 중 하나와 두문시가팔문이 구지궁에 동궁하는 형태이다.
  • 격의 길흉 : 매복하여 암습하는 것이 좋고, 도망하여 숨는 것이 길하다. 만약 도망자가 형입태백熒入太白에 들면 반드시 사로잡힌다.

3) 인가격人假格

• 격을 이루는 시기 : 천반 육의 임壬과 경문驚門:시가팔문이 구천궁에 동궁하는 형태이다.
• 격의 길흉 : 기습하여 생포하는 데 길하고, 도망·탐사·은둔에도 길하다.

4) 신가격神假格

• 격을 이루는 시기 : 천반 육의삼기 정·기·계 중 하나와 상문시가팔문이 구지궁에 동궁하는 형태이다.
• 격의 길흉 : 잠적·은신·매복·매장·이장에 좋다.

5) 귀가격鬼假格

• 격을 이루는 시기 : 천반 육의삼기 정·기·계 중 하나와 사문시가팔문이 구지궁에 동궁하는 형태이다.
• 격의 길흉 : 천지 신명께 소원을 비는 데 길할 뿐만 아니라, 귀신을 모시고 일

하는 데도 역시 길하다.

7. 삼사三詐

1) 진사眞詐
- 격을 이루는 시기 : 천반삼기 정·병·을 중 하나와 생문·개문·휴문시가팔문 중 하나가 태음궁에 동궁하는 형태이다.
- 격의 길흉 : 소원 성취, 입산 수도, 창의와 지혜를 구하는 데 길하고, 은둔·정벌 등에도 길하다.

2) 중사重詐
- 격을 이루는 시기 : 천반삼기 정·병·을 중 하나와 생문·개문·휴문시가팔문 중 하나가 육합궁에 동궁하는 형태이다.
- 격의 길흉 : 귀인의 음덕, 금융 구제, 인간과의 관계 개선 등에 길하다.

3) 휴사休詐
- 격을 이루는 시기 : 천반삼기 정·병·을 중 하나와 생문·개문·휴문시가팔문 중 하나가 구지궁에 동궁하는 형태이다.
- 격의 길흉 : 소원 성취, 천지 신명에게 기도, 제사 등에 길하고, 생약 제조·신병 치료 등에 길하다.

* 기문격국에서 대표적인 흉격은 육의격형격·백호창광격·형입태백격·태백입형격· 천망사장격·지망차적격·패격 등으로 분류된다.

이러한 기문 흉격의 영향은 부딪쳐 깨지고, 끊어지고, 파괴되는 현상이 일어난다. 이런 경우 모든 움직임은 절대 불가하다.

격국의 해석을 보면 천반직부가육경天盤直符加六庚이라는 용어가 나오는데, 천반직부라는 것은 직부팔장의 선두인 직부를 말함이다. 예를 들면, 을해乙亥일 경우 갑술甲戌 순에 속해 있고, 갑술 순의 부두는 기己이다. 바로 이 부두 기가 갑술 순의 10개 간지를 대표하는 천반 직부가 된다. 또한 육경六庚은 경오·경진·경인·경자·경술·경신의 천간天干인 경庚을 일컫는 말이다.

그리고 직부의 명칭을 직부구성이라고도 한다.

다시 정리하면, 기문격국의 해석에서 직부·직사라는 용어가 자주 나오는데, 직부는 직부팔장의 선두 주자로서 시부두에 해당하는 지반 육의삼기가 앉은 궁의 직부를 말한다. 직사도 직부와 같이 시부두에 해당하는 지반 육의삼기가 앉은 궁의 시가 팔문을 말한다.

09 기문 둔갑 격국론格局論의 중요성

기문 둔갑에서 격은 48격, 국은 71국이 있다. 이 중 둔·가·사遁假詐의 격은 기문 격국을 연구하는 사람은 필히 이 격을 이루는 구성과 원인을 이해해야 한다. 그 이유는 기문의 격과 국을 공부하다 보면 기문국의 육의삼기·팔문·구성 등의 성격을 이해할 수가 있다. 특히 둔·가·사격은 신과의 접촉, 왕권이나 국정 행사, 적과의 전쟁 등 기문국의 본래 목적인 시간과 공간을 포착하는 깊이까지 도달할 수 있는 원동력이 되기 때문이다.

1. 주객主客의 이해

기문을 활용하려면 먼저 주객主客을 명확히 이해해야 하는데, 주객의 동정動靜은 일정치 않고 변화 무쌍하다. 가령 주객이 모두 움직이지 않을 때, 누가 먼저 움직이는 가에 따라서 주객이 결정된다. 그것은 먼저 움직이는 자가 객이고, 앉아서 기다리는 자가 주가 된다. 즉, 동動함은 객이 되고, 정靜함은 주가 된다. 먼저 발성發聲하는 자가 객이 되고, 나중에 응답하는 자가 주가 된다.

음양을 주객으로 분류하면 양은 객이 되고, 음은 주가 된다. 모든 일의 성패 여부를 점치고자 할 때, 점에 앞서 먼저 주와 객을 결정해야 한다. 예를 들면, 내가 출사하면 나 자신이 객이 되고 상대방이 주가 된다. 객과 대응한 사람은 주가 되고, 주와 대응한 사람은 객이 되는 것이다.

내가 군대를 출병시키거나, 사업 또는 외교 목적으로 방문할 시는 내가 객이 되고 상대방은 주가 된다. 적과 대응할 때 당시 처한 상황으로 주객을 결정하여 위기를 모면할 수가 있는데, 가령 격국이 객한테 불리하면 당연히 출병은 불가하고 현 위치를 고수하면 된다.

객이 주를 생하면 일이 여의롭고 이익도 많다. 반대로 주가 객을 생하면 일도 순탄치 않고 소모도 많다. 주가 객을 극하면 반실·반허의 상태이므로 좋은 결과는 없다. 객이 주를 극하면 전투나 협상에서 반드시 패배한다. 주와 객이 조화를 이루면 안전하고 걱정거리가 없다.

이렇듯 기문 격국의 원리는 나와 상대방의 승부를 가름한다는 측면에서 항상 나와 상대가 있다. 그리하여 공격이든 방어이든 어떠한 상태의 관계가 이루어지면 내가 먼저 공격할 것인지, 아니면 잠복하여 기다릴 것인지를 다룬 것이 기문 격국론의 이치이다.

2. 주객 이론

격국의 기본 원리는 선동자, 즉 먼저 움직이는 자가 객이 되고, 천반이 객이 된다. 그리고 기다리다 후에 대응하는 자가 주가 되고, 지반이 주가 된다. 이 주객의 길흉을 어떻게 판단할 것인지를 정리해 보면, 먼저 천반 육의삼기를 객으로, 지반 육의삼기를 주로 본다. 가령 신가정辛加丁은 이익이 주에 있다. '흥하지 않다'라고 하였는데, 이것은 지반 정화丁火가 천반 신금辛金을 화극금火剋金하여 제어하기 때문에 주가 흥하지 않다고 판단한다.

기문격국을 총체적으로 보면 육의삼기는 객이고 구궁오행은 주이다. 예를 들면, 격국 중에 화파수지격은 천반·지반 병丙·정丁이 감궁에 상주하는 경우이며, '이익은 주에 있다'라고 하였다. 이것은 주主인 감궁의 수水가 객인 육의삼기 화火를 수극화水剋火하여 제압할 수 있기 때문에 일단 소운小運이나 연운年運이 이런 궁에 해당하면 공격적인 경영을 선택하는 것이 유리하다. 또 화임금위격의 예를 들면, 천반·지반 병·정이 건궁이나 태궁에 상주하는 경우이며, '이익은 객에 있다'라고 하였다. 이것은 객인 육의삼기 병·정이 주主인 건궁이나 태궁의 금金을 화극금火剋金하여 제압하기 때문에 소운이나 연운이 이런 궁에 해당하면 일단 방어적인 경영을 선택하는 것이 좋다. 이와 같이 주객 이론은 기문 격국을 해석하는 근본이며, 기문 통변의 기초 자료가 된다.

3. 격국 이용의 예例

격국이 어떻게 이용되는지 1950년 음력 3월 26일 인시생寅時生의 2006년도 연국의 점괘를 예로 들어 보자.

점괘의 목적은 2006년도에 적극적으로 사업에 투자를 할 것인지, 그렇지 않으면 수성에 힘을 쓸 것인지의 판단이다. 포국은 곡우상원양둔오국穀雨上元陽遁五局이며, 육의삼기·시가팔문·직부구성으로 하였다.

양둔 오국陽遁五局

壬 壬 壬 丙
寅 午 辰 戌

辛 太 乙 驚 陰	辛 六 壬 開 合	丙 白 丁 休 虎
己 騰 丙 死 蛇	戊	乙 玄 庚 生 武
庚 直 辛 景 符	丁 九 癸 杜 天	壬 九 己 傷 地

격국을 이용하여 연국을 해석하면 감궁에 정가계丁加癸가 상주하여 주작투강격에 해당하니, 그 월에 해당하는 음력 11월은 문서사로 인해 시비·구설이 있고, 경쟁·송사에 패할 운이니 경거 망동하지 않는 것이 좋다. 주객론으로 해석하면 주인에게 명분이 있으니 조용히 기다리면 피해 갈 수 있다.

제2부 호국편

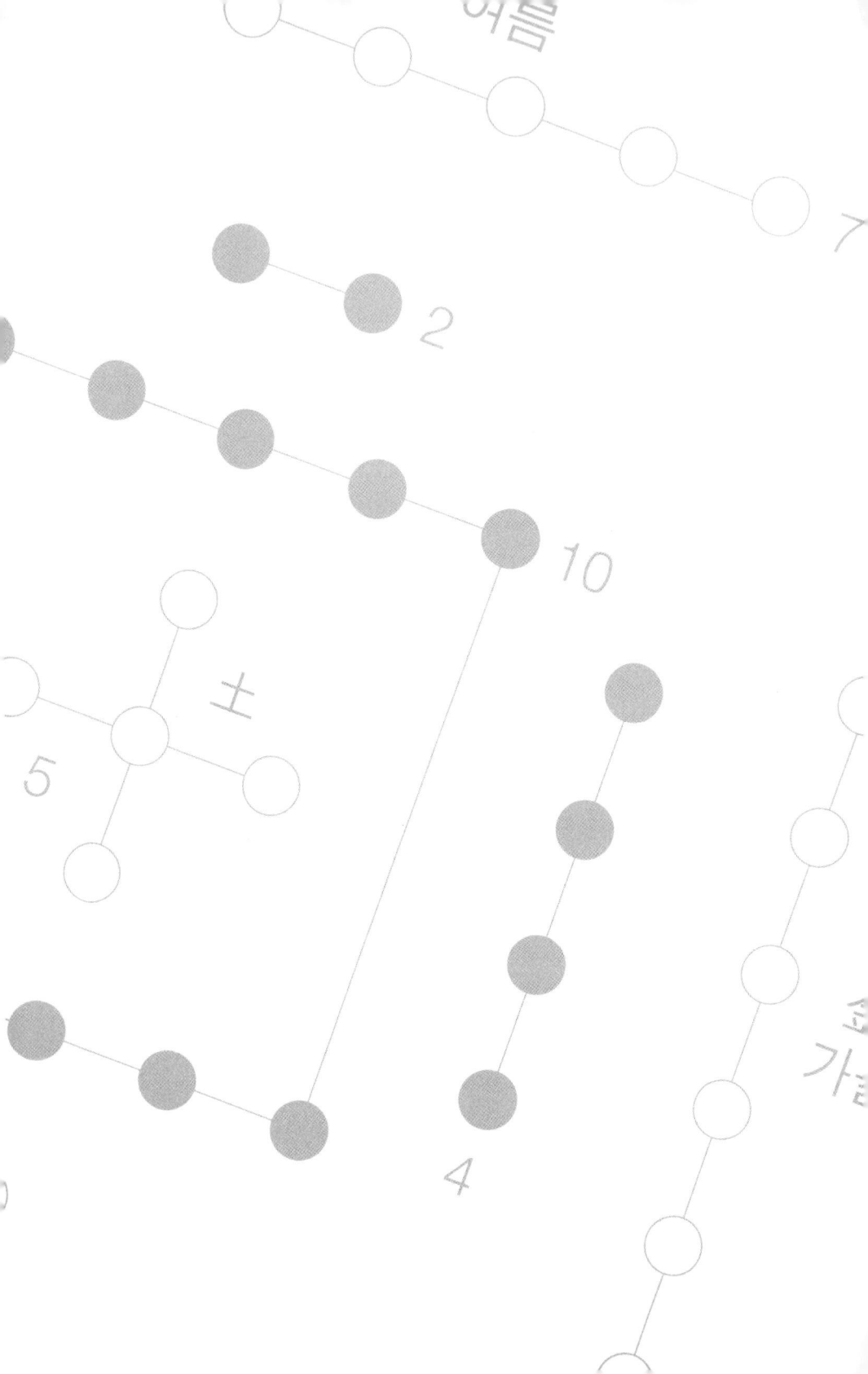

01 팔괘八卦

기문국은 홍국과 연국으로 구분하는데, 그 중 홍국은 홍국수·팔괘·태을구성·일가팔문으로 이루어지고, 연국은 천봉구성·직부구성·시가팔문·육의삼기가 어우러져 이루어진다.

중국 기문은 팔문과 구성을 이용하여 격국 위주로 해석하는데, 이것은 용用인 시간을 위주로 하기 때문이며, 우리 나라 기문은 홍국수를 체體로 하여 운용된다. 그러나 이 책의 기문 둔갑은 홍국과 연국을 혼합하여 해석하므로 적중률이 아주 기묘하다.

1. 팔괘의 이해

기문국에서 팔괘는 중궁 지반수를 기준으로 배치된다.

이것은 구궁의 중심인 중궁수에 해당하는 괘의 당년流年을 보는 것으로 일명 생기복덕법生氣福德法이라고도 하며, 이 생기복덕법은 동양학 전반에 걸쳐 폭넓게 응용되므로 정확한 배치 방법을 이해해야 한다.

팔괘란 음양을 표현하는 음효陰爻와 양효陽爻를 배합하여 만들어진 8개의 소성괘를 말하고, 이 소성괘가 배합되어 64괘, 즉 대성괘가 이루어진다.

기문국에서 팔괘는 생기生氣·천의天宜·절체切體·유혼游魂·화해禍害·복덕福德·절명切命·귀혼歸魂이 순서에 따라 차례로 각 구궁에 배치되며, 궁에 배치된 팔괘는 기문국의 문괘성장 중 4신神의 하나로서, 천·인·지天人地 삼재三才에서 지地의 기상을 나타내고 있다. 그러므로 팔괘는 궁宮 오행예를 들면 간궁의 오행은 토 , 진궁의 오행은 목의 속성을 가장 많이 표현하는 요소로써 기문 해석에 사용된다.

2. 팔괘 부법八卦附法

팔괘의 구궁 배치는 중궁 지반수를 중심으로 배치된다. 그것은 구궁에서 중궁이 모든 일을 관장하고 지휘하는 총사령관이기 때문이다. 예를 들어, 중궁 지반수가 삼三이면 팔괘에서 진하련震下連이 변화의 초석이 되며, 중궁 지반수가 육六이라면 건삼련乾三連이 변화된다. 그리고 중궁 지반수가 오五이면 중궁 지반수 사四와 같이 손하절괘巽下絶卦가 변화의 기초가 된다. 그것은 근본적으로 기문국에서 중궁의 기운은 곤궁을 통해 빠져나가고, 한편으로 생生하기 때문이다.
팔괘의 변화하는 순서와 의미는 다음과 같다.

3. 팔괘의 변화하는 순서와 의미

1) 상생기上生氣 : 하늘의 기운이 생하는 시기
2) 중천의中天宜 : 생한 후 자라는 시기
3) 하절체下切體 : 자라면서 상처를 입는 시기
4) 중유혼中遊魂 : 자란 후, 사방 팔방 활동하는 시기
5) 상화해上禍害 : 활동하다 상처를 입는 시기
6) 중복덕中福德 : 상한 후 다시 복과 덕이 오는 시기
7) 하절명下絶命 : 복덕을 누린 후 늙어 힘이 없는 시기
8) 중귀혼中歸魂 : 모든 것을 뒤로 하고 낙향하는 시기

4. 팔괘 부법 배치도

中宮＼八卦	生氣	天宜	絕體	遊魂	禍害	福德	絕命	歸魂
一	巽	艮	離	乾	兌	震	坤	坎
二	艮	巽	乾	離	震	兌	坎	坤
三	離	乾	巽	艮	坤	坎	兌	震
四五	坎	坤	震	兌	乾	離	艮	巽
六	兌	震	坤	坎	巽	艮	離	乾
七	乾	離	艮	巽	坎	坤	震	兌
八	坤	坎	兌	震	離	乾	巽	艮
九	震	兌	坎	坤	艮	巽	乾	離

* 숫자는 중궁 지반수이다.

팔괘의 포국은 중궁 지반수를 기준으로 일정한 변화의 원칙에 의해 배치된 팔괘를 음둔·양둔을 불문하고 차례차례 구궁에 붙여나간다.

5. 팔괘 부법의 예

2006년 음력 6월 29일 미시생未時生

음둔 1국陰遁一局　　　辛　甲　乙　丙
　　　　　　　　　　　未　寅　未　戌

一七絶體	六二生氣	三五禍害
二六歸魂	五三	八十絶命
七一遊魂	四四福德	九九天宜

　중궁 지반수가 3이 되니 부법 배치도 3을 참고하여 차례대로 이궁 생기·건궁 천의·손궁 절체·간궁 유혼·곤궁 화해·감궁 복덕·태궁 절명·진궁 귀혼 순으로 음·양둔국 관계 없이 붙여나간다.
　다음은 손을 이용하여 포국하는 심중법이 있는데, 방법은 손가락을 움직여 바로 변화의 결과를 짚어내는 것과 그 변화를 정확하게 순서대로 암기하는 것이다. 예를 들면, 5가 나오면 바로 '화해'라는 단어가 나오고, '3'이 나오면 '절체'라는 말이 자동적으로 튀어나와야 이를 활용할 수 있다.
　심중법이란, 만약 중궁 지반수가 6이면 둘째·셋째·넷째손가락을 붙여서 건괘로 만든다. 그럼 변화의 시작을 건괘로 하였을 때의 경우, 1상 생기라는 말을 소성괘의 제일 윗효가 변화한다는 의미이므로 엄지와 붙은 손가락 중 둘째손가락이 이 상인데, 둘째손가락을 떼면 상은 절, 중은 연, 하도 연이 된다. 이것은 태상절괘가 되므로 태궁에 생기라고 붙인다.
　심중법은 손가락을 많이 연습하지 않으면 실수하기 쉬우므로 팔괘 부법 배치도를 참고하기 바란다.

6. 문괘 해석의 요점

문八門·괘八卦는 기문 둔갑의 2대 구성 요소인 홍국과 연국 가운데 홍국의 중요한 위치를 차지하고 있다.

기문 홍국은 홍국수·팔문·팔괘·태을구성으로 이루어져 있는데, 그 중 문괘는 홍국수 다음으로 판단해야 할 중요한 부분이다.

그 가운데 팔괘는 홍국수인 중궁 지반수로 대표되는 기문구궁의 충령인 중궁이 살아가는 과정을 표현한 것으로 보면 된다.

1) 기문 삼중반

기문 삼중반이란, 구궁에 자리한 문괘성장을 3가지 요소로 나눈 것이 기문 삼중반이며, 기문 해석의 핵심이라 할 수 있다.

(1) 상반上盤은 천상天象이며 구성九星이 주관한다
(2) 중반中盤은 인상人象이며 팔문八門이 주관한다
(3) 하반下盤은 지상地象이며 팔괘八卦와 구궁九宮이 주관한다

2) 기문 해석

기문 해석의 경우 가장 어려운 것은 구궁 조식 각 요소의 선후와 중요성을 추명하는 것이다. 결국 홍국수와 문괘의 이해 관계인데, 홍국 지반수로 먼저 길흉을 보고, 그 다음 문괘를 포함시켜 길흉을 판단한다.

기문국을 포국하고 나면 어떤 국이든 흉이 없다고 할 수 없다. 흉이 강하면 살煞이 변하여 액厄이 일어난다. 반면, 기문에서 살이나 액이 귀貴로 변하는 것을 살화煞化된다고 하는데, 살화의 대표적인 두 가지 조건은 다음과 같다.

(1) 사진 동처에 쌍인雙印이 있는 경우
(2) 사진 동처에 삼길문三吉門과 삼길괘三吉卦가 있는 경우

사진 동처중궁과 연·월·일·시궁에 길문·길괘, 또는 천지반 모두 인성에 해당하는 경우, 흉·살·액이 변하여 길격이 되거나 살과 액의 흉이 감소, 또는 해소된다.

기문국에서 평생국의 중궁과 연궁에 쌍인이 있을 때 경우에 따라 차이는 있지만 부자의 명으로 보고, 연국에서 중궁이나 연궁에 쌍인이 있을 경우 그 해는 크게 발복發福한다고 본다.

7. 팔괘 해석의 요점

기문 둔갑은 팔괘로 계절을 주관하고, 천인지天人地 삼원三元으로써 1년을 1080국으로 나누어 관장하여, 천인지 삼원과 팔괘로 기문 둔갑의 기초를 세웠다.

팔괘의 포국은 중궁 지반수가 변화의 기초인데, 그것은 중궁이 구궁의 중심이 되어 중궁의 변방인 팔궁에 영향력을 발휘하기도 하고, 때론 팔궁의 영향을 받기도 한다. 결국 팔괘의 배치는 중궁이 살아가는 과정을 나타낸 것이라 볼 수 있다. 그래서 팔괘를 해석할 때는 어떤 괘가 구궁의 어느 궁에 해당하고, 기본 지지는 무엇인지 참고하여 해석해야 한다. 예를 들면, 생기生氣는 변화의 시작이자 출발점이므로 구궁에서 간궁艮宮에 해당하고 기본 지지는 축丑과 인寅에 해당하므로 기본 지지가 속하는 계절과 간궁의 속성이 팔괘의 해석에 반영되어야 한다.

1) 팔괘 해석

팔괘는 괘가 해당하는 시기를 중요시하는 반면, 팔문은 구궁의 인사적인 면을 주관하여 해석한다. 예를 들면, 생기는 정위궁定位宮 : 본래 자신의 자리이 간궁이므로 겨울에서 봄으로 이동하는 계절의 변화를 기문 해석에서 이용하는 데 비해, 팔문인 생문生門의 정위궁도 간궁이지만, 주로 소남少男의 특성과 기질이 강조되어 해석한다.

2) 팔괘의 정위궁定位宮

切體	遊魂	禍害
天宜		福德
生氣	歸魂	絶命

팔괘의 정위궁이란 영원히 변하지 않는 본래 자신의 자리를 말한다. 기본적으로 팔괘가 구궁에 배치되는 구도를 모르면 해석이 어려우므로 필히 기억해야 한다.

위 정위도를 보면 천의의 정위궁이 진궁인데, 만약 천의가 태궁에 입주한다면 금극목金剋木의 상태가 되므로 천의가 가진 길상이 많이 약화된다. 그러나 천의가 입주한 태궁에 팔문 가운데 경문景門이 동動하거나 태을구성 가운데 태을귀인이 동하면 그 약화된 길상이 회복된다고 해석한다. 이것은 기문 해석에서 종합적인 해석의 예이다.

8. 팔괘의 해석

1) 생기生氣

(1) 정위궁 : 간궁艮宮
(2) 일명별호 : 생문生門·탐랑貪狼

근본적으로 구궁 중 생기의 궁은 간궁이다. 그래서 간궁의 속성을 염두에 두고 생기를 해석해야 한다. 궁에 생기가 붙으면 무엇을 하고 싶다는 의욕과 자신이 생기고,

운도 왕성해진다. 따라서 기운이 왕성해지면 의욕이 욕심으로 변할 수 있으므로 조심해야 한다. 전반적으로 인목寅木의 기운으로 판단한다.

　(3) 길성 : 생활·자신·의욕·승진·타개·기분·용기·박력·시작
　(4) 흉성 : 욕심·탐욕

2) 천의天宜

　(1) 정위궁 : 진궁震宮
　(2) 별호 : 개문開門·기문奇問·거문巨門·천의天醫

천의는 부당성화한 일 등 일상의 모든 만사가 중화가 되어 새로운 목표를 찾아 움직이며, 갱생하는 시기이다. 또한 궁에 천의가 붙으면 하늘의 은혜를 입어 모든 흉과 액이 물러간다. 특히 천의의 해석은 사람을 살리고 병을 치료하는 질병 판단에 중요하게 작용한다. 예를 들면, 환자가 병원을 선택할 경우 어느 병원을 가야 병의 치료가 빠르고 시원하게 완쾌되는지를 판단할 때, 천의가 있는 궁의 방향에 있는 병원에 가서 입원 치료를 받으면 빠르고 완벽하게 치유된다.

　(3) 길성 : 중화·치료·음악·확인·의약·해소·사면
　(4) 흉성 : 적당·대충

3) 절체切體

　(1) 정위궁 : 손궁巽宮
　(2) 별호 : 경문驚門·의문疑門·녹존문祿存門

절체는 봄에서 여름으로 넘어가는 단계이며, 만물이 성장한 후 목적 달성을 위하여 활동과 정지 상태를 반복하는 시기이다.

이 시기는 일을 도모하고 경영하는 데 있어 성패지사가 빈번한 시기이기도 하며, 일신상으로 건강이 훼손당하거나 불상사가 발생하므로 자신의 욕심대로 일을 진행하면 안 된다. 가령 절체가 팔문 가운데 사문과 동궁하고 육의삼기는 경가경庚加庚·경가기庚加己와 겹칠 경우이거나, 홍국수 5·7·9 삼살 회동을 당하면 사망하거나 최소한 수술은 한다.

(3) 길성 : 변동·결정·판결·구별·전환, 막다른 고비
(4) 흉성 : 해부·수술·사망·상처·실패

4) 유혼遊魂

(1) 정위궁 : 이궁離宮
(2) 별호 : 두문杜門·둔문遁門

유혼은 이궁에 속하며, 여름철 화염이 충만한 계절이다. 그래서 이때는 아무 생각 없이 지내던 사람도 의욕과 용기가 생기고 마음이 들떠서 변화와 변동으로 분주해지는 시기이다. 쇠퇴기에는 허영과 낭비로 세월을 보내지만, 왕성한 시기에는 발전이 있으며, 이주·출행·원행 등의 길성이 있는 반길 반흉의 운으로 판단한다. 기문국에서 월궁에 유혼이 붙으면 타궁이 길하여도 변동과 분열의 다사다망한 시기로 해석한다.

(3) 길성 : 활동·이주·출행·원행·인기·분주
(4) 흉성 : 허영·낭비·분열

5) 화해禍害

(1) 정위궁 : 곤궁坤宮
(2) 별호 : 상문傷門·계문戒文

화해는 곤궁에 해당하고, 계절로는 여름에서 가을로 넘어가는 시기이다. 이 변화의 단계는 만물이 움직인 뒤 결과가 나타나는 시기로, 손해·질병·관재·구설·중상모략·화재 등의 액운이 따른다. 만물이 완성되기 위해 고통받는 시기이므로 차분하면서도 고요하게 처신을 취하며, 사고를 미리 예방해야 한다.

연국에서 세궁일주궁의 문·괘·성·장이 흉악하고, 세궁의 지반을 천반이 극을 하며, 기본 지지와도 극을 받아 신약하고, 중궁에 편관이 들어 동처나 기본 지지의 생을 받아 세궁을 극하고, 육의삼기와 신살의 도움도 받지 못하면 그 시기에 비명 횡사한다.

이와 같이 기문 둔갑은 문·괘·성·장을 제각각 추명하는 것이 아니고, 흉액을 가

진 여러 요소들이 모여 흉을 가중시켜 액을 당한다.

(3) 길성 : 미리 예방, 사전 방어

(4) 흉성 : 손재·횡액·낭비·관재·박해·질병·사기·분실

6) 복덕福德

(1) 정위궁 : 태궁兌宮

(2) 별호 : 경문景門

계절은 가을이며, 고난 끝에 만물이 결실을 맺는 단계이고, 명칭 그대로 복과 덕을 가져다 주는 생기와 더불어 길성이 강한 일품 지위이다. 실직자는 직업이 생기고, 재직자는 영전이나 진급이 되며, 발전·융통·경사·횡재를 불러들인다.

복덕은 경문의 의미가 있으며, 모든 인간 만사에 행운이 따른다.

(3) 길성 : 횡재·승진·융통·발전·저축·인기·경사·재물·행운

(4) 흉성 : 나태

7) 절명絶命

(1) 정위궁 : 건궁乾宮

(2) 별호 : 사문死門, 파군破軍

절명은 계절적으로 겨울로 접어들면서 성장을 멈추는 종말의 단계이다. 사업은 막바지에 부닥쳐 문을 닫고, 몸이 아픈 환자는 더욱 나빠지고, 세상 만사가 앞이 가로막히고 진로가 끊어지는 실의·절망의 단계이다. 단적인 면을 보면 일주궁에 절망이 붙고, 천지반이 극이 되며, 기본 지지의 생도 받지 못하면 자신을 감당할 수 없다. 사망 시기의 예를 들면, 연국에 육·의·격·형의 격국이 들고, 홍국수 지반이 삼살 회동하고, 인寅·사巳·신申 삼형이나 상문 조객이 붙고, 일주궁에 절명이 붙으면 그 시기에 사망할 수 있다.

(3) 길성 :

(4) 흉성 : 사망·종말·패망·절망·고립·불통·심의·절망·횡액·교착·정리

8) 귀혼歸魂

(1) 정위궁 : 감궁坎宮

(2) 별호 : 휴문休門·복음伏吟

귀혼은 계절적으로 한겨울에 해당하므로 은둔하고 안정하는 단계이다. 따라서 만사에 주저하다 실기失機하는 일이 많고, 입신 출세를 기획하다 뜻을 얻지 못하며, 사업이 망하고, 관액에 부딪치며, 파직·유배된 자들이 세상을 등지고 입산 은둔한다. 그러나 길문을 만나면 뜻밖의 일대 전환의 시기도 올 수 있다. 또한 귀혼은 안정하는 시기도 되지만, 안정을 위한 움직임으로 판단하여 이사·이주·이장에 길의가 있다고 판단도 한다.

(3) 길성 : 안착

(4) 흉성 : 사직·종말·은신·실의·귀로·단념·귀향

이와 같이 팔괘의 의미를 나열했지만, 기문국의 실제 해석에서는 문괘성장 상호간의 관계에 따라 그 의미가 미묘하게 변화하며, 중요한 것은 팔괘의 정위궁을 익히고, 팔괘의 해석에는 팔괘의 속성과 계절적인 요인을 많이 참고로 한다

02
팔문신장八門神將

팔문은 일가팔문과 시가팔문이 있는데, 그 차이는 다음과 같다.

일가팔문은 모든 변화의 결과가 일주日柱에 있다 하여 일주를 변화의 초석으로 삼고, 시가팔문은 모든 변화의 결과가 시주時柱에 있다 하여 시주를 변화의 기초로 삼는다. 따라서 일가팔문과 시가팔문의 포국은 그 방법이 다르므로 이 장에서는 먼저 일가팔문이 기문국에서 어떻게 활용되는지를 알아보고, 시가팔문은 뒤에 기술하기로 하겠다. 그리고 이 장에서는 일가팔문을 줄여서 팔문으로 부르겠다.

1. 팔문의 이해

팔문은 천·인·지天人地 삼재 가운데 인상人象의 요인을 설명하는 요소이며, 기문 삼중반 가운데 천반과 지반의 영향을 받으면서 인반의 중심 요소를 형성하는 아주 중요한 위치에 있다.

기문국을 해석할 때 문·괘·성門卦星의 상호 영향력이 어떻게 작용하는지를 알아야 기문국에서의 길·흉이 어떻게 변하는지를 판단할 수 있다.

팔문과 팔괘의 상호 관계는 팔문을 군君으로, 팔괘를 신臣으로 본다. 하지만 팔문과 구성의 상호 관계는 팔문을 신으로, 구성을 군으로 본다. 그리고 팔문의 길흉의 강약을 판단할 때는 절후의 왕旺·상相·휴休·수囚·사死도 참고하는데, 가령 팔문 가운데 개문의 정위궁이 건궁이므로 기본 오행의 속성은 금金에 해당된다. 따라서 개문이 토궁土宮이나 금궁金宮에 붙어야 길성이 강화되며, 팔문을 해석할 때 길문이 연·월·일·시궁에 불으면 그 길함을 더욱 발휘할 수 있다. 이것은 팔괘의 생기·복덕과 같은 길성도 동일하게 해석한다.

기문 둔갑은 본래 방위와 연관이 있어 일종의 방위학이라고도 할 수 있는데, 특히 팔문을 이용하여 방향을 선택하는 경우가 많다. 가령 조사弔事에는 사문, 포획에는 상문, 휴가에는 휴문을 사용하는데, 용신방의 길흉을 헤아려 판단해야 한다. 기문 둔갑의 기奇는 삼기丁·丙·乙로 경금庚金의 강인함을 두려워하지 않고, 문門은 팔문으로 방위와 관련이 있다.

팔문을 해석하기 위해서는 팔문의 근본적 성격을 알아야 한다. 그것은 팔문의 기본 자리에서 나오므로 팔문의 원래의 자리, 즉 정위궁을 알아보도록 하자.

2. 팔문의 정위궁正位宮

(木神) 杜門	(火神) 景門	(土神) 死門
(木神) 傷門	中	(金神) 驚門
(土神) 生門	(水神) 休門	(金神) 開門

구성은 천상天象, 팔문은 인상人象, 팔괘는 지상地象이 되어 천·인·지 삼재를 구성

한다. 그리고 팔문의 변화하는 순서는 생·상·두·경·사·경·개·휴生傷杜景死驚開休이 므로 차례대로 암기해야 한다. 팔문이 어느 궁宮에 있어도 정해진 기본 오행의 속성 은 변하지 않는다. 이를테면 경문이 감궁에 있으면 화火의 기운이 수水의 기운 위에 앉아 있으므로 경문景門의 근본적 기질은 감소된다.

3. 팔문의 기본 의미

- 생문生門은 활동하고 전진하는 생동의 문으로, 소남少男의 속성을 가졌다.
- 상문傷門은 활동하다가 상처를 입는 절망의 문으로, 장남의 속성을 가졌다.
- 두문杜門은 막히고 갇히는 고요의 문으로, 장녀의 속성을 가졌다.
- 경문景門은 먹고 마시고 노는 잔치의 문으로, 중녀中女의 속성을 가졌다.
- 사문死門은 쇠락하고 몰락하는 죽음의 문으로, 노모老母의 속성을 가졌다.
- 경문驚門은 놀라고 불안한 변동의 문으로, 소녀의 속성을 가졌다.
- 개문開門은 시작하고 개척하는 활동의 문으로, 노부老父의 속성을 가졌다.
- 휴문休門은 쉬고 준비하는 휴식의 문으로, 중남中男의 속성을 가졌다.

4. 일가팔문 부법日家八門附法

일가팔문 부법은 간궁에서부터 시작하여 각궁마다 3일씩 머무르며 이동하는데, 갑자에서 계미까지 3일씩 세어나가다 보면 시간이 많이 소모되므로 오자원법을 이 용하면 편리하다. 오자五子란, 육갑 중 갑자 순중에 갑자, 갑술 순중에 병자, 갑신 순 중에 무자, 갑오 순중에 경자, 갑진 순중에 임자이므로, 갑자·무자·임자·병자·경자 를 오자라 칭한다. 갑자·무자·임자 순은 간궁에서 시작되고, 병자·경자 순은 감궁 에서 시작된다.

1) **양둔국**陽遁局 : 日柱 3일씩 거류

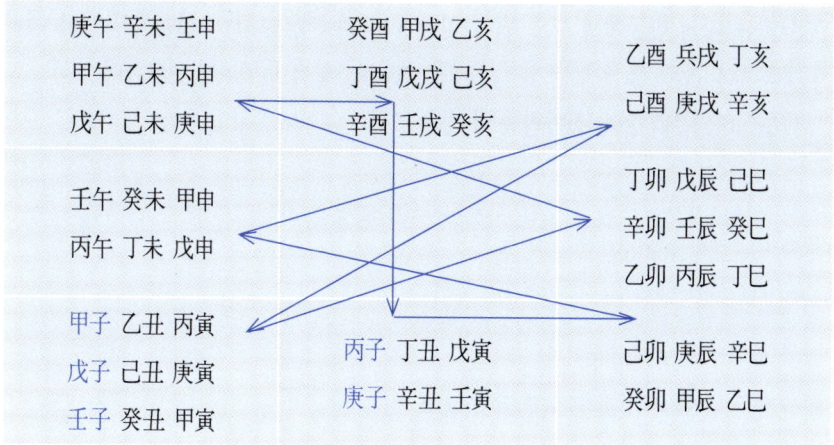

양둔국의 팔문 부법은 간궁에서부터 갑자·을축·병인 3일, 다음 태궁에서 정묘·무진·기사 3일, 다시 손궁에서 경오·신미·임신 3일씩을 머무르고, 육십갑자가 끝날 때까지 계속해서 이궁·감궁·건궁·진궁·곤궁 순으로 3일씩 머무르며 진행한다. 양둔은 동지부터 하지 전까지를 가리킨다.

2) **음둔국**陰遁局 : 日柱 3일씩 거류

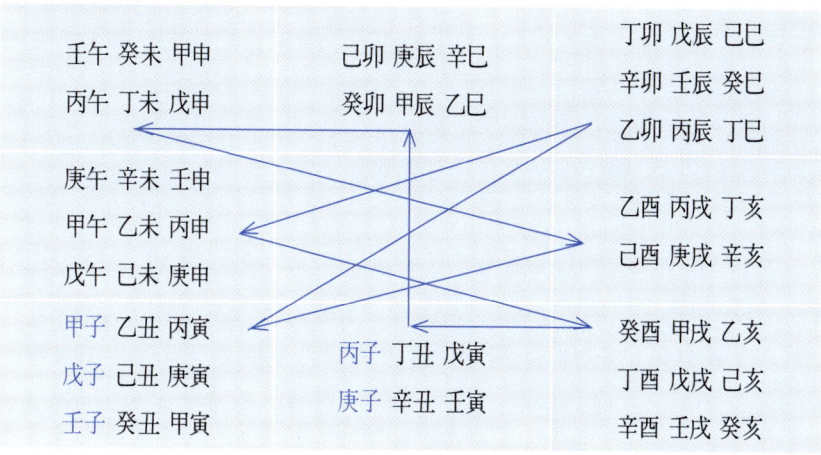

음둔국의 팔문 부법은 간궁에서부터 갑자·을축·병인 3일씩, 다음 곤궁에서 정묘·무진·기사, 다시 진궁에서 경오·신미·임신 3일씩을 머무르고, 육십갑자가 끝날 때까지 계속해서 건궁·감궁·이궁·손궁·태궁 순으로 3일씩 머무르며 진행한다.

음둔은 하지부터 동지 전까지를 가리킨다.

예1) 1975년 음력 3월 21일 유시생酉時生의 평생국

양둔 8국陽遁八局

8	5	7	2
辛	戊	庚	乙
酉	申	辰	卯
10	9	5	4

5 十五 死門	6 五十 驚門	2 二三 傷門
1 一四 生門	四一	4 七八 景門
3 六九 杜門	7 三二 開門	8 八七 休門

이 국의 일주는 무신이므로 경자 순중에 들어 있고, 양둔국이므로 감궁에서부터 경자·신축·임인, 건궁에 계묘·갑진·을사, 진궁에 병오·정미·무신이므로, 일주인 무신이 진궁에 있으니 진궁에서 생문을 일으켜, 곤궁에 상문, 간궁에 두문, 태궁에 경문, 손궁에 사문, 이궁에 경문驚門, 감궁에 개문, 건궁에 휴문 순으로 3일씩 유留하면서 돌려 붙인다.

예2) 1971년 음력 8월 12일 사시생巳時生 평생국

```
                    4   5   4   8
                    丁  戊  丁  辛
     음둔 1국陰遁一局  巳  午  酉  亥
                    6   7   10  12
```

5 九二 死門	4 四七 景門	8 一十 休門
1 十一 生門	三八	6 六五 驚門
7 五六 開門	3 二九 杜門	2 七四 傷門

　이 국의 일주는 무오이므로 임자 순중에 들어 있고, 음둔국이므로 간궁에서부터 임자·계축·갑인, 곤궁에 을묘·병진·정사, 진궁에 무오·기미·경신인 까닭에 일주 무오가 진궁에 있으니 진궁에 생문을 붙이고 건궁에 상문, 감궁에 두문, 이궁에 경문, 손궁에 사문, 태궁에 경문驚門, 간궁에 개문, 곤궁에 휴문 순으로 3일씩 유留하면서 진행한다.

　음둔·양둔을 막론하고 갑자·무자·임자 순은 진행 방향이 다르지만 간궁에서부터 3일씩 세어나가고, 병자·경자 순은 음둔·양둔이 진행 방향이 다르지만 감궁에서부터 3일씩 세어나간다.

5. 팔문의 해석

1) 생문生門

(1) 별칭 : 생기生氣·소남少男

생문의 정위궁본래의 자리은 간궁이며, 오행은 토土에 해당하고, 12지는 축丑과 인寅이 속해 있다.

만물이 생동하는 시기이므로 앞으로 큰 변화가 올 기운을 품고 있는 시기이며, 주생활이나 모든 일이 잘 풀려 생해 주고 발전하며, 매사에 구애됨이 없이 진행되는 길문이다. 또한 생문은 재앙을 피하고, 위기를 피하고. 위험을 피하는 방향이다.

(2) 길성 : 관록·공직·취업·결혼·피난처

(3) 흉성 : 이장·매장·초상의 방향은 피해야 한다.

2) 상문傷門

(1) 별칭 : 상해傷害·장남長男

상문의 정위궁은 진궁이며, 오행은 목木에 해당하고, 12지는 묘卯가 속해 있다. 상문은 팔문 가운데 흉문의 하나이며, 계절적으로 봄에 작은 싹이 땅 위로 나오려다 스스로 상처받는 시기이다.

주상잔主傷殘이므로 매사에 중상·모략·음해가 따르고, 남을 비방·훼방·훼손 등 치고 누르는 실상적이며, 출행·원행에도 불의의 사고를 당할 수 있는 흉문이다.

(2) 길성 : 사냥·수색·수렵·체포·포획의 방향이다.

(3) 흉성 : 상해·손상·박해·음해·낙상·초조·불안 등의 기운이 있고, 상문방이 약하면 매장과 출병은 피해야 한다.

3) 두문杜門

(1) 별칭 : 둔장遁藏·장녀長女

두문의 정위궁은 손궁이며, 오행은 목木에 해당하고, 12지는 진辰과 사巳가 속해 있다. 주둔장이니 숨기고 저장하며 은닉하는 데 길하고, 일상사에는 기회가 없어 막힌 상태이며, 앞으로 미래를 대비하는 소흉문이다.

(2) 길성 : 은둔·저장, 지키는 일에 길하다. 두문방은 숨기고 감추는 방향이다.

(3) 흉성 : 모든 일이 막히고 불길하다.

4) 경문景門

(1) 별칭 : 문서文書·연회宴會·중녀中女

경문의 정위궁은 이궁이며, 오행은 화火에 해당하고, 12지는 오午가 속해 있다. 주로 문장과 오락이므로 찬란하게 빛나는 문장 뒤에 투서·고소 등의 형액이 있고, 즐기는 연회에는 소비·낭비가 따르니 겉으로는 화려하고 즐거움이 있지만, 안으로는 걱정·근심이 있는 소길문이다.

(2) 길성 : 문서·허가·교제·청탁·관광·오락

(3) 흉성 : 낭비·소비·투서·고소·방탕·손재

5) 사문死門

(1) 별칭 : 사상死喪·모母

사문의 정위궁은 곤궁이며, 오행은 토土에 해당하고, 12지는 미未와 신申이 속해 있다. 주사상이니 세상에서 마음껏 활동하다가 늙어 병들어 죽는 환경이다. 즉, 매사가 파재되고 의욕이 없으며, 사망하는 시기에 해당하는 흉문이다.

(2) 길성 : 매장·이장·장사·형옥 등이 좋고, 사냥·수렵하기 아주 좋은 위치와 방향이다.

(3) 흉성 : 사망·파재·이별·재앙·질병

6) 경문驚門

(1) 별칭 : 경해驚駭·소녀少女

경문의 정위궁은 태궁이며, 오행은 금金에 해당하고, 12지는 유酉가 속해 있다. 주경해이니 불안 초조한 심정으로 헤매고, 어떠한 충격을 받아서 놀라는 형상이니 움직이면 안정이 안 되는 이동·변동의 소흉문이다.

(2) 길성 : 도박·송사·사냥·도적 체포에 좋은 방향이다.

(3) 흉성 : 시비·구설·사업 실패·소송·상처

7) 개문開門

(1) 별칭 : 영달榮達·개시開始·부父

개문의 정위궁은 건궁이며, 오행은 금金에 해당하고, 12지는 술戌과 해亥가 속해 있다. 주영달이니 어려운 환경에 처했다가 재도전하고 개척하며, 나쁜 일터에서 일하다 좋은 일터로 승진하고 영전하는 길문이다.

(2) 길성 : 개업·개시·진로·해외 진출·사업 확장·출진·원행, 적의 공격에 좋은 방향이다.

(3) 흉성 : 독단·독선·열화·염탐

8) 휴문休門

(1) 별칭 : 휴식休息·중남中男

휴문의 정위궁은 감궁이며, 오행은 수水에 해당하고, 12지는 자子가 속해 있다. 변화를 추구해도 앞으로 나아가기는 부적당하지만, 주로 휴식이니 쉬면서 희망을 갖고 주도 면밀하게 준비하며, 후일 큰 활동을 전개하는 길문이다.

(2) 길성 : 이사·매매·이동·이전 등과 귀인이 들어오고 손님이 찾아오는 방향이다.

(3) 흉성 : 감금·형옥

6. 팔문의 길흉 분류

- 길문吉門 : 생문生門·개문開門·휴문休門
- 소길문小吉門 : 경문景門
- 소흉문小凶門 : 두문杜門·경문驚門
- 흉문凶門 : 상문傷門·사문死門

위 팔문의 분류는 본래의 의미대로 분류한 것이며, 다른 오행과의 만남으로 길흉이 변화하므로 유의해야 한다. 그러나 생문·개문·휴문·경문景門은 길문으로 보는 것은 확실하다.

기문이 근본적으로 삼기와 팔문의 약자이므로, 기문국에서 팔문의 역할이 얼마나 중요한지 알 수 있는 부분이다.

03
태을구성太乙九星

　태을구성이란 태을太乙·섭제攝堤·헌원軒轅·초요招搖·천부天符·청룡靑龍·함지咸池·태음太陰·천을天乙을 말하는 것이며, 기문국에서 천상의 기운을 나타내는 9개의 별이다. 태을구성은 자체의 해석도 중요하지만, 구궁 혹은 팔문과 결합하여 대성괘를 만들어 해석하며, 특히 태을구성과 팔문의 길의가 합치된 방향으로 일시를 선택하여 개운의 방향과 시간을 정할 수 있다. 태을구성의 포국은 일주 위주로 포국한다.

1. 태을구성의 기본 의미

1) 태을太乙 : 길성이며, 일명 귀인으로 만인의 도움을 받는다.
2) 섭제攝堤 : 흉성으로 소란과 혼란을 주도한다.
3) 헌원軒轅 : 평성으로 도적과 관재를 주도한다.
4) 초요招搖 : 평성으로 전투와 불성을 주도한다.
5) 천부天符 : 흉성으로 구설과 질액을 주도한다.
6) 청룡靑龍 : 길성이며, 모든 일이 만사 대길하다.
7) 함지咸池 : 흉성으로 관재·구설을 주도한다.
8) 태음太陰 : 길성이며, 숨은 귀인의 도움으로 만사가 통한다.
9) 천을天乙 : 길성이며, 귀인의 도움으로 만사가 여의롭고 대길하다.

2. 태을구성의 정위궁

木星 招搖	火星 天乙	土星 攝堤
木星 軒轅	土星 天符	金星 咸池
土星 太陰	水星 太乙	金星 青龍

태을구성의 정위궁_{고유궁}은 위와 같은 형태로 배치되며, 구궁의 운행은 태을·섭제·헌원·초요·천부·청룡·함지·태음·천을 순으로 운행하며, 일주 위주로 양둔은 순행하고 음둔은 역행한다.

3. 태을구성 부법 附法

태을구성의 부법은, 양둔에는 간궁에서부터 시작하여 이궁·감궁·곤궁·진궁·손궁·중궁·건궁·태궁 순으로 일주가 닿는 궁까지 차례대로 세어나간 후 선두인 태을부터 섭제·헌원·초요·천부·청룡·함지·태음·천을 순으로 붙여 나간다. 음둔에는 곤궁에서부터 시작하여 감궁·이궁·간궁·태궁·건궁·중궁·손궁·진궁 순으로 일주가 닿는 곳까지 차례대로 순환하며 세어나간 후 태을부터 섭제·헌원·초요·천부·청룡·함지·태음·천을 순으로 붙여 나간다. 요점은, 양둔은 간궁에서부터 순행하고, 음둔은 곤궁에서부터 역행한다는 점이다.

1) 양둔 순행

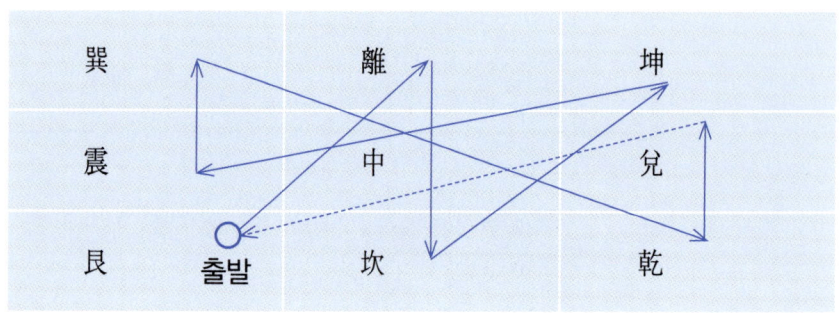

위 그림을 보면 양둔은 간궁에서 출발하여 이·감·곤·진·손·중·건·태궁 순으로 구궁을 따라 순행한 것을 알 수 있다.

2) 음둔 역행

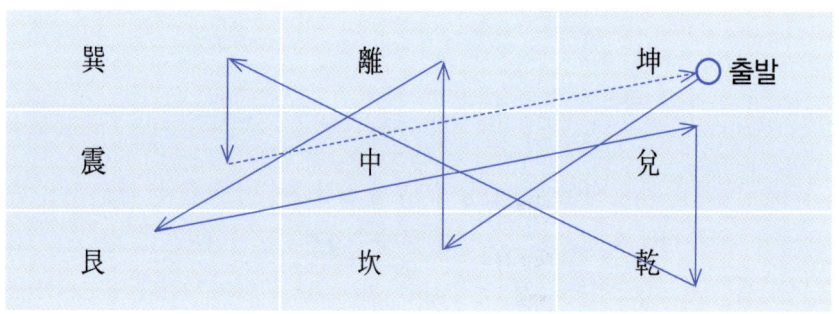

위와 같이 음둔은 곤궁에서 출발하여 감·이·간·태·건·중·손·진궁 순으로 구궁을 따라 역행한다.

예1) 1978년 음력 3월 10일 사시생巳時生

양둔 4국陽遁四局

6	6	3	5
己	己	丙	戊
巳	酉	辰	午
6	10	5	7

6　　　　　八五 青龍	2　　　　　三十 攝堤	4　　　　　十三 招搖
5　　　　　九四 天符	7　　　　　二一 咸池	9　　　　　五八 天乙
1　　　　　四九 太乙	3　　　　　一二 軒轅	8　　　　　六七 太陰

위의 예를 보면, 양둔 기유己酉 일주이므로 간궁에서 갑자부터 시작하여 이궁에 을축, 감궁에 병인, 곤궁에 정묘, 진궁에 무진 순으로 구궁을 따라 순행하다 보면 일주인 기유가 닿는 궁이 간궁이므로 간궁에 태을구성의 선두 주자인 태을을 붙이고, 이궁 섭제·감궁 헌원·곤궁 초요·진궁 천부·손궁 청룡·중궁 함지·건궁 태음·태궁 천을 순으로 붙여 나간다.

예2) 1981년 음력 10월 15일 신시생申時生

	7	10	5	8
	庚	癸	戊	辛
	申	亥	戌	酉
	9	12	11	10

음둔 3국陰遁三局

3 九十 軒轅	7 四五 咸池	5 一八 天符
4 十九 招搖	2 三六 攝提	9 六三 天乙
8 五四 太陰	6 二七 靑龍	1 七二 太乙

　예를 보면 음둔 계해 일주이므로 곤궁에서 갑자부터 시작하여 감궁에 을축, 이궁에 병인, 간궁에 정묘, 태궁에 무진 순으로 구궁을 따라 순행하다 보면 일주인 계해가 닿는 궁이 건궁이므로 건궁에 태을구성의 선두 주자인 태을을 붙이고, 중궁 섭제·손궁 헌원·진궁 초요·곤궁 천부·감궁 청룡·이궁 함지·간궁 태음·태궁 천을 순으로 붙여 나간다.

　* 다음은 태을구성과 구궁의 고유괘를 결합하여 대성괘를 만든 것이다. 앞장의 계해 일주 음둔 3국의 포국을 이용하여 예를 들면 다음과 같다.

軒轅 ☷☳ 雷風恒	咸池 ☱☲ 澤火革	天符 ☴☷ 風地觀
招搖 ☴☳ 風雷益	攝提 ☷☴ 地風升	天乙 ☲☱ 火澤睽
太陰 ☶☶ 艮爲山	青龍 ☰☵ 天水訟	太乙 ☵☰ 水天需

위 배치도를 보면 구궁의 고유괘 위에 태을구성이 붙어 있는데, 이것은 태을구성을 외괘상괘로, 구궁의 고유괘를 내괘하괘로 하여 대성괘를 이룬 것이다. 예를 들면, 청룡 밑에 천수송이 기재되어 있는데, 이것은 청룡이 건궁의 본래 자리이므로 건천乾天이 외괘이고, 감궁은 감수坎水이므로 구궁의 고유괘로서 내괘에 해당한다. 하여 천수송이란 대성괘가 성립이 된다.

4. 태을구성의 해석

1) 태을太乙

태을의 정위궁본래의 자리은 감궁이며, 오행은 수水이고 길성에 해당한다. 태을성은 길성 중에 길성으로서 귀인의 도움으로 모든 결정사·매매사·혼인·청원·투자 등 만사가 대길하며, 원행·출행에도 길하다.

2) 섭제攝提

섭제의 정위궁은 곤궁이며, 오행은 토土이고 흉성에 해당한다.

섭제성은 혼란이 거듭되고, 중상 모략을 당하며, 사망 등의 흉액이 있다. 특히 사문과 동궁하면 크게 흉하여 비명이나 곡성을 들으며, 농부는 밭 갈던 소가 발목이 부러지는 기운이다. 단, 기문국에서 상생하면 큰 흉은 면하지만, 상극이 되면 재물 훼손·손재수 등 불의의 형액을 당한다. 그러나 숨기고 감추는 데는 무난한 시기이니 수양의 시기로 삼으면 원만하다.

3) 헌원軒轅

헌원의 정위궁은 진궁이며, 오행은 목木이고 평성에 해당한다. 헌원성은 출입에 말썽이 생기고, 관재 구설이 있으며, 다 되어 가던 일이 뒤틀리고 시끄럽다. 원행에는 예정된 목적이 어긋나고, 모든 만사가 이루어질 듯하면서도 이루어지지 않는다. 기문국에서 상생이면 재난이 더디게 오고, 상극이면 급하게 흉액이 발생하여 혼란스럽다.

4) 초요招搖

초요의 정위궁은 손궁이며, 오행은 목木이고 평성에 해당한다. 초요성은 쟁투·폭행이 있어 피를 보는 싸움이 있고, 음해·이간질이 있어 우환이 들끓고 집안이 불안하다. 기문국에서 상극이면 진로가 막히고, 구설이 있어 모든 일이 이루어지지 않으며, 상생이면 남을 누르고 투기적 방면에서 의외의 인기를 얻어 성공하는 수가 있다.

5) 천부天符

천부의 정위궁은 중궁이며, 오행은 토土이고 흉성에 해당한다. 천부성은 흉성 중의 흉성이라 음녀의 유혹이나 모함에 빠지기 쉽고, 질액이 침범하여 관재 구설이 들어오니 모든 일을 도모하기 어렵다. 상갓집의 왕래는 반드시 화가 있고, 식체 또는 주체로 고생하며, 경영사는 뒤집어지고, 매매 문서사·보증 수표 거래 등에 이용을 당한다. 그러나 군대의 교전·출군·군량 운반 등 전투와 관련된 일은 길하다.

6) 청룡靑龍

청룡의 정위궁은 건궁이며, 오행은 금金이고 길성에 해당한다. 청룡성은 매매사·

재물운이 좋고, 의외의 소득이 있으며, 대중에 많은 인기를 얻는다. 병자는 명의를 만나 효험을 보고, 전투에도 대승리하니 모든 일을 도모하는 데 길하다.

7) 함지咸池

함지의 정위궁은 태궁이며, 오행은 금金이고 흉성에 해당한다. 함지성은 관재 구설과 질병이 만연하고, 타인의 모함에 빠지며, 은밀히 하는 일은 발각이 되고, 재물을 구하는 것은 전혀 이루어지지 않는다. 하는 일마다 밑빠진 독에 물 붓기 식이며, 특히 상갓집을 방문해서는 안 된다. 또한 전투에는 적의 계략에 빠져 패주를 한다. 함지는 관액을 주관하는 흉성이다.

8) 태음太陰

태음의 정위궁은 간궁이며, 오행은 토土이고 길성에 해당한다. 태음성은 음인陰人의 도움으로 모든 일에 이익이 발생하고 재물도 얻는다. 이성 친구한테 인기도 있으며, 뇌물을 받아먹어도 탄로가 나지 않는다. 단, 전투시 회군하는 경우 필시 복병이 숨어 있으니 조심해야 한다.

9) 천을天乙

천을의 정위궁은 이궁이며, 오행은 화火이고 길성에 해당한다. 천을성은 귀인의 도움으로 재물이 생기고, 입신 출세에 길하며, 혼인이나 구애하는 데도 좋다. 천을은 귀인 중의 귀인으로 만사의 여의로움을 관장한다.

태을구성은 태을·청룡·태음·천을을 길성으로, 헌원·초요를 평성, 섭제·천부·함지를 흉성으로 분류한다. 구성은 구궁의 천상天象, 즉 하늘을 보는 9개의 별이다. 구성을 해석할 때, 구궁 또는 팔문과 결합하여 괘상卦象을 이루고, 이를 참조하여 해석이 이루어지므로 주역의 괘사에도 관심을 가져야 한다.

제3부 삼원국수편

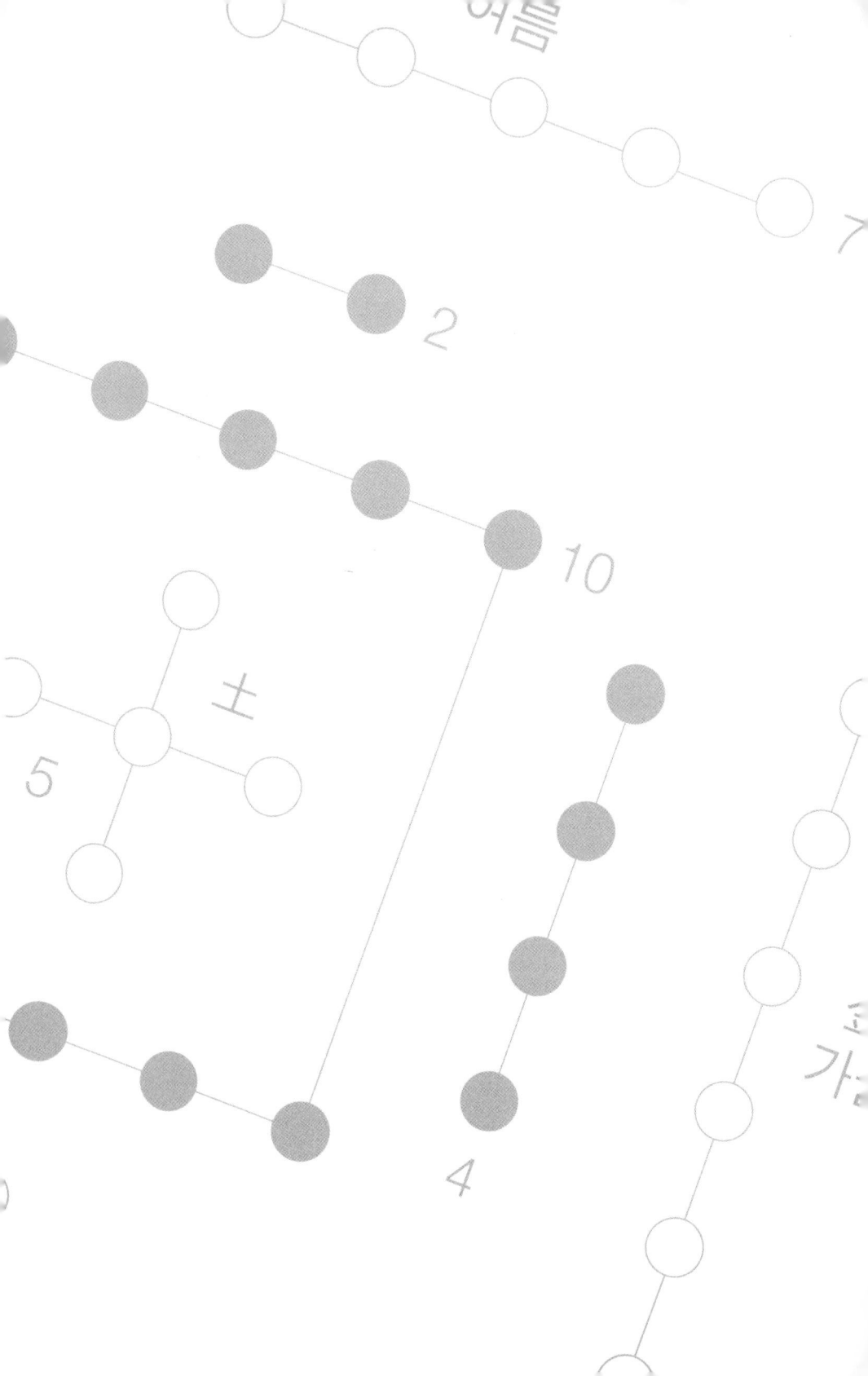

01
삼원국수三元局數

1. 삼원三元

삼원은 육십 간지를 상원·중원·하원 세 가지로 분류한 것이며, 기준은 갑甲과 기己가 어느 지지 위에 붙는가에 의한다.

분류는 갑·기甲己가 자·오·묘·유子午卯酉에 붙으면 상원으로 하늘을 의미하고, 갑·기가 인·신·사·해寅申巳亥에 붙으면 중원으로 인간을 의미하며, 갑·기가 진·술·축·미辰戌丑未에 붙으면 하원으로 땅을 의미한다. 이를 기준으로 육십갑자를 삼원으로 분류하면 다음과 같다.

三元	六十甲子일주 위주
上元	甲子 乙丑 丙寅 丁卯 戊辰, 甲午 乙未 丙申 丁酉 戊戌 己卯 庚辰 辛巳 壬午 癸未, 己酉 庚戌 辛亥 壬子 癸丑
中元	甲寅 乙卯 丙辰 丁巳 戊午, 甲申 乙酉 丙戌 丁亥 戊子 己巳 庚午 辛未 壬申 癸酉, 己亥 庚子 辛丑 壬寅 癸卯
下元	甲辰 乙巳 丙午 丁未 戊申, 甲戌 乙亥 丙子 丁丑 戊寅 己丑 庚寅 辛卯 壬辰 癸巳, 己未 庚申 辛酉 壬戌 癸亥

위와 같이 기문국은 상원·중원·하원으로 삼원이 되며, 상원이 5일, 중원이 5일, 하원이 5일, 합하여 15일이 되고, 이를 일절삼원一節三元이라 한다. 즉, 하나의 절기가 5일씩 삼원으로 나뉜 것이다. 삼원표를 근거로 예를 들면 다음과 같다.

예1) 가령 사주의 일주가 무진이라면 갑자에 속하며, 상원에 해당한다.
예2) 가령 사주의 일주가 을묘이라면 갑인에 속하며, 중원에 해당한다.
예3) 가령 사주의 일주가 경신이라면 기미에 속하며, 하원에 해당한다.

2. 삼원수 찾는 법

삼원수란, 지반 육의삼기의 선두인 무戊를 어느 구궁에 배치할 것인지를 결정하는 수이다. 하나의 절기인 일절一節은 삼원으로 나뉘고, 24절을 나누어 72원을 얻으니 이것이 곧 72국이 되는데, 이를 삼원수 또는 삼원국수三元局數라 칭한다.

삼원국수를 산출하는 방법은 입춘·입하·입추·입동사입, 춘분·추분이분, 하지·동지이지의 상원수는 구궁의 고유수가 상원수이다. 이를테면 입춘인 경우 간궁에 해당하므로 상원수는 8이며, 추분인 경우는 태궁에 해당하므로 상원수는 7이다.

다음, 중원수·하원수는 삼진법三進法에 의해 산출하는데, 양둔절에는 역행으로 3궁을 건너간 구궁의 고유수가 중원수이며, 다시 3궁을 건너간 구궁의 고유수가 하원수이다. 예를 들면, 입춘은 양둔절이므로 입춘의 고유궁인 간궁에서부터 태궁·건궁·중궁 순으로 역행하여 세 번째 궁인 중궁의 고유수 5가 중원수이며, 다시 중궁에서부터 손궁·진궁·곤궁 순으로 역행하여 세 번째 궁인 곤궁의 고유수 2가 하원수가 된다.

음둔절에는 순행으로 3궁을 건너간 구궁의 고유수가 중원수이며, 다시 3궁을 건너간 구궁의 고유수가 하원수이다. 예를 들면, 추분은 음둔절이므로 추분의 고유궁인 태궁에서부터 간궁·이궁·감궁 순으로 순행하여 세 번째 궁인 감궁의 고유수인 1이 중원수이며, 다시 감궁에서부터 건궁·진궁·손궁 순으로 순행하여 세 번째 궁인 손궁의 고유수인 4가 하원수가 된다.

다른 절기의 상원·중원·하원수 찾는 방법은, 양둔절에는 초입절初入節의 상원·중원·하원수에 1을 더하여 산출하고, 음둔절에는 초입절의 상원·중원·하원수에 1를 빼 산출한다. 단, 계산에서 10수가 나오면 쓰지 않고 다시 1부터 시작한다. 이와 같은 방법에 의한 이십사절후二十四節候의 삼원국수는 다음과 같다.

3. 삼원수 도표

上元 中元 下元	芒種 6 3 9	小滿 5 2 8	立夏 4 1 7	大暑 7 1 4	小暑 8 2 5	夏至 9 3 6	白露 9 3 6	處暑 1 4 7	立秋 2 5 8
上元 中元 下元	穀雨 5 2 8	清明 4 1 7	春分 3 9 6	中宮			霜降 5 8 2	寒露 6 9 3	秋分 7 1 4
上元 中元 下元	驚蟄 1 7 4	雨水 9 6 3	立春 8 5 2	大寒 3 9 6	小寒 2 8 5	冬至 1 7 4	大雪 4 7 1	小雪 5 8 2	立冬 6 9 3

실제로 삼원수를 찾을 때는 계산에 의해 찾지 말고 실수를 줄이기 위해 도표를 보고 산출하기 바란다.

삼원수 찾는 방법을 예를 들면 다음과 같다

예1) 1987년 음력 3월 4일 오시생午時生이라면 정묘년 계묘월 경진일 임오시이므로 경진일은 상원에 해당하며, 절기는 춘분에 속하니 삼원수가 3이다. 표기할 때는 양둔 3국으로 표시한다.

예2) 1983년 음력 9월 6일 인시생寅時生이라면 계해년 임술월 임신일 임인시이므로 임신일은 중원에 해당하며, 절기는 한로이니 상원수가 9이다. 표기할 때는 음둔 9국으로 표시한다.

02 초신접기招神接氣

초신접기란, 절기와 삼원이 일치하지 않기 때문에 일어나는 현상이다. 절입하는 날과 삼원의 부두符頭:삼원의 부두란 상원의 선두인 갑자·갑오·기묘·기유일을 말한다가 일치하면 초신접기를 논의할 필요가 없겠지만, 음력에는 윤달·큰 달·작은 달이 있으므로 절기와 삼원이 일치하지 않기 때문에 초신접기를 이용하여 절기와 삼원을 조절하기 위한 것이다. 초신과 접기를 적용하지 않으면 기문국에서 육의삼기·시가팔문·천봉구성·직부팔장, 그리고 격국에서 오류가 생기게 된다.

초신접기를 이용하는 데는 절국·보국切局補局:일명 절보의 이론이 필요한데, 절국은 국을 빼주는 것이고, 보국은 국을 보태주는 것이다.

1. 정국正局

정국이란 삼원의 부두符頭:상원일와 절기가 일치하는 경우이다. 예를 들어 보자.

예1)

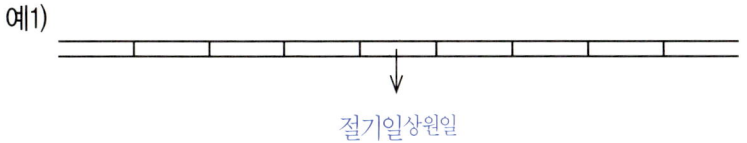

절기일상원일

정국을 정수기正授奇라고도 부르는데, 이런 경우 초신접기가 필요 없어 절기일상원일부터 5일씩 세어 상·중·하원을 산출하면 된다.

2. 초신招神

초신이란 삼원의 부두가 절기보다 앞서 들어오는 경우이다. 이런 경우 삼원수는 앞절기를 이용한다. 다시 설명하면, 상원일甲子·甲午·己卯·己酉이 절기일부터 들지 않고 절기의 앞날에 들어오는 경우를 초신이라 한다. 예를 들어 보자.

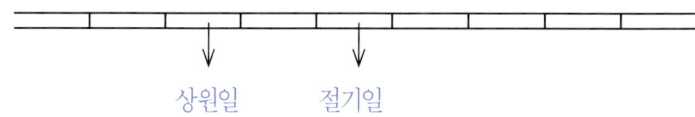

상원일　　　절기일

상원일이 절기일보다 앞에 왔지만, 상원일부터 앞절기의 삼원수를 차용하여 상·중·하원을 산출한다.

3. 접기接氣

접기란 상원일이 절기일을 지나서 드는 경우를 말한다. 예를 들어 보자.

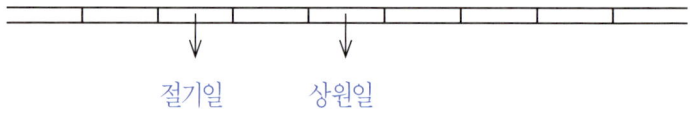

절기일　　　상원일

절기는 왔지만 삼원의 부두상원일가 아직 들지 않았을 경우 절기일부터 삼원수를 산출하는 것이 아니고, 절기일을 상원일로 끌어들여 상원일부터 삼원수를 산출한다.

절국·보국할 때 유념할 것은 절입 당시의 삼원은 해당하는 절기의 삼원수를 쓰고, 기준은 명리의 절기와 같이 절입 시간을 기준으로 한다.

예) 1984년

	1	2	3	4	5	6	7	8	9	10	11	12	13
	甲午	乙未	丙申	丁酉	戊戌	己亥	庚子	辛丑	壬寅	癸卯	甲辰	乙巳	丙午
상원	9국	9국	9국	9국	9국	중원3국	3국	3국	중원2국	2국	하원5국	5국	5국
	夏至	·	·	·	·	·	·	·	小暑	·	·	·	·

위 도표를 보면 소서는 임인일壬寅日 07시 29분에 들어오는데, 소서 절기일 전은 하지 중원 3국으로 삼원수가 3이고, 절입 시간부터 갑진일이 시작되는 자시子時까지는 소서 중원 2국으로 삼원수가 2이고, 갑진일부터는 소서 하원 5국으로 삼원수가 5이다. 결국 상·중·하원 15일 가운데 하지 중원 3국부터 소서 중원 2국까지의 사이가 절국·보국의 현상이 일어난 것이다.

4. 윤국閏局

1) 윤기閏奇라고도 부른다. 윤국을 두는 원칙은, 초신은 절기일부터 10일까지만 되고, 접기는 절기일부터 5일까지만 된다. 다시 말하면, 초신의 기간이 10일이 넘으면 안 되고, 접기의 기간은 5일을 넘으면 안 된다. 초신의 기간이 10일을 초과하면 윤국을 두고, 접기가 5일을 초과하면 절국·보국해야 한다.

윤국을 두는 때는 윤월이 있는 다음에 하고, 한 절기를 재차 다시 쓰는 것이며, 오직 망종과 대설 절기에만 둔다. 이러한 방법은 동지와 하지 전에 윤국이라는 방법을 통해 동지와 하지를 조정하여 맞추는 것이다.

(2) 윤국은 윤망종국閏芒種局과 윤대설국閏大雪局이 있는데, 전년도에 윤월이 1, 2, 3, 4월에 들면 윤대설국을 쓰고, 윤월이 5, 6, 7, 8, 9월에 들면 윤망종국을 쓴다. 그리고 윤국을 쓴 그 다음에는 윤국을 쓰지 않는다. 이것은 연속하여 망종과 대설이 윤국에 해당돼도 한 절기만 윤국을 두는 것이다. 결국 이러한 방법은 망종에서 다음 망종까지, 대설에서 다음 대설까지를 한 해로 간주한 것이다.

제4부 연극편

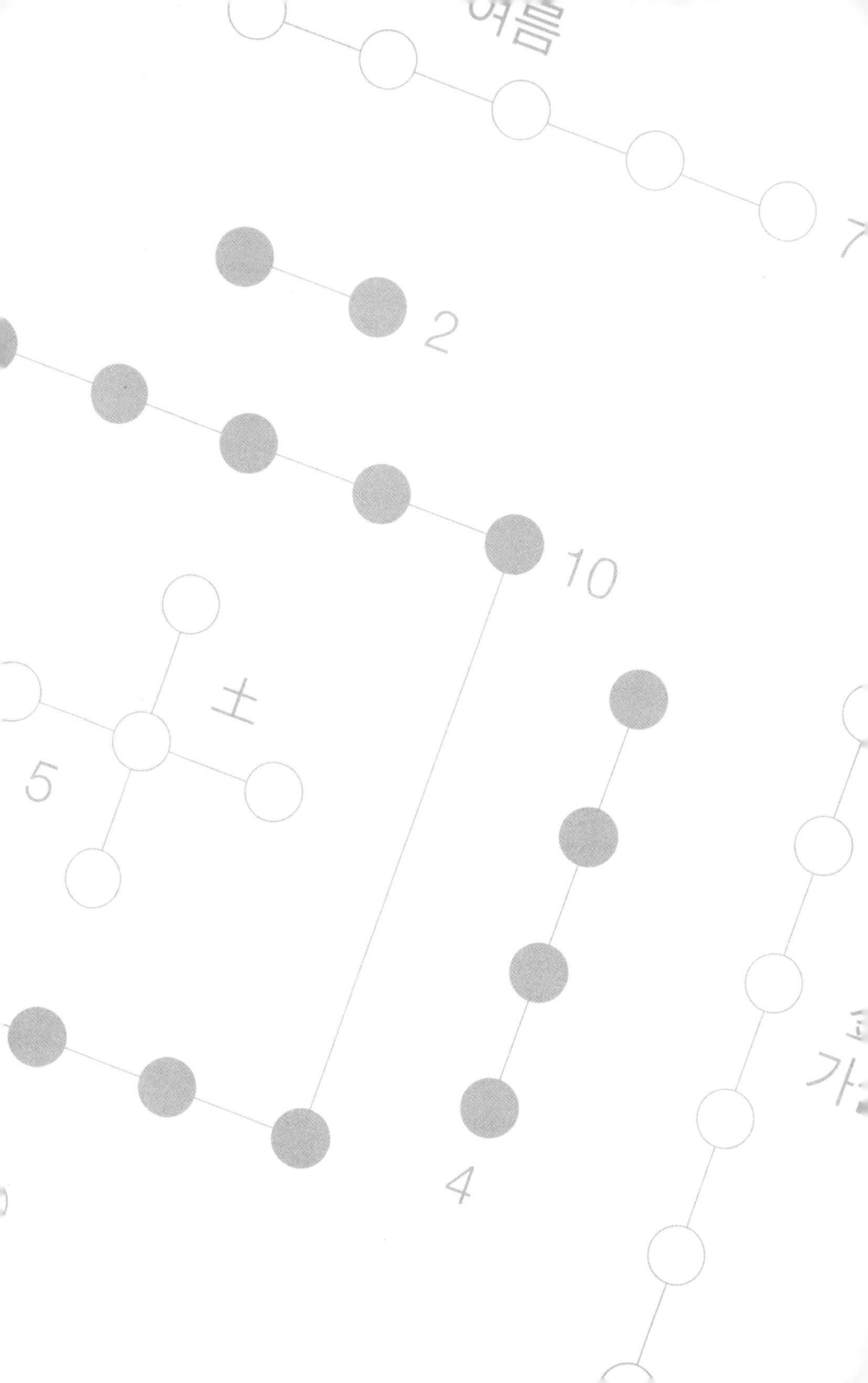

01
육의삼기 六儀三奇

 기문 둔갑은 홍국과 연국으로 구분되는데, 홍국은 홍국수·주역팔괘·일가팔문·태을구성으로 성립되고, 연국은 육의삼기·시가팔문·천봉구성·직부구성으로 성립된다. 보통 홍국은 우리 나라식 기문, 연국은 중국식 기문이라 하여 분리해서 해석하는 경향이 많은데, 저자는 홍국과 연국을 구분하지 않고 각각의 요소를 분야별로 접목시켜 해석한다.
 지금부터는 연국의 요소들을 설명하겠다.

 육의삼기란 기문국에서 십간十干을 부르는 별칭이다.
 십간 중 갑甲은 무戊로 변하기 때문에 둔갑遁甲이라 하며, 나머지 9개의 천간은 육의六儀와 삼기三奇로 구분된다. 삼기는 포국시 정·병·을丁丙乙로 역포逆布한다.

- 육의 : 戊·己·庚·申·壬·癸
- 삼기 : 乙·丙·丁

 육의삼기는 연국의 근본이다. 홍국은 일주가 중심이고, 연국은 시주가 중심이 되는데, 육의삼기 천지반 중 지반은 연국을 포국하는 데 중요한 역할을 담당하는 근원이 된다.

삼기는, 乙은 일기日奇이고 천덕天德이 되며
丙은 월기月奇이고 명당明堂이 되며
丁은 성기星奇이고 태음太陰이 된다.

본래 삼기는 세 가지 천반 삼기 : 甲戊庚, 인중 삼기 : 壬癸辛, 지하 삼기 : 乙丙丁로 구분하는데, 이 가운데 기문에서 사용되는 것은 지하 삼기地下三奇인 을·병·정이고, 지하 삼기 셋이 발동하면 그 영향이 변화 무쌍하다.

기문에서 갑이 둔갑을 하는 가장 중요한 이유는 경금庚金과의 충돌을 두려워하기 때문인데, 삼기 정화丁火는 음화陰火의 정기正氣이고, 병화丙火는 양의 정화이며, 을목乙木은 음목의 괘강이므로, 정화丁火는 경금庚金을 극하고, 병화는 경금을 충하며, 을목은 자신을 버리고 경금과 합이 되어 경금의 흉포함을 제어하는 역할을 한다.

홍국은 홍국수가 중심이고, 연국은 육의삼기가 중심이 되는데, 결국 홍국수와 육의삼기가 기문국의 뿌리가 되는 것이다. 또한 육의삼기는 문패성장과 서로의 이해 관계가 아우러져 격국을 만들고, 육의삼기 천반과 지반이 천지 융합하여 기문 해석의 중요한 열쇠가 된다.

1. 지반 육의삼기 부법地盤六儀三奇附法

육의삼기 지반의 부법은 먼저 육의삼기의 선두 주자인 무戊의 위치를 결정하기 위해 사주의 일주를 중심으로 삼원수를 산출하여 국을 결정한다.

결정된 국의 고유궁에서부터 선두 주자인 무戊를 출발시키는데, 양둔국은 육의삼기를 무·기·경·신·임·계·정·병·을 순으로 구궁을 순행하고, 음둔국은 육의삼기를 무·기·경·신·임·계·정·병·을 순으로 구궁을 역행한다. 양둔과 음둔의 구별은 생일이 동지부터 하지 전이면 양둔이고, 하지부터 동지 전이면 음둔에 해당한다.

지반 육의삼기 부법의 예를 들면 다음과 같다.

예1) 1987년 음력 3월 4일 오시생午時生

壬 庚 癸 丁
午 辰 卯 卯

1987년 음력 3월 4일은 경진일이다. 경진일은 상원에 해당하며, 절기는 춘분에 속하므로 삼원국수 도표를 보면 춘분 상원은 삼원수가 3이다. 표기할 때는 양둔 3국으로 표시한다. 그래서 3의 고유궁인 진궁에서부터 무戊를 출발시키고, 양둔이므로 구궁을 순행한다.

2 己	7 丁	9 乙
1 戊	3 庚	5 壬
6 癸	8 丙	4 辛

진궁에서부터 무戊가 시작되어 손궁 기己·중궁 경庚·건궁 신辛·태궁 임壬·간궁 계癸·이궁 정丁·감궁 병丙·곤궁 을乙 순으로 순행한다.

예 2) 양둔 9국과 음둔 2국의 예를 들어 보자.

양둔 9국			음둔 2국		
壬	戊	庚	丙	庚	戊
辛	癸	丙	乙	丁	壬
乙	己	丁	辛	己	癸

- 양둔 9국은 9의 고유궁인 이궁에서 무가 시작되어, 감궁 기·곤궁 경·진궁 신·손궁 임·중궁 계·건궁 정·태궁 병·간궁 을 순으로 진행한다.
- 음둔 2국은 2의 고유궁인 곤궁에서 무가 시작되어, 감궁 기·이궁 경·간궁 신·태궁 임·건궁 계·중궁 정·손궁 병·진궁 을 순으로 역행한다.

2. 천반 육의삼기 부법 天盤六儀三奇附法

육의삼기 천반의 부법은 시주時柱가 속해 있는 육갑六甲의 부두 순장을 표출하여 시간時干에 해당하는 육의 지반 위에 올려붙이고, 음·양둔을 불문하고 차례대로 구궁 중 가까운 쪽으로 돌려 붙인다. 육의 천반을 돌려 붙이면 좌측으로 돌리든 우측으로 돌리든 거리가 똑같은 대충방이 된다.

기문은 육갑六甲이 경금庚金과의 충돌을 두려워해서 육의戊·己·庚·辛·壬·癸 속으로 숨기 때문에 기문 둔갑이라 하고, 그 육의의 명칭은 부두순장符頭旬將, 또는 부두符頭라 칭한다.

부두는 갑으로 시작하는 6개 순旬의 10개 간지를 대표하는 우두머리를 의미한다. 시주時柱의 부두는 다음과 같다.

순旬										부두符頭
甲子	甲子	乙丑	丙寅	丁卯	戊辰	己巳	庚午	辛未	壬申	癸酉	戊
甲戌	甲戌	乙亥	丙子	丁丑	戊寅	己卯	庚辰	辛巳	壬午	癸未	己
甲申	甲申	乙酉	丙戌	丁亥	戊子	己丑	庚寅	辛卯	壬辰	癸巳	庚
甲午	甲午	乙未	丙申	丁酉	戊戌	己亥	庚子	辛丑	壬寅	癸卯	辛
甲辰	甲辰	乙巳	丙午	丁未	戊申	己酉	庚戌	辛亥	壬子	癸丑	壬
甲寅	甲寅	乙卯	丙辰	丁巳	戊午	己未	庚申	辛酉	壬戌	癸亥	癸

갑자 순은 무, 갑술 순은 기, 갑신 순은 경, 갑오 순은 신, 갑진 순은 임, 갑인 순은 계가 부두가 된다.

3. 천반 육의삼기 부법의 예

예1) 1987년 음력 3월 4일 오시생午時生

양둔 3국陽遁三局

壬　庚　癸　丁
午　辰　卯　卯

丙 己	癸 丁	戊 乙
辛 戊	庚	己 壬
壬 癸	乙 丙	丁 辛

이 사주는 시주時柱가 임오壬午이므로 갑술 순에 속하니 부두는 갑술 기가 된다. 천반 육의 부법은 시주의 부두인 기를, 시간時干이 임壬이므로 태궁의 임壬 위에 기를 올려 붙인 다음, 이궁의 지반 육의 정丁을 건궁의 신辛 위에, 곤궁의 지반 육의 을乙을 감궁의 병丙 위에 차례대로 올려 붙이며, 3칸씩 건너 붙인다. 천반 육의 부법은 국에 따라서 1칸, 2칸, 3칸, 또는 4칸씩 건너 붙인다.

예 2) 1971년 음력 6월 19일 유시생酉時生

음둔 2국陰遁二局

丁 丙 丙 辛
酉 寅 申 亥

癸 丙	己 庚	辛 戊
壬 乙	丁	乙 壬
戊 辛	庚 己	丙 癸

이 사주는 시주時柱가 정유丁酉이므로 갑오甲午 순에 해당하니 부두는 갑오 신辛이 된다. 부두인 신辛을 시간時干의 정丁 위에 붙여야 하는데, 정은 중궁에 위치하고 있으므로 정 위에 올려 붙일 수가 없다. 이러한 경우는, 중궁은 항상 곤궁을 생하고 의탁하는 기문 원칙에 의해 부두 신辛을 곤궁의 무戊 위에 올려 붙이고, 태궁의 임壬 위에 을乙을, 건궁의 계癸 위에 병을, 감궁의 기 위에 경을 차례차례 올려 붙인다. 부두 신과 동일한 지반 육의 신이 감궁에 위치하고 있으므로 4칸씩 건너 붙인다.

4. 복음

복음국은 복음과 반복음이 있다. 기문국에서 천반 육의삼기 포국시 사주의 출생시가 갑으로 시작되면 갑이 둔갑으로 나타나지 않는 문제가 있는데, 이런 경우는 시주의 부두와 시간時干을 동일하게 취급한다.

즉, 출생시가 육갑甲子·甲戌·甲申·甲午·甲辰·甲寅에 해당하면 복음국이 되고, 천반·지반 육의삼기가 동일하게 배치되면 반복음이 된다.

먼저 복음국의 예를 들어 보자.

예) 1974년 음력 3월 17일 신시생申時生

甲 庚 戊 甲
辛 辰 辰 寅

양둔 4국陽遁四局

戊 戊	癸 癸	丙 丙
乙 乙	己	辛 辛
壬 壬	丁 丁	庚 庚

5. 반복음

반복음은 시주가 무진戊辰·기묘己卯·경인庚寅·신축辛丑·임자壬子·계해癸亥의 여섯 가지 경우가 있다. 경인시庚寅時를 예로 들면 갑신 순에 부두가 경庚이므로 지반 육의삼기와 천반 육의삼기가 복음국과 같이 동일하게 배치된다.

예1) 1974년 음력 6월 16일 인시생寅時生

庚 丙 辛 甲
寅 子 未 寅

음둔 4국陰遁四局

戊 戊	壬 壬	庚 庚
己 己	乙	丁 丁
癸 癸	辛 辛	丙 丙

복음국이 성립되면 해외 출입·변동·이동 등 일체의 거동은 불가하다. 그러나 주인은 무난하다고 본다.

복음과는 관계가 없지만 육의삼기 부법시 주의해야 할 포국법은 다음과 같다.

먼저 시간時干이 입중궁되는 경우이다. 이 경우, 중궁은 항상 곤궁을 생하고 의탁하므로 시간이 곤궁에 있는 것으로 가정하고 곤궁의 지반 위에 붙여 돌린다.

예2) 시간時干이 입중궁한 경우

양둔 4국 임오일 기유시己酉時

　　　　　　　　　　　己　壬　己　己
　　　　　　　　　　　酉　午　巳　酉

庚 戊	丁 癸	壬 丙
辛 乙	己	乙 辛
丙 壬	癸 丁	戊 庚

시주가 기유己酉이므로 갑진 순에 속하니 부두는 임壬이 된다.

시간인 기기가 중궁에 위치하므로 중궁 출곤 원칙에 의해 곤궁의 지반 육의 병丙 위에 천반 육의 임壬을 올려 붙이고, 지반 육의 임이 간궁에 위치하고 있으므로 4칸씩 건너 붙이니 대충방이 이루어진다.

예3) 부두가 입중궁한 경우

음둔 5국 병인일丙寅日 기사시己巳時

戊 己	丙 癸	乙 辛戊
癸 庚	戊	壬 丙
己 丁	庚 壬	丁 乙

시주가 기사己巳이므로 갑자甲子 순에 속하니 부두는 무戊가 된다. 이 경우는 부두가 곤궁에 있다가 시간時干인 기기가 소재한 손궁으로 간 것으로 가정하고 다른 지반 육의삼기를 부두 무戊가 간 방향으로 돌려 붙인다.

* ( ) 안의 무戊는 곤궁에 있는 것으로 가상한 것이다.

천반 육의삼기 부법의 요점을 정리하면 다음과 같다.
첫째, 시주時柱의 부두를 시간時干 위에 올려 붙인다.
둘째, 부두와 시간이 동일하면 그대로 올려 붙인다.
셋째, 시간이 입중궁하면 곤궁에 있는 지반 육의삼기 위에 올려 붙인다.
넷째, 부두가 입중궁하면 부두가 곤궁에 있다가 시간이 소재한 궁으로 간 것으로 가정한다.

6. 육의삼기의 해석

육의삼기란 삼원국수三元局數에 의해 구궁에 포국되는 십간의 별호이다. 기문국에서는 홍국수가 왕성해야 제 역할을 하듯이 육의삼기 역시 왕성하면 문괘성장의 길흉과 관계 없이 육의삼기 위주로 단식 판단을 할 수 있다.

왕성하다는 것은 큰 의미로 보면 왕기旺氣를 얻었다는 뜻인데, 득령得令·수리를 얻는 경우, 거생居生 등을 말한다. 가령 육의삼기가 경庚일 때 홍국수가 4, 9, 5, 10일 경우, 경이 구궁 중 중궁·곤궁·태궁에 붙을 경우이며, 경이 붙은 해당 궁의 홍국수가 왕지旺地에 앉으면 더욱 길하다고 본다.

일단 육의삼기는 왕기를 얻은 경우와 천·지반이 상생하는 경우 길하다고 보며, 육의삼기 천·지반 상호 관계와 기문국에서의 제 역할도 알아야 한다.

먼저 주主와 객客의 입장을 정리해 보면 다음과 같다.

- 천반 육의삼기天盤六儀三奇 : 객客
- 지반 육의삼기地盤六儀三奇 : 주主

- 육의삼기六儀三奇 : 객客
- 구궁오행九宮五行 : 주主

기문국에서 천반 육의가 임壬이고 구궁오행이 화火인 이궁에 들었을 경우 객극주客剋主가 오행구성이 되므로, 이때는 새로운 일을 시작하고, 움직이기보다는 외부에서 나를 치므로 분수를 지키고 움직이지 않는 것이 좋다.

이러한 해석은 육의삼기와 구궁오행을 비교하여 단식 판단한 것이지만, 이런 방법이 숙달되면 기문국 전체의 흐름을 분석할 수 있는 힘이 생긴다.

육의삼기와 문괘성장과의 관계를 정리해 보면, 삼기는 모든 응기應氣의 시작이고, 천봉구성天蓬九星은 현재 진행되는 사항이며, 시가팔문時家八門은 응기를 해석할 수 있는 끝마무리라고 정리할 수 있다. 여기서 응기란, 사건이 발생되는 시기, 즉 사건의 시작이 된다.

이러한 과정을 통해서 기문 요소의 단식 판단에만 그치지 않고 기문국 전체의 흐름을 분석 판단하는 능력을 기르도록 해야 한다.

7. 육의의 해석

1) 육갑六甲
(1) 별호 : 천귀天貴·청룡·큰 나무·대형 사전
(2) 주무主務 : 천귀가 있어 녹祿을 얻는 것을 관장한다.
(3) 신체 : 머리·정신·뇌·담
(4) 상징하는 인물 : 아버지·형·대학자·성인 군자
(5) 기문국 해석시 갑자 무戊일 경우 청룡의 귀함은 더 발휘된다.

2) 육무六戊
(1) 별호 : 천문天門·천무天武·큰 산·큰 돌
(2) 천문 : 수성
(3) 지리 : 넓은 평야·제방
(4) 주무 : 무역·해외 출입·상매商買 등을 관장한다.
(5) 신체 : 위장·살·입
(6) 상징하는 인물 : 첩·대사大使

3) 육기六己
(1) 별호 : 지호地戶·작은 산·작은 돌·습토·옥토
(2) 천문 : 금성
(3) 지리 : 문전 옥답·정원·밭
(4) 주무 : 약고 두뇌 회전이 빨라서 모사를 꾸미는 일에 적당하며, 지나친 욕심으

로 무리하게 일을 벌이고 확장하는 것은 금물이다.

⑸ 신체 : 비장·혀·손가락

⑹ 상징하는 인물 : 기생·무당

4) 육경六庚

⑴ 별호 : 천옥天獄·태백·금성·백호·큰 쇳덩이·살생

⑵ 천문 : 기성氣星

⑶ 지리 : 광석·수령·큰 바위·광야

⑷ 주무 : 천지의 숙살지권, 권력·명예·억제 등을 관장한다.

⑸ 신체 : 대장大腸·골격·코

⑹ 상징하는 인물 : 군인·경찰·판사·검사·의사

5) 육신六辛

⑴ 별호 : 천정天庭·천진天眞·보석·백옥·침·백호

⑵ 천문 : 토성

⑶ 지리 : 분지盆地·묘소·황야

⑷ 주무 : 형벌·관직·상매商買의 숙살지권을 관장한다.

⑸ 신체 : 폐·코·기관지

⑹ 상징하는 인물 : 할머니·종교인·여승女僧·목공·농부·공인工人

6) 육임六壬

⑴ 별호 : 지망地網·지뢰地牢·현무·바다·강물·큰물

⑵ 천문 : 화성

⑶ 지리 : 천쟁터·모래땅

⑷ 주무 : 감추고 숨고 암계를 쓰는 일. 인구가 늘고, 죄수가 형을 당하는 것을 관장한다.

⑸ 신체 : 방광·귓불·땀

(6) 상징하는 인물 : 어머니·산파·중개인·도둑·전사戰士

7) 육계六癸
(1) 별호 : 천망天網·천장天藏·화개華蓋·이슬·봄비·작은 물·현무·서리
(2) 천문 : 나성羅星
(3) 지리 : 황천, 어두운 곳
(4) 주무 : 죄를 묻고, 낙직落職과 형옥을 정하는 일을 관장한다.
(5) 신체 : 신장·귓불·정액
(6) 상징하는 인물 : 임산부·범죄인

8. 삼기 을·병·정乙丙丁의 해석

1) 을기乙奇
(1) 별호 : 천덕天德·봉성蓬星·귀인·화초 넝쿨·잔디·작은 나무
(2) 천문 : 월량月亮
(3) 지리 : 초원·꽃밭
(4) 주무 : 원정과 출행, 적이 스스로 망동하는 것을 관장하고, 주인은 스스로 귀함이 있어 귀인이나 길사吉事가 오는 일을 관장한다.
(5) 신체 : 간·눈, 손끝과 발끝, 신경계통
(6) 상징하는 인물 : 황후·부인·구류지인九流之人 : 이곳저곳 유랑하는 사람·자매·승도僧道

2) 병기丙奇
(1) 별호 : 명당明堂·천위天威·천성天成·태양·큰 불·형혹성
(2) 천문 : 목성
(3) 지리 : 수도首都, 메마르고 건조한 땅

⑷ 주무 : 재물과 문서를 구하고 얻는 일을 관장한다.
⑸ 신체 : 소장·혀·맥·입술
⑹ 상징하는 인물 : 수상·장군·종교인·시인·묵객·아들

3) 정기丁奇
⑴ 별호 : 태음太陰·옥녀玉女·주작·달·별·작은 불
⑵ 천문 : 계성計星
⑶ 지리 : 옥토, 기름진 땅, 불에 탄 터
⑷ 주무 : 권모 술수, 사통, 여자에 관한 일을 관장한다.
⑸ 신체 : 심장·혀·입술·기氣
⑹ 상징하는 인물 : 딸·중매인·첩·점술가

02 육의삼기의 천지 배합

육의삼기의 천지 배합이란, 육의삼기 천·지반이 결합되어 어떻게 조화되는지를 표현한 것이다. 육의삼기는 각 궁에 천반과 지반으로 배치되는데, 천·지반을 각각의 요소로 보지 않고 결합된 하나의 요소로 보고 해석한다는 것이다.

기문에서 삼기三奇는 격국을 이루는 데 중요한 요소이다. 격格은 삼기와 연월일시의 사간四干·구성九星·직부直符가 어우러져 이루어졌고, 국局은 주로 삼기·팔문·구성·직부팔장이 아우러져 복합적으로 이루어진 것인데 반해, 천지 배합은 단순히 육의삼기 천반과 지반과의 대응 관계만을 풀이한 것이다. 그래서 기문국에서 격국이 성립됐을 때는 의기의 천지 배합보다 격국을 먼저 사용하고, 그렇지 않을 경우에는 일반적으로 천지 배합을 이용한다.

1. 천지 배합을 볼 때 유의 사항

궁에 다음과 같이 육의삼기가 배치되었을 경우

戊	六
丙	九

육의삼기를 읽을 때 무가병戊加丙으로 읽는다. 즉, 천반 육의가 지반 육의에 더해진다는 의미이다. 해석은 해가 큰 산 위에 떠오르는 형상으로, 처음은 힘들지만 나중에는 기세가 오르는 운세라고 해석한다.

기문 둔갑은 갑이 둔갑으로 숨어서 기문 둔갑인데, 천지 배합에서는 갑가갑甲加甲 등이 있다. 어떻게 해석을 할 것인지가 문제인데, 이 경우 갑자 순일 때 부두가 무戊이지만, 부두 무로 보지 말고 갑으로 보는 것이다. 다시 말해서 기문국 천지 배합의 경우에서만 갑자순의 부두 무는 갑으로 보고, 지반 육의삼기의 선두인 무戊는 무戊로 보라는 것이다.

2. 육의삼기 천지 배합의 해석

해석은 우주의 원리와 자연의 이치대로이며, 순서는 십간十干의 순서대로 설명한다.

1) 갑가갑위甲加甲爲는 쌍목성림雙木成林의 형태이다.

큰 나무가 군집을 이뤄 숲을 이룬 형상으로, 공명 정대하고 위엄이 있으며, 부귀영화가 따르는 기운이다. 그러나 복음격伏吟格에 해당하니 움직임보다는 방어에 최선을 다하면 오히려 득을 본다.

방위는 모든 대인 관계나 지위와 명예를 얻고, 금전·재물을 취하는 데 길한 방위이다.

2) 갑가을위甲加乙爲는 등라반목藤蘿絆木의 형태이다.

큰 나무에 등나무가 얽힌 형상으로 귀인이 풀어주어야 할 기운이다.

천덕과 천귀가 합해 있어 매사 대립 관계이지만, 문리에 따라서 길문이면 길하고 흉문이면 흉하다.

방위는 사업·재물·지위·명성을 얻고, 귀인의 도움을 받을 수 있는 길한 방위이다.

3) 갑가병위甲加丙爲는 청룡반수靑龍返首의 형태이다.

태양 위로 청룡이 날아가는 형상이다. 처음은 고단하고 힘들지만 움직일수록 이익이 있고, 불같이 일어설 기운이다. 단, 성문星門이 흉하면 기운은 반감된다. 격은 청룡회수격이고, 기문 길격 14격 중의 하나이다. 이 격은 모든 일을 이루는 데 장애와 굴곡이 없다.

방위는 관청·사업체·재물·부동산·혼인·교섭 등에 길한 방위이다.

4) 갑가정위甲加丁爲는 건목열화乾木烈火의 형태이다.

나무를 불에 태워 숯을 굽는 형상이다. 청룡이 옥녀의 빛을 받으니 화합하고 귀인을 만날 기운이지만, 진·술·축·미辰戌丑未의 묘에 들면 길한 기운은 반감된다.

방위는 결혼·건축·각종 시험·부동산·상업 등에 길한 방위이다.

5) 갑가무위甲加戊爲는 독산고목禿山孤木의 형태이다.

큰 산에 나무가 홀로 서 있는 형상으로, 고립되고 외로운 형상이다. 움직이지 않고 좋은 세월을 기다리는 기운이다. 격은 청룡수곤격으로 흉격에 해당한다.

방위는 건강 이상·이별·고독·독수 공방 등이 있을 흉한 방위이다.

6) 갑가기위甲加己爲는 근제송토根制鬆土의 형태이다.

나무가 기름진 땅에 뿌리를 내리고 있는 형상으로 모든 것이 길하지만, 육기六己 지호地戶 위에 뿌리 내린 형상이므로 어떤 일이라도 처음부터 크게 벌이지 말고 분수를 지키는 것이 중요하다.

방위는 연예·사랑·친목·연회·결혼 등 가까운 지인을 만나는 것이 길한 방위이다.

7) 갑가경위甲加庚爲는 비궁감벌飛宮砍伐의 형태이다.

나무가 강한 무쇠 위에 놓인 형상으로, 파괴되고 부서지는 흉한 기운이다. 천덕이 천옥에 갇혀 길한 문괘가 흉해지고, 흉한 문괘를 만나면 더욱 흉해진다.

방위는 살생·숙살·억제의 뜻을 지니고 있는 흉한 방위이다.

8) 갑가신위甲加辛爲는 목곤쇄와木棍碎瓦의 형태이다.

나무가 쓰러져 집기를 깨뜨리는 형상으로, 움직이면 명예와 재물을 잃고 발에 병이 생기는 것으로 본다. 그러나 길한 문괘를 만나면 천덕이 천진을 만났으므로 대체로 길하다.

방위는 참고 인내하면 불리한 일이 중화되는 방위이다.

9) 갑가임위甲加壬爲는 척범표양隻帆漂洋의 형태이다.

쌍돛단배가 바다에 홀로 떠 있는 형상으로, 분주하나 실속이 없고, 혼자 외로운 기운이다. 청룡이 천뢰에 갇혀 모든 일이 불성한 기운으로 판단하지만, 의외의 복록이 있어 문괘 성장과 홍국수 등 궁의 구성이 길하면 대권도 쟁취할 수 있는 방위이다.

10) 갑가계위甲加癸爲는 수근로수樹根露水의 형태이다.

나무가 물 위에 뿌리를 내리고 있는 형상으로, 서로 화합하고 친목하여 흉이 길로 변한 기운이다. 청룡형이 화개를 만나 대기 만성형으로 운이 늦게 열리는 경향이 있다.

방향은 결혼·이사·경사·연회·친목·협약·계약 등에 길한 방위이다. 기문국에서 육의삼기 해석시 갑자 순의 부두인 무戊를 갑甲으로 보기 때문에 시주時柱가 갑자·을축·병인·정묘·무진·기사·경오·신미·임신·계유인 경우 육의삼기 무가계戊加癸를 임가계壬加癸로 보고 해석한다.

11) 을가갑위乙加甲爲는 금상첨화錦上添花의 형태이다.

작은 나무인 천귀를 큰 나무인 천덕이 받쳐주는 형상으로, 경사가 겹치는 기운이다. 특히 남성보다 여성의 기운이 더욱 좋다.

방위는 혼인·사업 이동·변동·교섭·협약·계약 등에 길한 방위이다.

12) 을가을위乙加乙爲는 복음잡초伏吟雜草의 형태이다.

작은 나무와 넝쿨이 엉켜 있는 형상으로, 본분을 지키고 자중하는 것이 좋다. 혹 명예와 귀인을 구하는 것은 길할 수 있지만, 격이 복음격이므로 방어가 최선이다.

방위는 불화·반목·고독·손재 등 불길한 방위이다.

13) 을가병위乙加丙爲는 삼기순수三奇順遂의 형태이다.

작은 나무가 불에 활활 타는 형상으로, 직장·직업에서 진급·승진 등의 발전이 있을 기운이다. 격으로는 교태격의 하나이다.

교태격은 을가병乙加丙 또는 을가정乙加丁을 말하고, 천반 육의 을이 지반 정병丁丙을 만나 이루어지는 격이며, 기문 길격 14격 중의 하나이다.

객생주客生主라 하며, 손님은 불리하고 주인은 이로운 격으로, 서로 화합을 다지는 형상으로 판단한다.

14) 을가정위乙加丁爲는 삼기상좌三奇相佐의 형태이다.

작은 불이 나무 덤불 속에 잠복해 있는 형상으로, 풍우·융창·자립 등 모든 일에 길한 기운이다. 그러나 문괘가 흉하면 산에서 땔나무를 미리 태워 버리는 형상으로 본다. 격은 교태격으로 동動함은 불리하다.

방위는 금전·재물·명예·명성·혼약·결혼·친목 등에 길한 방위이다.

15) 을가무위乙加戊爲는 선화명병鮮花名甁의 형태이다.

산 위에 아름다운 꽃이 피어 있는 형상으로, 약혼·혼인 등에 길한 기운이다.

을가무乙加戊가 감궁에서 휴문과 동궁同宮하면 둔가사 길격 중 구둔격 용둔에 해당하며, 물을 이용하여 적을 공격하고, 매복하여 적을 공격하고, 도적을 잡는 데 길하다고 본다. 묘와 박격迫格을 범하지 않으면 정격이다.

방위는 연회·친목·결혼·결합·약혼 등에 길한 방위이다.

16) 을가기위乙加己爲는 일기득사日奇得使의 형태이다.

꽃이 기름진 흙을 만나 활짝 핀 형상으로 복록이 왕성하여 어떠한 어려움도 이겨낼 수 있는 형상이다. 격은 삼기 특사격의 하나이고, 시가팔문 개문과 동궁하면 지둔地遁이 된다. 지둔은 을가기乙加己의 형태로 시가팔문 개문과 동궁하는 경우인데,

두둔격기문 길격 14격 중의 하나에 해당하며, 모든 일에 길하다. 특히 이장·안장, 군대의 매복·잠복, 가옥의 신축·증축 등에 길하다. 십이운성의 묘와 박격迫格을 만나지 않아야 정격으로 본다.

을가기·을가신乙加辛은 삼기득사격 중 을기득사격에 해당하며, 천반 을이 지반 갑술 기己·갑오 신辛 위에 앉은 것을 말한다.

방위는 연회·친목·금전·재물·약혼·결혼·명예·명성·협약 등에 길한 방위이다.

17) 을가경위乙加庚爲는 일기피형日奇被刑의 형태이다.

작은 나무가 쇠몽둥이에 의해 파괴되는 형상으로, 재물과 여자 문제로 다툼이 있고, 부부간의 분쟁이 있을 기운이다. 천귀 을이 천옥에 갇힌 격이다.

방위는 무조건 피해 가야 할 방위이다.

18) 을가신위乙加辛爲는 청룡도주靑龍逃走의 형태이다.

작은 나무가 날카로운 쇠붙이에 의해 찢기는 형상으로, 파괴되고 부서지는 기운이다. 격도 청룡도수격으로, 손재·부부 이별·파재·건강 훼손 등이 있을 흉격이다.

을가신乙加辛이 시가팔문 중 생문과 같이 간궁에 있을 경우 구둔격의 하나인 호둔 虎遁이 된다. 역시 묘와 박격을 범하지 않아야 정격으로 보며, 기습 공격·요새 구축·매복·진혼제에 길하고, 시국의 점사국에서 이격을 이루면 망인의 산소 자리에 기운이 흩어지고, 건물의 증축·개축·신축에 불길하다.

방위는 손재·파재·이별·신체 손상 등 흉한 방위이며, 객은 더욱 불리하다.

19) 을가임위乙加壬爲는 하엽연화荷葉蓮花의 형태이다.

물 위에 핀 연꽃과 같은 형상으로, 궁의 구성이 좋으면 남자는 천하를 움켜쥐고, 여자는 왕후의 자리에 오른다. 그러나 구성이 나쁘면 시비·구설·관재·송사·방랑·유랑 등의 기운이 있다.

방위는 혼약·결혼·약속·화합을 비롯해 해외 취업·해외 이민·해외 유학에 길한 방위이다.

20) 을가계위乙加癸爲는 녹야조로綠野朝露의 형태이다.

꽃 위에 아침 이슬이 내린 형상으로, 드러내지 않고 숨어서 하는 일에 좋은 기운이다. 격은 용둔龍遁으로, 매복이나 잠복하여 적을 기습 공격하는 것이 길하다.

방위는 암약·암살·요새 구축·매복·잠복·기습 공격 등에 길한 방위이다.

21) 병가갑위丙加甲爲는 비조질혈飛鳥跌穴의 형태이다.

큰 나무가 태양의 빛을 얻는 형상으로, 도모하는 일이 난관 끝에 이루어지는 형상이다. 격은 비조질혈격飛鳥跌穴格, 또는 주작질혈격朱雀跌穴格이라고도 하며, 기문 길격 14격 중의 하나이다.

육의삼기 해설시 갑자 순의 부두 무戊를 갑으로 보니 시주時柱가 갑자·을축·병인·정묘·무진·기사·경오·신미·임신·계유일 경우, 기문국에서 병가무를 병가갑으로 보고, 이 격을 적용하여 사업 경영·재물 등에 큰 행운이 있고, 귀인의 도움이 있다.

방위는 신문·방송 등 언론에 관한 일, 금전 관리·부동산·운수업·제조 판매업 등 전반적으로 모든 사업에 길한 방위이다.

22) 병가을위丙加乙爲는 염양려화艷陽麗花의 형태이다.

꽃나무 위에 따스한 햇살이 내리쬐는 형상으로 인간 만사 모든 일에 이익이 있을 형상이다. 격은 주작함화격朱雀含花格, 또는 주작화격이라고도 하며, 병가을丙加乙을 말한다. 이 격은 새가 꽃잎을 물고 노니는 형상으로, 일월병행日月並行이라고도 하며, 인간 만사가 길하고 하늘의 은총을 얻을 기운이다.

방위는 부동산·증권·제조업·상업·예술·학술·금전·재물 등 만사에 길한 방위이다.

23) 병가병위丙加丙爲는 복음홍광伏吟洪光의 형태이다.

불에 불을 더하는 형상으로, 독선적이고 화려하나 실속이 없다. 복음격으로 움직이면 실패하고, 손재·관재의 기운이 있으며, 패란격또는 패격의 준격準格으로 상하 질서가 문란하여 혼란스럽고, 배반·배신을 당하는 흉격에도 해당한다.

방위는 정치나 군부에서 하극상으로 부하의 배신, 또는 배반이 있으며, 자식으로 인한 고통·형액·반목·쟁투 등이 있는 불길한 방위이다.

24) 병가정위丙加丁爲는 삼기순수三奇順遂의 형태이다.
삼기 병·정丙丁이 같이 나란히 있는 형상으로, 귀인의 도움을 받을 기운이며, 생문과 동궁하면 구둔격 중 천둔에 해당하는 길격이다.
방위는 부동산·증권·사업·예술·학술·금전·재물을 구하는 일에 길한 방위이다.

25) 병가무위丙加戊爲는 월기득사月奇得使의 형태이다.
삼기가 귀인이나 협력자를 만나는 형상으로, 만사 귀인의 도움을 받을 기운이다. 격은 병기득사격丙奇得使格으로 기문 길격 14격 중의 하나로, 권력자가 자신을 보좌할 충직한 신하를 만날 수 있는 길격이다.
방위는 사업·금전·재물·부동산·증권·예술·학술·결혼·화합 등에 길한 방위이다.

26) 병가기위丙加己爲는 대지보조大地普照의 형태이다.
태양이 토지를 내리쬐는 형상으로, 도모하는 모든 일이 이루어지는 기운이다. 단, 문괘가 흉하면 문서사에 관계된 일은 불리하고, 죄인은 형벌을 당한다.
방위는 사업·재물·약속·화합·결혼 등에 길한 방위이다.

27) 병가경위丙加庚爲는 형혹입백熒惑入白의 형태이다.
천성이 태백의 살기를 만나서 병든 용이 비를 만난 것과 같이 모든 것이 흉한 기운이다. 격은 형입태백격熒入太白格으로 흉격이지만, 단시점에서 도적점을 볼 때 이 격이 나오면 반드시 도적은 물러난다. 단, 객은 흉함이 없다.
방위는 형액·관재·불화·투쟁·사고·수술·구설이 있고, 협력자가 전혀 없는 고독한 방위이다.

28) 병가신위丙加辛爲는 일월상회日月相會의 형태이다.
보화가 태양의 빛을 받아 더욱 찬란하게 빛나는 형상으로, 만사가 이루어지고, 병든 자도 쾌유되는 기운이다. 문괘가 흉한 경우는 보화가 강한 불을 만나 녹아 없어지는 격이다.

방위는 학문·시험·결혼·이사·상업·금전·재물을 구하는 데 길한 방위이다.

29) 병가임위丙加壬爲는 강휘상영江暉相映의 형태이다.

태양이 바다 위를 비추는 형상으로, 겉으로 보기에는 화려하나 손재·파재·형액이 우려되는 형상이다. 밖으로 움직이고, 무엇을 확장하기보다 암계를 쓰고, 숨기고 하는 일에 좋다.

방위는 부동산·농업·증권·제조업·금전·재물·예술·기술을 취하는 데 길한 방위이다.

30) 병가계위丙加癸爲는 흑운차일黑雲遮日의 형태이다.

구름이 태양을 가리는 형상으로, 불의의 재난이 닥치고, 은둔자의 방해가 있다. 방위는 도난·이별·압류·철거·재산 손실·질환 등이 예상되는 흉한 방위이다.

31) 정가갑위丁加甲爲는 청룡전광靑龍轉光의 형태이다.

청룡이 밝은 광채를 풍기는 형상으로, 권위가 생기고 승진·번영의 기운이 있다.

방위는 승진·발전·명예 회복·권력·건강·시험 등에 길한 방위이다.

32) 정가을위丁加乙爲는 소전종각燒田種雀의 형태이다.

잡초를 태워서 옥토를 만드는 형상으로, 만사 진취적이고 축재할 수 있는 기운이다.

정가을丁加乙은 천우창기격天遇昌氣格에 해당하고, 기문 길격 14격 중 하나이며, 움직이면 주인보다 객이 더 이익이 있다. 연국의 해석시에는 부인이 들어오는 격이고, 주인이 객을 생하니 주인보다 객이 더 이익이 있다.

방위는 시험·승진·문서·협상·명예 등을 비롯해, 금전·재물 등을 쟁취하는 데 이로운 방위이다.

33) 정가병위丁加丙爲는 항아분월姮娥奔月의 형태이다.

달과 해가 마주 보는 형상으로 육정六丁 옥녀가 명당에서 노는 격이다. 관록이 충만하고 풍후·융창 등의 뜻이 있지만, 달도 차면 기우듯 인생의 황혼기에 해당한다.

방위는 교육·학문·의약업·육영 사업·예술·할인업에 종사하는 사람이 금전·재물을 취하는 데 길한 방위이다.

34) 정가정위丁加丁爲는 양화성염兩火成炎의 형태이다.

불과 불이 만나서 더욱 밝아지는 형상으로 도모하는 일에 기쁜 소식이 있지만, 복음격으로 움직이면 불리하고, 앉아서 기다리는 것이 상책이다.

방위는 시험·학술·학업·명성·승진·결혼·화합 등에 길한 방위이다.

35) 정가무위丁加戊爲는 유화유로有火有爐의 형태이다.

호롱불이 그릇 위에서 빛나는 형상으로, 어려움을 극복하고 승리를 쟁취할 수 있는 기운이며, 부자의 상으로 본다.

방위는 각종 시험·결혼·이사·건축·교섭·친목 도모에 유익한 방위이다.

36) 정가기위丁加己爲는 성수구진星墜勾陳의 형태이다.

옥녀가 지호池湖에 떨어져 괴로움을 당하는 형상으로, 여난女難과 금권 문제로 암투가 일어난다.

방위는 주색잡기·도난·허언 등 망신살이 뻗치는 방위이다.

37) 정가경위丁加庚爲는 화련진금火鍊眞金의 형태이다.

쇳덩이를 불로 녹여 금은 보석을 만드는 형상으로, 귀인의 도움과 즐겁고 기쁜 일이 생기는 기운이지만, 너무 과하면 화가 있는 법이니 현실을 중시하여 자기 분수를 알고 허황된 일은 벌이지 않는 것이 좋다.

방위는 명예·승진·권력·이익·납품·시험·면접 등에서 길한 방위이다.

38) 정가신위丁加辛爲는 소훼주옥燒毁珠玉의 형태이다.

보석이 불에 녹아 훼손되는 형상으로, 불의의 재앙이 닥치고 파산수가 있는 기운이다.

방위는 교통 사고·급성 질환·압류·철거·이별 등이 있는 흉한 방위이다.

39) 정가임위丁加壬爲는 성기득사星奇得使의 형태이다.

삼기가 협력자를 얻는 형상이니, 귀인의 도움이 있고, 막혔던 일이 별 어려움 없이 해결되는 기운이다. 그러나 밖으로 드러내고 움직이기보다 숨어서 비밀리에 일을 진행하는 게 좋다.

방위는 결혼·혼약·약정·협약·계약·문서·방문·명예 상승 등 길한 방위이다.

40) 정가계위丁加癸爲는 주작투강朱雀投江의 형태이다.

육정六丁 옥녀가 천망에 갇히는 형상으로, 문서사·쟁투·관재 구설로 인하여 구속되는 기운이다. 격은 주작투강격朱雀投江格으로 움직이지 말고 쉬면서 재충천하는 시기이며, 시국에서는 귀신이 재난을 일으키는 흉격으로 판단한다.

방위는 피곤·정신 질환·열병·언어 장애·불치병 등 불길한 방위이다.

41) 무가갑위戊加甲爲는 거석압목巨石壓木의 형태이다.

큰 돌과 큰 나무가 충돌하는 형상으로, 소신이 너무 강해 독단적이다 보니 이권인수격이 되는 격이므로 함부로 움직이지 말고 관망하는 것이 좋다.

방위는 교통 사고·사업 부진·자금 고갈·분쟁·변동 등이 있는 방위이다.

42) 무가을위戊加乙爲는 청룡합령靑龍合靈의 형태이다.

큰 산에 작은 나무가 뿌리를 내리는 형상으로, 도모하는 모든 일이 이루어지는 기운이다.

방위는 발전·승진·명예 상승·건강·용맹·이익·납품 등이 있는 길한 방위이다.

43) 무가병위戊加丙爲는 일출동산日出東山의 형태이다.

큰 산 위로 태양이 솟아오르는 형상으로, 어려움이 물러가고 도모하는 일이 성취되는 기운이다.

방위는 교섭·지위·명성·금전·재물·약속 등이 있는 길한 방위이다.

44) 무가정위戊加丁爲는 화소적벽火燒赤壁의 형태이다.

달빛이 큰 산을 비추는 형상이니, 작은 수로 큰 수를 이기고, 작은 무리가 모여 큰 집단을 이루는 기운이다.

방위는 결혼·약속·협약·계약·명예 상승·금전·재물 등에 길한 방위이다.

45) 무가무위戊加戊爲는 복음준산伏吟峻山의 형태이다.

큰 산과 큰 산이 모여 군집을 이루는 형상으로, 길한 것은 아주 길하고 흉한 것은 아주 흉한 극과 극의 기운이다. 격은 복음격이니 방어에 최선을 다하다 보면 의외의 이익이 있다.

방위는 금전·재물을 얻는 데는 불리한 방위이나, 교섭·협약·계약·체결·문서 등에는 길한 방위이다.

46) 무가기위戊加己爲는 물이유취物以類聚의 형태이다.

큰 산과 작은 산이 모여 있는 형상으로, 모든 일이 막혔으니 자신의 분수를 지키고 자중해야 할 기운이다.

방위는 주색 잡기로 망신수만 주의하면 결혼·약혼·문서사·계약 등에는 길한 방위이다.

47) 무가경위戊加庚爲는 조주위학助紂爲虐의 형태이다.

큰 산이 태백을 생하고 있는 형상으로, 격국이 좋고, 군자의 상이면 권위가 있고, 격국이 나쁘고 소인배이면 형액이 된다.

방위는 문괘가 길하면 대권 도전·횡재 등의 기운이 있는 방위이고, 문괘가 흉하면 관재·구설·시비·극부·극자·극처·탈재·속성 속패 등이 있는 흉한 방위이다.

48) 무가신위戊加辛爲는 반음설기反吟洩氣의 형태이다.

　큰 산에서 작은 쇠붙이를 구하는 형상으로, 큰 것으로 작은 것을 대하니 소탐대실의 기운이다.

　방위는 형액·불화·쟁투·반목·사고·구설 등이 있는 흉한 방위이다.

49) 무가임위戊加壬爲는 산명수수山明水秀의 형태이다.

　큰 산이 큰 강을 품고 있는 형상으로, 도모하는 모든 일이 이루어지는 기운이다.

　방위는 명예·권위·인기·지혜·총명·결혼·이사 등 길성이 있는 방위이다. 그러나 금전과 재물을 구하는 데는 불리한 방위이다.

50) 무가계위戊加癸爲는 암석침식岩石浸蝕의 형태이다.

　큰 산이 작은 물의 흐름을 방해하는 형상으로, 모든 일이 힘들고 실패할 기운이다.

　방위는 사업 부진·자금 고갈·종교상 분쟁·교통 사고·건강 이상 등이 있는 불길한 방위이다.

51) 기가갑위己加甲爲는 영불발아永不發芽의 형태이다.

　큰 나무가 작은 흙에 뿌리를 내리는 형상으로, 이치는 바르지만 굽은 결과가 나올 기운이다. 흉문이면 주위에 암계·암투·모사·흉계가 전개된다.

　방위는 각종 사고가 자주 발생하고 시비·구설이 있는 방위이다.

52) 기가을위己加乙爲는 유정밀의柔情密意의 형태이다.

　옥토에 새싹이 돋아나는 형상으로, 기쁜 소식이 있고, 귀인을 만나 묶인 매듭이 풀릴 수 있는 기운이지만, 공격적이기보다는 방어에 치중하는 것이 길하다

　방위는 결혼·약혼·계약·협약·문서사·화합 등이 있는 길한 방위이다.

53) 기가병위己加丙爲는 화패지호火孛地戶의 형태이다.

태양을 물기 먹은 구름이 가리는 형상으로, 대인은 처형당하고 소인배가 득세할 기운이며, 여자는 반드시 음란한 일에 휘말린다.

방위는 실패·도난·사기·허언 등 정치적인 암투가 있는 불길한 방위이다.

54) 기가정위己加丁爲는 주작입묘朱雀入墓의 형태이다.

달빛이 옥토를 비추는 형상으로, 처음에는 왕래가 불리하고 움직임이 둔하지만, 참고 인내하면 모든 것이 풀어지는 기운이다.

방위는 말이 빈 수레를 끌고가듯 실속이 없는 방위이니 자중하는 것이 좋다.

55) 기가무위己加戊爲는 견우청룡犬遇靑龍의 형태이다.

큰 산 위에 작은 산이 겹치는 형상으로, 귀인을 만나 즐거움이 있고, 모사가 이루어지는 기운이다.

방위는 결혼·약혼·지위·명성·권위·인기 등이 있는 길한 방위이다.

56) 기가기위己加己爲는 복음연약伏吟軟弱의 형태이다.

습토 위에 습토가 무너지는 형상으로, 모든 일이 막혔으니 근신하며 분수를 지키는 기운이다. 격은 복음격으로, 공격보다는 방어가 최선이며, 암암리에 모사와 음모를 펼치는 것이 좋다.

방위는 협력자를 구할 수 없고, 금전·재물은 얻는 데 불리한 방위이다.

57) 기가경위己加庚爲는 전도형리顚倒刑利의 형태이다.

작은 산이 형혹熒惑과 태백太白을 품고 있는 형상으로, 각종 기능이 마비되고, 소아마비 등 신체가 시름시름 아프게 된다.

방위는 불치병·언어 장애·정신 질환 등 각종 사고가 발생하고, 천재지변이 있는 흉한 방위이다.

58) 기가신위己加辛爲는 습니오옥濕泥汚玉의 형태이다.

금은 보석이 진흙탕에 더럽혀지는 형상으로, 외부로부터 백 가지의 화나 재앙이 들어오는 기운이다.

방위는 재산 손실·탈재·속패·도적·이별 등 불리한 방위이다.

59) 기가임위己加壬爲는 반음탁수反吟濁水의 형태이다.

물에 흙탕물이 섞이는 형상으로, 서로 반목하고 다툼이 있으며, 여색女色과 정치적인 암투가 있는 기운이다.

방위는 도적·사기·주색 잡기·망신·실패·암계·모사 등이 있는 흉한 방위이다.

60) 기가계위己加癸爲는 지형현무地刑玄武의 형태이다.

흙이 현무 도적을 안고 있는 형상으로, 건강상에 해로움이 있고, 하는 일마다 초라해질 기운이다.

방위는 각종 사고가 자주 발생하고, 재물을 구하는 데 불리하며, 아주 고독한 방위이다.

61) 경가갑위庚加甲爲는 복궁최잔伏宮摧殘의 형태이다.

큰 쇠붙이와 큰 나무가 충돌하는 현상으로, 시비 구설로 소송에 휘말리고, 모든 일이 실패할 기운이다.

방위는 강제 탄압·강제 압류를 비롯해, 강탈·비명 횡사·속패·탈재 등이 있는 흉한 방위이다.

62) 경가을위庚加乙爲는 태백봉성太白逢星의 형태이다.

큰 도끼로 작은 나무를 치는 형상으로, 움직이고 대립하면 흉하고, 자신의 분수를 지키면 흉하지 않는 기운이다.

방위는 도난·실패·사기·분쟁 등 불길한 방위이다.

63) 경가병위庚加丙爲는 태백입형太白入熒의 형태이다.

태백 금성이 형옥 위에 들어오는 형상으로, 불의의 재난이 닥치고 흉액이 있는 기운이다. 격은 태백입형격太白入熒格에 해당하며, 주인은 흉하지 않다고 본다. 연국의 해석에서는 문괘가 길하고, 격국의 구성이 좋으면 행정 관리의 우두머리가 되거나, 군인은 국가를 휘어잡고 대권을 갖게 된다.

병가경丙加庚의 형입태백격은 도적이 반드시 물러가지만, 경가병庚加丙의 태백입형격은 도적이 반드시 들어오는 것으로 판단한다.

방위는 금전과 재물을 얻는 데는 불리한 방위이다.

64) 경가정의庚加丁爲는 정정지격亭亭之格의 형태이다.

쇠를 불로 녹여 기구를 만드는 형상으로, 문괘가 길하면 사법 기관이나 권력 기관에 종사할 수 있고, 문괘가 흉하면 죄수가 되어 감옥 안에 들어갈 수 있는 기운이다.

방위는 금전·재물을 얻을 때는 불리하나, 시험·면접·서류 전형 등에는 길한 방위이다.

65) 경가무위庚加戊爲는 유로무화有爐無火의 형태이다.

큰 산에 광석이 묻혀 있는 형상으로, 분주하고 다사多事하지만, 큰일을 이루기는 역부족이고 실속이 없는 기운이다.

방위는 쪼들리고 피곤하며, 신용이 떨어지는 방위이다.

66) 경가기위庚加己爲는 관부형격官符刑格의 형태이다.

무쇠가 진흙 속에 묻혀 있는 형상으로, 관재 구설로 인하여 구속되고, 음란하고 호색하여 주색에 빠질 기운이다.

경가기庚加己는 형격刑格에 해당하고, 흉격에 해당한다.

방위는 구속·납치·감금·송사·교통 사고·형액사 등의 의미가 있는 흉한 방위이다.

67) 경가경위庚加庚爲는 복음전격伏吟戰格의 형태이다.

태백 금성이 겹쳐 있는 형상으로, 불시의 횡액이 있고 다툼이 있으며, 매사 투쟁하는 기운이다.

경가경庚加庚은 전격戰格이며, 복음격에 해당한다. 궁의 구성이 나쁘면 불화·갈등·대립의 흉한 기운이 있고, 궁의 구성이 좋으면 의외의 횡재수가 있으며, 정치인이나 군인은 대권을 쟁취한다.

방위는 금전·재물을 얻는 데는 불리하고, 정치인과 군인은 생살 대권·승진·권력 등의 의미가 있는 방위이다.

68) 경가신위庚加辛爲는 철추쇄옥鐵鎚碎玉의 형태이다.

금은 보화를 무쇠로 깨뜨리는 형상이니, 항상 동분서주하며 바쁘지만 실속은 없고, 다툼이 많은 기운이다.

방위는 외국 출입·이사·변화·변동·원행 등에 불리한 방위이다.

69) 경가임위庚加壬爲는 모패소격耗敗小格의 형태이다.

강에 쇠붙이를 빠트리는 형상으로, 각종 기능이 마비되고 소모적인 일이 발생하는 기운이다.

경가임庚加壬은 소격小格에 해당하며, 또한 흉격으로 분류된다.

방위는 파재·손재·이사·여행·해외 이주·업무 변동 등에 불리한 방위이다. 다만, 궁의 구성이 좋으면 오히려 큰 행운을 잡을 수 있다.

70) 경가계위庚加癸爲는 반음대격反吟大格의 형태이다.

쇠붙이 밑에 습기가 차서 녹이 나는 형상으로, 모든 일이 힘들고, 가까운 사람에게 배반·배신당할 기운이다.

경가계庚加癸는 대격大格이면서 흉격으로 분류되지만, 궁의 구성이 좋으면 부귀한 명은 더욱 크게 발전하고, 소인배이면 분주하지만 이익은 작다.

방위는 금전과 재물을 구하고 협력자를 얻는 데 불리한 방위이다.

71) 신가갑위辛加甲爲는 월하송영月下松影의 형태이다.

작은 것으로 큰 나무를 치는 형상이니, 일이 잘 풀리지 않고, 허송 세월을 보내는 기운이다.

방위는 반목·쟁투·수술·사고·불화·유산·산액·고독 등이 있는 불길한 방위이다.

72) 신가을위辛加乙爲는 백호창광白虎猖狂의 형태이다.

작은 나무가 칼을 맞는 형상이니, 은혜를 원수로 갚고, 믿는 도끼에 발등 찍히는 기운이다. 단, 객은 흉하지 않다.

신가을辛加乙은 백호창광격白虎猖狂格으로 흉격에 해당한다.

방위는 신경이 쇠약해지고 정신 이상이 생겨 미쳐 날뛰는 아주 불길한 방위이다.

73) 신가병위辛加丙爲는 간합패사干合孛師의 형태이다.

병신丙申 합이 되어 물을 생하는 형상으로, 운영하던 일이 매끄럽게 진척이 되어 이익을 배가시킬 수 있지만, 싸움이나 분쟁이 발생하는 기운이다.

방위는 금전·재물·교섭·포섭·화합·대인 관계 등에 유리한 방위이다.

74) 신가정위辛加丁爲는 옥신득기獄神得奇의 형태이다.

백호가 삼기를 품고 있는 형상으로, 귀인의 도움이 있으며, 복록이 풍후하지만 죄를 지은 자는 투옥이나 죽임을 당할 기운이다.

방위는 재물·금전·명예·승진 등 협력자의 도움이 있는 길한 방위이다.

75) 신가무위辛加戊爲는 반음피상反吟被傷의 형태이다.

백호가 산 위에 날뛰는 형상으로, 예측할 수 없는 불의의 재난이 발생할 수 있는 기운이다.

방위는 관재·구설·속성속패·수술·극부·극처·형액사 등을 내포하고 있는 흉한 방위이다.

76) 신가기위辛加己爲는 입옥자형入獄自刑의 형태이다.

주옥珠玉이 진흙탕에 떨어지는 형상으로, 동료·협력자·동업자의 배신이 있으며, 시비·구설로 송사가 있는 기운이다. 그러나 움직이지 않고 은인 자중하여 때를 기다리면 흉한 기운은 해소된다.

방위는 후일을 기약하며, 입산 수도·근신 등 재충전을 위하여 공부하는 방위이다.

77) 신가경위辛加庚爲는 백호출력白虎出力의 형태이다.

백호와 태백의 살기殺氣가 같이 합쳐진 형상으로, 시비·구설로 다툼이 있고, 구속·납치·감금이 있는 기운이다. 그러나 궁의 구성이 길하면 정치인·군인은 생살 대권生殺大權을 잡을 수 있다.

방위는 살생·관재·구설·시비·속성속패·극재克財·탈부脫富 등이 있는 흉한 방위이다.

78) 신가신위辛加辛爲는 복음상극伏吟相尅의 형태이다.

금은 보화가 함께 뭉쳐 있는 형상으로, 관공서의 일 문제로 송사가 있고, 경거 망동으로 인하여 큰 손해를 보는 기운이다. 복음격에 해당하니, 움직이지 말고 후일을 기약하는 것이 좋다

방위는 시비·구설이 있고, 타인의 도움이 전혀 없는 불리한 방위이다.

79) 신가임위辛加壬爲는 한당월영寒塘月影의 형태이다.

보석이 큰 물에 휩쓸려 가는 형상으로, 너무 강하고 독선적으로 일을 추진하다 보니 겉은 화려하지만 실속이 없는 기운이다. 타개책은 남보다 먼저 움직이지 말고 가다리면서 천천히 하면 된다.

방위는 주위로부터 따돌림을 당하거나 배신당하고, 결국은 고독한 방위이다.

80) 신가계위辛加癸爲는 천뢰화개天牢華蓋의 형태이다.

보석에 습기가 차 있는 형상으로, 큰일을 이루기는 어렵고, 일체의 거동이 불리한

기운이다. 팔문이 길하면 길하고, 흉하면 흉한 기운으로 판단한다.
　방위는 사람을 교섭하고 거래하는 데 불리한 방위이다.

81) 임가갑위壬加甲爲는 낭중고주浪中孤舟의 형태이다.
　큰물과 큰 나무가 만나는 형상으로, 만사가 여의롭고 발전의 기운이 있다.
　방위는 금전·재물·화합·단합·대인 관계 등에 이로운 방위이다.

82) 임가을위壬加乙爲는 축수도화逐水桃花의 형태이다.
　작은 나무가 큰물에 떠내려가는 형상으로, 세상 물정을 모르고 남을 너무 믿다가 속아넘어가는 기운이다.
　방위는 인과 관계에서 오기·구설·쟁투가 난무하는 불리한 방위이다.

83) 임가병위壬加丙爲는 일락서해日落西海의 형태이다.
　바다 위에 태양이 떠 있는 형상으로, 격국이 좋고, 대인의 품격이 있으면 권력을 휘어잡고, 소인배이면 오히려 형액이 있는 기운이다.
　방위는 움직이는 것보다 기다리는 것이 이로운 방위이다.

84) 임가정위壬加丁爲는 간합성기干合星奇의 형태이다.
　정임丁壬이 합하는 형상으로, 모든 일에 발전이 있고, 귀인이 도와주는 기운이다. 단, 여자는 색난色難이 들어오는 기운이다.
　방위는 금전·재물을 구하는 데 이로운 방위이다.

85) 임가무위壬加戊爲는 소사화룡小蛇化龍의 형태이다.
　바다와 육지가 만나는 형상으로, 도모하는 모든 일이 순리적으로 진척되어 가는 기운이다.
　방위는 모든 일에서 왕성하게 활동하는 데 길한 방위이다.

86) 임가기위壬加己爲는 반음니장反吟泥漿의 형태이다.

옥토 위에 큰물이 덮치는 형상으로, 도모하는 일이 불길하고, 시비·구설로 송사가 있는 기운이다. 궁의 구성이 길하면 암계·음모·모사를 쓰는 것이 좋다.

방위는 금전·재물을 구하는 데 불리하고, 인간의 도움을 받을 수 없는 불리한 방위이다.

87) 임가경위壬加庚爲는 등사상전騰蛇相纏의 형태이다

태백 금성이 큰물에 핏빛의 재앙을 생하는 형상으로, 도모하는 일이 무산되고, 관재 구설이 있는 기운이다. 그러나 격국이 길하면 뜻밖의 횡재수도 있다.

방위는 형액이 따르고 빈천하지만, 군인이나 정치인은 입신 양명할 수 있는 방위이다.

88) 임가신위壬加辛爲는 도세주옥淘洗珠玉의 형태이다.

보물의 티끌을 물로 씻어내는 형상으로, 기쁜 일이 생기고, 모든 일에 성공을 기약하는 기운이다.

방위는 지위와 명예를 얻고, 귀인의 도움으로 금전과 재물을 구하는 데 유리한 방위이다.

89) 임가임위壬加壬爲는 복음지망伏吟地網의 형태이다.

큰물과 큰물이 겹쳐 대홍수를 이루는 형상으로, 모든 일이 위태롭고 형액을 당할 기운이다. 단, 궁의 구성이 길하면 국가 기관에 근무하는 자는 국가의 실권을 장악할 수 있다.

임가임壬加壬은 복음격에 해당하고, 흉격으로 분류된다.

방위는 이해 관계 또는 나 다툼으로 분쟁이 일어나 몸과 마음이 불안정하고 고달픈 방위이다.

90) 임가계위壬加癸爲는 유녀간음幼女奸淫의 형태이다.

시냇물에 큰물이 밀려들어오는 형상으로, 매사가 막힘이 많고, 지체되거나 풀리지 않는 기운이다.

방위는 색정이 발동하여 간음하고, 근심·증오·원망·방해·핏빛 재앙이 있는 불길한 방위이다.

91) 계가갑위癸加甲爲는 양류감로楊柳甘露의 형태이다.

나무에 이슬비가 내리는 형상으로, 귀인의 음덕이 있고, 형액이나 재앙이 소멸되는 기운이다.

방위는 재난이 물러가고, 하늘이 은총을 내리는 길한 방위이다.

92) 계가을위癸加乙爲는 이화춘우梨花春雨의 형태이다.

꽃나무 위에 봄비가 내리는 형상으로, 기쁨과 슬픔, 만남과 이별이 동시에 있을 기운이다.

방위는 자수 성가·풍후·번창·자립·융창의 의미가 있는 길한 방위이다.

93) 계가병위癸加丙爲는 화개패사華蓋孛師의 형태이다.

큰불에 작은 물을 뿌리는 형상으로, 움직임과 도모에 불리하고, 귀인의 도움을 받아야 해결되는 기운이다. 격국이 좋으면 음모·밀계를 쓰는 것이 유리하다.

방위는 감정적으로 행동하지 말고 뒤에서 일을 꾸미는 데 유리한 방위이다.

94) 계가정위癸加丁爲는 등사요교螣蛇妖嬌의 형태이다.

호롱불 위에 습기가 감싸안는 형상으로, 일이 될 듯하면서도 풀리지 않고, 불의의 천재지변을 당하는 기운이다.

계가정癸加丁은 등사요교격螣蛇妖嬌格이면서, 흉격으로 분류된다. 단, 객은 흉하지 않다.

방위는 화재·전기 감전·벼락·열병·정신 질환·불치병 등 우환이 들끓는 흉한 방위이다.

95) 계가무위癸加戊爲는 천을회합天乙會合의 형태이다.

무계戊癸가 합하는 형상으로, 귀인의 도움이 있고, 복록이 왕성하며, 안락하게 살 수 있는 기운이다.

방위는 재물과 금전이 들어오고, 인간의 도움을 받을 수 있는 유리한 방위이다.

96) 계가기위癸加己爲는 화개지호華蓋地戶의 형태이다.

축축한 흙에 물이 흘러 들어오는 형상으로, 활동할 수 있는 모든 일이 막혀 답답한 기운이다.

방위는 질액·질환·파혼 등 불행의 나락에서 헤어나지 못하는 불길한 방위이다.

97) 계가경위癸加庚爲는 반음침백反吟浸白의 형태이다.

쇠뭉치 위에 이슬이 맺히는 형상으로, 모든 일이 불길하고 실속이 없는 기운이다. 단, 문괘가 길하면 명예·발전이 있는 기운이고, 문괘가 흉하면 뜬구름 잡는 기운으로 판단한다.

방위는 모든 일이 막히고, 주위의 도움을 받을 수 없는 불리한 방위이다.

98) 계가신위癸加辛爲는 양쇠음성陽衰陰盛의 형태이다.

칼날 위에 이슬이 맺혀 있는 형상으로, 예측할 수 없는 불의의 재난이 있지만, 궁의 구성이 안정돼 있으면 시련은 겪지만 죽지는 않는다.

방위는 분쟁이 발생하고, 이해 관계로 인해 다툼이 일어나는 방위이다.

99) 계가임위癸加壬爲는 충천분지沖天奔地의 형태이다.

작은 물과 큰물이 합쳐 흘러넘치는 형상으로, 고립되고 파괴와 분열이 있는 기운이다.

방위는 남녀간에 불화·증오·이별·고독하고, 어느 누구의 도움이 전혀 없는 고립된 방위이다.

100) 계가계위癸加癸爲는 복음천라伏吟天羅의 형태이다.

물과 습기가 어우러져 축축한 형상으로, 되는 일이 없고, 다툼으로 인해 송사가 있으며, 동업자한테 배신당하는 기운이다.

계가계癸加癸는 복음격으로 흉격에 해당한다.

방위는 간음·간통·도적·재앙·귀신·시체·혼백을 상징하는 불길한 방위이다.

3. 육의삼기와 소운小運

소운을 보는 방법은 해당 년의 부두인 지반 육의삼기가 상주하는 궁이 무조건 갑이 된다. 가령 정해년丁亥年의 소운을 보려면, 부두가 갑신甲申 경庚에 해당하므로 기문국이 양둔 1국일 경우 지반 육의삼기 경庚이 상주하는 진궁이 갑신년甲申年에 해당하고, 육의삼기가 戊·己·庚·辛·壬·癸·丁·丙·乙로 진행하므로 육의삼기 계癸가 상주하는 건궁이 정해년을 나타내는 소운궁이 된다.

정해년의 예를 들면 다음과 같다.

양둔 1국의 예

辛 乙酉	乙 庚寅	己 壬辰
庚 甲申·癸巳	壬 丙戌	丁 戊子
丙 己丑	戊 辛卯	癸 丁亥

기문국을 해석할 때 소운의 영향을 30% 정도 참조하면 된다. 기문국이 아무리 좋아도 소운이 흉하면 해당 년의 길명은 30% 정도 삭감된다고 봐야 한다.

03
시가팔문時家八門

시가팔문의 포국 방법은 일가팔문과는 전혀 다르다. 왜냐 하면 시가팔문은 시주가 중심이 되고, 일가팔문은 일주가 중심이 되기 때문이다. 그러나 포국 방법은 다르지만, 양 팔문은 팔문의 명칭이 같고 기본의 의미 해석도 같으며, 팔문의 정위궁 또한 같다.

1. 팔문의 정위궁 팔문의 기본 자리

杜門	景門	死門
傷門		驚門
生門	休門	開門

2. 시가팔문 부법

1) 먼저 시주의 부두를 산출하여 산출된 부두가 어느 궁의 육의삼기에 해당하는지를 확인한 다음, 그 궁의 정위문인 팔문을 확인한다.

2) 다음 몇 국인지를 확인하여, 그 국이 소재한 궁에서부터 양둔인 경우는 시주가 닿는 궁까지 순행하여 세어나가고, 음둔인 경우는 시주가 닿는 궁까지 역행하여 시주가 닿는 궁을 찾는다.

3) 먼저 확인된 팔문을 시주가 닿는 궁에 옮겨 붙이고, 음둔·양둔을 불문하고 구궁을 시계 바늘이 가는 방향으로 우전하여 순행 배치한다.

4) 만일 부두가 입중궁한 경우는 중궁 출곤의 원칙에 의해 곤궁의 정위문인 사문死門을 시주가 닿는 궁에 옮겨 붙인 다음, 경문驚門·개문·휴문·생문·상문·두문·경문景門 순으로 돌려 붙인다.

5) 또한 시주가 중궁에 닿는 경우, 중궁 출곤의 원칙에 의해 곤궁으로 내보내어 곤궁·태궁·건궁·감궁·간궁·진궁·손궁·이궁 순으로 팔문을 돌려 붙인다.

3. 시가팔문 부법의 예

예1) 1987년 음력 3월 4일 오시생午時生

양둔 3국陽遁三局

壬 庚 癸 丁
午 辰 卯 卯

2　　　己 　景 　門	3　　　丁 　死 　門	4　　　乙 　驚 　門
1　　　戊 　杜 　門	庚	5　　　壬 　開 　門
8　　　癸 　傷 　門	7　　　丙 　生 　門	6　　　辛 　休 　門

양둔 3국 임오시壬午時인 경우 부두는 갑술甲戌 기己에 해당한다.

부두 기己가 손궁의 지반 육의삼기에 해당하므로 정위문은 두문이 된다.

그 다음, 양둔 3국이므로, 3국의 고유궁인 진궁에서부터 갑자·손궁 을축·중궁 병인·건궁 정묘·태궁 무진·간궁 기사 순으로 순행시켜 세어나가다보면, 출발했던 진궁에 임오시壬午時가 닿으므로 먼저 확인된 정위문인 두문을 진궁에 붙이고, 손궁 경문景門·이궁 사문·곤궁 경문驚門·태궁 개문 순으로 우전하여 돌려 붙인다.

* 지반 육의삼기에 의해 정위문도 산출해야 한다. 그리고 무엇보다도 시주時柱를 출발시키는 국의 고유궁固有宮이 지반 육의삼기 무戊가 앉는 자리이기 때문에, 먼저 지반 육의삼기를 포국하고 난 다음 시가팔문을 포국하는 것이 정석임을 명심하고 있어야 한다.

예 2) 음둔 3국 임신시壬申時

1 傷門 乙	2 杜門 辛	3 景門 己
8 生門 戊	丙	4 死門 癸
7 休門 壬	6 開門 庚	5 驚門 丁

임신시壬申時이므로 부두는 갑자 무戊에 해당한다. 부두 무戊가 진궁의 지반 육의에 해당하므로 정위문은 상문이 된다. 다음, 음둔 3국이므로 진궁부터 역행하여 진궁 갑자·곤궁 을축·감궁 병인·이궁 정묘 순으로 세어나가면 손궁에 임신시가 닿으므로 먼저 확인된 상문을 손궁에 붙이고, 이궁 두문·곤궁 경문·태궁 사문·건궁 경문·감궁 개문·간궁 휴문·진궁 생문 순으로 우전하여 순행 배치한다.

예 3) 1974년 음력 6월 16일 인시생寅時生

음둔 4국陰遁四局

庚 丙 辛 甲
寅 子 未 寅

7 死門 戊	8 驚門 癸	1 開門 丙
6 景門 乙	己	2 休門 辛
5 杜門 壬	4 傷門 丁	3 生門 庚

음둔 4국 경인시庚寅時인 경우, 부두가 갑신 경에 해당한다.

부두인 경이 건궁의 지반 육의삼기에 해당하므로 정위문은 개문이 된다.

다음은 음둔 4국이므로 4국의 고유궁인 손궁에서부터 갑자·진궁 을축·곤궁 병인·감궁 정묘·이궁 무진·간궁 기묘 순으로 역행하여 세어나가면 중궁에 경인시庚寅時가 닿는다. 시가팔문 부법의 이해에서 설명한 대로, 시주時柱가 중궁에 닿는 경우 중궁 출곤의 원칙에 의해 곤궁에 먼저 확인된 정위문인 개문을 붙이고, 태궁 휴문·건궁 생문·감궁 상문·간궁 두문 순으로 돌려 붙인다.

4. 다음은 부두가 입중궁한 경우의 예

예) 양둔 1국 무신시戊申時

8 景門 辛	1 死門 乙	2 驚門 己
7 杜門 庚	壬	3 開門 丁
6 傷門 丙	5 生門 戊	4 休門 癸

1) 양둔 1국 무신시戊申時의 예를 들면, 먼저 무신시의 부두는 갑진 임壬에 해당한다. 부두인 임이 중궁에 위치하고 있으므로 중궁 출곤 원칙에 의해 곤궁의 사문이 정위문이 된다.

다음은 양둔 1국이므로 1국의 고유궁인 감궁에서부터 갑자·곤궁 을축·진궁 병인 순으로 세어나가면 이궁에 무신시가 닿는다. 다음, 먼저 확인된 정위문인 사문을 이궁에 붙이고, 곤궁 경문驚門·태궁 개문開門·건궁 휴문休門·감궁 생문生門 순으로 돌려 붙인다.

* 기문 둔갑은 병법에도 널리 이용되었던 학문으로, 전쟁 중 어떠한 징후가 나타날 때 상황 판단을 하기 위해 시간을 포착하고, 시가팔문을 포국하여 군대의 진군이나 매복, 적군의 공격이나 암습 등에 대비하는 군사 작전에 적용되었다. 또한 사냥터에서 짐승을 어느 방향으로 몰이하여, 어느 방향에서 기다렸다가 수렵 또는 포획할 것인지 등 실제 사냥술에도 이용되었다.

2) 시가팔문은 시간과 방향에서도 일가팔문보다 관련이 더 많은 학문이다. 병사兵事의 팔문八門 둔갑을 보면 시時를 기준으로 생·상·두·경景·사·경驚·개·휴의 팔방국八方局으로 나눈 다음, 태을국을 펼쳐서 일에 따라 주객主客 승부로 출성포진出城布陣한다.

시가팔문은 단시점에서도 일가팔문보다 많이 애용되는데, 가령 나를 직부로 보고 처첩을 직사로 보아 집안의 상황을 점한다. 여기서의 직부란 시부두의 본래 자리에 앉아 있는 직부구성을 말하고, 직사는 시부두의 본래 자리에 앉아 있는 시가팔문을 말하며, 직사팔문直使八門이라고도 한다.

3) 시가팔문은 천봉구성과 어우러져 인간 만사의 길흉을 논한다. 특히 외적인 일을 논할 때 주로 활용한다. 또한 시가팔문을 천봉구성과 결합시켜 괘상卦象을 이루어 참고하므로, 주역을 이해하면 기문 해석에 큰 도움이 된다. 시가팔문의 이해나 해석은 일가팔문과 동일하므로 〈팔문편〉을 참고하기 바란다.

04

천봉구성 天蓬九星

천봉구성은 천상天像의 별로 하늘의 상을 의미하며, 천기를 보는 데 이용된다. 특히 그 날의 출행시 방향과 시간을 정할 때 반드시 확인해야 한다. 이유는 천봉구성의 부법이 시간時干에 의해 변화하기 때문이다.

1. 천봉구성의 이해

구궁의 영향을 평가할 때 천봉구성은 9개의 별로, 각 구궁의 하늘의 기운을 나타낸다.

기문국에서 구성九星은 홍국의 태을구성과 연국의 천봉구성으로 분류하는데, 태을구성은 일주 위주로 포국하며, 구궁 또는 일가팔문과 결합하여 주로 내적인 일을 관장하고, 천봉구성은 시주 위주로 포국하며, 시가팔문과 결합하여 주로 외적인 일을 관장한다.

특히 일진日辰을 볼 때 그 날의 출행 방향과 시간을 산출할 경우 반드시 참고해야 할 것이다.

2. 천봉구성의 정위궁定位宮

천봉구성은 천봉·천임天任·천충天沖·천보天甫·천영天英·천예天芮·천주天柱·천심天心·천금天禽으로 이루어졌고, 정위궁은 다음과 같다. 정위궁이란 영원히 변하지 않는 자신의 근본적인 자리를 말한다.

天甫 木	天英 火	天芮 土
天沖 木	天禽 土	天柱 金
天任 土	天蓬 水	天心 金

1) 천봉구성을 봉·임·충·보·영·예·주·심·중·금 순으로 암기하면 포국시 유리하며, 아울러 구성을 붙이기 위하여 명칭과 기본 자리도 완전히 익혀야 한다.

2) 기문국에서 구성과 팔문은 궁오행의 영향을 받고, 홍국수는 기본 12지지 오행의 영향을 받는다. 그러므로 구성의 득기得氣 여부를 판단할 때 궁오행을 먼저 살피고, 다음 지지오행과 월령을 얻었는지 판단해야 한다.

주의할 것은 팔문의 선두인 생문은 간궁에서 시작하는데, 천봉구성의 선두인 천봉은 감궁에서 시작하는 것을 유념해야 한다.

3. 천봉구성 부법

1) 먼저 시주의 부두를 산출한 뒤 산출된 부두가 어느 궁의 육의삼기에 해당하는지를 확인한 다음, 그 궁의 정위성인 구성을 확인한다.

2) 확인된 구성을 시간時干이 소재한 궁에 옮겨 붙이고, 음둔·양둔을 불문하고 구궁을 시계 바늘 가는 방향으로 우회전右回轉하여 배치한다.

3) 만일 시부두에 해당하는 지반 육의삼기기 입중궁했을 경우, 중궁의 천금이 시간이 소재한 궁에 붙는다. 즉, 시부두가 입중궁했을 경우 외에는 천금은 중궁에 잠복되어 있고, 구궁에 따라 나타나지 않는다.

4. 천봉구성 부법의 예

예1) 1987년 음력 3월 4일 오시생午時生

양둔 3국

壬　庚　癸　丁
午　辰　卯　卯

6 天蓬 己	7 天任 丁	8 天沖 乙
5 天心 戊	庚	1 天甫 壬
4 天柱 癸	3 天芮 丙	2 天英 辛

양둔 3국 임오시壬午時이므로 부두는 갑술 기기에 해당한다.
부두 기기가 손궁의 지반 육의삼기에 해당하므로 정위성은 천보가 된다.

다음, 정위성인 천보를 시간時干인 임壬이 소재한 태궁에 옮겨 붙인 후 건궁 천영·감궁 천예·간궁·천주·진궁 천심·손궁 천봉·이궁 천임·곤궁 천충 순으로 음·양둔 관계 없이 시계 바늘 방향으로 우전右轉하여 돌려 붙인다.

예2) 1974년 음력 6월 16일 인시생寅時生

음둔 4국

庚 丙 辛 甲
寅 子 未 寅

5 天甫 戊	6 天英 癸	7 天芮 丙
4 天沖 乙	己	8 天柱 辛
3 天任 壬	2 天蓬 丁	1 天心 庚

시주가 경인시庚寅時이므로 부두는 갑신 경에 해당한다.

부두 경이 건궁의 지반 육의삼기에 해당하므로 정위성은 천심이 된다.

다음, 정위성인 천심을 시간時干이 소재한 건궁에 붙이고, 감궁 천봉·간궁 천임·진궁 천충·손궁 천보·이궁 천영·곤궁 천예·태궁 천주 순으로 음·양둔을 불문하고 우회전右回轉하여 돌려 붙인다.

이 국은 부두가 지반 육의삼기 경에 해당하고, 시간時干도 경이므로 복음이 된다. 복음이 되면 구성이 정위궁의 자리 그대로 앉는다.

예3) 양둔 5국 임신시壬申時의 경우

8 天 乙 英	1 天 壬 禽	2 天 丁 柱
7 天 丙 甫	3 天 戊 芮	3 天 庚 心
6 天 辛 沖	5 天 癸 任	4 天 己 蓬

시주時柱가 임신시壬申時인 경우 부두는 갑자 무戊에 해당한다.

부두 무가 중궁의 지반 육의삼기에 해당하므로 부두 무가 입중궁한 경우이다.

천봉구성 포국시 위와 같이 부두에 해당하는 지반 육의삼기가 입중궁하면 곤궁의 천예가 입중하고, 중궁의 천금이 시간時干이 소재한 궁에 붙고, 천주·천심·천봉 순으로 한 칸씩 우전하며 붙여 나간다.

위 예의 경우, 부두 무에 해당하는 지반 육의 무가 입중궁했으므로 곤궁의 정위성인 천예를 중궁에 붙이고, 중궁의 천금을 시간時干이 소재한 이궁에 옮겨 붙인 뒤, 곤궁 천주·태궁 천심·건궁 천봉·감궁 천임·간궁 천충·진궁 천보·손궁 천영 순으로 한 칸씩 우회전하며 붙여나간다.

이와 같이 중궁의 천금은 시부두가 입중했을 경우와 복음일 경우 외에는 구궁에 나타나지 않고 중궁에 잠복한다.

예4) 음둔 1국 경신시庚申時의 경우

3 天 丁 心	4 天 己 蓬	5 天 乙 任
2 天 丙 柱	天 癸 芮	6 天 辛 沖
1 天 庚 禽	8 天 戊 英	7 天 壬 甫

시주가 경신庚申인 경우 부두는 갑인 계癸에 해당한다.
  부두에 해당하는 지반 육의 계가 입중했으므로 곤궁의 천예가 중궁에 붙고, 중궁의 천금이 시간時干 경이 소재한 간궁에 붙는다. 그리고 진궁에 천예의 다음 정위성인 천주가 붙고, 손궁 천심·이궁 천봉·곤궁 천임·태궁 천충·건궁 천보·감궁 천영 순으로 한 칸씩 우회전하며 돌려 붙는다.

4. 천봉구성의 시간 선택 활용법

시간 선택 활용법이란, 무슨 일에 어느 시간을 선택해야 귀인의 도움이 있고, 어느 시간을 선택하면 충돌을 피할 수 있는지를 점하는 방법이다.
  음둔 3국 경진일庚辰日의 경우, 단시점에서 어느 시간에 무슨 일이 발생하는지를 살펴보기로 한다. 먼저 지반 육의삼기를 배치한다. 음둔 3국이므로 진궁에서 육의 선두인 무戊가 시작되어, 곤·감·이·간·태·건·중·손궁 순으로 역행하여 배치한다.

乙 ⑧巳	辛 ③子, ⑫酉	己 ①戌, ⑩未
戊 ⑨午	丙 ⑦辰	癸 ⑤寅
壬 ④丑	庚 ②亥, ⑪申	丁 ⑥卯

1) 음둔 3국 경진일의 시간 선택 활용법의 요점은 출범시인 자시子時가 어느 궁에 붙느냐가 중요하다. 먼저 경진일의 시작인 병자시의 부두가 갑술 기에 해당하므로 지반 육의 기가 소재한 곤궁에 갑술을 붙인 뒤 지반 육의삼기를 따라, 음둔이므로 구궁을 해·자·축·인·묘·진·사·오·미·신·유 순으로 역행시켜 붙여 나간다.

2) 위와 같이 배치된 시간은 그 궁에 해당하는 정위성의 영향을 받는다. 따라서 경진일의 일진은 감궁에 배치된 해시亥時와 신시申時에는 천봉성, 간궁에 배치된 축시丑時에는 천임성, 진궁에 배치된 오시午時에는 천충성, 손궁에 배치된 사시巳時에는 천보성이 암시하는 길흉의 영향을 받게 된다.

5. 천봉구성의 해석

구성은 4신神 중 천상天像이니, 하늘의 기운을 표현한 것으로 하늘의 기운을 해석하고, 일진의 천기를 보는 데까지 활용된다.

구성의 길흉을 분류하면 다음과 같다.
- 대길 : 천보·천심·천금
- 소길 : 천임·천충
- 대흉 : 천봉·천예
- 소흉 : 천영·천주

위와 같이 구성의 길흉을 구분했지만, 천봉이나 천예가 동動한다고 해서 모든 것이 다 흉한 것은 아니다. 다만 흉함을 염두에 두고, 득기 여부에 따라 판단하라는 것이다.

1) 천봉天蓬
(1) 감궁의 수성으로, 이용·혼란의 대흉성
(2) 천문 : 장마
(3) 지리 : 해양·바다
(4) 신체 : 귀·방광·신장
(5) 주무 : 동인사動人事
(6) 해석 : 천봉성은 감궁의 수성이고 흉성에 해당한다. 성정은 남을 이용하고 모사를 꾸며 이득을 취한다. 길사에는 마가 끼어 관재·구설 등의 어려움이 있고, 흉사에는 혼란을 일으켜 다 된 일을 뒤집어 파국에 빠지는 등의 대흉성이다.
(7) 득기 : 천봉이 수성인 감궁에 동하면 자기의 자리에 앉아 기운을 얻는 격인데, 장수는 변방을 평정하고, 성지를 구축한다. 봄과 여름에는 전투·경영 등 동적인 일에 이익이 있고, 가을·겨울에는 불리하다. 주객론은 주인에게 유리하고, 객은 불리하다.

* 득기得氣란 오행의 기氣와 계절의 기를 얻었다는 말이다.

2) 천임天任
(1) 간궁의 토성으로 선무·공덕의 소길성

(2) 천문 : 바람·모래먼지

(3) 지리 : 높은 산맥·산봉우리

(4) 신체 : 코·비장·위장

(5) 주무 : 행인사行人事

(6) 해석 : 천임성은 간궁의 토성이고 소길성에 해당한다. 성정은 시기와 기회를 포착하는 능력이 뛰어나고, 임기 응변에 능해서 개혁·변동·기획 등 남보다 앞서가는 일도 많지만, 한번 심정이 뒤틀리면 참지 못하고 경쟁하고 대립하니 실패하는 수가 비일비재하다.

(7) 득기 : 천임이 토성인 간궁과 곤궁에 동하면 만사가 여의롭고, 재물이 왕성하며, 만인이 복종한다. 전투시에는 적군이 항복해 투항해 오는 일도 발생한다.

3) 천충天沖

(1) 진궁의 목성으로 살벌·구제의 소길성

(2) 천문 : 번개·우레

(3) 지리 : 초원·산림

(4) 신체 : 심장·광대뼈·삼초

(5) 주무 : 어렵사漁獵事

(6) 해석 : 천충성은 진궁의 목성이고 소길성에 해당한다. 성정은 인정이 많아서 인간을 구제하고 은덕을 베푸는 등 잘 하다가 한번 성질이 나면 쳐부수고 파괴하는 호살성好殺性이 있다. 또한 영리하며 기백이 강하고, 활동력이 왕성하여 싸움터에서는 목숨을 아끼지 않는다.

(7) 득기 : 천충이 목성인 진궁에 동하면 군사를 일으켜 용병하는 데 길하다. 봄과 여름에는 승리하나 가을·겨울은 불리하다.

4) 천보天甫

(1) 손궁의 목성으로 할인·융통의 대길성

(2) 천문 : 무지개

(3) 지리 : 화단·화원
(4) 신체 : 간장·담·눈썹
(5) 주무 : 조인사助人事
(6) 해석 : 천보성은 손궁의 목성이고 대길성에 해당한다. 성정은 능숙하고 비범한 재능으로 어려운 일도 쉽게 처리하며, 일에 임하면 온화한 분위기를 조성하여 무난하게 유종의 미를 거둔다. 재운도 왕성하여 금전 융통도 잘하지만, 사치가 심해 소비가 우려된다.
(7) 득기 : 천보가 수성인 감궁에 동하면, 장병들의 훈련과 교육에 길하고, 입영入營·수영修營 등에 좋다.
봄과 여름에 군대를 움직이면 사방 천 리를 얻는다.

5) 천영天英
(1) 이궁의 화성으로 일성일망一盛一亡의 소흉성
(2) 천문 : 태양
(3) 지리 : 번화가
(4) 신체 : 심장·눈
(5) 주무 : 지촉사紙燭事
(6) 해석 : 천영성은 이궁의 화성이고 소흉성에 해당한다. 성정은 오월 햇빛이 밝아 찬란한 기상이 넘쳐흐르지만, 오래 지속되지 못해 곧 쇠퇴하고 만다. 근본적으로 욕심이 많고, 남녀간의 이간질과 음행을 꾀하며, 남을 충동하여 유인·약취하는 흉의가 있다.
(7) 득기 : 천영이 수성의 감궁, 금성의 건궁에 동하면 출입·원행·음식·약 제조·이사·제사·개축·증축 등에 흉하고, 용병은 군사를 움직이면 패전한다.

6) 천예天芮
(1) 곤궁의 토성으로 사기·도적의 대흉성
(2) 천문 : 안개

(3) 지리 : 전원·농원·평야
(4) 신체 : 피부·뺨·살
(5) 주무 : 민사民事
(6) 해석 : 천예성은 곤궁의 토성이고 대흉성에 해당한다. 성정은 타인을 시기하고 이용하여 사기·도적질을 일삼고, 태연하게 살생을 저지른다. 대인 관계에서 간사한 꾀를 부려 화를 초래하고, 시비·구설·파괴·손재를 불러일으키는 흉성이다.
(7) 득기 : 천예가 토성인 간궁·곤궁에 동하면 종교를 숭상하고, 학업·수업·입산수도에 대길하다. 그러나 용병과 이동·변동은 금물이다.

7) 천주天柱
(1) 태궁의 금성으로 변절·음모의 소흉성
(2) 천문 : 서리·얼음
(3) 지리 : 호수·늪·연못
(4) 신체 : 폐장·대장·입
(5) 주무 : 음인사陰人事
(6) 해석 : 천주성은 태궁의 금성이고, 소흉성에 해당한다. 성정은 명랑하고 쾌활하나 우유 부단하여 변절이 심하고, 결단력이 약해 타인의 말에 넘어가 일을 그르치는 경향이 있으며, 본의 아니게 사기·음해를 일삼다 궁지에 빠져 험한 꼴을 당한다. 또한 적극적이고 활동적이다. 대중에 앞장 서서 활약하지만 이익은 적다.
(7) 득기 : 천주가 금성인 곤궁에 동하면 군대의 매복·잠복 등 숨고 종적을 감추는 일에 길하고, 군대의 이동·원정 등 동적인 일에는 불길하다.

8) 천심天心
(1) 건궁의 금성으로 정직·강건의 대길성
(2) 천문 : 맑은 하늘

(3) 지리 : 대도시
(4) 신체 : 골격·뼈대·이마
(5) 주무 : 관인사官人事
(6) 해석 : 천심성은 건궁의 금성이고 대길성에 해당한다. 성정은 정직하고 강건하여 불의를 보면 응징하고 약자를 돕는다. 하늘의 뜻에 순응하고 자연의 섭리에 따라 중용지도의 길을 걸으니 만인의 신망과 존경의 대상이 된다.
(7) 득기 : 천심이 토성인 간궁·곤궁에 동하면 질병 치료·생약 제조 등에 길하고, 군사는 용병에 성공하여 천 리의 땅을 얻는다. 단, 군자는 이롭고 소인은 해롭다.

9) **천금天禽**
(1) 중궁의 토성으로 보상·구제의 대길성
(2) 천문 : 태풍
(3) 지리 : 황야·태산
(4) 신체 : 뇌·혈액
(5) 주무 : 귀인사貴人事
(6) 해석 : 천금성은 중궁의 토성이고 대길성에 해당한다. 성정은 지배력이 강하고, 정의로 악을 징벌하고 난민을 구제하며, 중궁을 지키면서 대중을 교화·지도하는 데 전력한다.
(7) 득기 : 천금이 토성인 간궁·곤궁에 동하면 제사·장례·구제·보상·취임·임관 등에 길하고, 군사의 용병이나 출병에도 길하다.

6. 천봉구성 해석시 요점 사항

1) 기문국에서 천봉구성을 해석할 때 우선 구성의 오행 속성을 알아야 한다. 예를 들면, 천보성의 정위궁이 손궁이니 오행은 목성에 해당한다.

2) 다음 구성의 득기得氣:기운을 얻는다 뜻 여부인데, 가장 중요한 것이 궁오행의 생조를 얻는 것이고, 다음으로 계절과 지지오행을 참고하는 것이다. 따라서 목성에 해당하는 천보가 득기하기 위해서는 감궁수성·진궁목성·손궁목성에 앉아야 궁오행의 생조를 얻는 것이고, 계절이 해·자亥子월, 인·묘寅卯월일 경우 계절을 얻는 것이다. 이와 같이 궁오행의 생조나 계절의 기운을 얻었을 경우 천보성의 길한 기운이 나타난다. 반대의 경우는 흉한 기운이 나타나든가, 아니면 구성의 보필이 없다고 추정한다.

3) 기문국의 연국에서 구성을 해석할 때는 시간궁時干宮에 붙은 구성의 영향이 가장 크다. 왜냐 하면 홍국의 팔괘·팔문·태을구성은 일주 위주로 포국되기 때문에 시간궁에 크게 신경 쓰지 않아도 되지만, 연국은 시주의 부두가 포국의 초석이 되므로 시간궁에 기운이 모이고 변화의 출발점이 되는 중심이기 때문이다.

4) 구성의 해석시 다른 문괘성장과의 결합으로 차이점은 있지만, 일반적으로 일단 동처에 길성이 붙으면동하면 길하고, 흉성이 붙으면 흉하다고 판단한다.

5) 구성이 어느 육친궁에 붙으면 먼저 해당 사주의 운세에 영향을 미치고, 다음 구성의 성정이 해당 육친에게 표현된다. 예를 들면, 단편적이지만 어느 한 남자의 평생국에서 정재궁에 천보성이 붙으면 그 처가 유능하고 비범한 재능을 가진 여성으로 판단한다.

6) 천봉구성을 양성陽星과 음성陰星으로 구분하여 길흉을 보는 방법이 있는데, 그것은 육갑六甲:甲子, 甲戌, 甲申, 甲午, 甲辰, 甲寅 시時가 양성인 천봉·천임·천충·천보·천금을 만나면 하늘의 기운이 열리고, 음성인 천영·천예·천주·천심을 만나면 하늘의 기운이 닫힌다. 하늘의 기운이 열리면 갑甲의 청룡이 하늘로 승천하는 기운이므로 귀인의 도움이 있고 모든 일이 길하며, 하늘의 기운이 닫히면 모든 만사가 흉하다.

05
직부팔장直符八將

4신神을 분류하면, 첫째의 구성은 천상天像으로 하늘의 기운을 나타내고, 둘째로 팔문은 인상人像으로 인간의 기운을 나타내며, 셋째 팔괘는 지상地像으로 땅의 기운을 나타낸다. 그리고 넷째 직부팔장은 보좌輔佐로서 구궁이 내포하고 있는 요소들을 길과 흉의 이중적으로 보조하는 역할을 한다.

기문국에서 직부팔장은 10개의 신장神將으로 음둔·양둔을 구별하여 8개의 신장을 사용하므로 팔장이라고도 한다.

1. 직부팔장의 이해

직부팔장을 활용할 때, 팔장이 어느 오행에 속하는지, 그리고 구궁에 포국된 팔장이 문괘와 어떠한 관계를 유지하며, 결합하여 어떻게 문괘와 구성을 보좌하는지가 무엇보다 중요하다.

기문국에서 팔장을 활용할 때 먼저 궁오행과 12지지의 힘을 얻었는지 확인하고, 다음으로 팔장의 성정과 길흉이 무엇인지를 판단하여 해석한다.

일반적으로 팔장이 궁오행과 12지지의 힘을 얻어 왕·상하면 길하고, 휴·수·사에 해당하면 흉하다고 판단한다. 물론 궁오행과 계절의 기운은 얻었더라도 문괘와 구성의 협조가 없으면 전혀 쓸모가 없는 경우도 있다.

　이렇듯 팔장의 해석은 문괘와 구성의 협조, 그리고 팔장의 길과 흉이 이중적으로 동시에 작용하기 때문에 경중을 가리는 데는 고도의 판단이 요구되지만, 많은 임상을 통해서 궁통을 터득하는 지혜를 얻기 바란다.

2. 직부팔장 부법

1) 팔장 부법은 먼저 시주의 부두에 해당하는 지반 육의삼기가 소재所載한 궁에 직부直符를 붙인다.

2) 다음 양둔국이면 직부直符·등사騰蛇·태음太陰·육합六合·백호白虎·현무玄武·구지九地·구천九天 순으로 우회전하여 순행 배치한다.

3) 음둔국이면 직부直符·등사騰蛇·태음太陰·육합六合·구진勾陳·주작朱雀·구지九地·구천九天 순으로 좌회전하여 역행 배치한다.

4) 만일 시주의 부두에 해당하는 지반 육의삼기가 입중했을 경우, 지반 육의삼기가 곤궁에 있는 것으로 가정하여, 곤궁에 직부를 붙이고, 양둔국이면 우회전, 음둔국이면 좌회전하여 차례대로 돌려 붙인다.

3. 직부팔장 부법의 예

예1) 1987년 음력 3월 4일 오시생午時生

		壬 庚 癸 丁
양둔 3국		午 辰 卯 卯

1 直符 己	2 騰蛇 丁	3 太陰 乙
8 九天 戊	庚	4 六合 壬
7 九地 癸	6 玄武 丙	5 白虎 辛

양둔 3국 임오시壬午時이므로 부두는 갑술 기에 해당한다.
　부두 기가 손궁의 지반 육의삼기에 해당하므로, 손궁 직부·이궁 등사·곤궁 태음·태궁 육합·건궁 백호·감궁 현무·간궁 구지·진궁 구천 순으로 우회전하여 순행 배치한다.

예2) 1974년 음력 6월 16일 임시생寅時生

		庚 丙 辛 甲
음둔 4국		寅 子 未 寅

5 勾陳 戊	4 六合 癸	3 太陰 丙
6 朱雀 乙	己	2 騰蛇 辛
7 九地 壬	8 九天 丁	1 直符 庚

음둔 4국 경인시庚寅時이므로 부두는 갑인 경庚에 해당한다.

부두 경이 건궁의 지반 육의삼기에 해당하므로 건궁 직부·태궁 등사·곤궁 태음·이궁 육합·손궁 구진·진궁 주작·간궁 구지·감궁 구천 순으로 좌회전하여 역행 배치한다.

다음은 시주의 부두에 해당하는 지반 육의삼기가 입중궁했을 경우의 예이다.

예3) 양둔 1국 무신시戊申時의 경우

7 九地　辛	8 九天　乙	1 直符　己
6 玄武　庚	壬	2 騰蛇　丁
5 白虎　丙	4 六合　戊	3 太陰　癸

시주가 무신시戊申時이므로 부두는 갑진 임壬에 해당한다.

부두 임이 중궁의 지반 육의삼기에 해당하므로 부두 임이 입중궁한 경우이다.

이런 경우 기문국의 곤궁 출곤 원칙에 의해 부두 임이 곤궁에 있는 것으로 간주하고, 곤궁 직부·태궁 등사·건궁 태음·감궁 육합·간궁 백호·진궁 현무·손궁 구지·이궁 구천 순이고, 양둔국이므로 우회전하여 돌려 붙인다.

예4) 음둔 8국 경자시庚子時의 경우

3 太 壬 陰	2 騰 乙 蛇	1 直 丁 符
4 六 癸 合	辛	8 九 己 天
5 勾 戊 陳	6 朱 丙 雀	7 九 庚 地

시주가 경자시庚子時이므로 부두는 갑오 신辛에 해당한다.

부두 신辛이 중궁에 위치하므로 부두 신이 입궁한 경우이다.

이런 경우, 부두 신이 곤궁에 있는 것으로 간주하고, 곤궁 직부·이궁 등사·손궁 태음·진궁 육합·간궁 구진·감궁 주작·건궁 구지·태궁 구천 순이니, 음둔국이므로 좌회전하여 돌려 붙인다.

1) 팔장의 포국 방법이 다른 사례가 있다. 그것은 시부두에 해당하는 지반 육의삼기가 소재한 궁에 직부를 붙이는 것이 아니고, 시간時干에 해당하는 지반 육의삼기가 소재한 궁에 직부를 붙이는 사례이다.

2) 음둔국 포국시 구진·주작을 붙이지 않고 백호와 현무의 순서를 바꾸어서 현무·백호 순으로 붙이는 포국법도 있는데, 주로 도적점을 볼 때 이용한다.

4. 직부구신 부법 直符九神附法

이 부법은 직부팔장直符八將에 태상太常을 첨부하여 직부구신 부법이라는 용어를 사용한다.

1) 포국법은 이 경우에도 시부두에 해당하는 지반 육의삼기가 위치한 궁에 직부를 붙이고, 양둔군이면 구궁을 직부·등사·태음·육합·백호·태상·현무·구지·구천 순으로 순행 포국한다.

2) 음둔국이면 구궁을 직부·등사·태음·육합·구진·태상·주작·구지·구천 순으로 역행 포국한다.

3) 시부두에 해당하는 지반 육의삼기가 입중궁한 경우 곤궁에 있는 것으로 가정하고 곤궁에 직부를 붙이며, 양둔국이면 구궁을 순행하고, 음둔국이면 구궁을 역행하여 포국한다.

4) 팔장과 구신의 차이점은 태상이 포함된 것이며, 팔방으로 좌회전·우회전하지 않고 구궁을 양둔 순행·음둔 역행하는 것이 다른 점이다.

예1) 양둔 3국 임오시壬午時의 경우

1 直符 己	6 太常 丁	8 九地 乙
9 九天 戊	2 騰蛇 庚	4 六合 壬
5 白虎 癸	7 玄武 丙	3 太陰 辛

임오시壬午時이므로 부두는 갑술 기己에 해당한다. 부두 기己가 위치한 손궁에 직부를 붙이고, 양둔국이므로 중궁·건궁·태궁·간궁 순으로 순행 포국한다.

예2) 음둔 4국 경신시庚申時의 경우

6 太 戊 常	1 直 癸 符	8 九 丙 地
7 朱 乙 雀	5 勾 己 陳	3 太 辛 陰
2 螣 壬 蛇	9 九 丁 天	4 六 庚 合

경신시庚申時이므로 부두는 갑인 계癸에 해당한다.

부두 계癸가 위치한 이궁에 직부를 붙이고, 음둔국이므로 간궁·태궁·건궁·중궁 순으로 역행 포국한다.

이 직부구신 부법은 주로 사용하지 않지만, 참고로 소개하였으니 많이 연구하기 바란다.

* 기문국에서 천봉구성과 직부팔장은 일진·시간·방향 설정에 필수적이며, 구성과 팔장을 생략하고는 일국과 시국의 해석을 논할 수 없으므로 연구하고 많은 임상을 통해서 지혜를 터득하여 국가와 민족을 위하여 헌신하기 바란다.

5. 직부팔장의 해석

팔장을 해석하기 위해서는 팔장이 소속한 지지와 팔장이 해당하는 궁오행을 기억해야 한다. 왜냐 하면 팔장의 성정과, 길흉이 소속한 지지와, 해당 궁오행의 왕·상·휴·수·사의 영향을 참고하기 때문이다.

1) 직부直符
(1) 직부는 중앙의 토행土行으로 인목寅木에 속하고 길의에 해당한다.
(2) 천문 : 맑음
(3) 지리 : 초원·산악
(4) 신체 : 코·위·손톱·눈물
(5) 길흉 : 왕성하면 문서·문장·연회·주식·금은 보석·귀족·부자 등을 주관하고, 수사 형극이면 번뇌·근심·슬픔·고독 등의 흉사를 주관하며, 경·신·금庚申金을 두려워한다.
(6) 성정 : 직부는 청룡으로 가장 고귀한 상이며, 인품은 청고하고 대인 관계는 매우 진중하다. 구궁에 직부가 붙으면 해당 궁의 육친이 발복하고, 그 해당 궁에 부귀 영화가 있다고 판단한다.

2) 등사騰蛇
(1) 등사는 남방의 화행火行으로 사화巳火에 속하고 흉의에 해당한다.
(2) 천문 : 태양
(3) 지리 : 황야·묘지
(4) 신체 : 눈·피·맥·심
(5) 길흉 : 등사는 혈광血光·화광火光·음사陰事를 주관하고, 구설·오혐·허영·화해·사치·의심·근심·괴이한 일 등의 흉의를 사주使嗾한다. 왕성하면, 혼인·임신·자식을 얻는 기쁨이 있고, 술·토戌土를 두려워한다.
(6) 성정 : 등사는 매사에 충동적이어서 이동·변동이 많고, 성실하지 못하며, 허위

와 간사함이 많다. 구궁에 등사가 붙으면 해당 궁의 육친이 괴이한 병과 악몽에 시달리며, 허위와 거짓을 일삼는 사기꾼으로 본다.

3) 태음太陰
(1) 태음은 서방의 금행金行으로 유금酉金에 속하고 길의에 해당한다.
(2) 천문 : 달
(3) 지리 : 저녁놀·동굴·절
(4) 신체 : 폐·침·입·코
(5) 길흉 : 왕성하면 혼인·출산·경사·은혜·사면·재물·생산 등의 기쁨이 있고, 수사 형극이면 음란·음사·음모·사통·저주·밀약·구설 등의 흉의를 사주한다.
(6) 성정 : 태음은 정직하고 사심이 없으며, 자애스러우면서도 위엄이 있고 신망이 있다. 육친궁에 태음이 붙으면 해당 육친의 음행·음덕이 있는 좋은 기운으로 판단하고 해당 궁도 길의가 있다.

4) 육합六合
(1) 육합은 동방의 목행木行으로 묘목卯木에 속하고 길의에 해당한다.
(2) 천문 : 비
(3) 지리 : 하수도·도랑·시냇가
(4) 신체 : 간·눈물·눈썹·기氣
(5) 길흉 : 왕성하면 혼인·결혼·경사·교육·상매·길사·화합·만남 등의 길의가 있고, 수사 형극이면 문서·금전에 의한 구설과, 경쟁자의 모략과 술수에 넘어간다. 그리고 육합이 신유辛酉와 만나면 음사한 일이 발생하고, 자오묘유子午卯酉에 임하면 불합不合이 되어 색정으로 구설이 있다고 판단한다.
(6) 성정 : 육합은 사람이 어질고 온후하며 변화가 풍부하지만, 이성 관계만큼은 조심해야 한다. 득지得地하면 이성 관계의 운을 길한 성정으로 보지만, 육합이 육친궁이나 특히 처궁에 붙는 것을 꺼린다. 그것은 만약 실지失

地하면 음란한 일이 발생할 우려가 있기 때문이다.

5) 백호白虎
(1) 백호는 서방의 금행金行으로 경신금庚申金에 속하고 태백의 신으로 권위를 상징한다.
(2) 천문 : 번개
(3) 지리 : 태산
(4) 신체 : 골격·사지·관절
(5) 길흉 : 궁에 득지하면 위력의 신으로 작용하여 큰 성공을 거둔다. 특히 관록점에서 형살과 동궁하면 수단과 방법을 가리지 않고 대권을 쟁취하는 대업을 이룬다. 실지하면 살상·질병·쟁투·흉악·재해·살벌·구설·혈광·액사 등을 주관한다.
(6) 성정 : 백호는 조급하고 광포하며, 살상을 좋아한다. 또한 음행·음지의 색정도 좋아하지만 득지하면 권위의 신으로 작용한다.
　　백호·등사는 혈광신血光神이므로 관사점·병점에서 제일 기피하는 신장이고, 파상의 신이므로 어느 궁에 붙던 실지하면 여러 가지 불길한 흉사를 일으킨다.

6) 현무玄武
(1) 현무는 북방의 수행水行으로 해수亥水에 속하고 흉의에 해당한다.
(2) 천문 : 눈·얼음
(3) 지리 : 습지·호수
(4) 신체 : 방광·신장·혈액
(5) 길흉 : 현무는 북방 수기의 신으로 도적의 신이며, 음모·화해·음사·간사함·불상사·형액·도망·분실·사기 등을 사주한다. 그러나 재궁에 위치하고 왕상·상생하면 교역으로 득재하여 부자가 된다.
(6) 성정 : 현무는 음란하고 간사하며 파란 곡절이 많다. 다른 사람을 현혹시키고 본인도 쉽게 현혹당한다. 현무가 붙는 궁마다 불길하지만, 단 재백궁에

들고 왕상하면 대부호가 된다.

7) 태상太常
(1) 태상은 중앙의 토행土行으로 미토未土에 속하고 흉의에 해당한다.
(2) 천문 : 구름
(3) 지리 : 밭·마당·정원
(4) 신체 : 비장·피부
(5) 길흉 : 태상이 수사 형극이면 재산 손실·질병·절도·불안 등 공사를 잃고 모든 일에 불리한 사건만 발생한다. 태상은 오곡·주식·의관·문서·문장·의복·연희·주색·결혼 등을 주관한다.
(6) 성정 : 태상은 사람이 약고 똑똑하나 개성과 주관이 없고, 신비함을 추구하는 취미가 있어서 색다른 학문이나 이상한 기술·종교를 좋아하고, 경거 망동하여 사람한테 잘 넘어간다.

8) 구진勾陳
(1) 구진은 중앙의 토행土行으로 진토辰土에 속하고 흉의에 해당한다.
(2) 천문 : 우레
(3) 지리 : 삼림·수렵지
(4) 신체 : 쓸개·힘줄·광대뼈
(5) 길흉 : 구진은 병란·전투·병화·질병·손재·사상·상처·출행·송사 등을 주관하는 신장으로, 구진을 경찰로, 현무는 도둑으로 본다. 구진이 왕상 상생하면 고위 관리이고, 수사 형극이면 사병이다.
(6) 성정 : 구진은 전쟁과 전투를 관장하고 성정은 예리하며, 맹렬하고 위세가 있다. 구진은 송사를 주관하는 신으로 구진이 세궁世宮을 극하면 원한은 풀리지 않고, 도둑점에서는 세궁이 구진을 극해야 잡을 수 있다. 구진이 팔문의 길문을 형극하면 불길한 일이나 재앙이 발생한다.

9) 주작朱雀
(1) 주작은 남방의 화행火行으로 오화午火에 속하며, 흉의에 해당한다.
(2) 천문 : 바람
(3) 지리 : 장터·시장
(4) 신체 : 귀·뼈·오줌
(5) 길흉 : 주작은 득지하면 문학·문서·문사·배우·서신·기쁨 등을 주관하고, 실지하면 도적·창부·백정·울음·슬픔·공상·이별·번뇌·유실·도망·간계·흉계·구설·송사 등을 관장한다. 구진과 비교하면 흉의가 주작이 더욱 강하다.
(6) 성정 : 주작은 총명하나 조급하고, 문학과 문장의 상징으로 권위도 있지만, 이로 인해 시비와 구설이 뒤따른다. 명궁에 주작이 득기得氣하면 문서사로 인해 상매의 기운이 있고, 합격·시험 등의 단시점에서는 주작을 보면 합격한다. 단, 공망·형극·사절의 위치에 있으면 불합격이다. 주작이 형극되면 관재·송사가 발생하고, 주작이 득지하여 왕성하고 화왕지절을 만나면 반드시 화재가 발생한다.

10) 구지九地
(1) 구지는 중앙의 토행土行으로 미토未土에 속하며, 길과 흉의 상반지신相半之神에 해당한다.
(2) 천문 : 구름
(3) 지리 : 평지·전원
(4) 신체 : 지라·살·뺨
(5) 길흉 : 구지는 길과 흉의 상반지신으로 일단 길문·길괘와 만나면 길하고, 흉문·흉괘와 만나면 흉하다고 판단한다. 구지는 소극성·숨김·은닉·사망·매장·울음·슬픔·번뇌·질병 등을 주관한다.
(6) 성정 : 구지는 유순하고 우아하나 놀라기를 잘 하고 인색하다. 방위론에서 구지가 자기 자리인 곤궁에 임하면 감추고, 매장하고, 숨기고, 피하는 데 길

한 방위이다.

11) 구천九天

⑴ 구천은 중앙의 토행土行으로 술토戌土에 속하고 길의에 해당한다.

⑵ 천문 : 안개

⑶ 지리 : 도읍지

⑷ 신체 : 이마·창자·털

⑸ 길흉 : 구천은 강건하고 맹렬하여 타궁에는 불리하나, 관록궁에 임하면 지위가 올라 영달한다고 판단하고, 세궁世宮이나 명궁에 임하면 기세가 오르고 기쁜 경사가 있다. 구천이 득지하면 만복이 운집하는 길신으로 행하고, 실지하면 도박·모방·횡포·우매 등을 사주한다.

⑹ 성정 : 구천은 건궁의 상으로 현량의 신장이며, 강건하여 그 깊이를 헤아리기 어렵고, 권위적으로 주위를 억압하는 기운이 있다. 정·병·을丁丙乙 삼기가 팔문의 삼길문과 어우러져 구천을 만나면 매사에 적극적인 성정이 발동하여 약자를 구하고 만사가 여의롭다.

제5부 통변편

01
기문국 해석의 이해

1. 해석의 핵심

기문국을 해석할 때 핵심은 먼저 사진동처四辰動處의 기운의 흐름을 파악하는 것이 중요하며, 두 번째는 기문 요소들의 기본적인 성격을 이해해야 하고, 세 번째는 각 기문 요소가 기문국에 어떻게 영향을 미치는지 이해해야 한다.

결국 기문 해석의 핵심은 단편적인 면과 복합적인 면을 동시에 아울러서 판단해야 한다. 기문국을 해석할 때 복잡하게 배치된 기문 요소가 어떠한 비율로 기문국에 영향을 미치는지 도표로 표현하면 다음과 같다.

체體	홍국수 뼈대, 골격	40%
용用	문·괘·성장 4신	40%
	격국	10%
	신살	10%

이런 비율로 기문국의 해석에서 기문 요소가 참고되는데, 이것은 정확하게 정해진 것이 아니고 일반적인 것이므로 이 비율에 너무 연연하지 말고 먼저 사진동처의 홍국수를 중심으로 해석하는 법에 익숙해져야 한다.

2. 체體와 용用

기문국을 체와 용으로 분류하면 홍국수를 체로, 나머지 기문 요소들을 용으로 분류한다. 홍국수의 체는 기문국의 골격이 되고, 용인 문괘성장 등은 기문국의 살이라 할 수 있다. 이것을 기문국의 해석으로 분석하면 무엇이 되고 안 되고의 승패는 체로 가름하고, 길흉화복은 용으로 가름한다. 그러므로 기문국의 해석은 홍국수와 문괘성장 등을 아우르는 복합적인 판단만이 기문국의 명확한 해석을 할 수 있다.

3. 기문국에서 육의삼기가 차지하는 비율

육의삼기는 체와 용의 어느 곳에 해당하는지 논하면, 육의삼기는 문괘성장의 4신과 결합하여 격국을 이루기 때문에 체와 용으로 구분하기 어려운 요소이다. 부득이 구분한다면 지반 육의는 삼원수를 기준으로 하여 포국하므로 체의 성격이 강하고, 천반 육의는 시주의 부두를 시간 소재궁時干所在宮에 붙여 순환시키므로 용의 성격이 강하다고 할 수 있다.

기문국에서 육의삼기가 차지하는 비율이 어느 정도인지 명확한 계량은 어렵지만, 각각의 기문 요소가 기문국에 미치는 영향은 지대하다. 예를 들면, 명리의 한신閑神과 같이 국에 영향이 없는 기문 요소일지라도 다른 요소의 생화극제의 영향을 받아 기문국에서 중요한 역할을 하는 상황으로 바뀌면, 일반적인 힘의 비율에 관계 없이 전혀 생각지 못한 엉뚱한 방향으로 기문국의 흐름을 바꿔놓을 수 있으므로 기문 해석시 이런 점에 주의해야 한다.

4. 격국이 차지하는 비율

위 도표를 보면 격국과 신살이 각각 10%를 차지하는데, 이것은 일반적인 것이다.

예를 들면, 기문 둔갑 연국의 동처에 삼살五·七·九이 회동하면 살상·횡액·요절 등으로 판단하는데, 격국의 구성이 권위와 위엄을 갖춘 길격이면 대권과 권세를 장악하므로, 격국을 배제하면 큰 실수를 한다. 이런 경우, 격국이 차지하는 비율이 홍국수나 문괘성장의 비율보다 절대적인 비중을 차지하게 된다.

이렇듯 기문국의 해석은 난해하므로 이 책을 초석으로 삼아 인내와 끈기를 바탕으로 연구하고 많은 임상 실험을 통해 이치를 터득하여 우주의 기운을 측량하기 바란다.

5. 홍국수와 문괘성장과의 관계

기문국의 해석에서 중요한 점은 홍국수가 오행 통변의 기초가 되고, 홍국 지반수가 기문 해석의 중심이 되므로 홍국 지반수를 위주로 하여 홍국 천반수·궁오행·12지지 오행·월령과의 통기 여부를 확인한 다음. 홍국 지반수와 문괘성장과의 상호 역학 관계를 판단한다.

가령 홍국 지반수가 득기得氣하여 왕하고, 문괘성장이 흉하면 처음은 길하고 후는 흉하다고 판단하며, 홍국 지반수가 실기失氣하여 쇠하고, 문괘 성장이 길하면 처음은 흉하고, 후는 길하다고 판단한다.

6. 기문 상중반奇門三重盤의 이해

기문 둔갑은 음양陰陽의 양의兩儀에서 시작된다. 음의陰儀는 지반地盤이 되고, 양의陽儀는 천반이 된다. 음양을 이해한 다음에는 천天·인人·지地의 삼재三才를 이해해야 한다.

기문 삼중반이란, 기문국을 포국한 뒤에 구궁 중 어느 한 궁에 배치된 기문 요소들을 천반·인반·지반으로 구분한 것이다. 그 구성과 의미를 살펴보면 다음과 같다.

(1) 천반天盤 : 천반은 천상天象이며 구성으로 대표한다. 홍국에서는 태을구성을 말하고, 연국에서는 천봉구성을 말한다. 구성은 외사外事를 보는 데 중요한 요소이며, 인사의 길흉을 논할 때 쓰이고, 팔문과 생·극을 논해 길흉을 가린다. 구성이 팔문을 극하면 하늘이 인간을 극하는 것이므로 길하고, 팔문이 구성을 극하면 인간이 하늘의 뜻을 거역하는 것이므로 흉하다.

(2) 인반人盤 : 인반은 인상人象이며 팔문으로 대표한다. 홍국에서는 일가팔문이고 연국에서는 시가팔문을 말하며, 내사內事를 보는 데 대표적인 요소이다. 팔문의 길흉을 보는 데는 절후節候의 왕·상·휴·수·사가 중요하게 작용한다. 예를 들면, 개문은 삼길문의 하나이고 정위궁이 궁오행에 속하므로, 구궁 중 토궁이나 금궁에 거하든지, 추절秋節이나 사계를 얻어야 길함이 발휘된다. 팔문은 방향과 관련이 많은 요소로 취길피흉取吉避凶의 방향을 보는 데 이용된다.

(3) 지반地盤 : 지반은 지상地象이며 팔괘와 구궁으로 표현한다. 팔문은 구궁의 인사적인 면을 중요시하고, 팔괘는 시기적인 면을 중요시한다. 예를 들면, 팔괘는 인간 만사의 변화하는 과정을 표현한 것으로, 구궁의 어느 궁에 임하고, 또한 해당 궁의 12지지가 속하는 계절과 속성 및 해당하는 구궁과 팔괘의 인사·속성 등을 모두 결합하여 해석해야 한다.

7. 기문국에서 구성·팔문·팔괘와 구궁의 관계

기문국에서 구성·팔문·팔괘는 천·인·지 삼재의 관계를 형성하므로 상극하上剋下의 관계는 길하고, 하극상下剋上의 관계는 흉하다고 판단한다. 이것을 정리해 보면 다음과 같다.

- 구성이 팔문·팔괘를 극하면 : 길
- 팔문·팔괘가 구성을 극하면 : 흉
- 팔문이 궁오행을 극하면 : 길

- 궁오행이 팔문을 극하면 : 흉
- 팔문과 궁오행이 상생이면 : 길
- 팔문과 궁오행이 상극이면 : 흉

생과 극의 단편적인 판단으로 길흉을 논하였지만, 중요한 점은 극보다는 생이 길하다는 것을 유념하기 바란다.

8. 기문국에서 삼기三奇와 삼길문三吉門과의 관계

삼기 정·병·을丁丙乙과 삼길문인 개문開門·휴문休門·생문生門이 만나면 길문吉門이 되니 거동·출행에 길하고, 모든 만사가 여의롭다.

그러나 정이 간궁, 병이 건궁, 을이 곤궁에 닿으면 묘墓에 해당하므로 거동·출행이 불리하고 길의도 감소된다.

9. 삼사법三詐法

삼사는 삼기와 삼길문·직부팔장과의 관계이며, 동動하면 이롭다.

三詐	三奇	八門	直符八將	吉意
眞詐	丁丙乙	開·休·生	太陰	모든 만사가 길
休詐	丁丙乙	開·休·生	六合	제사·기도에 길
重詐	丁丙乙	開·休·生	九地	구재·구인에 길

삼기·삼길문이 유력한 팔장과 동궁하면 삼전기길三全奇吉이라 하여 매우 좋은 길의이다. 그리고 팔장이 흉할 때에도 이가二可라 하여 하는 일마다 여의롭다.

10. 오가격五假格

오가는 육의삼기·팔문·팔장과의 관계이고, 팔문의 동태에 따라서 길의가 정해진다.

五假	儀奇	八門	直符八將	吉意
天假	丁丙乙	景門	九天	모든 만사가 길
地假	丁己癸	杜門	太陰	도망과 피난에 길
人假	壬	驚門	九天	피난에 길
神假	丁己癸	傷門	九地	은둔과 매장에 길
鬼假	丁己癸	死門	九地	제사에 길

* 삼사와 오가의 방법은 기문국에서 주로 단시점의 용사用事에 이용한다.

11. 기문국 해석의 전체적인 흐름의 정리

첫째, 사주를 구궁에 일정한 방식으로 포국하여 기문국을 만든다.
둘째, 기문국의 해석은 사진동처 상호간의 성국과 동기 여부를 살핀 다음, 전체의 성패·길흉을 살핀다.
셋째, 동처의 한 궁을 해석할 때는 홍국 지반수의 왕쇠와 문괘성장의 역학 관계를 관찰하여 승패 길흉을 살핀다.

02 팔문과 천봉·태을구성론 및 삼기·육친론

1. 팔문과 천봉구성론天蓬九星論

인상人象인 팔문과 천상天象인 천봉구성을 합하여 인간사의 길흉을 논하면 다음과 같다.

1) 생문生門과 천임성天任星이 동궁同宮하면

가택이나 궁전 등을 건축하는 데 길하고, 입택에도 길하여, 우두머리 또는 고귀한 신분을 지닌 사람을 배알하거나 출병 용사에도 길하다.

생문이 육의삼기 병무丙戌 또는 정무丁戌를 만나면 용병에 대길하다.

2) 상문傷門과 천충성天沖星이 동궁하면

직장 상사나 상관을 만나는 데 흉하고, 장사·이장·매장도 불길하다. 다만, 범인이나 도적을 잡는 일과 사냥이나 도축하는 일은 길하다.

3) 두문杜門과 천보성天輔星이 동궁하면

도둑을 방비하기 위해 성곽·영채·담장을 세우고, 무덤 손실·사초·매장 등에 길하며, 침입자를 잡고, 자신이 숨고, 물건을 감추고 하는 일 등에 길하다.

4) 경문景門과 천영성天英星이 동궁하면

상서·헌책獻策·선사選士·논문, 연구 과제 발표, 여러 사람이 회합하여 일을 상의하고, 윗사람을 방문하는 일 등에 길하다.

5) 사문死門과 천예성天芮星이 동궁하면

목적한 바를 이루기 어려우니 움직이지 않는 것이 좋다. 조문이나 사냥 등 죽음과 관계되는 일은 무방하나 그 외의 일은 모두 흉하다.

6) 경문驚門과 천주성天柱星이 동궁하면

도적과 범죄자를 토벌·체포·재판하는 등 국가의 기강을 세우고 격려하는 데 길하고, 성곽의 신축·증축·개축, 변동·변화·원행·출행 등에 길하다.

7) 개문開門과 천심성天心星이 동궁하면

귀인을 만나 이로우며, 모든 만사가 계획대로 순조롭게 진행되고, 구하는 일도 여의롭게 해결된다.

8) 휴문休門과 천봉성天蓬星이 동궁하면

대사업을 목적으로 화합하고 모임을 갖는 일, 심신을 휴식하고 능력을 길러 때를 기다리는 일, 군사 훈련·조련·입산 수도 등에 길하다.

휴문·정기丁奇·태음太陰이 동궁하면 진영을 구축하는 데 대길하고, 안장·매장·이장에도 길하다.

2. 팔문과 태을구성론太乙九星論

팔문의 삼길문인 휴문·생문·개문과 천상인 태을구성을 결합하여 인간사를 논하면 다음과 같다.

1) 휴문과 청룡靑龍이 동궁하면

인간 만사가 형통하고, 일에 임하면 큰 뜻으로 크게 꾀하니 경사와 희소식이 뒤따른다. 이익을 꾀하고 재물을 구하면 백 배를 얻고, 출전시에는 장병들이 용기 백배하여 적의 예봉을 꺾고, 퇴군시에는 적이 감히 추격하지 못한다.

2) 휴문과 태을성太乙星이 동궁하면

매사가 순조로우니 귀인을 상봉하고, 관록이 중중하니 큰일을 성취한다.
군사를 주둔하고 군영을 설치함에 신속하며, 싸움에 임하면 장병들이 용맹하여 전투의 세력이 점차적으로 아군에게 유리하게 전개되어 마침내 대승을 거둔다.

3) 휴문과 천을성天乙星이 동궁하면

구재에 대길하여 마음먹은 대로 큰 재물이 생기고, 귀인을 만나서 근심하던 일과 궁박한 처지를 해결해 주며, 근심 속에 기쁨이 있다. 동서남북 가는 곳마다 술과 음식이 생기니 사람들과 더불어 즐겁게 마시고 논다.

4) 생문과 청룡이 동궁하면

대사를 도모함에 귀인을 만나 백사百事가 일사천리로 시원하게 성사되고, 사업에 종사하면 천 배의 이득을 본다. 출입과 거동에는 추호도 흉함이 없어 만면에 웃음을 머금고 여유가 당당하다

5) 생문과 태을성太乙星이 동궁하면

복덕이 발동하여 큰 재물이 손에 들어온다. 구사求事·구재求財에 대길하여 백 배의 득을 얻고, 자신이 만만하여 활기를 띠며, 구하지 않아도 큰 이익을 취할 수 있다. 군사 출병시에는 지체됨이 없어 하루에 천 리를 갈 수 있다.

6) 생문과 천을성天乙星이 동궁하면

만사가 뜻한 바대로 크게 형통하고, 어느 곳이든 출입에는 열광적인 환영을 받는다.

군대를 포진하고, 군사를 진군함에 유리하여 백전 백승하니 득의가 양양하다.

7) 개문과 청룡이 동궁하면

물고기가 변하여 용이 되는 격이니 꾀하는 일과 거동시는 알차게 성사되고, 경영하는 일마다 이익이 풍성하다. 귀인을 만나 큰 이익이 있고, 관직에서도 큰 인물이 천거하고, 왕이 발탁하니 크게 영달한다.

8) 개문과 태을성太乙星이 동궁하면

출전 행병出戰行兵시에는 대승하고, 적의 진영을 공략하면 모조리 함락시키는 대전공을 세운다. 그러나 개문은 안녕함을 주관하는 문이니 휴전하고 군대를 양성하면 더욱 길하다.

9) 개문과 천을성天乙星이 동궁하면

백사를 행하여도 성공과 이득이 많다. 관직자는 뜻밖의 귀인을 만나 직위가 오르고, 녹봉이 더해진다. 출군과 행군시에도 대길하다.

3. 팔문과 삼기三奇

기문은 삼기三奇의 기奇와 팔문八門의 문門으로 이루어졌듯이, 기문국에서 팔문과 삼기의 결합은 매우 중요하다. 특히 삼길문인 생문·개문·휴문은 북방北方의 삼백三白으로, 정·병·을丁丙乙 삼기와의 합은 길의 중에 으뜸으로 백사대길지조百事大吉之兆가 된다. 삼길문을 얻으면 일단 용사用事는 길하고, 다시 삼기가 있으면 용사는 추호도 의심할 여지가 없는 것이다.

1) 생문生門

(1) 생문과 정기丁奇가 동궁하면, 거동·출행·혼인·송사·구재 등 모든 범사가 대길

하다.
(2) 생문과 병기丙奇가 동궁하면, 임금님으로부터 임명장을 받으니 관록을 얻고, 혼인·출행 등에 기쁜 일이 많다.
(3) 생문과 을기乙奇가 동궁하면, 산모가 산액으로 고통이 있으나 결과는 좋고, 매사가 다 길하다.

2) 상문傷門
(1) 상문과 정기가 동궁하면, 송사에 연루돼 억울한 일이 있으며, 도적에게 봉변을 당한다.
(2) 상문과 병기가 동궁하면, 재물이 흩어지고 손실이 있으며, 서로 원망하고 불화한다.
(3) 상문과 을기가 동궁하면, 재물을 구하다 얻지 못하고, 도적을 만나 실재失財하니 도적을 방비해야 한다.

3) 두문杜門
(1) 두문과 정기가 동궁하면, 상해로 인해 송사가 있고, 간사한 자로 인해 명예가 훼손된다.
(2) 두문과 병기가 동궁하면, 여인으로 인해 송사와 옥사가 있고, 계약 문서가 유실되며, 손재수가 있다.
(3) 두문과 을기가 동궁하면, 계획한 일은 이루지 못하고, 득재는 가능하지만 뒤에는 송사가 따른다.

4) 경문景門
(1) 경문과 정기가 동궁하면, 문서사로 관계되어 비난을 초래하고, 쟁투와 송사가 일어난다.
(2) 경문과 병기가 동궁하면, 여인으로부터 송사를 당하고, 노비가 도망가니 수하에 근심이 있다.

(3) 경문과 을기가 동궁하면, 도적을 만나 실재하고, 재물 문제로 송사가 발생하며, 매사가 부진하다.

5) 사문死門
(1) 사문과 정기가 동궁하면, 부녀사가 흉하니 혼인사는 거론치 말고, 질병·우환으로 걱정·근심이 있다.
(2) 사문과 병기가 동궁하면, 본인 스스로 시비를 일으켜 송사에 휘말리고, 구하는 일은 불성된다.
(3) 사문과 을기가 동궁하면, 여인이 아이를 낳다가 모자가 다 흉하며, 범사가 모두 부진하다.

6) 경문驚門
(1) 경문과 정기가 동궁하면, 관재·송사로 감옥에 갇히고, 송사는 오래 끌고, 병자는 사망한다.
(2) 경문과 병기가 동궁하면, 여인으로 인하여 송사가 일어나고, 문서사로 인해 놀랄 일이 생긴다.
(3) 경문과 을기가 동궁하면, 손재가 있고, 소식과 서신은 끊기며, 재물을 구해도 얻지 못한다.

7) 개문開門
(1) 개문과 정기가 동궁하면, 매사가 위축되어 이럴까저럴까 갈피를 잡지 못하지만, 뒤에 가서 귀인의 협조를 받아 길하다.
(2) 개문과 병기가 동궁하면, 귀인의 도움이 있고, 만사가 길하다.
(3) 개문과 을기가 동궁하면, 작은 것은 구할 수 있으나 큰 것은 불가하다.

8) 휴문休門
(1) 휴문과 정기가 동궁하면, 시비·구설·송사가 있으나 후일에 가서 화해가 된다.

(2) 휴문과 병기가 동궁하면, 마음먹은 일이 성취되어 기쁨과 경사가 있다.
(3) 휴문과 을기가 동궁하면, 중대사는 얻기 힘드나 작은 일은 성사가 된다.

* 팔문과 삼기의 결합에서 삼길문은 자체만의 힘으로도 길의를 발휘하지만, 삼기는 삼길문이 있어야 길의가 발휘된다.

4. 을乙과 경론庚論

육의삼기로 남녀 관계를 판단하는 방법이 있는데, 그것은 구궁 가운데 내궁內宮은 건궁·감궁·간궁·진궁으로 을녀乙女에 속하고, 외궁外宮은 손궁·이궁·곤궁·태궁으로 남경男庚에 속한다. 이것은 지반 육의삼기가 어느 궁에 위치하는가에 따라서 남녀 관계를 판단하는 것이다.

예를 들면, 을乙과 경庚이 내궁과 외궁으로 떨어져 있으면 남녀 관계가 좋지 않다고 판단한다. 특히 을과 경이 서로 마주 보는 대충방에 자리하고 있으면 그런 경향이 더욱 강하다고 본다.

반대로 을과 경이 동궁하고, 태음太陰 또는 경문景門과 함께 하면 혼인·연애 등이 여의롭고, 유혼遊魂과 함께 하면 남녀에게 음사가 발동하여 색란이 발생하고, 절명絕命과 함께 하면 서로 반목하여 이별 또는 사별 등이 발생한다.

물론 남녀 관계를 보는 방법은 복합적인 요소로 판단해야 하지만, 남녀 관계, 특히 부부 사이에 문제가 있다고 판단되면 을과 경의 상황을 반드시 참고해야 한다.

5. 팔문과 육친론六親論

팔문이 육친궁·관록궁·재백궁·질액궁·명주궁일주궁에 임할 때 나타나는 상황을 정리하면 다음과 같다.

1) 생문生門

(1) 생문 부모父母 : 부모는 재물이 풍부하고 부귀 영달한다.
(2) 생문 형제兄弟 : 형제는 의리가 있고 화순하며 경애한다.
(3) 생문 자손子孫 : 자손은 효도하며, 자녀간에 화목하고 의리가 깊다.
(4) 생문 처첩妻妾 : 부인은 정절이 강하고 지조가 있으며, 가정이 화목하다
(5) 생문 재백財帛 : 재운이 좋아 재물이 모이고, 경제적으로 융통이 길하다
(6) 생문 관록官祿 : 관직이 고관에까지 오르고, 관록이 좋아 승진과 영전의 기회가 많다.
(7) 생문 질액疾厄 : 신체가 매우 건강하며, 병자라도 쾌차한다.
(8) 생문 명주命主 : 생활이 탄탄하고 가업이 안락하며, 사업도 발전한다.

2) 상문傷門

(1) 상문 부모父母 : 부모의 총애를 받지 못하고, 애정이 없으며, 가업이 망하기 쉽다.
(2) 상문 형제兄弟 : 형제가 무정하여 의리가 없고, 형제 자매로 인해 배반·배신을 당한다.
(3) 상문 자손子孫 : 자손이 불효하며, 자식이 불구가 되기 쉽고 크게 다치는 경우가 있다.
(4) 상문 처첩妻妾 : 가정 불화가 빈번하고, 애정이 없으며, 생이사별하는 경우가 많다.
(5) 상문 재백財帛 : 분주 다사하고, 근근히 노력하면 약간의 재부를 성취할 수 있다.
(6) 상문 관록官祿 : 권력은 있으나 다른 사람의 견제를 받아 실직할 우려도 있다.
(7) 상문 질액疾厄 : 관절통·골절상으로 고생을 하거나 심화병이 생긴다.
(8) 상문 명주命主 : 남의 음해와 모략을 당하고, 투쟁이 발생하면 살상의 위험도 있다.

3) 두문杜門

(1) 두문 부모父母 : 부도 덕은 없이 큰일 한 번 못하고 일평생 가업만 지킨다.
(2) 두문 형제兄弟 : 형제가 평생 화목하지 못하고 자기와 관계 없는 사람으로 여긴다.

(3) 두문 자손子孫 : 자식을 갖기 어렵고, 늦게 자식을 낳더라도 기르기 어렵다.
(4) 두문 처첩妻妾 : 심성은 한가로우나 부부간에 조화가 없고 열의가 없다.
(5) 두문 재백財帛 : 젊어서는 고생하여 빈궁하고, 말년에 가서야 금전의 혜택을 얻을 수 있다.
(6) 두문 관록官祿 : 관직 생활에 승진운이 없어서 좌천당하기 쉽고 공을 세우기 어렵다.
(7) 두문 질액疾厄 : 잔병이 따르고, 사소한 질병이 있으나 특별히 큰 병은 없다.
(8) 두문 명주命主 : 환경이 막히고, 계획에 차질이 많아서 때를 기다려 활동하면 좋다.

4) 경문景門
(1) 경문 부모父母 : 사회적인 명예를 자식보다 더 중요하게 여기며, 허영심이 많아 쓸데없는 낭비가 많다.
(2) 경문 형제兄弟 : 형제간에 정은 있으나 서로 시기하고 반목하여 허영심이 많다.
(3) 경문 자손子孫 : 연예인·예술인 등 인기 업은 크게 성공하나, 타업종은 출세가 빠르지만 고위직은 어렵다.
(4) 경문 처첩妻妾 : 배우자가 총명하고 영리하지만, 사람이 교만하고 거짓이 있으므로 화목하게 살 수가 없다.
(5) 경문 재백財帛 : 겉으로 보기에는 좋으나 제자리걸음을 면치 못한다.
(6) 경문 관록官祿 : 소년에 등과하여 직위에 오르기 쉬우나 부침·성쇠의 파동이 크므로 결정적인 성공을 못 한다.
(7) 경문 질액疾厄 : 건강에 큰 이상은 없지만 심화병·풍병 등에 잘 걸린다.
(8) 경문 명주命主 : 오락과 사치에 빠져 실속이 없고 허풍과 허영심이 많다.

5) 사문死門
(1) 사문 부모父母 : 양친 중 한 분은 병석에 눕게 되고, 매사 어려운 처지에 놓이며, 부모가 사망한 뒤 상속받는다.

(2) 사문 형제兄弟 : 형제 자매가 남북으로 분리되고, 형액 등의 재앙을 당한다.
(3) 사문 자손子孫 : 자식이 매우 불손하고 효심이 없다. 비록 자식이 있더라도 없는 것과 같다.
(4) 사문 처첩妻妾 : 정처는 사망하고, 재혼 후 안정하게 된다. 상처 또는 재산상의 손실이 심하다.
(5) 사문 재백財帛 : 재산의 득실이 빈번하고, 재산상의 소모가 많아 가업이 줄어든다.
(6) 사문 관록官祿 : 공명도 없고 장래도 바랄 게 없다. 수명이 부족하니 미천한 직업에 종사하면 명은 길어진다.
(7) 사문 질액疾厄 : 난치병으로 고생하다 결국 죽게 된다.
(8) 사문 명주命主 : 실속이 없고 막혀 있어 매사 성사되는 것이 없다.

6) 경문驚門
(1) 경문 부모父母 : 부모·형제·육친 간에 불화하고, 평생 다사다난하다.
(2) 경문 형제兄弟 : 형제가 서로 질투하고 시기하며, 남을 이용하기 좋아한다.
(3) 경문 자손子孫 : 부모에 불효하고 오만하여 행동이 경솔하며 신의를 저버리는 불량아이다
(4) 경문 처첩妻妾 : 부부가 불화한다. 처첩이 말이 많고 거짓이 많아 구설이 심하다.
(5) 경문 재백財帛 : 재물이 들어오면 곧바로 흩어지는 일성 일패의 기운이다.
(6) 경문 관록官祿 : 사업상의 변동이 심하고, 한 곳에 오래 있지 못한다. 낮은 지위를 높이려고 하면 오히려 위험하다.
(7) 경문 질액疾厄 : 질병이 있거나 급병에 걸릴 위험이 있으니 주의해야 한다.
(8) 경문 명주命主 : 일신이 불안하며 심신이 허약하여 잘 놀라고 초조하며, 허황된 일이 많다.

7) 개문開門
(1) 개문 부모父母 : 대인에게 발탁되어 위세를 하고, 작은 것으로 큰 것을 얻는 길운이다.

(2) 개문 형제兄弟 : 형제간에 서로 공을 다투어 영달하나 우애가 없다.
(3) 개문 자손子孫 : 총명하고 준수하며 역량이 있으니 귀인의 도움으로 현달한다.
(4) 개문 처첩妻妾 : 정직하고 어진 아내를 얻어 가문을 발전시킨다.
(5) 개문 재백財帛 : 재운은 길한데 쉽게 모으고 쉽게 써 버리는 결점이 있다.
(6) 개문 관록官祿 : 공명이 현달하고 높은 지위에 오를 수 있다.
(7) 개문 질액疾厄 : 건강하고 일생 질병이 적다. 대인은 권세를 얻고, 소인은 소성한다.
(8) 개문 명주命主 : 작은 것으로 큰 것을 얻고, 하는 일마다 만사 형통한다.

8) 휴문休門
(1) 휴문 부모父母 : 부모가 자애롭고 자녀가 효도하므로 가정이 화기 애애하고 매사 순조롭다.
(2) 휴문 형제兄弟 : 형제간에 우애가 있어 진심으로 상부 상조한다.
(3) 휴문 자손子孫 : 자녀간에 표면상의 왕래만 있고 실제는 타인 취급을 한다. 자기들의 분수만 지키면 무사하다.
(4) 휴문 처첩妻妾 : 가도가 조용하여 풍파가 없고, 부부간에 화합한다.
(5) 휴문 재백財帛 : 의외의 큰 재물은 없으나 항시 떨어지지 않고 늘 작은 수입이 있다.
(6) 휴문 관록官祿 : 공명의 길을 일찍 개척하고, 귀인의 도움으로 직위가 안전하다.
(7) 휴문 질액疾厄 : 숨은 질병이 있으므로 치료가 쉽지 않다. 집안은 조용하고 풍파가 없다.
(8) 휴문 명주命主 : 인품은 우아하고 단정하나, 원대한 목표를 추구하는 노력은 하지 않는다.

03
기신론己身論

기신론이란, 자기 자신의 성패 길흉에 대하여 논한 것이다.

하나. 일진수日辰數가 승왕乘旺·겸왕兼旺·거왕居旺하고, 길격吉格·길문吉門·길괘吉卦를 만나면 수복壽福은 겸비한다.

둘. 중궁中宮이 세궁歲宮을 도와 일日을 생생하거나, 세궁이 중궁을 도와 일을 생하면 수와 부귀를 누린다. 단, 양생음陽生陰과 음생양陰生陽은 진생眞生이고, 양생양과 음생음은 가생假生이다.

셋. 일진日辰이 세궁歲宮의 도움을 받거나, 중궁의 도움을 받으면 수귀壽貴한다.

넷. 세歲가 월月을 생하고, 월이 일日을 생하며, 일이 시時를 생한 자者, 시가 일을 생하고, 일이 월을 생하며, 월이 세를 생한 자, 시와 일이 함께 세歲를 생한 자, 일과 월이 함께 세를 생한 자는 수와 복을 누린다.

다섯. 쌍인雙印이 세궁歲宮이나 중궁에 있으면 대부大富이고, 국중局中에만 있어도 중부中富이다. 단인單印이 세궁이나 중궁에만 있어도 재물이 흥왕한다.

여섯. 오십토五十土 지반地盤에 천반天盤도 오십토로 겸왕하고, 또는 천반·지반이 무기戊己가 되면 대부大富한다.

일곱. 연·월·일·시가 함께 생왕하면 대부귀하고, 연·월·일, 또는 월·일·시 삼처三處가 생왕하면 부귀한다.

여덟. 연·월·일·시 사진四辰에 개문開門·경문景門·복덕福德이 중중重重하면 극귀인이다.

아홉. 사진四辰이 모두 절명絶命이 되고, 쌍귀雙鬼가 중궁에 동하면 흉이 극하여 반길反吉이 되므로 귀인에 속한다.

열. 일진궁日辰宮의 운은, 길격에 양호한 운을 만나면 자신이 출세하고, 천지반天地盤의 일간지日刊支에 길격을 얻으면 대길하다.

열하나. 일진수가 승사乘死·거사居士 등 수극되고 겸하여 흉문·흉괘를 만나면 천하고 단명한다.

열둘. 세궁이 월궁을 극하고, 월궁이 일궁을 극하고, 일궁이 시궁을 극하면 대흉하다. 단, 양극양과 음극음은 대흉하고, 양극음과 음극양은 소흉하다.

열셋. 세궁이 중궁을 도와 일궁을 극하고, 중궁이 세궁을 도와 일궁을 극하면 흉하다.

열넷. 일궁日宮이 세궁歲宮을 극한 자, 중궁이 극을 받은 자, 세궁이 월을 극하고 월이 시를 극한 자, 시가 일을 극하고 월이 세를 극한 자, 시와 월이 함께 세궁을 극한 자, 월과 일이 함께 세궁을 극한 자는 흉하다.

열다섯. 일진이 절명이 되고 일궁에 관귀官鬼가 임하면 평생 고생하고 액난이 많다.

열여섯. 일궁에 칠화七火나 구금九金이 있고, 세궁과 중궁의 쌍조雙助를 받으면 평생 곤고하고, 공명을 이루기 어렵다.

열일곱. 일진수日辰數가 십이운성의 병지病地에 있으면 반드시 병이 있다. 일궁의 천반수가 병에 해당하면 어려서 병이 있고, 지반수가 병에 해당하면 중년 이후에 병이 든다. 단, 문괘가 흉하면 중병이고, 길하면 경하다.

열여덟. 운이 장생·제왕·관대·건록궁에 이르면 길하고, 아울러 생문·생기·개문·복덕·경문·천의궁에 이르면 더욱 길하다.

열아홉. 운이 태·목욕·쇠·병궁에 이르면 불길하고, 고장궁庫葬宮이나 절체궁에 이르면 병액으로 인한 수술이 있다.

스물. 본명궁本命宮·태세궁太歲宮이 녹마祿馬, 또는 재귀인궁財貴人宮에 이르면 길하고, 형충파해궁이나 양사陽死·음사궁陰死宮에 이르면 흉하다.

스물하나. 양사처陽死處에 음생陰生하면 전반은 흉하고, 후반은 길하며, 음사처에 양생陽生하면 전반은 길하고 후반은 흉하다.

스물둘. 원국元局의 매년 태세궁을 보아서 세간歲干이 길운에 해당하면 그 궁이 흉격이더라도 그 흉은 가벼워지고, 세간이 흉운에 해당하면 그 궁이 길격이더라도 그 길함은 삭감된다.

스물셋. 홍국수가 의왕儀旺하고 길문과 길괘궁에 이르면 그 해는 길하다.

스물넷. 당년이 공망방空亡方에 이르면, 기쁜 일, 슬픈 일을 막론하고 되는 일이 없다.

스물다섯. 홍국수가 본의궁本儀宮에 이르면 그 해는 신세가 활짝 핀다.

스물여섯. 천반이 지반을 극하면 그 해는 고난이 많고, 지반이 천반을 극하면 길하며, 천반이 지반을 생하면 그 해는 이득이 많고, 지반이 천반을 생하면 그 해는 다사다난하다.

스물일곱. 천반을 위주로 하면 매년의 간干은 객이 되니 내외책內外策의 대응과 동정을 알 수 있다. 세간歲干이 월공月空이면 길과 흉이 모두 사라진다.

스물여덟. 먼저 동動하면 객客이 되고, 후에 동하면 주主가 된다.

스물아홉. 일진궁에 생문·생기·개문·복덕·경문景門·천의가 임하면 흉격이라도 후에는 길하다.

서른. 일진수가 거생·거왕하면 그 해는 다산·복록·축재 등 백사 대길하다.

서른하나. 당년의 연궁에 십이운성의 관대가 임하고 왕생하면 더욱 길하다.

서른둘. 천반이 지반을 생하면 길의가 많고, 일궁日宮과 삼합三合되는 궁이 전생轉生하면 길하고, 전극轉剋되면 질액사疾厄事가 있다.

서른셋. 일진궁이 절명을 만나면 그 해는 생명을 보존하기 어렵다. 세궁歲宮이 절명을 만나도 역시 흉하다. 태세나 일진궁에 흉격이 보이지 않으면 마침내 편안하다.

서른넷. 세궁歲宮의 사문·절명이 중궁의 관귀官鬼를 생한 자, 중궁이 세궁의 사문·

절명과 동궁한 관귀를 생한 자, 사문·절명을 세궁이나 중궁의 관귀가 생한 자는 목숨을 보전하기 어렵다.

서른다섯. 사문·절명이 공망을 만나거나, 관귀를 극제하면 사망은 면하지만, 사문·절명을 중봉重逢하면 비록 공망이 되더라도 요사夭死함을 면치 못한다.

서른여섯. 당년當年에 절명궁이 왕생이 되면 흉하고, 세궁의 사문·절명이 공망되어 일진을 충극하면 내적인 일은 길하고, 외적인 일은 흉하다.

서른일곱. 일간日干이 거극居克이나 수극受克되면 불길하고, 생문을 봉逢하여도 생문이 극이 되면 길의는 반감된다.

서른여덟. 일진궁이 거왕하고 경문景門을 동궁하면 경사가 겹치고, 일진궁이 수극되고 절체를 동궁하면 손재수가 있고, 처가 수술한다.

서른아홉. 일진수日辰宮의 지반수가 일륙 수一六水인 자는 자부심·승부욕·출세욕이 강하고, 매사에 적극적이며, 총명하여 임기 응변이 뛰어나고 이해심이 많으며, 사교성이 뛰어나다. 그러나 지나치게 강하면 호색하고 수다스러우며, 권모 술수를 잘 쓰므로 주위로부터 견제와 따돌림을 당한다.

일진수가 이칠 화二七火인 자는 불 같은 성품이지만 밝고 명랑 쾌활하여 표현력이 좋고 매사에 적극적이며 부지런하다. 그러나 화가 너무 강하면 사치하고 소비성 욕구가 강하며, 감정의 기복이 심해 표현력이 지나쳐 시비·구설이 많이 따른다.

일진수가 삼팔 목三八木인 자는 인자하고 너그러우며, 선비 기질이 강하여 낙천적이며, 미래지향적이다. 또한 자기 주관이 너무 강하여 굽히는 것을 싫어하며, 항상 위만 바라보고 뻗어나갈 궁리만 한다. 즉, 누구보다 야심이 강한 편이다.

그러나 너무 강하면 과시욕이 강해서 실리적이지 못하고 허황된 면도 있어 자칫 일을 그르칠 수 있다.

일진수가 사구 금四九金인 자는 우직하고 강직하여 명예를 중시하며, 위엄과 결단력이 있고, 인정이 많아 약자를 잘 돕는 성품이다. 그러나 금金의 기운이 너무 강하면 잔인하고 살벌하며, 권위적으로 주위를 억압한다. 그래서 힘의 결정체로 살상·숙살·억제·권력이나 명예의 의미를 지니고 있다.

일진수가 오십 토五十土인 자는 성품은 중후하고 원만하며, 포용력이 있어 신용과 약속을 소중히 여기고, 요행이나 기적을 바라지 않고, 쉬지 않고 노력하는 타입이다. 따라서 대인 관계는 아무나 잘 사귀지 않고 마음에 드는 사람한테만 친밀하게 대한다. 또한 책임감이 강하여 한번 한 말은 분명히 실천하며, 맡은 일에 충실하다. 그러나 너무 강하면 유아독존적이거나 욕심이 많아 큰 것만을 추구하다 실패하기 쉽고 실속이 없다.

04 형제론兄弟論

하나. 일진수와 같은 오행이 형제궁이며, 양수는 남자 형제이고 음수는 여자 형제이다.

둘. 형제의 수數가 일륙 수一六水이면 1명, 이칠 화二七火이면 2명, 삼팔 목三八木이면 3명, 사구 금四九金이면 4명, 오십 토五十土이면 5명이고, 양토이면 1명, 음토이면 2명이다.

셋. 형궁형제궁이 거생居生·거왕居旺·승왕乘旺·겸왕兼旺하면 3~4형제가 되고, 다시 생문生門·생기生氣를 만나면 형제가 다정하다.

넷. 일진궁의 천지반수가 구금九金으로 겸왕하거나, 사금四金으로 겸왕하면 이복 형제가 있다.

다섯. 형제궁에 십이운성의 양운養運을 만나면 형제가 출가한다.

여섯. 천지반天地盤의 월간月干과 월지月支가 승왕·거왕·겸왕·승생·거생·수생受生한 자가 길문 길괘를 만나면 운이 대길하다.

일곱. 세궁이 중궁을 도와 일日을 생한 자, 중궁이 세궁을 도와 일日을 생한 자는 대길하고, 세궁歲宮이나 중궁의 생을 받아도 길하다.

여덟. 일진궁이 사·묘에 해당하면 독신이고, 형제수형제궁의 천지반수가 수극되면 혈혈단신이며, 형제수가 휴문을 만나도 독신이다. 형제수가 사문·절명을 만나면 무덕無德하고, 형제수가 공망되면 형제가 없거나 불화한다. 팔문이 궁을 극해도 단신이다.

아홉. 구금九金은 태백살로 살성이 강하니 형제궁에 임하면 일신이 고단하고 적서嫡庶의 구분으로 논한다.

열. 천지반의 일간日干과 월지月支가 승사乘死·거사居死·거극居剋되고, 흉문·흉괘·원진·형충 파해·공망을 만나면 모두 불길하다.

열하나. 평생국을 해석할 때 운이 형제궁에 이르면 형제나 친구에 관한 일이 있고, 만사는 처와 재물의 방해를 받아 불성된다.

열둘. 형제궁이 왕상한 자가 왕상한 궁에 임하면 형제의 수가 가수加數가 된다. 천지반수가 일륙 수一六水이면 칠七이 되고, 이칠 화二七火가 되면 9형제로 본다. 형제궁이 왕상하더라도 쇠·휴궁에 임하거나, 수사囚死가 왕상방에 임하면 1수를 감한다.

열셋. 월간·월지가 왕상궁에 임하면 형제가 길하다, 월간·월지가 쇠나 사문방을 만나고 거극·수극되면 형제가 불길하고, 가까운 친구도 흉함이 있다.

열넷. 월간에 경·병·계庚丙癸가 가加되면 관재 구설이 있다. 그러나 일간이 왕상하면 백액이 불침하고, 일간이 쇠·병·휴에 해당하면 화액이 침범한다.

열다섯. 월간이 태세年와 더불어 태백살인 경庚을 보면 부모와 형제에게 배척을 당한다.

열여섯. 월간에 경庚이 가加하면 관재·구설이 있고, 흉액과 부모의 액도 있다.

열일곱. 형제궁에 사문을 만나면 형제상이며, 화해를 만나면 형액이 있고, 절체를 만나면 형제가 수술을 한다. 또 형제궁의 천지반수가 거사居死하고, 사문·절명을 만나면 대흉하다.

열여덟. 월지에 상문喪門·조객弔客이 임하면 형제가 상을 당하고, 월간에 상문·조객이 임하면 가까운 친구가 상을 당한다. 겸하여 사문·절명이 동궁하면 더욱 확실하다.

열아홉. 기신일진궁과 형제궁이 쌍립하거나, 일진궁에 형제가 임하거나, 형제궁에 기신己身이 임하면 동분서주하고 동업자가 많이 생긴다. 겸하여 길문·길괘를 만나면 길사吉事가 되지만, 흉문·흉괘를 만나면 길사가 있는 와중에 손재수가 들어온다.

05
부모론父母論

하나. 일진수일궁의 지반수를 생하는 오행이 부모가 된다. 가령 일궁의 지반수가 사구四九이면 오십五十이 부모인데, 명리의 편인에 해당하는 양토인 오五가 부父이고, 인수에 해당하는 음토인 십十이 모母이다.

둘. 부모궁이 장생궁에 앉으면 부모가 장수하고, 자신 역시 길명이요, 다시 재왕궁財旺宮이면 거부가 된다.

셋. 부모궁이 천지반 오십 토五十土로 왕성하거나, 육의가 무기 토戊己土가 되면 부모가 부유하다.

넷. 부모궁이 왕상하고 길격에 길문·길괘를 만나면 부모가 영귀하고, 만년까지 효도할 수 있다.

다섯. 부모수父母數 : 부모궁의 천지반수가 승생乘生·거생居生·수생受生이면 부모가 장수하고, 부모수가 승왕乘旺·거왕居旺·겸왕兼旺이면 부모가 부귀한다.

여섯. 부모수가 상문·개문·경문景門·생기·복덕·천의이면 부모가 영달하고 부유하다.

일곱. 부모궁에 생문과 절명이 동궁하면 생문이 의주이므로 부모님이 장수한다.

여덟. 세歲와 일日이 모두 십이운성의 양운養運에 해당하면 부모가 양자 갈 운명이다.

아홉. 부모수가 사문·상문·절체·절명을 만나면 부모가 질병이 있고, 조실 부모하며, 횡액수가 있다.

열. 부모수 중에 양수陽數가 길하면 아버지가 장수하고, 음수陰數가 길하면 어머니가 장수한다.

열하나. 부모궁이 공망을 만나면 조실 부모하고, 성공하기 어렵다.

열둘. 부모가 중궁에서 동하여 세상歲上에 임하면 당년에 부모사父母事가 있다.

열셋. 세궁歲宮이 사문·절명이면 조실 부모하고, 성공하기 어렵다.

열넷. 세상의 칠구七九가 중궁의 부모를 극하거나, 중궁의 칠구七九가 세상의 부모를 극하면 부모에게 우환이 있고, 불길한 일이 발생한다.

열다섯. 세궁歲宮에 쌍화雙火나 쌍금雙金이 동하면 부모에게 불상사가 있고 병액이 있다.

열여섯. 세간歲干에 사문·절명을 만나거나, 경가경庚加庚·경가병庚加丙·병가경丙加庚이면 부모에게 근심과 우환이 있다.

열일곱. 중궁의 세궁歲宮의 쌍화나 쌍금을 도우면 관액으로 흉하고, 또한 중궁이 부모궁의 쌍화나 쌍금을 도와도 관액으로 인한 고난이 있다.

열여덟. 세상歲上 : 세궁의 지반수의 부모가 중궁의 자손을 극하거나, 중궁의 부모가 세상의 자손을 극하면 출세하기 어렵고, 조실 부모를 한다.

열아홉. 세궁이나 중궁의 칠구七九가 부모를 극하여도 부모가 관형이 있다.

스물. 출생시의 음양수陰陽數로 부모 종년終年의 선후를 정한다. 子時:양, 丑時:음, 寅時:양, 卯時:음. 예를 들면, 양시생陽時生이 시상時上의 수가 양수이면 부선망父先亡하고, 양시생이 시상의 수가 음수이면 모선망母先亡한다. 음시생이 시상의 수가 양수이면 부선망하고, 음시생이 시상의 수가 음수이면 모선망한다.

스물하나. 세궁歲宮의 간지가 복음이 되어도 부모에게 우환이 있다.

스물둘. 부모의 사망하는 해를 알려면 부모수부모궁의 지반수를 다시 중궁에 넣고 포국을 하여 양둔에는 지반경상地盤庚上, 음둔에는 천반경상天盤庚上에 이른 수로 결訣한다. 가령 일륙 수一六水이면 임계년, 이칠 화二七火이면 병정년丙丁年, 삼팔 목三八木이면 갑을년, 사구 금四九金이면 경신년, 오십 토五十土이면 무기년으로 결한다.
　만약, 천반 경庚이 공망이면 지반 경의 수로 결하고, 지반 경이 공망이면 천반 경의 수로 결한다.

스물셋. 사망하는 월을 알려면 연의 결수訣數를 다시 중궁에 넣고 포국을 하여 양둔에는 지반 병상地盤丙上, 음둔에는 천반 병상天盤丙上에 이른 수로 결한다. 일류 수一六水이면 임계월壬癸月, 이칠 화二七火이면 병정월丙丁月, 삼팔 목三八木이면 갑을월, 사구 금이면 경신월, 오십토이면 무기월이다.

스물넷. 사망하는 일을 알려면 월의 결수를 다시 중궁에 넓게 포국하여 팔괘의 귀혼궁에 이른 수로 결한다. 일륙 수이면 해자일亥子日, 이칠 화이면 사오일巳午日, 삼팔 목이면 인묘일, 사구 금이면 신유일, 오십 토이면 진술·축미일로 결한다.

스물다섯. 사망하는 시時를 알려면 부모궁의 지반수를 극하는 재궁財宮의 지반수로써 시를 결하는데, 재궁의 지반수가 일륙 수이면 해자시, 이칠 화이면 사오시巳午時, 삼팔 목이면 인묘시, 사구 금이면 신유시, 오십 토이면 진술·축미시로 결한다.

스물여섯. 장남의 사주국으로 부모의 사후 좌향을 정하는 법이 있는데, 가령 장남 사주의 부모궁이 감궁이면 자좌오향子坐午向, 간궁이면 간좌곤향艮坐坤向, 진궁이면 묘좌유향卯坐酉向, 손궁이면 손좌건향巽坐乾向이다.

스물일곱. 세간상歲干上의 사문에 경庚이 가加하면 부모가 사망한다.

06
처첩론 妻妾論

하나. 일진수日辰數 : 일궁의 지반수가 극하는 오행이 처첩이 된다. 양극음陽剋陰과 음극양陰剋陽은 처가 되고, 양극양陽剋陽과 음극음陰剋陰은 첩이 된다.

둘. 처재수妻財數 : 처궁의 지반수가 승왕·거왕·겸왕한 자는 처첩을 얻을 수 있고, 승생·거생·수생한 자는 부부가 해로한다.

셋. 일진궁日辰宮에 생기·복덕·생문을 만난 자는 현명한 배우자를 얻고, 재財가 중궁에 들고 길격이면, 중궁의 재가 관성을 생조하므로 관직에 더욱 길하다.

넷. 처재수 처궁의 지반수가 오십 토五十土인데, 천반도 오십 토가 되어 겸왕하면 천반 무기戊己도 처재에 해당하므로 부하고 길하다.

다섯. 천재수가 승사乘死·거사居死하고 수극受剋되면 중년에 상처한다.

여섯. 일진수가 수극되고 사문·절명을 만나면 상처한다.

일곱. 일진수가 승사·거사하고, 길문·길괘를 만나면 재취再娶한다.

여덟. 일진이 공망되거나 고허방孤虛方에 해당하면 평생토록 홀아비 신세이다.

아홉. 혼인하는 해를 알려면 처수妻數 : 천궁의 지반수를 중궁에 넣고 역포逆布하여 일진수일궁의 지반수에 해당하는 수로 정한다. 일一은 임년壬年, 이二는 정년丁年, 삼三은 갑년, 사는 신년, 오는 무년, 육은 계년, 칠은 병년, 팔은 을년, 구는 경년, 십은 기년에 혼인한다.

열. 처재궁妻財宮에 팔괘의 절명·절체를 만나고, 팔문의 사문·상문이 가加하면 상처한다.

열하나. 재성의 수사囚死를 만나고 수극되면 배우자가 병환 중이거나 사망한다.

열둘. 재궁의 지반이 일륙 수一六水에 해당하고, 화해가 동궁하면 주색으로 인하여 손재가 많다.

열셋. 재財와 귀鬼 : 편관가 입중궁하고 재·귀가 득세하면 첩을 얻는다.

열넷. 재와 귀가 왕성하고 태을구성의 태음을 만나면 첩이 있다.

열다섯. 재성이 화해를 만나고 일진이 함지·도화살이면 음탕하고 빈곤하다.

열여섯. 기신궁己身宮 : 일주궁이 수극되거나, 지반이 천반을 극하고, 십이운성의 목욕지에 해당하며, 화해·함지·도화를 만나면 음행함이 이를 데 없어 근친 상간, 부녀자 강간 등 정신 이상한 짓을 한다.

열일곱. 재성財星이 을경乙庚과 동궁하고, 함지·도화를 만나거나 관이 왕하면 혼인도 하지 않고 임신을 하며, 재화와 관재수가 있다. 그러나 재성이 을경을 만나도 적부팔장의 육합과 동궁하면 부부가 화기 애애하다.

　열여덟. 재성이 을신乙辛 청룡도주격이고, 경문·유혼을 만나면 첩과 공모하여 야반도주한다.

　열아홉. 정재궁은 수생·거생·겸왕·승왕하고, 개문·생문·복덕·생기·천의와 동궁하고, 편재궁은 거사·승사·수극·승극·거극으로 형충 파해되고, 사문·상문·경문驚門·두문을 동궁하며, 감궁의 지반과 이궁의 천반이 상극되고, 을乙이 임한 궁과 경庚이 임한 궁이 내괘·외괘로 나누어지면 그 해에 첩이 떨어져 나간다.

　스물. 정재는 은복되고 중궁의 편재가 거생·수생·겸왕·승왕하여 왕성하고, 세궁歲宮이 중궁의 편재를 생조하면 정처와는 공방수이고, 첩이 정처 노릇을 한다. 그 이유는 중궁에 편재가 들면 정재가 은복되어 정처와는 공방수이며, 첩이 중궁에 노출되어 주인 노릇을 하는 것이다.

　스물하나. 편재가 중궁에 들어도 천지반 상하가 상극되고, 세궁이 중궁을 극하고, 쌍인雙印이 중궁을 극하며, 월영에서 중궁의 편재를 충극하고, 을과 경궁에 육의 병·경丙庚이 임하거나 칠구七九가 상전하면 그 해에는 반드시 첩이 떨어져 나간다.

07

자손론子孫論

하나. 양남陽男·양녀陽女가 생하는 음수陰數는 남식男息이요, 양수陽數는 여식女息이다. 음남·음녀가 생하는 양수는 남식이요, 음수는 여식이다. 즉, 기문국에서는 상관궁이 아들궁이고, 식신궁이 딸궁이다.

둘. 자손 수는 자손궁의 지반수가 해당하는 오행으로 판단하는데, 수水는 1명, 화火는 2명, 목木은 3명, 금金은 4명, 토土는 양토가 1명, 음토가 2명으로 본다.

셋. 자손궁의 천반과 지반이 상생하면 낳은 대로 모두 기를 수 있지만, 상극되면 어려서 요절하는 자식이 있다.

넷. 자손궁이 공망이면 무자無子의 명이다. 설령 있다 해도 사망하거나 잃어버린다. 그러나 공망이더라도 왕상향旺相鄕에 해당하면 양자를 둘 수 있고, 간혹 자식을 낳는 수도 있다.

다섯. 자손궁이 왕상향이면 일찍 자식을 얻고, 휴이면 중년에 자식을 얻고, 수囚이면 만년에 자식을 두거나 무자無子한다.

여섯. 자손궁이 수극·거극·승극되고 휴·쇠·기에 해당하면 그 자손이 온전치 못하다.

　일곱. 자손궁이 공망이 되면 자식과 인연이 없고, 각자 고향을 떠나 타향살이를 하며 인덕이 없다.

　여덟. 시간時干이 입중궁入中宮하고 공망을 만나면 자식이 없다.

　아홉. 자손궁에 관이 임하고 사문·절명이 되면 요절하는 자식이 있다.

　열. 자손궁이 십이운성의 양운養運에 들면 양자를 둔다.

　열하나. 자손궁이 총괘궁總卦宮과 상극이 되면 자식이 있어도 무득無得하다.

　열둘. 자손궁에 상문과 화해가 임하면 자손이 손상한다.

　열셋. 자손궁이 수생·거생하더라도 시간時干이 절사향絶死鄕에 들고, 수극이 되면 요절하는 자식이 있다.

　열넷. 자손궁이 수극되면 자식을 기르기 어렵고, 만약 극자尅子가 승왕乘旺이 되면 득자得子하게 되나 장수하기는 어렵다. 극자가 승시사쇠乘時死衰하면 무력하여 극이 어려우나 역시 장수하지는 못한다.

　열다섯. 자손궁이 거사居死면 한 자식을 잃고, 거공居空되면 자식이 병치레가 많다.

　열여섯. 자손궁이 일류 수一六水이고 십이운성의 태궁에 임하면 자식을 다산하며, 더불어 육의 계癸수가 동궁하고 태궁에 임하면 첩에게서 자식을 얻는다.

열일곱. 자손궁의 천지반이 사구 금四九金으로 구성되고 태을구성의 천부가 동궁하면 배다른 자식이 있다.

열여덟. 자손궁의 천지반이 일륙수로 구성되고 팔괘의 절명이 동궁하면 맹아 자식을 둔다.

열아홉. 자손궁이 십이운성의 장생지長生地에 앉으면 자식이 성공한다. 흉문·흉괘와 동궁해도 역시 자식은 있다.

스물. 자손궁의 지반수가 수극되고 휴문을 동궁하면 그 대代에 자식이 절손된다.

스물하나. 자손궁의 천지반이 쌍九·쌍七·단九·단七로 구성되면 혈혈단신이고 더불어 흉문·흉괘, 또는 사·묘·절지에 닿으면 그 대에 자식이 끊긴다.

스물둘. 부모궁의 천지반이 삼팔 목三八木으로 구성되어 왕성하면, 자손궁의 천지반인 오십 토五十土를 극함이 극極에 달해 무자無子의 명이다.

스물셋. 기신궁일진궁이 중궁을 돕고, 중궁이 자손궁을 극하면 자식을 기르기 어렵다.

스물넷. 중궁이 기신궁을 돕고, 기신궁이 자손궁을 극해도 자식을 두기 어렵다.

스물다섯. 자손궁이 수상·거생·거왕·겸왕·승생·승왕하면 자식이 모두 장수하고, 더불어 길문·길괘·길격·길성과 동궁하면 자식이 선량하고 현달하며, 수복을 겸전한다.

스물여섯. 생남生男의 연年을 알려면 아들궁상관궁 천지반수를 입중궁하여 포국한 뒤 생기가 닿는 궁의 수로써 정한다. 일륙 수一六水는 임계년壬癸年, 이칠 화二七火는 병정년丙丁年, 삼팔 목三八木은 갑을년甲乙年, 사구 금四九金은 경신년庚申年, 오십 토五十土는 무기년戊己年에 장남을 생산한다. 차남의 생년生年을 알려면 생문이 닿는 궁의 수로써 정한다.

스물일곱. 생녀生女의 연을 알려면 딸궁식신궁의 천지반을 입중궁하여 포국한 뒤 음극으로 생문이 닿는 궁의 수로써 정한다. 일륙 수는 해자년亥子年, 이칠 화는 사오년巳午年, 삼팔 목은 인묘년寅卯年, 사구 금은 신유년辛酉年, 오십 토는 진술·축미년에 장녀를 생산한다. 차녀의 생년을 알려면 생기가 닿는 궁의 수로써 정하다. 일륙 수는 해자년, 이칠 화는 사오년巳午年 등 생년은 장녀와 동일하다.

스물여덟. 일진궁이 거왕·경왕·승왕하여 왕하고, 세지歲支에서 생하며, 태胎가 임하면 잉태수다.

스물아홉. 자손이 중궁에 동하고 세궁歲宮이 생하면 잉태수이다.

서른. 자손궁의 천지반이 쌍립으로 겸왕하면 잉태수이다.

서른하나. 중궁에서 쌍수가 동하면 잉태수이다.

서른둘. 태궁胎宮에 생문·생기가 동궁하면 잉태수이다.

서른셋. 세일궁歲日宮에 생문·생기가 동하고 자손궁이 중궁에 동하여 쌍립으로 왕성하면 쌍태수雙胎數이다.

서른넷. 자손이 중궁에 동하고 세궁이 생하며, 생문·생기를 만나면 잉태수가 확실하다.

서른다섯. 일진궁이 태궁에 앉고, 거왕·겸왕·승왕하며, 세궁이 일진궁을 왕생하면 잉태수이다.

서른여섯. 세월궁歲月宮이 생문·생기를 만나도 잉태수이다.

서른일곱. 시궁時宮에 생문·생기를 만나면 잉태수이다.

서른여덟. 부부 두 사람의 당년 기문국상에 세궁·중궁·일진궁 삼처가 양이 많으면 생남이요, 음이 많으면 생녀한다.

서른아홉. 팔문과 천봉구성으로 작괘作卦하여 일진궁 위주로 양괘면 득남수요, 육경六庚은 남아이고, 을기乙奇는 여아이다

마흔. 일진이 중궁을 도와 세궁상의 자손을 충극하면 태아가 사망한다.

마흔하나. 일진궁의 천지반이 상생하면 순산하고, 상극하면 난산한다.

마흔둘. 일진궁의 천반의 지반을 극하면 산모가 위험하고, 지반이 천반을 극하면 아이가 위험하다.

마흔셋. 일진궁의 쌍금과 쌍화가 상전相戰하거나 병경丙庚이 상전하면 산모가 질병이 생긴다.

마흔넷. 부부의 행년行年이 태궁을 충파하면 당년에 자손을 생산하기 어렵다.

마흔다섯. 시궁時宮이 휴·쇠·지에 해당하나 거생되어 왕하면 처자가 편안하다.

마흔여섯. 시간時干의 천반수가 양이면 첫아들을 얻고, 음이면 첫딸을 얻는다.

마흔일곱. 태수胎數가 월귀月鬼되는 자는 10개월을 지키기 어렵고, 조산의 징조가 있으나, 처궁의 지반수가 극됨이 없으면 순산한다.

마흔여덟. 세궁의 천지반수가 팔이면 팔삭동이를 낳을 수이다.

마흔아홉. 자손궁과 일진궁에 휴문을 만나면 첫아들을 생산할 수 없다.

쉰. 자손궁에 천덕·월덕이 임하면 자손이 현달한다.

쉰하나. 시궁이 생문·생기를 만나고, 승생·거생·거왕이면 자식이 수복을 누린다.

쉰둘. 자손궁과 시궁時宮에 병경丙庚 형입태백熒入太白·천예·천주, 정계丁癸 주작투강朱雀投江, 신을辛乙 백호창광白虎猖狂, 계정癸丁 등사요교螣蛇妖嬌, 을신乙辛 청룡도주격青龍逃走格이 되고, 사문·절명이 동궁하면 자식이 불길하며, 그 흉함이 중하다.

08
재수론財數論

양극음陽剋陰과 음극양陰剋陽은 정재이고, 양극양陽剋陽과 음극음陰剋陰은 편재이다.

하나. 재수궁財數宮이 승왕·거왕·겸왕·승생·거생·수생된 자는 부격富格이다.

둘. 세재歲財가 일궁에 임한 자, 세궁歲宮이 왕한 재를 생조生助하는 자, 세궁이 겸왕한 재를 생존하는 자는 천하 대부격大富格이다.

셋. 세궁이 승생·거생·승왕한 재를 생조하는 자, 세궁이 승왕·거왕한 월궁의 재를 생조하는 자, 월궁이 세궁의 승왕·거왕·겸왕한 재를 상모하는 자, 그리고 세歲와 월月이 함께 거왕한 재를 생조하는 자는 모두 부격이다. 하지만 일진궁이 길문을 얻어야 비로소 길하리라.

넷. 일진수일궁의 지반수가 거왕·거생한 자, 거고장居庫葬한 자, 승왕·승생한 자는 모두 부격이다. 모든 재는 일진궁이 길운을 만나고 천반수가 수생·승생하면 결국에는 길하다.

다섯. 쌍인雙印인 중궁이나 세궁에 임한 자도 대부大富이다.

여섯. 재가 중궁에서 동하고 쌍인이 국중局中에 있으면 재운이 발생한다.

일곱. 일진궁이 승왕·거왕하고, 재가 세궁이나 중궁의 쌍자손雙子孫에 생조를 받으면 재물이 풍부하고, 비록 세궁이나 중궁의 단자손單子孫이 조助하여도 재물이 여유가 있다.

여덟. 일日이 수생되고 재도 수생되면 빈곤은 면한다.

아홉. 재가 일에 왕생되거나, 고庫가 된 자는 비록 재가 사문·절명을 만날지라도 굶어 죽는 것은 면한다.

열. 재궁에 생문·복덕이 임하거나, 재가 일에 임하여 길문·길괘를 만나면 재물이 풍족하다.

열하나. 재가 공망에 거하면 재사財事가 불성이다. 그러나 운이 일진궁에 장생을 만나면 먼저는 가난하고 후는 부자이다.

열둘. 재수財數 : 재궁의 지반수가 승사·거사·수극受剋이면 결국 굶어 죽는 것을 면치 못한다.

열셋. 재수가 비록 왕성해도 일이 수극되면 굶어 죽는다.

열넷. 일진궁의 천지반수가 충극이 되면 가업을 이루기 어렵다.

열다섯. 재수와 일진수가 충파되면 재물은 모이지 않는다.

열여섯. 연월일시에 쌍화·쌍금이 상전하면 곤궁함과 아사를 면치 못한다.

열일곱. 재가 공망에 앉으면 비록 재가 승왕·거왕해도 결국 재산은 고갈되며, 재궁에 사문이 동궁하고, 십이운성의 사·절지에 앉아도 재물은 흩어진다.

열여덟. 평생국의 운을 추운推運함에 있어 운이 처재궁에 이르면 재관운財官運은 유리하나 부모운은 불리하다.

열아홉. 재가 중궁이나 세궁에 동하면 반드시 당년에 재사가 있다.

스물. 재가 쌍으로 겸왕하면 재운이 길하다.

스물하나. 쌍자손이 기문국 내에 있으면 재운이 유여하다.

스물둘. 재가 월지月支의 고庫가 되면 재운이 길하다.

스물셋. 세가 월의 재를 생조하는 자, 월이 세의 재를 생조하는 자로서 생문·복덕·개문을 만나면 혼경사婚慶事가 있다.

스물넷. 재가 세를 생하고 세가 중궁을 생하며, 중궁이 일日을 생한 자는 재운이 대길하다.

스물다섯. 세나 월이 재를 생조하고, 재가 거왕·거생하면 재록이 풍족하다.

스물여섯. 일日이 수생되면, 재가 비록 거사·수극·수설受泄되어도 자신과 가택家宅에 유익함이 많다.

스물일곱. 세궁에 생문 또는 휴문을 만나면 전답을 늘릴 수 있다.

스물여덟. 재가 거왕·수생하여 왕성하고 운이 세지에서 길하면 재를 생하는 월에 가서 재물을 구할 수 있다. 가령 수水가 재라면 금월金月에, 화火가 재라면 목월木月에, 금金이 재라면 토월土月에 재물을 구할 수 있다. 종목은 수가 재財이면 술과 고기·해산물·어패류 등이요, 목이 재면 의복·비단·목재·약초·종이 등이고, 화가 재면 문서·날짐승·화로·풀무·붓·먹 등이며, 토가 재면 부동산·가옥·전토·소·말·낙타 등이고, 금이 재면 금은 보화·농기구·철제품·자동차 등이다.

스물아홉. 세가 재를 생하면 권력자가 득재한다.

서른. 재가 세고歲庫가 되면 권력자가 축재한다.

서른하나. 재가 세를 왕생하면 권력자가 치부한다.

서른둘. 일진궁에 쌍칠이나 쌍구가 임하고, 형충파해가 되면 흉하고, 더불어 사문·절명이 동궁하면 대흉하다.

서른셋. 세궁의 재가 중궁의 귀鬼：편관를 돕거나, 중궁의 재가 세궁의 귀를 돕는 자는 모두 재로 인한 화禍가 발생한다. 단, 수생이면 목숨을 건진다.

서른넷. 쌍금이 재가 되면 반드시 화가 일어나니 재물을 움직이지 않는 것이 좋다.

서른다섯. 재가 일에 임하되 목木이 재라면 목성인木姓人이 구재한다.

서른여섯. 재가 수생하고 재를 생한 자가 이칠 화二七火이면 화성인火姓人이 구재하고 남방인南方人의 도움이 있다.

서른일곱. 손재의 월을 알려면 재궁의 천지반을 중궁에 넣고 포국하여, 세궁歲宮의 지반수가 일륙一六이면 일륙월一六月, 혹은 수월水月, 지반수가 이칠二七이면 이칠월二七月, 혹은 화월이 손재가 있는 월이다.

서른여덟. 재가 일日에 임하고, 재가 생조를 받아 왕하며, 일日을 생하는 자가 화火이면 문서상의 재가 들어오고, 금金이면 군사로 인하여 재를 얻고, 목木이면 관리가 구재하고, 토土이면 창고의 재물을 얻고, 수水이면 공工으로 인한 재를 얻는다. 재물을 구하는 방위는 반드시 일日을 생하는 방위에서 구하라.

서른아홉. 재가 임한 기신己身이 거쇠·거사하고, 재가 생방에 있으면 기신을 생하는 월에 재물이 들어온다.

마흔. 기신은 생방生方에 거하고, 재가 거쇠·거사되었으면 재를 생하는 월에 재물이 들어온다. 그리고 쌍재라면 기신을 생하는 월에 재물이 들어온다.

마흔하나. 재가 거왕·겸왕이면 재가 생하는 월에 재물이 들어온다.

마흔둘. 재가 거쇠·수극·설재이면 재를 생하는 월에 재물을 이룬다.

마흔셋. 재가 거사된 자, 수극된 자, 공망이 된 자는 손재수가 있고, 세궁이 재를 극한 자는 권력자로 인해 손재한다.

마흔넷. 세궁이 중궁의 재를 극한 자, 세궁이 월궁의 재를 극한 자, 월궁이 세궁의 재를 극한 자, 세·월궁이 함께 재를 극한 자, 중궁이 세궁의 재를 극한 자, 쌍칠·쌍구가 기신궁을 충극하는 자는 모두 흉하다.

09
재응기론財應期論

재응기란 재물이 이루어지고 들어오는 시기를 말한다.

하나. 쌍재인 자는 생신지월生身之月 : 일이 四九金이면 土월이 재를 이룬다.

둘. 재가 거왕·겸왕이면 재생지월財生之月 : 재가 土이면 申酉월에 재를 이룬다.

셋. 재가 거왕하고, 수설 수극되면 재왕지월財旺之月 : 재가 土이면 土월에 재를 이루지만 크지 않다.

넷. 재가 절태향絶胎鄕에 있고, 기신己身이 왕지旺地에 거하면 재왕지월에 재를 이루고, 재가 설기되면 생재지월生財之月 : 재가 四九金이면 土월에 재를 이룬다.

다섯. 재가 거사居死·수극受剋·수설受泄·공망空亡된 자는 손재한다.

여섯. 재가 신身에 임하고 거쇠居衰되거나, 재가 생향生鄕에 임하면 생신지월에 재를 이루고, 신이 생향에 거하고 재가 쇠사지衰死地에 임하면 생지지월에 재를 이룬다.

일곱. 신이 사태지死胎地에 거하고, 재가 왕향에 임하면 신왕지월身旺之月 : 일이 토이면 토월에 재를 이룬다.

여덟. 재가 생왕하고, 개문·생문이 임하면 화해가 동궁해도 금전 융통이 원활하므로 투자가 가능하다.

아홉. 재가 쇠지衰地에 거하고 두문·상문이 동궁하면 금전 융통이 막히니 투자하는 일은 실행하면 안 된다.

열. 재가 공망이면 출공지월出空之月에 재를 이룬다.

열하나. 세궁歲宮이나 중궁中宮에 재가 임하면 연중 재물을 거래하는 일이 많이 생긴다.

열둘. 일진이 설기泄氣되면 재물의 소비가 많다.

열셋. 일진의 지반이 천반을 극하면 악의가 많고, 도화·함지·목욕살이 동궁하면 음사가 있다. 겸하여 화해를 만나면 패가 망신하고 금전적인 손해가 많다.

열넷. 영재사營財事는 당연히 길방吉方을 취해야 이룰 수 있다.

열다섯. 구재시 관겁방官劫方은 흉하니 절대 취하지 말라.

열여섯. 사구금四九金이 재가 되어 병경丙庚을 가加하고, 거생·승생·승왕이면 관재 구설이 생기고, 함지·백호·관겁이 동궁하면 관재가 있다.

열일곱. 재수財數가 왕기旺氣를 얻고, 시궁時宮도 왕하면 대부호이다.

10 관성론官星論

일진을 극하는 오행이 관성이니, 양이 음을 극하고 음이 양을 극하면 정관이요, 양이 양을 극하거나 음이 음을 극하면 관귀편관가 된다.

하나. 대귀자大貴子는 용재用財하고 관을 불용不用하며, 대권자는 관살官煞을 용용하고 인印을 불용한다.

둘. 관성이 일륙 수一六水인 자는 일품관이요, 이칠 화二七火인 자는 이품관, 삼팔 목三八木인 자는 삼품관, 사구 금四九金인 자는 사품관, 오십 토五十土이면 오품관이다.

셋. 일륙 수一六水는 주공主工이고 농수산부의 관장이며, 이칠 화는 주례主禮이고 교육문화공보부의 관장이며, 삼팔 목은 주사主事이고 행자부·총무처의 관장이며, 사구 금은 주병主兵이고 국방부·안기부·법무부·검찰청의 관장이며, 오십 토는 주고主庫이고 농협·축협·수협의 관장官長이다.

넷. 관성이 승왕·거왕·겸왕·승생·거생·수생한 자는 길하고, 길문·길괘를 만나면 더욱 길하다.

다섯. 세궁歲宮의 관성이 중궁을 조助하여 일을 생한 자,

중궁의 관성이 세궁을 조助하여 일을 생한 자,
세궁의 관성이 월궁을 조助하여 일을 생한 자,
월궁의 관성이 세궁을 조助하여 일을 생한 자,
세월궁의 관성이 함께 중궁을 조助하여 일을 생한 자는 모두 일찍 청운의 꿈을 이루고, 더불어 길문·길괘를 만나면 더욱 길하다.

여섯. 세歲와 중궁이 함께 관성을 조하고 관성이 거왕·승왕·겸왕하며, 연·월·일·시궁年月日時宮이 길문·길괘를 만나면 왕후의 명이지만, 그 중에 하나라도 불길하면 아무리 왕하여도 단명한다.

일곱. 연월일시에 두세 개의 길문과 길괘이면 상품관上品官이요, 연월일시에 한두 개의 길문과 길괘이면 하품관이다.

여덟. 세궁과 중궁이 관성을 조하고 관성이 승왕·거왕·승생·거생하며, 사진四辰: 연월일시에 두문·화해가 임한 자는 장수격이고, 사진에 사구四九 경신 금庚辛金이 구비되어도 장수격이다.

아홉. 세궁이 중궁을 조하고 중궁이 왕기旺氣한 일진궁을 극하는 자나, 관성이 거왕·거생하고, 개문·복덕이 임한 자, 세가 중궁의 관귀를 조하되 일진궁이 승왕한 자, 관귀官鬼가 중궁에 동하여 수생하고 일궁이 승왕한 자는 장수격이다.

열. 관성이 휴문·사문·거공居空에 놓이고 무기無氣하면 흉격이다.

열하나. 관성이 세귀歲貴·세록歲祿·세마歲馬에 해당하면 길하다.

열둘. 재가 동하여 세귀가 되고 일에 임한 자나, 재가 신身에 임하고 일귀日貴가 세궁에 임한 자는 대귀의 명이다.

열셋. 세궁의 개문·복덕이 중궁에 극하고 세궁의 천지반이 이칠 화이면 임관은 하지만 후에 파면당한다.

열넷. 세궁이 관궁을 극해도 일궁이 관궁을 조하면 비록 파직은 되지만 후에 복권한다.

열다섯. 관성이 중궁에 거하면 길하고, 천반이 상생하면 더욱 길하나 천지반이 상극되면 흉하다.

열여섯. 세궁의 관성이 두문·귀혼을 만나면 관직에서 파직당한다.

열일곱. 월궁에 생문·개문·경문景門이 임한 자, 월간月干에 삼기三奇가 임한 자, 월간이 왕하고 생하는 지地에 거한 자는 사길仕吉하다.

열여덟. 연월일시 사진에 절명이 임臨하고 쌍귀雙鬼가 동한 자는 귀한 인물이 된다.

열아홉. 사진이 모두 수생·승왕·겸왕·상비相比되면 대귀한다.

스물. 쌍인雙印이 국중局中에 있으면 한 분야의 달인이다.

스물하나. 관성이 승왕기乘旺氣하고 관이 일진궁에 임한 자는 평생 관록이 있다.

스물둘. 관이 왕생하고 세와 일이 함께 수생이면 관록이 대길하다.

스물셋. 세지歲支가 당일에 천을귀인이 되고, 세궁에 개문·복덕이 임하면 급제한다.

스물넷. 태세太歲에 구천이 임한 자, 세간歲干이 구천궁에 낙재落在한 자, 월간이 구지궁에 임한 자는 관운이 길하다.

스물다섯. 세귀가 세궁이니 중궁에 있는 자, 일마日馬가 세궁에 있는 자, 세마가 일진이나 중궁에 있는 자, 관성이 세록이 된 자, 일록日祿이 세궁에 있는 자, 세록이 일진이나 중궁에 있는 자는 관운이 길하다.

스물여섯. 세가 관궁을 극해도 관성이 쌍비雙比를 겸왕한 자, 관성이 비록 거사居死되어도 수생된 자, 관성이 비록 거사·수극되어도 세지歲支가 개문을 만난 자는 흉함이 없다.

스물일곱. 세귀가 일진에 임한 자, 일귀가 세궁에 임한 자, 관성이 일日에 임한 자, 세궁이 일진을 생한 자, 세와 일이 함께 수생된 자는 관성이 거사·거극되어도 흉함이 없다.

스물여덟. 개문에 귀혼이 동궁하면 위태한 듯하나 흉하지 않고, 관성이 공망이라도 세궁이 생하면 관직은 잃지 않는다.

스물아홉. 관성이 세지歲支에서 왕생되면 관운이 길하고, 일진의 운도 길하면 대길하다.

서른. 직부성이 세지에 임하거나 직부궁이 세궁과 상비相比된 자는 관이 일품격이다.

서른하나. 천반일간天盤日干에 직부를 가加한 자, 천반일간이 개문을 만난 자, 월간이 생문·경문景門·개문을 만난 자는 관이 일품관이다.

서른둘. 월지에 생문을 만난 자, 월간이 복덕을 만난 자, 관이 거생·거왕·수생한 자, 월간에 삼기三奇가 된 자는 사길仕吉하다.

서른셋. 관성이 승사·승휴·승수乘囚·거사·수극·공망·휴문·귀혼·절명이 된 자는 불길하다.

서른넷. 세지가 절이나 묘가 된 자, 세상歲上이 두문·휴문·귀혼·절명인 자, 세궁이 수극受剋된 자, 세일이 함께 수극된 자, 살성殺星이 중첩한 자, 월간이 상문·두문을 만난 자, 팔문이 궁을 극한 자, 병경丙庚이 임한 자, 사진이 거사나 수극된 자는 모두 불길하다.

서른다섯. 일마日馬가 중궁이나 월궁에 있으면 출입이 빈번하다.

서른여섯. 중궁이 세歲를 극하면 부관父官에 우환이 있다.

서른일곱. 태세太歲나 관성이 일공망日空亡이 된 자는 반드시 관패官敗한다. 그러나 세궁에 개문·복덕·유혼·천의를 만나서 세가 일日을 생하고, 또한 관성이 생기가 되어 중궁에 거한 자는 전실塡實되는 월에 다시 복직하여 부임한다.

서른여덟. 천임성이 관성과 동궁하면 체관사遞官事가 발생한다.

서른아홉. 세궁에 천임성과 두문·귀혼이나 휴문·귀혼자는 파직되어 귀가한다.

마흔. 관성이 장생지에 거居하면 비록 수극·공망이 되거나 세상에 휴문·두문이라도 종내는 무구無咎하다.

마흔하나. 세와 중궁이 수생왕受生旺하고 관성이 쌍왕雙旺인 자는 지위가 일품관이다.

마흔둘. 관성이 생왕하고 관대·제왕이 된 자는 관위가 일품관이다. 그러나 태·양도 일품관이지만 고난하게 현달한다.

마흔셋. 세궁에 개문·복덕을 만나면 관위가 승진하고, 생문·생기·유혼을 만나면 관직을 자주 옮긴다. 태세궁에 임해도 마찬가지이다.

마흔넷. 세궁이 수극되고, 관성은 두문·절명 같은 흉문·흉괘를 만나면 공명을 이루기 어렵고 천한 명이다.

마흔다섯. 쌍관과 쌍인이 일륙 수一六水이면 금성관金姓官과 인연이 있고, 이칠 화二七火이면 목성관, 삼팔 목三八木이면 수성관, 사구 금四九金이면 토성관, 오십 토五十土이면 화성관이 당사자와 인연이 있다.

마흔여섯. 쌍관이나 쌍인이 국내局內에 나타나지 않고, 단관이나 단인이 중궁에 동하면 세에 있는 자의 성관과 인연이 있다.

마흔일곱. 세궁이나 중궁에 관과 인이 나타나지 않았으면 관성상官星上의 소임자관궁의 지반수가 금이면 금관성, 수이면 수관성이 당사자와 인연이 있다.

마흔여덟. 관귀가 입중궁하여 왕하면 정관이 은복되는 해에 주로 관재 구설, 또는 질액사가 발생한다. 더불어 병경丙庚을 가하거나 칠구七九 상전하면 더욱 흉하다.

마흔아홉. 경금庚金이 세지나 월지에 가하면 관액·형제액이 있다.

쉰. 관이 세歲나 중궁에 있고 천마가 이르면 외교관으로 부임한다.

쉰하나. 일지日支를 관성이 충하면 직업상 변동이 있고, 일지를 관귀가 충하면 질병사·관재사가 있다.

쉰둘. 중궁이 관성을 극하여도 관성이 수조受助되면 흉함은 없다.

11

인물론人物論

오행이 쌍성雙成하고 연월일시 중궁의 음양이 상배相配한 자는 현인賢人의 명이다.

하나. 오행이 구비되고 맹중계 사진孟仲季四辰이 각 순으로 연주聯珠되며, 순음純陰인 자는 천자天子와 성인聖人의 명이고, 순양純陽인 자는 황후와 성후聖后의 명이다.

둘. 연월일시 사진에 귀貴와 녹祿이 임하며, 세수歲數는 월간月干의 귀貴가 되고, 월수는 일간의 귀가 되며, 또한 일수는 시간時干의 귀가 되고, 시수는 세간의 귀가 된 자는 천자의 상이다.

셋. 세수는 월간의 귀가 되고, 일수日數는 시간의 귀가 되고, 월수는 세간의 녹이 되고, 시수는 일간의 녹이 되어 귀와 녹이 상호 교작交作되면 왕자의 명이다.

넷. 세귀歲貴가 세록歲綠이 되고, 재가 동하여 관을 생해 관이 왕하면 공복公僕의 상이다.

다섯. 세귀가 일수를 작作하고, 재가 중궁에 동하여 겸왕·거왕·승왕한 자나 일귀가 세수歲數를 작하고 재가 일日에 임臨한 자는 승상의 명이다.

제5부 통변편 321

여섯. 관이 왕상하고 세궁이 개문·복덕에 길격이면 일품 귀인의 명이다.

일곱. 월귀月鬼가 일에 임하고, 일귀가 월에 임하고, 재가 중궁에 동하거나 세궁이 개문·복덕이 되어 일을 생한 자는 상서尙書의 명이다.

여덟. 관성이 세귀와 세록을 작한 자는 일품 지위이다.

아홉. 세궁이 일을 생하고 길격인 자는 등과하여 영달한다.

열. 쌍관이나 쌍인이 국내에 있는 자는 현달인이고, 더불어 세궁에 개문·복덕을 작한 자는 상길上吉의 명이다.

열하나. 을병정乙丙丁 삼기가 연월일시 사진의 순으로 연주聯珠처럼 일한 자는 기사의 명이다.

열둘. 연월일시에 이화二火가 임한 자나, 일日이나 시時에 이화가 단單으로 임한 자는 환사幻士의 명이다.

열셋. 일류 수一六水가 연월일시 사진에 가임加臨한 자나, 일류 수가 단독으로 일에 임한 자는 재사才士이다.

열넷. 일류 수·이칠 화가 수미首尾 복배腹背에 있는 자는 재지才智의 사士이다.

열다섯. 연월일시상에 두문·휴문·사문·절체·절명이 중첩된 자는 은사隱士이다.

열여섯. 일진궁에 화개가 임하면 술사術士이다.

열일곱. 중궁과 세궁이 귀가 되거나, 세궁이 중궁의 귀를 극한 자는 치귀지사治鬼之士이다.

열여덟. 일진이 간궁에 거하여 귀혼·두문·생문이 임한 자는 산인山人이다.

열아홉. 오행이 연월일시와 중궁이 쌍성하고 음양이 상배한 자는 현인의 명이다.

스물. 연월일시 사진이 구생俱生하고 귀록을 만나면 대귀 대부의 명이고, 삼처三處만 구생되어 왕하고 귀록을 만나면 귀부의 명이다.

스물하나. 관귀가 입중궁하고 수생受生이며, 일진궁 또한 거왕·승왕·겸왕하여 왕하면 장수의 명이다.

스물둘. 세가 중궁의 귀鬼를 돕고 일진궁이 거왕·승왕·겸왕한 자는 장수의 명이다.

스물셋. 금귀金鬼가 을기乙己·병정丙丁에 있고, 세궁에 개문·복덕이 동動하며, 관성에 융문戎門·화해禍害가 된 자는 장수의 상이다.

스물넷. 금귀가 살이 되어 세궁과 중궁을 조하여 일진을 극하되, 일진이 거왕·승왕·겸왕하여 왕하고, 세궁이 개문·복덕을 만나 거왕하면 장수의 명이다.

스물다섯. 연월일시에 절명·화해·유혼이 중궁하면 비명사非名士이다. 연월일시 사진에 황금이 상전하는 자, 관성이 공망되고 휴문·귀혼과 동궁한 자, 재성이 공망을 만난 자, 세가 수극되고 관성이 공망이며 두문·절명이 된 자는 공명을 이루기 어려운 비명사非名士이다.

스물여섯. 일이 수생된 자가, 재가 세를 돕고 수생되면 재는 대길하며, 일이 수생된 자가 관이 세를 돕고 수생되면 관이 대길하다.

<u>스물일곱</u>. 칠화상七火上에 수가 임한 자는 호색하고, 지모가 훌륭하여 권모 술수에 능하다.

토가 임한 자는 순박하며 변칙을 싫어하지만, 자만하여 안하 무인이 되기 쉽다.

목이 임한 자는 너그럽고 낙천적이며 미래 지향적이다.

화가 임한 자는 예의를 숭상하고, 매사에 적극적이고 부지런하다.

금이 임한 자는 권위적이고 살벌하며 잔인하지만, 길문·길괘를 만나면 선인이고, 흉문·흉괘를 만나면 횡사, 또는 악사한다.

12 질병론疾病論

발병發病의 연월일시로 포국하여 관귀편관의 왕과 쇠로써 생사를 구분한다.

하나. 귀鬼가 수생·승생·거생·승왕·거왕하여 왕하고 월령의 생조를 받으면 병이 낫지 않고 반드시 죽는다.

둘. 귀가 승휴乘休되고 쇠지衰地에 거하면 병은 반드시 낫는다.

셋. 일이 생왕하면 살고, 일이 사·절되면 사망한다. 왕귀라도 공망을 맞으면 조금 경하다.

넷. 일진이 생문·생기를 만나면 살고, 사문·절명을 만나면 죽는다. 귀혼·두문을 봉逢하여도 위급하다.

다섯. 일진수를 극하는 날은 흉기凶期이고, 생하는 날에 치유된다.

여섯. 세월歲月이 중궁의 괘를 조助하고, 중궁이 세월의 귀를 조하면 흉하며, 세월이 중궁의 괘를 극제하거나, 중궁의 세월의 괘를 극제하면 길하다.

일곱. 귀는 왕상하면 흉하고, 쇠사衰死하면 흉함이 없다.

여덟. 수귀水鬼가 왕하면 측귀厠鬼·정천귀井川鬼요, 목귀木鬼가 왕하면 목귀·산림귀山林鬼요, 토귀土鬼가 왕하면 택귀宅鬼·도로귀道路鬼요, 금귀金鬼가 왕하면 불당귀佛堂鬼·신당귀神堂鬼요, 화귀火鬼가 왕하면 조귀灶鬼이다.

아홉. 귀가 당월지堂月支에 포와 절이 되면 유랑객귀流浪客鬼요, 태이면 산사귀産死鬼요, 양이면 신묘귀神墓鬼요, 장생이면 오도파귀五道婆鬼요, 목욕이면 수귀水鬼요, 관대·건록이면 송사에 관련된 원한귀怨恨鬼요, 제왕이면 가택토지신家宅土地神이요, 쇠면 산림귀山林鬼요, 병은 산묘山墓의 영령이요, 사·묘이면 공백귀公伯鬼이다.

열. 수귀水鬼는 설사·부종浮腫·오한·한질寒疾·습濕·심장·소장·체증滯症 등을 주관한다.
금귀金鬼는 천식·해수咳嗽·간담·조열·허로증·폐경肺經 등을 주관한다.
토귀土鬼는 위병·구토·곽란증·부종·설사·허황虛荒·창만脹滿 등을 주관한다.
화귀火鬼는 발열·두통·발광·폐·대장 등을 주관한다.
목귀木鬼는 중풍·근절통·경풍·풍한·부기증·답증·간 등을 주관한다.
또한 수귀는 수재·익사 등을 주관한다.
금귀는 교통 사고·검란劍亂 등을 주관한다.
토귀는 도로 객사·약 중독 등을 주관한다.
화귀는 화마·화재·분소焚燒 등을 주관한다.

13 수요론 壽夭論

일진日辰에 생문·생기가 임하고 승왕·거왕·겸왕하여 왕한 자, 세歲가 중궁을 조助하고 중궁이 일진을 생한 자, 중궁이 세를 조하고 세가 일진을 생한 자, 세와 월이 함께 일진을 생한 자, 세가 월을 조하고 월이 일을 생한 자는 장수한다.

하나. 일진이 수생受生되고 생문·생기를 만난 자, 일진이 겸왕하고 길문괘를 만난 자는 장수하고, 중궁이 일을 생한 자, 일진이 승왕·거왕해도 수한다.

둘. 세와 중궁이 합세하여 일을 생하고, 흉문·흉괘가 없고, 사수死囚의 기가 없는 자는 대길하다.

셋. 연월일시 사진四辰에 생문·개문·복덕·생기·천의 길문괘를 만나면 장수한다.

넷. 일진이 사문·절명을 만나고, 승사·거사·수극된 자, 세가 중궁을 조하고 중궁이 일日을 극한 자, 중궁이 세를 조하고 세가 일을 극한 자, 세월이 함께 일진을 극한 자는 단명한다.

다섯. 중궁이 세의 관귀를 제극制尅하면 일진에 비록 절명이 붙더라도 요사夭死는 면한다.

여섯. 세궁이 절명인 자가 일진을 극하면 비록 생기가 동궁하여도 단명한다.

일곱. 중궁이 세궁을 제극制剋하면 자식이 없다.

여덟. 사진에 칠구七九가 있어 상전하고 절명을 만난 자는 요절한다.

아홉. 쌍귀가 중궁에 동動하여 왕성한 자, 쌍귀가 국내局內에서 왕성한 자는 단명한다.

열. 기신궁의 천지반이 칠구七九 상전인데, 승왕·생왕하고 쌍조를 받은 자, 세일이 절명을 봉逢한 자는 요사한다.

열하나. 쌍칠·쌍구·쌍금·쌍화가 세궁이나 중궁에 임하면 불길하다. 더불어 일진궁이 무기無氣하면 대흉하다.

열둘. 관귀궁이나 세궁·중궁에 쌍금이 동하면 악사하거나 요사한다.

열셋. 쌍금이 중궁에 동하여 일을 생한 자, 세에 관귀가 동한 자는 단명한다.

열넷. 기신己身이 흉격인데 사문이나 절명을 만나고, 세궁의 겁살이 일진에 임하면 며칠 못 가서 요사한다.

열다섯. 세의 구금九金이 중궁의 귀를 조한 자나, 중궁이 세의 구귀九鬼를 조한 자가 일진이 무기無氣하면 요사하고, 일진이 유기有氣하면 악사한다.

열여섯. 중궁이 세의 절명을 조하고 일월을 극한 자, 중궁의 절명이 세궁을 조하고 일을 극한 자, 생기·복덕이 공망을 만난 자는 모두 요사한다.

열일곱. 재궁이 극왕하여 중궁의 쌍칠화나 쌍구금을 조한 자는 비록 일진이 승왕·거왕하여도 요사를 면하기 어렵다.

열여덟. 일진이 사문을 만나고 시간時干이 절명을 만나면 사망한다. 그러나 일진이 왕하고 시간이 왕하면 불요不夭한다.

열아홉. 쌍인이 중궁이나 세궁에 있으면 백살百煞이 해소된다.

스물. 하나의 흉성이 여러 길성을 제거하지 못하고, 하나의 길성이 여러 흉성을 제거하지 못한다. 그러므로 일진이 비록 사문·절명을 만나도 승영되고 왕지에 거하며, 쌍인이 중궁이나 세에 있으면 수壽하게 된다.

스물하나. 일진수가 승사·거사하고, 사문·절명을 만나면 요사한다.

스물둘. 세월이 함께 일궁日宮의 천반인 칠화七火를 조하여 지반인 구금九金과 상전한 자, 세가 구금이나 칠화가 되며 일이 절명을 만나면 출생한 지 십여 일 만에 사망한다.

스물셋. 홍국은 일진으로 위주하고, 연국은 시간으로 위주하므로, 일로써 시를 보게 되니 시가 사문·상문·휴문을 만나면 단명한다. 또한 시로써 일을 보니 일이 사문·상문·휴문을 만나도 단명이다. 그러나 일이 길문괘를 만나면 불요한다.

스물넷. 일진궁이 절명을 만나고, 시가 사문·상문을 만나면 단명이다.

스물다섯. 사진에 병경丙庚·예주芮柱·사문·절명이 합하여 임한 자, 일궁에서 구금과 칠화가 상전하면 요사한다.

스물여섯. 쌍귀가 절명을 작作하고 일이 무기한 자, 구금九金이 연월일시에 중중하여 일을 극하면 속히 요사한다.

14
수한론壽限論

일진이 절명을 만나고, 또는 절명이 일日을 극한 자는 절명수로 수한壽限을 결정한다. 가령 절명수가 9이면 단명인 자는 9세, 장수하는 자는 90세이다. 간수干數는 영零을 취하고, 지수地數는 십十을 취하여 결정하되, 요수자夭壽者는 단單으로 계산하고, 장수자長壽者는 십단위十單位로 계산한다. 만약 절명이 7이라면 요수자는 7세이고, 장수자는 70세이다.

하나. 귀가 절명을 만나고 일진궁을 극한 자, 귀가 일진궁의 절명을 극한 자는 절명수로 수한壽限을 정한다. 이를테면 일류 수一六水이면 임계년壬癸年이요, 27이면 병정년丙丁年이다. 요수자는 십 세 이전의 임계년이고, 장수자는 만년晩年에 오는 임계년으로 정한다.

둘. 절명이 생하여 왕상하면 귀혼궁수歸魂宮數로 결정하고, 귀혼궁수가 왕상하면 일궁수로 결정한다.

셋. 부모·형제가 일궁에 임하면 세궁 지반수로 결정하고, 세가 중궁을 조助하고 중궁이 일을 극한 자는 조하여 주는 수로 결정한다.

넷. 절명궁수는 십을 취하고, 생기궁수는 영을 취한다. 지地는 십을 취하고, 간干은

영을 취한다.

　다섯. 재궁이 극왕하면 재수財數로 결정하고, 귀가 왕하여 일에 임한 자는 귀수로써 결정한다.

　여섯. 중궁의 귀가 세·월·시의 귀혼을 조하고, 다시 귀혼이 일진궁을 조하면 일진수로 결정한다.

　일곱. 세가 중궁을 조하고 중궁이 일진궁을 극할 때는 중궁을 조하는 세궁 지반수로 결정하고, 귀수가 쌍조를 받을 때는 쌍조하는 귀생수鬼生數로써 결정한다.

　여덟. 관귀나 재성·자손이 일진궁에 임한 자는 절명궁의 간수干數로 결정한다.

　아홉. 귀가 중궁에 은복되고 관이 중궁에 앉으면 세궁수와 은복된 귀수를 더하여 결정한다.

　열. 절명이 동하면 절명수는 단위를 취하고 세궁수는 십단위를 취한다.

　열하나. 절명이 공망을 만나면 사문궁수를 취하고, 사문이 수극되면 귀혼궁수를 취하여 결정한다.

　* '동動하다'라는 것은 연월일시궁과 중궁·명궁·행년궁에 임하는 것을 말한다.

15
종명론終命論

1. 중궁과 세궁

중궁이 세궁의 구귀九鬼를 극하고, 세가 중궁의 구귀를 극한 자는 칼에 맞아 죽는다. 귀鬼가 중궁에 동하여 구금九金을 가加한 자는 모두 불길하다.

하나. 수귀水鬼가 동하여 구금을 보면 물에 빠져 죽고, 목귀가 동하여 구금을 보면 몽둥이에 맞아 죽거나 나무에 깔려 죽고, 또는 목을 매어 죽는다. 화귀가 동하여 구금을 보면 불에 타죽거나 화재를 보게 된다. 토귀가 동하여 구금을 보면 객사한다. 금귀가 동하여 구금을 보면 칼에 맞아 죽는다.

둘. 쌍금이 중궁에 동하고 일진이 수水인 자는 익사한다. 쌍금이 중궁에 동하고 일진이 목인 자는 매맞아 죽는다. 쌍금이 중궁에 동하고 일진이 화인 자는 불에 타 죽는다. 쌍금이 중궁에 동하고 일진이 토인 자는 객사한다.

셋. 일진이 수극·거사·승극되고, 육의가 기경己庚이나 경계庚癸로 구성되면 요사한다.

넷. 일진이 사문·절명을 만나고, 세歲나 중궁이 구금이면 종명한다.

다섯. 일진이 사문·절명을 만나고, 세에 화귀나 금귀가 왕상하면 종명한다.

여섯. 일진이 사문을 만나고 시진時辰에 절명을 만난 자, 시진에 사문·절명·상문·화해를 만난 자는 수명을 지키기 어렵다.

일곱. 사진에 사문·절명·상문·화해가 중첩한 자는 편안하게 죽지 못한다.

여덟. 쌍금·쌍화·쌍토가 일진궁의 절명을 조助하거나, 세의 절명이 일진궁의 쌍금·쌍화·쌍토를 조하면 사망한다.

아홉. 중궁에 쌍백雙白이 동하면 칼에 맞아 죽는다.

열. 세지歲支가 중궁의 쌍금귀를 극하는 자, 중궁이 세지의 쌍금귀를 극하는 자는 죽음을 면한다.

열하나. 구금귀가 중궁에 동한 자는 선종善終을 못하고, 세궁이 월의 구금귀를 조한 자는 하인이나 종업원 등 손아랫사람으로 인해 큰 해를 당한다.

열둘. 세의 사문·절명이 중궁의 귀를 조한 자, 중궁의 귀가 세의 사문·절명을 조하는 자는 요사한다.

열셋. 세의 구금이 중궁의 귀를 조하는 자, 세월지歲月支가 중궁의 구귀에게 조함을 받는 자는 대흉이다.

열넷. 귀가 중궁에 동하고 기신궁己身宮이 수극되면 기신궁 지반을 입중시켜 역포逆布하여 절명궁에 이른 수로 종명을 본다. 일륙수一六水는 임계년, 이칠화二七火는 병정丙丁년, 삼팔목三八木은 갑을甲乙년, 사구금四九金은 경신庚申년, 오십토五十土는 무기戊

러년이다.

열다섯. 일진궁이 수극되고 사문·절명을 만나면 일진수로 종명을 보고, 세궁이 수극되고 사문·절명을 만나면 세수로써 종명을 본다.

열여섯. 귀가 중궁 이외의 궁에서 동하면 귀수鬼數를 입중시켜 역포하여 경금궁상庚金宮上의 지반수로 종명을 보고, 만일 경금庚金이 공망을 만날 시에는 경금궁의 천반수로 종명을 본다. 경금귀 일日·시時에는 절명궁에 이른 수로 종명을 보고, 절명이 공망이면 사문궁에 이른 수로 종명을 본다.

열일곱. 귀가 중궁에 동하고 세궁이 수극된 자는 세수를 입중시켜 역포하여 양둔인 자는 경금궁상의 지반수로 종명을 보고, 음둔인 자는 경금궁상의 천반수로 종명을 본다.

열여덟. 종명의 응기를 해석할 때는 반드시 천반 경·지반 경·사문·절명·귀혼·유혼을 병용並用하되, 귀鬼의 왕쇠와 중궁·세궁歲宮·월궁·세궁世宮 : 일궁의 왕쇠를 살피고, 연월일시 궁의 천간天干도 살펴서 종명의 시기를 판단한다.

2. 수요·종명의 예

소설 중원 음둔 8국

```
六干    己 丙 丁 己
一支    亥 辰 亥 未
```

世 日 二五 生氣	七十 絶體	歲 四三 絶命
三四 福德	六一	九八 禍害
八九 天宜	五二 歸魂	月 時 十七 遊魂

중궁이 세궁의 절명과 관귀를 조하여 일日을 극하니 3세에 사망하였다.

춘분 상원 양둔 3국

二干　己丙丁己
四支　亥寅卯亥

時 辛八 己八 歸魂	丙三 丁三 福德	癸十 乙六 天宜
月 壬九 戊七 絶體	二 庚四	戊五 壬一 遊魂
世 日 乙四 癸二 絶命	丁一 丙五 生氣	歲 己六 辛十 禍害

세일世日이 절명을 만나고 일궁의 지반수가 극이 되었으며, 월이 칠구七九 상전하니 어려서 요절하였다.

망종 상원 양둔 6국

九干　己 庚 丁 癸
九支　卯 戌 巳 巳

歲 月	五三 福德	十八 歸魂	七一 遊魂
時	六二 生氣	九九	二六 天宜
	一七 禍害	八十 絶體	世日 三五 絶命

일이 절명을 만나고 세·월에 관귀가 겹쳐 있으며, 복덕 또한 수극이라, 중년 계사년에 사망하였다.

망종 상원 양둔 6국

一干　甲 甲 壬 辛
二支　子 子 辰 卯

月 七六 天宜	二一 遊魂	九四 歸魂
歲 八五 禍害	一二	四九 福德
三十 生氣	世 時 十三 絶命	五八 絶體

일진이 절명을 만나고 세가 쌍금인 귀를 조하여 극왕하니 소년 시절에 요절하였다.
* 기문국 포국시에는 일日을 세世로 표기한다.

二干　庚壬戊辛
九支　子辰申亥

世 八三 天宜	三八 遊魂	月 十一 歸魂
九二 禍害	二九	五六 福德
四七 生氣	時 一十 絶命	歲 六五 生氣

일이 길문괘를 만나고 연월일시궁의 천지반이 모두 상생되었으며, 관귀가 설기되어 90세까지 장수하였다.

六干　丁 乙 丙 己
七支　丑 未 寅 亥

二一 遊魂	七六 天宜	世 四九 福德
三十 絶命	六七	九四 歸魂
月　時　八五 絶體	五八 禍害	歲 十三 生氣

세歲가 중궁의 칠화七火를 조하며, 일궁이 쌍금으로 겸왕하고, 중궁과 칠구 상전하여 절명수가 10이므로 10세에 요사하였다.

三干　辛 壬 壬 丁
五支　丑 申 子 丑

九九 歸魂	四四 福德	世 一七 天宜
十八 絶體	三五	六二 遊魂
歲 時 五三 絶命	月 二六 生氣	七一 禍害

세궁의 천지반이 극이 되고 지지에서도 생하지 못하며, 연과 시의 궁이 절명이다. 그러므로 생기궁수로 종명을 보는데, 생기궁수가 6이므로 6세에 사망하였다.

四干　戊 丙 辛 己
三支　子 子 未 丑

十七 福德	五二 歸魂	月 一五 遊魂
二六 生氣	四三	七十 天宜
歲 六一 禍害	世 時 三四 絶體	八九 絶命

기문국 전체 궁의 모든 음양 오행이 상배相配되고 중궁의 쌍금 귀가 동하여 왕하다. 절명궁수가 5이므로 5세에 사망하였다.

16

역易의 원리原理

1. 음양 이원론陰陽二元論

주역의 원리는 음양 이원론에 있다. 그래서 모든 우주 만물은 음양 이원론으로 성립된다. 예를 들면 하늘은 양, 땅은 음이며, 해는 양, 달은 음이며, 낮은 양, 밤은 음이며, 남자는 양, 여자는 음이며, 홀수는 양, 짝수는 음 등이다. 이렇듯 천지의 모든 현상과 사물은 음양으로 구분할 수 있다. 즉, 음양의 배합으로 모든 것이 이루어지고, 음양의 흐름으로 모든 것은 변화한다는 것이다.

2. 괘卦와 효爻

주역의 논리는 괘와 효로 표현한다. 효와 괘의 성정과 형태의 위치에서 주역의 논리가 성립되는 것이다.

괘를 구성하는 효는 양을 표시하는 ―효가 있고, 음을 표시하는 --효가 있다. 양은 하늘을 근본으로 삼고, 음은 땅을 본체로 한다. 천지 창조의 과정에서 하늘이 시초이므로 ―으로 양을 표시하고, 땅은 하늘의 다음인 두 번째이므로 --로 음을 표시한다. ―과 --은 남녀의 성기를 상징한 것이라고도 한다.

효를 양효와 음효 두 가지로 한 것은 하늘과 땅을 상징한 것이요, 효 세 개로 한

괘를 만든 것은 천·지·인의 세 가지를 의미한 것이다.

3. 8괘와 64괘

주역은 8괘와 64괘, 그리고 괘사와 효사와 10익十翼 : 주역의 뜻을 해석하고, 이치를 설명하는 10개의 문헌으로 이루어졌다. 8괘는 천지 만물의 형상과 형태를 상징하는 근본적인 것이지만, 변화하고 소통하는 이치는 갖추지 못하였다. 그러므로 8괘를 64괘로 발전시키게 되었다. 팔괘의 한 괘 한 괘를 서로 한 번씩 합쳐서 새로운 괘를 만든 것이다. 그리하여 소성괘세 개의 효로 된 괘는 대성괘여섯 개의 효로 된 괘로 되고, 8괘는 64괘로 되었다.

괘사는 그 괘를 총체적으로 설명한 것이고, 효사는 6효의 한 효 한 효에 대한 설명이다. 기문국을 해석할 때 팔괘의 속성성격·인물·위치 등을 알아두면 각 포국의 요소를 해석할 때 많은 도움이 된다.

4. 상괘上卦와 하괘下卦

기문국의 연국에서 천봉구성을 외괘상괘로 하고 시가팔문을 내괘하괘로 하여 대성괘를 만들어, 주로 시국時局점에 응용한다. 예를 들면, 천봉성과 생문이 결합하면 수산건水山蹇괘가 나오는데, 그것은 천봉성의 정위궁은 감궁이니 ☵로 상괘가 되고, 생문의 정위궁은 간궁이니 ☶로 하괘가 되어 수산건䷳괘가 된다.

5. 천봉구성과 팔문이 결합하여 이루어진 대성괘의 길흉

1) 천봉성과 생문이 결합하여 수산건水山蹇괘가 되고, 대길하다.

2) 천봉성과 상문이 결합하면 수뢰둔水雷屯괘가 되고 소흉이다.
3) 천봉성과 두문이 결합하면 수풍정水風井괘가 되고, 소흉이다.
4) 천봉성과 경문景門이 결합하면 수화기제水火旣濟괘가 되고, 소흉이다.
5) 천봉성과 사문이 결합하면 수지비水地比괘가 되고, 소흉이다.
6) 천봉성과 경문驚門이 결합하면 수택절水澤節괘가 되고, 소흉이다.
7) 천봉성과 개문이 결합하면 수천수水天需괘가 되고, 대길하다.
8) 천봉성과 휴문이 결합하면 감위수坎爲水괘가 되고, 소흉이다.

9) 천임성과 생문이 결합하면 간위산艮爲山괘가 되고, 소흉이다.
10) 천임성과 상문이 결합하면 산뢰이山雷頤괘가 되고, 소흉이다.
11) 천임성과 두문이 결합하면 산풍고山風蠱괘가 되고, 소흉이다.
12) 천임성과 경문景門이 결합하면 산화비山火賁괘가 되고, 소길하다.
13) 천임성과 사문이 결합하면 산지박山地剝괘가 되고, 대흉하다.
14) 천임성과 경문驚門이 결합하면 산택손山澤損괘가 되고, 소흉이다.
15) 천임성과 개문이 결합하면 산천대축山天大畜괘가 되고, 대길하다.
16) 천임성과 휴문이 결합하면 산수몽山水蒙괘가 되고, 대길하다.

17) 천충성과 생문이 결합하면 뇌산소과雷山小過괘가 되고 대길하다.
18) 천충성과 상문이 결합하면 진위뢰震爲雷괘가 되고, 대흉하다.
19) 천충성과 두문이 결합하면 뇌풍항雷風恒괘가 되고, 소흉이다.
20) 청충성과 경문景門이 결합하면 뇌화풍雷火豐괘가 되고, 소길이다.
21) 청충성과 사문이 결합하면 뇌지예雷地豫괘가 되고, 소흉이다
22) 천충성과 경문驚門이 결합하면 뇌택귀매雷澤歸妹괘가 되고, 대흉이다
23) 천충성과 개문이 결합하면 뇌천대장雷天大壯괘가 되고, 대길하다.
24) 천충성과 휴문이 결합하면 뇌수해雷水解괘가 되고, 대길하다.

25) 천보성과 생문이 결합하면 풍산점風山漸괘가 되고, 대길하다.

26) 천보성과 상문이 결합하면 풍뢰익風雷益괘가 되고, 소흉이다.
27) 천보성과 두문이 결합하면 손위풍巽爲風괘가 되고, 대흉이다.
28) 천보성과 경문景門이 결합하면 풍화가인風火家人괘가 되고, 소길이다.
29) 천보성과 사문이 결합하면 풍지관風地觀괘가 되고, 소흉이다.
30) 천보성과 경문驚門이 결합하면 풍택중부風澤中孚괘가 되고, 소흉이다.
31) 천보성과 개문이 결합하면 풍천소축風天小畜괘가 되고, 소흉이다.
32) 천보성과 휴문이 결합하면 풍수환風水渙괘가 되고, 대길하다.

33) 천영성과 생문이 결합하면 화산려火山旅괘가 되고, 대길하다.
34) 천영성과 상문이 결합하면 화뢰서합火雷噬嗑괘가 되고, 소흉이다.
35) 천영성과 두문이 결합하면 화풍정火風鼎괘가 되고 소흉이다.
36) 천영성과 경문景門이 결합하면 이위화離爲火괘가 되고, 소흉이다.
37) 천영성과 사문이 결합하면 화지진火地晋괘가 되고, 소흉이다.
38) 천영성과 경문驚門이 결합하면 화택규火澤睽괘가 되고, 소흉이다.
39) 천영성과 개문이 결합하면 화천대유火天大有괘가 되고, 대길하다.
40) 천영성과 휴문이 결합하면 화수미제火水未濟괘가 되고, 소흉하다.

41) 천예성과 생문이 결합하면 지산겸地山謙괘가 되고, 소흉이다.
42) 천예성과 상문이 결합하면 지뢰복地雷復괘가 되고, 소흉이다.
43) 천예성과 두문이 결합하면 지풍승地風升괘가 되고, 소흉이다.
44) 천예성과 경문景門이 결합하면 지화명이地火明夷괘가 되고, 소길이다.
45) 천예성과 사문이 결합하면 곤위지坤爲地괘가 되고, 대흉하다.
46) 천예성과 경문驚門이 결합하면 지택림地澤臨괘가 되고, 소흉이다.
47) 천예성과 개문이 결합하면 지천태地天泰괘가 되고, 대길하다.
48) 천예성과 휴문이 결합하면 지수사地水師괘가 되고, 대길하다.

49) 천주성과 생문이 결합하면 택산함澤山咸괘가 되고, 대길하다.

50) 천주성과 상문이 결합하면 택뢰수澤雷隨괘가 되고, 대흉하다.
51) 천주성과 두문이 결합하면 택풍대과澤風大過괘가 되고, 소흉이다.
52) 천주성과 경문景門이 결합하면 택화혁澤火革괘가 되고, 소길하다.
53) 천주성과 사문이 결합하면 택지췌澤地萃괘가 되고, 소흉이다.
54) 천주성과 경문驚門이 결합하면 태위택兌爲澤괘가 되고, 대흉이다.
55) 천주성과 개문이 결합하면 택천쾌澤天夬괘가 되고, 대길하다.
56) 천주성과 휴문이 결합하면 택수곤澤水困괘가 되고, 대길하다.

57) 천심성과 생문이 결합하면 천산둔天山遯괘가 되고, 대길하다.
58) 천심성과 상문이 결합하면 천뢰무망天雷无妄괘가 되고 소흉이다.
59) 천심성과 두문이 결합하면 천풍구天風姤괘가 되고, 대흉하다.
60) 천심성과 경문景門이 결합하면 천화동인天火同人괘가 되고, 소길하다.
61) 천심성과 사문이 결합하면 천지비天地否괘가 되고, 소흉이다.
62) 천심성과 경문驚門이 결합하면 천택이天澤履괘가 되고, 소흉이다.
63) 천심성과 개문이 결합하면 건위천乾爲天괘가 되고, 소흉이다.
64) 천심성과 휴문이 결합하면 천수송天水訟괘가 되고, 대길하다.

65) 천금성과 생문이 결합하면 간위산艮爲山괘가 되고, 소흉이다.
66) 천금성과 상문이 결합하면 진위뢰震爲雷괘가 되고, 대흉하다.
67) 천금성과 두문이 결합되면 손위풍巽爲風괘가 되고, 대흉하다.
68) 천금성과 경문景門이 결합하면 이위화離爲火괘가 되고, 소흉이다.
69) 천금성과 사문이 결합하면 곤위지坤爲地괘가 되고, 대흉하다.
70) 천금성과 경문驚門이 결합하면 태위택兌爲澤괘가 되고, 대흉하다.
71) 천금성과 개문이 결합하면 건위천乾爲天괘가 되고, 소흉하다.
72) 천금성과 휴문이 결합하면 감위수坎爲水괘가 되고, 소흉이다.

이상은 천봉구성과 시가팔문을 결합하여 이룬 대성괘를 길과 흉으로 나눈 평가이다. 나아가서 효사나 변괘에도 관심을 갖고 연구하여 기문 해석에 활용하기 바란다.

　태을구성과 팔괘를 결합하여 이룬 대성괘는 평생국과 연국에 주로 응용하고, 천봉구성과 시가팔문을 결합하여 이룬 대성괘는 일국과 시국점에 주로 응용한다.

17

팔문과 팔괘론八卦論

1) 생기生氣에 두문이 동궁同宮하면
이동·변동이 있으나 금전 융통이 어려우니 무리하지 않는 것이 좋다.

2) 생기에 휴문이 동궁하면
귀인의 도움이 있고, 하고자 하는 일은 비록 지연되지만 끝에 가서는 성사된다.

3) 생기에 상문이 동궁하면
우환과 걱정 근심이 생기며, 변동은 불리하다.

4) 생기에 경문驚門이 동궁하면
관재·구설이 있고, 동업은 깨지며, 놀랄 일이 생긴다.

5) 복덕福德에 상문이 동궁하면
시비·구설이 있고, 동요되어 소란하지만 무사하다.

6) 복덕에 경문驚門이 동궁하면
우환 질병과 파재·손재로 놀라운 일을 당하지만 그렇게 흉한 것은 아니다.

7) 절명絶命에 생문이 동궁하면

반신 반의로 하는 일에 더욱 노력하면 후는 길하다.

8) 유혼遊魂에 사문이 동궁하면

하는 일은 여의치 않고, 의구심은 가지만 활동상에 큰 구애는 없다.

9) 귀혼鬼魂에 개문이 동궁하면

바라는 일은 성취되며, 모든 일이 여의롭고 변동·이동 등에 길하다.

18 고서古書의 기문 둔갑론

기문 둔갑 발전의 자료인 《둔갑요결遁甲要訣》《삼원둔갑三元遁甲》《음양둔팔국법陰陽遁八局法》《연파조수가烟波釣叟歌》 등에서는 기문 둔갑을 어떻게 연구 분석하여 해설하고 있는지 핵심을 요약하여 정리하면 다음과 같다.

1. 연혁沿革

고대 중국의 황제 헌원 시절에 제후들이 침범하여 전쟁을 하게 되었는데, 황제는 모든 제후들을 제압하고 마지막으로 탁록이라는 곳에서 치우와 싸우게 되었다. 그런데 치우의 이마는 구리쇠요, 요술과 무술에 능하여 황제는 고전을 면치 못했다. 그러다 꿈에서 천신이 황제에게 비급을 하사하였으므로 경건한 마음으로 단을 쌓은 뒤 목욕 재계하고 정성껏 제사를 지냈다. 그러고는 비급의 이치를 터득하여 치우를 멸망시켰다.

그 즈음, 신구神龜가 낙수洛水에서 도圖를 지고 나오고, 채봉彩鳳은 구름 속에서 기서奇書를 들고 나와 황제에게 던져주었다.

황제는 신구의 등에 새겨진 도안과 채봉이 던져준 기서와 천신이 하사한 비급을 합쳐 신하인 풍후에게 명령하여 문자文字로 작성케 하였으니, 이것이 기문 둔갑의 시초가 되었다.

기문 둔갑을 작성할 당시에는 모두 1080국이었으나 후대에 강태공이 정리하여 72국이 되고, 한나라 때에 이르러 장자방이 다시 수정하여 18국으로 정예화시켰으며, 음둔 9국·양둔 9국 도합 음양 18국으로 현재까지 전해지게 되었다.

그후, 촉의 제갈공명은 다시 삼기三奇를 종횡으로 활용하여 유비를 도와 서촉을 세웠다.

2. 작국作局

기문 둔갑의 작국은 먼저 구궁을 감1→곤2→진3→손4→중궁5→건6→태7→간8→이9의 순서대로 배치한다. 방위는, 감은 북쪽, 간은 동북쪽, 진은 동쪽, 손은 동남쪽, 이는 남쪽, 곤은 서남쪽, 태는 서쪽, 건은 서북쪽, 중은 중앙이다.

그 수는 어느 쪽으로 더하든지 15가 된다. 이어서 삼재三才의 변화는 삼원三元을 이루게 되고, 팔괘는 나눠 팔둔의 문이 이루어진다. 삼재는 천·인·지를 말하고, 삼원은 상·중·하라는 뜻이다. 둔은 은둔이니, 육갑六甲이 육의 속으로 숨기 때문에 둔갑이란 명칭이 생겨났다.

음둔과 양둔으로 순행과 역행을 구분한다. 한 개의 절기는 삼국三局을 함유하며, 삼원은 일기一氣이고, 일기는 15일이며, 5일에 일원一元씩 상·중·하 삼원이 된다. 따라서 일국一局은 5일이 되므로 오차는 초신·접기법에 의하여 조정한다.

갑일甲日이나 기일己日로 부두符頭를 정하니 국의 차이는 윤국을 두어 조정하며, 부두가 먼저 오고 절입이 늦게 올 때는 갑이나 기 앞의 날짜를 조정하여 초신을 사용하고, 절입이 먼저 오고 부두가 늦게 올 때는 갑이나 기 앞의 날짜를 조정하여 접기를 사용한다.

구궁 중 부두순수가 닿는 궁이 직부直符가 되고, 직부궁에 닿는 팔문을 직사直使라고 한다. 직사는 일순一旬으로 10시간을 관장한다. 즉, 10시간 만에 일변一變하는 것이다. 직부는 시간時干에서 일으켜 양순 음역으로 팔방에 배치하고, 직사는 일의 음양국을 구분하여 정국定局으로 배치하며, 순수궁旬首宮에서 육갑을 일으켜 시지時支

가 나올 때까지 세어나간다.

　육갑의 은둔처인 육의는 무·기·경·신·임·계를 말하고, 삼기는 을·병·정乙丙丁을 말한다. 양둔에는 육의삼기를 무·기·경·신·임·계·정·병·을 순으로 순포順布하고, 음둔에는 역포逆布한다.

　길문吉門이 삼기를 만나면 만사가 형통한다. 그러나 삼기가 묘墓에 해당하면 성공하지 못한다. 길문에 삼기가 있고 팔괘가 양호하면 삼전기길三全奇吉하여 매우 좋은 상황이 되고, 팔신이 흉신일 경우에도 길의가 양호하다. 여기에 궁의 생왕휴수生旺休囚를 측정하여 논한다면 궁의 길흉은 더욱 분명해질 것이다.

　삼기득사三奇得使는 매우 좋은 길격으로, 천반이 을이고 지반이 기나 신辛일 경우, 천반이 병丙이고 지반이 무戊나 경庚일 경우, 천반이 정丁이고 지반이 임壬이나 계癸일 경우를 말한다.

　삼기가 육의에 유遊한다는 것은 천상삼기 을·병·정이 육의에 임한다는 의미로 천상삼기가 지반의 순수궁旬首宮에 임함을 뜻한다.

　옥녀수문玉女守門 또한 길격으로 육정六丁이 옥녀이니 육정이 직사궁直使宮에서 만남을 뜻한다. 만일 비밀스럽게 일을 진행시키고 화합할 일이 있으면 삼기득사나 옥녀수문 방위를 선택하라.

3. 길흉 구별법吉凶區別法

　천삼문天三門과 지사호地四戶의 구별은, 천상문은 천충天沖·소길小吉·종괴從魁를 말하고, 원행·출행에 길하다. 지사호는 위危·정定·제除·개開를 말하고, 불확실한 일을 거사하는 데 길한 방위이다. 삼기가 개문·휴문·생문의 길문을 만나면 출문하여 만사가 여의롭고, 더불어 천마天馬가 있을 시에는 호랑이가 날개를 단 것과 같아 무엇도 두려워하지 않는다.

　지사문地私門이란, 육합六合·태음太陰·태상太常의 삼진三辰을 말하고, 화합·화애 등 인간 관계에 길하며, 특히 이성 상대의 운이 강하다. 승리는 삼궁三宮에 있고, 패쇠敗

衰는 오궁五宮에 있으므로, 삼궁과 오궁의 시간을 가릴 줄 알면 인간 만사 길흉의 조화를 터득한 것이다.

구성九星은 하늘의 기운을 표현하며, 천반의 구간九干과 같고, 끊임없이 이동하고 있으며, 지반의 구간九干은 5일 만에 한 번씩 움직인다. 천반은 지반 위에 있어 세상사의 길흉에 대하여 작용하고, 지반은 천반 아래에 있어 세상사의 길흉을 직접 관리한다. 천반과 지반의 간干이 같을 때에는 복음伏吟이 이루어진다. 이러한 상황과 같이 구성과 팔문의 복음도 마찬가지이다.

격국 중 가장 흉한 것은 복음과 반복음反伏吟으로, 천봉이 휴문에 임하고, 천임이 생문에 임하고, 천예가 사문에 임하고, 천영이 휴문에 임하고, 천예가 생문에 임하고, 천봉이 경문景門에 임하고, 천임이 사문에 임함이다. 복음과 반복음에 다시 흉성이 붙으면 비록 을·병·정 삼기를 얻는다 해도 만사가 흉하므로 절대로 이 방위를 이용하면 안 된다.

팔문 중 생문·개문·휴문의 삼길문이 닿는 궁은 삼길문이 암시하는 모든 일이 순조롭게 진행된다. 상문은 흉문이지만 죄인의 체포와 사냥에는 길한 방위이다. 두문은 흉문이지만 피하고 감추고 숨기는 데는 길한 방위이다. 경문景門은 길한 방위는 아니지만 적진을 쳐부수고 투서投書에는 길하다. 사문은 흉문이지만 형벌을 주고 사형시키며, 조문하는 데에는 길한 방위이다. 경문驚門은 흉문이지만 범인의 체포와 형사刑死에는 길한 방위이다.

천봉·천임·천충·천보·천금은 양성이고, 천영·천예·천주·천심은 음성이다. 그 가운데 천보·천금·천심은 길성이고, 천봉·천예·천영·천주는 흉성이며, 만일 길성이 왕상旺相하면 만사 형통한다. 그러나 길성이 휴수休囚되고 생함이 없으면 무리하게 일을 진전시키면 안 된다.

4. 괘의 구성構成

1) 천봉구성을 오행에 배치할 시는 그 팔괘의 정위定位에 의한다.

천봉은 감궁의 수성水星이고, 천임은 간궁의 토성土星이며,
천충은 진궁의 목성木星이고, 천보는 이궁의 목성木星이며,
천영은 이궁의 화성火星이고, 천예는 곤궁의 토성土星이며,
천주는 태궁의 금성金星이고, 천심는 건궁의 금성金星이며,
천금은 중궁의 토성土星이며, 오행의 왕상휴수旺相休囚로서 구성의 경중輕重을 가린다. 예를 들면, 천봉은 수성에 해당하므로 가을·겨울은 왕상에 해당하고, 봄·여름은 휴수에 해당하며, 사계는 사死에 해당한다. 다른 구성의 왕쇠도 이와 같이 결정한다.

신神의 작용은 급하고 문門의 작용은 느리며, 삼사三詐와 오가五假가 반복하면 천도天道함이 유리하다.

순수旬首:부두를 시간時干 위에 가加하여 입묘入墓나 휴수에 해당하면 형세가 위태롭고, 월령의 생조됨을 즐거워한다.

길문吉門이 직사直使에 해당하면 가장 길하고, 순수수旬首數에서 시간時干의 방위까지 매우 길한 방위이다. 천목天目은 객이 되고 지이地耳는 주가 된다.

정위궁이 팔문을 극하면 흉하고, 팔문이 정위궁을 극하면 이 또한 불통이다. 삼기 을·병·정이 태음과 길문괘를 만나면 매우 좋은 조건이 되며, 삼기가 태음과 길문괘 가운데 한 가지만 얻어도 하는 일마다 여의롭다.

2) 구성과 팔문의 관계가 양호하면 병술에 이용하기 좋은 방위이다. 더불어 직부와 직사를 얻으면 더욱 길하고, 출사하여 대충방을 치면 백전 백승한다. 예를 들면, 순수旬首가 천영의 이궁에 임할 때에 대충방인 천봉의 감궁을 치면 된다. 천을귀인이 임한 궁은 대장군에게 유리하므로 대충방을 치면 승리한다.

3) 삼기가 갑·을·병·정·무의 양시陽時와 동궁하면 객방客方이 유리하니 적의 사기가 충만하고, 삼기가 기·경·신·임·계의 음시陰時와 동궁하면 주방主方이 유리하니 아군이 출병하기 좋은 방위이다.

4) 직부直符의 전삼前三은 육합六合이요, 전이前二는 태음太陰이요, 직부의 후일後一

은 구천九天이요, 후이後二는 구지九地이다. 육합은 후퇴하는 데 길하고, 태음은 복병伏兵에 길하고, 구천은 거병擧兵에 길하고, 구지는 은병隱兵에 길하다.

5) 삼둔三遁은 천둔天遁·인둔人遁·지둔地遁을 말하며, 길한 방위이다. 천둔은 생문과 육의삼기 병정丙丁의 만남으로 만사가 여의롭고, 인둔은 휴문과 정기丁奇의 만남으로 경영·친목·화친을 도모하는 데 길하고, 지둔은 개문과 육의삼기 을기乙己의 만남으로 모든 일이 대체적으로 길하다.

6) 경庚은 태백太白이고 병丙은 형혹熒惑이다. 경이 천반에 있고 병이 지반에 있음을 태백입형太白入熒이라 하고, 병이 천반에 있고 경이 지반에 있음을 형혹입백熒惑入白이라 한다. 태백입형의 경우에는 도적이 불시에 침입하고, 형혹입백의 경우에는 도적이 신속하게 도망한다.

또한 경庚을 격格이라 하고 병丙을 패悖라 하는데, 일간日干과의 만남에 따라서 각양각색의 악살이 침입하게 된다. 보편적으로 격은 하는 일마다 불통이고, 패는 위아래의 질서가 문란해진다.

경이 천반에 있고 일간이 지반에 있음을 복간伏干이라 하고, 경이 지반에 있고 일간이 천반에 있음을 비간飛干이라 하며, 병이 천반에 있고 일간이 지반에 있음을 복패伏悖라 하고, 병이 지반에 있고 일간이 천반에 있음을 비패飛悖라 하는데, 한 개의 궁에서 이러한 경우가 하나라도 있으면 사회에서 분란이 일어나고, 두 개가 있으면 나라에서 역적 모의가 이루어지고 분쟁이 일어난다.

7) 경庚이 천반에 있고 갑甲이 지반에 있음은 복궁伏宮이라 하고,
갑이 천반에 있고 경이 지반에 있음은 비궁飛宮이라 하고,
경이 천반에 있고 기己가 지반에 있음은 형격刑格이라 하고,
경이 천반에 있고 임壬이 지반에 있음은 소격小格이라 하고,
경이 천반에 있고 계癸가 지반에 있음은 대격大格이라 하고,
경이 천반에 있고 연간年干이 지반에 있음은 세격歲格이라 하고,

경이 천반에 있고 월간月干이 지반에 있음은 월격月格이라 하고,
경이 천반에 있고 일간日干이 지반에 있음은 일격日格이라 하고,
경이 천반에 있고 시간時干이 지반에 있음은 시격時格이라 하고,
모두 흉격에 해당한다.

8) 병丙이 천반에 있고 갑이 지반에 있음을 비조질혈飛鳥跌穴이라 하고, 갑이 천반에 있고 병이 지반에 있음을 청룡반수靑龍返首라 하며, 만사가 대길하고 모든 일이 여의로운 길격에 해당한다.

9) 계癸가 천반에 있고 정丁이 지반에 있음을 등사요교螣蛇妖嬌라 하고,
정丁이 천반에 있고 계癸가 지반에 있음을 주작투강朱雀投江이라 하고,
을乙이 천반에 있고 신辛이 지반에 있음을 청룡도주靑龍逃走라 하고,
신辛이 천반에 있고 을乙이 지반에 있음을 백호창광白虎猖狂이라 하며,
모두 대흉격으로 이루어짐이 전혀 없다.

10) 육의격형六儀擊刑의 구성은 갑자 무戊가 진궁에 임하고, 갑술 기己가 곤궁에 임하고, 갑신 경庚이 간궁에 임하고, 갑오 신辛이 이궁에 임하고, 갑진 임壬이 손궁에 임하고, 갑인 계癸가 손궁에 임한 경우인데, 지형支刑이 되므로 대흉격에 해당하여 대단히 흉한 방위이므로 절대로 사용해서는 안 된다.

11) 삼기입묘三奇入墓란 을乙이 곤궁에 임하고, 병丙이 건궁에 임하고, 정丁이 건궁에 임한 것을 말하며, 원리는 장생법長生法으로 삼기가 묘궁에 드는 것인데, 모든 일에 불길한 방위이다.

12) 시묘時墓는 시간時干이 묘궁墓宮에 드는 경우이며, 을미시乙未時의 을이 곤궁에 임하고, 병술시丙戌時의 병이 건궁에 임하고, 무술시戊戌時의 무가 건궁에 임하고, 신축시辛丑時의 신이 간궁에 임하고, 임진시壬辰時의 임이 손궁에 임하면 시묘격에 해당

하는데, 흉한 방위이다.

13) 오불우시五不遇時는 용이 눈동자를 잃어버려 아무것도 볼 수 없는 암흑과 같은 상태를 말한다. 구성構成은 시간時干이 일간日干을 극하는 시간으로 갑일의 경시庚時, 을일의 신시辛時, 병일의 임시壬時, 정일의 계시癸時, 무일의 신시申時, 기일己日의 을시乙時, 경일庚日의 병시丙時, 신일辛日의 정시丁時, 임일壬日의 무시戊時, 계일癸日의 기시己時이며, 모든 일이 흉흉하니 피해 감이 마땅하다.

14) 천망사장天網四張에 해당하면 도망갈 길이 없다. 진궁·손궁에 닿으면 회피할 길이 없고, 간궁·이궁에 닿으면 달아날 방법이 없다.

15) 육갑에 의하여 해석할 때는 이치에 어긋남이 없어야 하고, 절기節氣에 의해 시후時候를 결정하며, 음양 순역陰陽順逆에 밝아야 한다. 기문묘결奇門妙訣을 거짓과 꾸밈이 없고, 진실하고 올바른 사람이 아니면 전傳하지 말라.

제6부 실천편

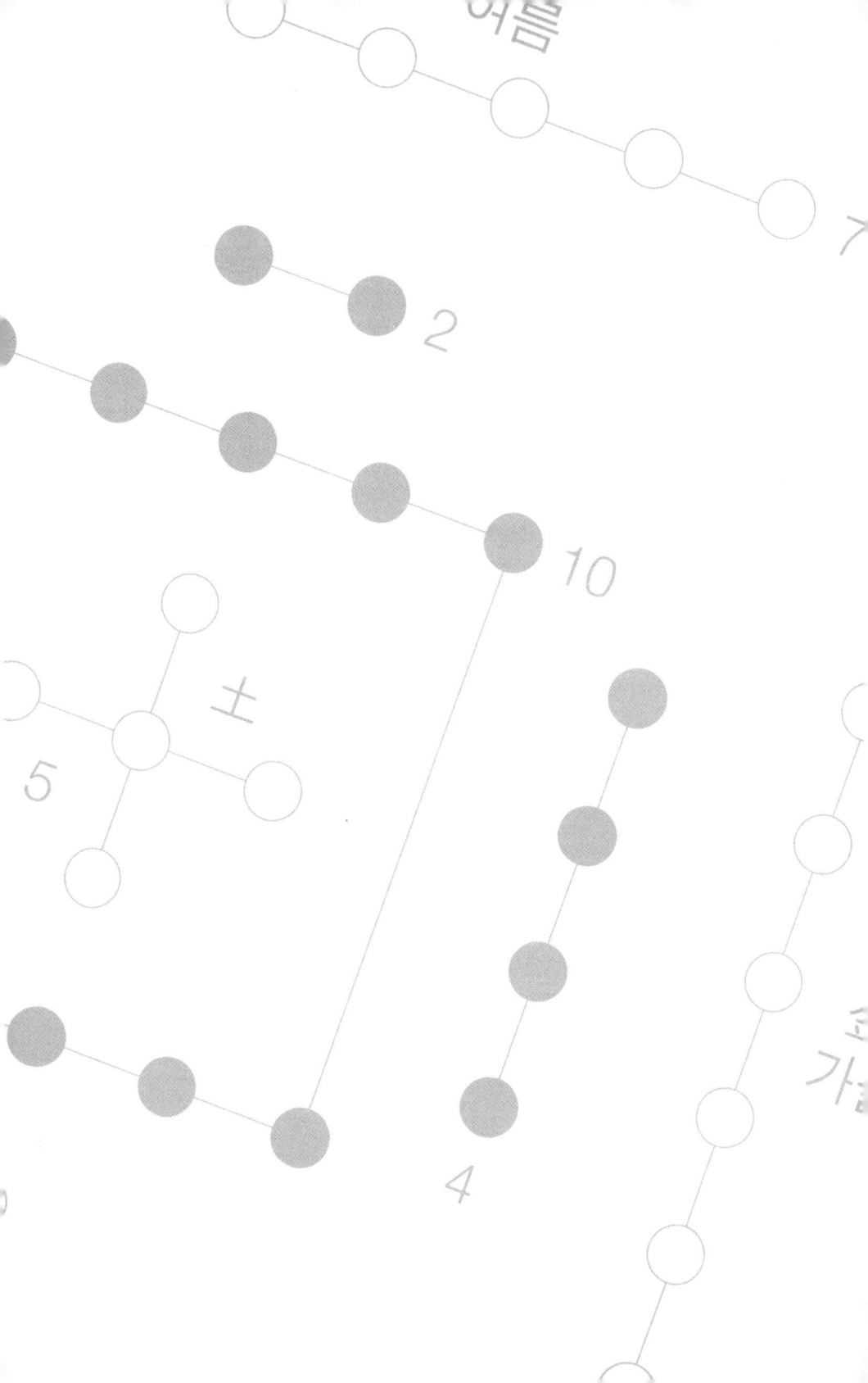

01 기문 둔갑 5변국

기문 둔갑 5변국이란, 평생국·연국·월국·일국·시국을 말하고, 여기에 나라의 국운國運을 보는 대국大局과, 사주와 관계 없는 점국占局이 있다.

대국과 점국은 사주와 아무런 관련이 없이 이루어지며, 점국은 사주의 시時만을 발췌하여 포국하는 경우가 있으므로 시국의 범위 안에 포함시키기도 한다.

기문 둔갑은 5변국과 대국·점국을 이용하여 천기天氣를 정확하게 예측할 수 있다. 이제부터 기문 5변국의 포국법을 알아보고 해석 방법을 예를 통해 헤아려 본다.

1. 평생국平生局

평생국은 태어난 해의 생년월일시를 근본으로 조식한다. 평생국은 평생운 자체도 보지만, 유년과 소운을 이용하여 해당년의 신수를 볼 때도 활용되므로 모든 기문국의 근본을 이루는 토대가 된다.

2. 평생국 포국법平生局布局法

평생국의 포국은 태어난 해의 생년월일시를 근본으로 포국한다.

1938년 음력 2월 26일 진시辰時:건명의 평생국을 기문국 포국에서부터 해석까지 총체적으로 풀이해 본다.

예) 1938년 음력 2월 26일 진시건명

나머지 6…1 = 9 ÷ 15 = 3 + 5 + 2 + 5
　천반수　　　　丙　戊　乙　戊
　　　　　　　　辰　午　卯　寅

나머지 1…2 = 9 ÷ 19 = 5 + 7 + 4 + 3
　지반수

천간 기본수를 합산하여 9로 공제한 후 나머지가 6이므로 천반수는 6이 되고, 지지 기본수를 합산하여 9씩 공제한 후 나머지가 1이므로 지반수는 1이 된다. 절기는 춘분절 중원에 해당하므로 삼원수는 양둔 9국이 된다.

3. 천지반 부법

양둔 9국陽遁九局　　　　丙　戊　乙　戊
　　　　　　　　　　　　辰　午　卯　寅

二 五	七 十	四 三
三 四	六 一	九 八
八 九	五 二	十 七

지반수 1은 중궁에 붙인 후, 감궁 2·곤궁 3·진궁 4·손궁 5·중궁의 6은 은복되었으니 불기不記하고, 건궁 7·태궁 8·간궁 9·이궁 10 순으로 순행한다. 천반수 6은 중궁에 붙인 후 이궁 7·간궁 8·태궁 9·건궁 10·중궁의 1은 은복되었으니 불기하고, 손궁 2·진궁 3·곤궁 4·감궁 5 순으로 역행한다.

* 천지반수 10 이후의 수는 다시 1부터 시작한다.

4. 팔괘 부법

1 二五 生氣	3 七十 絶體	7 四三 絶命
6 三四 福德	5 六一	9 八 禍害
2 八九 天宜	8 五二 歸魂	4 十七 遊魂

중궁 지반수가 1이므로 손궁 생기·간궁 천의·이궁 절체·건궁 유혼·태궁 화해·진궁 복덕·곤궁 절명·감궁 귀혼 순으로 붙인다.

5. 일가팔문 부법

1 　　二五　生氣　生門	2 　　七十　絕體　傷門	6 　　四三　驚門　絕命
5 　　三四　福德　死門	六一	8 　　九八　禍害　休門
7 　　八九　開門　天宜	3 　　五二　歸魂　杜門	4 　　十七　遊魂　景門

이 국의 일주日柱는 무오戊午이고 임자壬子 순에 해당하며, 양둔국이므로 간궁부터 임자·계축·갑인, 태궁 을묘·병진·정사, 손궁 무오·기미·경신이므로 일주 무오가 손궁에 속하니 손궁에 생문을 붙이고, 이궁 상문·감궁 두문·건궁 경문景門·진궁 사문·곤궁 경문·간궁 개문·태궁 휴문 순으로 붙인다.

6. 태을구성 부법

6 　　二五　青龍　生氣　生門	2 　　七十　攝提　傷門　絕體	4 　　四三　招搖　驚門　絕命
5 　　三四　天符　死門　福德	7 　　六一　咸池	9 　　九八　天乙　休門　禍害
1 　　八九　太乙　開門　天宜	3 　　五二　軒轅　杜門　歸魂	8 　　十七　太陰　景門　遊魂

양둔국 무오 일주이므로 간궁에서 갑자가 시작되어 이궁 을축·감궁 병인·곤궁 정묘·진궁 무진·손궁 기사·중궁 경오·건궁 신미·태궁 임신·간궁 계유·이궁 갑술 순으로 구궁을 순행하면 일주인 무오가 닿는 궁이 간궁이므로, 간궁에 태을·이궁 섭제·감궁 헌원·곤궁 초요·진궁 천부·손궁 청룡·중궁 함지·건궁 태음·태궁 천을 순으로 붙인다.

7. 지반 육의삼기 부법

二五 壬 青龍 生門 生氣	七十 戊 攝提 傷門 絶體	四三 庚 招搖 驚門 絶命
三四 辛 天符 死門 福德	六一 癸 咸池	九八 丙 天乙 休門 禍害
八九 乙 太乙 開門 天宜	五二 己 軒轅 杜門 歸魂	十七 丁 太陰 景門 遊魂

양둔 9국이므로 이궁에서 무戊가 시작되어, 감궁 기己·곤궁 경庚·진궁 신辛·손궁 임壬·중궁 계癸·건궁 정丁·태궁 병丙·간궁 을乙 순으로 순행한다.

8. 천반 육의삼기 부법

辛壬 青龍	二五 生門 生氣	壬戊 攝提	七十 傷門 絶體	戊庚 招搖	四三 驚門 絶命
乙辛 天符	三四 死門 福德		六一 癸 咸池	癸丙 天乙	九八 休門 禍害
己乙 太乙	八九 開門 天宜	丁己 軒轅	五二 杜門 歸魂	丁丁 太陰	十七 景門 遊魂

시주가 병진丙辰이므로 갑인甲寅 순에 속하니 부두는 계癸가 된다. 이 경우 부두인 계가 입중궁했으므로 시간時干인 병 위에 올려 붙이고 다른 지반 육의삼기를 부두 계가 간 방향으로 돌려 붙인다.

9. 시가팔문 부법

6	辛壬 傷門 青龍	二五 生門 生氣	7	壬戊 杜門 攝提	七十 傷門 絶體	8	戊庚 景門 招搖	四三 驚門 絶命
5	乙辛 生門 天符	三四 死門 福德			六一 癸 咸池	1	癸丙 死門 天乙	九八 休門 禍害
4	己乙 休門 太乙	八九 開門 天宜	3	丁己 開門 軒轅	五二 杜門 歸魂	2	丁丁 驚門 太陰	十七 景門 遊魂

양둔 9국 병진시丙辰時이므로 부두는 갑인甲寅 계癸가 된다. 부두 계癸가 중궁에 위치하므로 중궁 출곤 원칙에 의해 곤궁의 사문이 정위문이 된다. 다음, 양둔 9국이므로 9국의 고유궁인 이궁에서 갑자가 시작하여 감궁 을축·곤궁 병인·진궁 정묘·손궁 무진·중궁 기사 순으로 순행하면 태궁에 병진시가 닿는다. 다음 확인된 정위문인 사문을 태궁에 붙이고, 진궁 경문驚門·감궁 개문·간궁 휴문 순으로 돌려 붙인다.

10. 천봉구성 부법

6 辛二 壬五 天 傷 靑 生 生 沖 門 龍 門 氣	7 壬 七 戊 十 天 杜 攝 傷 絕 甫 門 提 門 體	8 戊 四 庚 三 天 景 招 驚 絕 英 門 搖 門 命
5 乙 三 辛 四 天 生 天 死 福 壬 門 符 門 德	六 一 癸 天 咸 芮 池	1 癸 九 丙 八 天 死 天 休 禍 禽 門 乙 門 害
4 己 八 乙 九 天 休 太 開 天 蓬 門 乙 門 宜	3 丁 五 己 二 天 開 軒 杜 歸 心 門 轅 門 魂	2 丁 十 丁 七 天 驚 太 景 遊 柱 門 陰 門 魂

양둔 9국 병진시이므로 부두는 갑인 계에 해당한다. 부두 계가 중궁의 육의삼기에 해당하므로 부두 계가 입중궁한 경우이다. 천봉구성 병진 부법시 부두가 입중궁하면 곤궁의 천예가 입중하고, 중궁의 천금이 시간時干이 소재한 궁에 붙는다. 이 경우 부두 계가 입중궁했으므로 곤궁의 정위성인 천예가 중궁에 붙으며, 중궁의 천금이 시간이 소재한 태궁에 붙고, 건궁 천주·감궁 천심·간궁 천봉·진궁 천임·손궁 천충·이궁 천보·곤궁 천영 순으로 우회전하며 붙인다.

11. 직부팔장 부법

7 辛壬 二五 九天傷青生 地沖門龍門氣	8 壬戊 七十 九天杜攝傷絶 天甫門提門體	1 戊庚 四三 直天景招驚絶 符英門搖門命
6 乙辛 三四 玄天生天死福 武壬門符門德	癸 六一 天咸 芮池	2 癸丙 九八 騰天死天休禍 蛇禽門乙門害
5 己乙 八九 白天休太開天 虎蓬門乙門宜	4 丁己 五二 六天開軒杜歸 合心門轅門魂	3 丁丁 十七 太天驚太景遊 陰柱門陰門魂

병진시이므로 부두는 갑인 계에 해당한다. 부두가 중궁의 육의삼기에 해당하므로 부두 계가 입중궁한 경우이다. 부두 계가 곤궁에 있는 것으로 가정하고, 곤궁 직부·태궁 등사·건궁 태음·감궁 육합·간궁 백호·진궁 현무·손궁 구지·이궁 구천 순으로 우전하여 차례로 붙인다.

12. 완성된 평생국

1938년 음력 2월 26일 진시辰時 춘분 중원

양둔 9국陽遁九局

丙 戊 乙 戊
辰 午 卯 寅

77—78 16—20 劫財(時) 辛 二 壬 五 九 天 傷 青 生 生 地 沖 門 龍 門 氣	46—52 1—6 比肩(世) 壬 七 天乙貴人 戊 十 九 天 杜 攝 傷 絶 天 甫 門 堤 門 體	82—85 9—11 正官 戊 四 庚 三 直 天 景 招 驚 絶 符 英 門 搖 門 命
79—81 12—15 食神(月) 乙 三 辛 四 玄 天 生 天 死 福 武 任 門 符 門 德	71—76 21 正財(中) 六 癸 一 總空 天 咸 芮 池	61—69 29—36 偏官 癸 九 丙 八 螣 天 死 天 休 禍 蛇 禽 門 乙 門 害
53—60 37—45 傷官(歲) 己 八 乙 九 空亡 驛馬 白 天 休 太 開 天 虎 蓬 門 乙 門 宜	86—90 7—8 偏印 丁 五 空亡 祿星 己 二 六 天 開 軒 杜 歸 合 心 門 轅 門 魂	70 22—28 正印 丙 十 丁 七 太 天 驚 太 景 遊 陰 柱 門 陰 門 魂

13. 기문국에서 동처궁의 표기 방법

- 사주의 연지가 앉은 궁 : 세歲로 표기
- 사주의 월지가 앉은 궁 : 월月로 표기
- 사주의 일지가 앉은 궁 : 세世로 표기
- 사주의 시지가 앉은 궁 : 시時로 표기
- 유년운이 해당하는 궁 : 유流로 표기
- 중궁　　　　　　　　: 중中으로 표기

14. 기문국에서 육신과 육친의 상관 관계

- 편인궁 : 부父궁
- 정인궁 : 모母궁

- 편재궁 : 첩妾궁
- 편관궁 : 귀鬼궁
- 식신궁 : 여손女孫궁
- 비견 : 세世궁

- 정재궁 : 처妻궁
- 정관궁 : 관官궁
- 상관궁 : 남손男孫궁
- 겁재궁 : 형兄궁

15. 평생국의 유년流年

유년이란 명리의 대운과 같은 명주命柱의 연령이 기문 평생국의 어느 궁에 닿는가를 보는 것이다. 유년 계산법流年計算法은 다음과 같다.

1) 유년의 계산은 일지가 앉은 궁인 세궁世宮에서부터 음양둔을 막론하고 구궁 순행하며, 지반수를 1세에서 45세까지 더해 나간다.
2) 46세부터는 일지가 앉은 궁인 세궁世宮에서부터 구궁 역행하면서 천반수를 46세에서 90세까지 더해 나간다.

예) 1938년 음력 2월 26일 진시辰時 건명乾命

			丙 戊 乙 戊
		양둔 9국陽遁九局	辰 午 卯 寅

77—78 16—20	(時) 辛 二 　　 壬 五	46—52 1—6	(世) 壬 七 　　 戊 十	82—85 9—11	戊 四 庚 三
79—81 12—15	(月) 乙 三 　　 辛 四	71—76 21	六 癸 一	61—69 29—36	癸 九 丙 八
53—60 37—45	(歲) 己 八 　　 乙 九	86—90 7—8	丁 五 己 二	70 22—28	丙 十 丁 七

유년 계산법에서 주의할 점은 지반수가 10일 경우 중궁 지반의 은복된 숫자를 사용하고, 천반수가 10일 경우 중궁 천반의 은복된 숫자를 사용한다.

위의 예를 보면 이궁의 지반이 10이기 때문에 중궁 지반의 은복된 숫자인 6을 10 대신 사용한다. 이를테면 이궁 지반의 유년이 1세에서 6세까지이고, 건궁의 천반이 10이기 때문에 중궁 천반의 은복된 숫자인 1을 10 대신 사용하여 건궁 천반의 유년은 1을 더한 70세가 된다.

16. 평생국의 소운 小運

소운은 해당 년의 부두인 지반 육의가 붙은 궁이 무조건 갑년이 된다. 아래 도표를 보자.

연의 간지	癸未	甲申	乙酉	丙戌	丁亥	戊子	己丑	庚寅	辛卯	壬辰	癸巳	甲午
연도	2003	2004	2005	2006	2007	2008	2009	2010	2011	2012	2013	2014
부두	己	庚	庚	庚	庚	庚	庚	庚	庚	庚	庚	辛
지반 육의	己	庚	辛	壬	癸	丁	丙	乙	戊	己	庚	辛

위 도표를 참고하여 양둔 9국 2003년부터 2014년까지의 소운을 구궁에 붙이면 다음과 같다.

2006 丙戌	壬	2011 辛卯	戊	2004 甲申 2013 癸巳	庚
2005 乙酉 2014 甲午	辛	2007 丁亥	癸	2009 己丑	丙
2010 庚寅	乙	2003 癸未 2012 壬辰	己	2008 戊子	丁

2007년 정해년丁亥年의 소운궁을 찾는 방법은, 정해년은 부두가 갑신 경庚에 속하므로 양둔 9국의 경우 지반육의 경庚이 붙은 곤궁은 2004년 갑신년의 소운궁이 되고, 진궁 2005년 을유년의 소운궁, 손궁은 2006년 병술년의 소운궁, 중궁은 2007년 정해년의 소운궁에 해당한다.

소운의 길흉을 볼 때, 해당년의 연간年干이 길궁에 임하면 연운年運이 흉해도 그 흉이 줄어들고, 흉궁에 임하면 연운이 길해도 그 길운을 다하지 못한다.

17. 평생국의 유년과 소운

평생국에서는 유년과 소운을 복합적으로 이용하여 특정한 해의 운세를 본다. 예를 들면, 1938년 음력 2월 26일 진시辰時:건명의 2007년 70세에 해당하는 운세를 보려면 2007년 70세에 해당하는 유년궁이 건궁이고, 2007년에 해당하는 소운궁은 중궁이다. 결국 2007년 운세의 해석은 유년궁인 건궁의 운과, 소운궁인 중궁의 운을 아울러서 봐야 한다. 이와 같이 유년과 소운이 각각 다른 궁에 해당될 때 힘의 배분은 유년 7:소운 3 정도로 참고하면 틀림이 없다.

* 기문국에서는 유년과 소운을 이용하여 평생국으로 연국의 운세를 보고, 연국에서는 월의 운세를, 월국에서는 일의 운세를 보는 것이 기문국만의 특수성이다.

02 평생국의 해석

기문국을 해석할 때 가장 중요한 원칙은 홍국수 전체의 구성과 성국成局·통기通氣 여부를 먼저 판단한다.

1. 국의 길흉

1) 먼저 성국 여부를 판단한다. 성국은 세궁世宮·중궁中宮·연궁年宮과의 관계인데, 이 삼궁의 관계를 먼저 보는 것은 기문국을 이끌어가는 중추적인 역할을 하는 궁이기 때문이다.

본국은 세궁일궁이 연궁을 생하고, 연궁이 중궁을 생하므로 일궁이 생을 받는 것보다는 덜하지만, 성국은 정상적으로 이루어졌다.

2) 다음 통기 여부를 판단한다. 우선 동처의 지반수로만 통기가 되는지를 살핀다. 이 국은 세와 시가 연·월을 생하고, 연·월이 중궁을 생하고, 중궁이 연·월의 천반을 통하여 다시 세와 시를 생하므로 통기 역시 소통을 이루었다.

3) 기문국에서 성국과 통기는 해당 년의 길흉화복을 보는 단편적인 개념이 아니고, 기문국의 본질을 보는 총체적인 개념이며, 지반수의 소통만으로 이루어지는 것이 원

칙이다.

4) 다음, 이궁과 감궁의 상황을 보면 이궁의 천반 칠화七火와 감궁의 지반 이화二火와의 관계를 보는 것인데, 이와 같은 경우는 비겁에 해당하므로 감리지견坎離之見 또한 소통이 잘 되고 있다.

5) 성국·통기·감리지견의 전체적인 상황으로 결론을 내리면 국의 흐름은 좋은 국이다.

2. 구궁의 분석

1) 세궁世宮

기신궁己身宮인 세궁의 일진수는 왕성해야 평생 흉의가 침범하지 못하고 어지간한 흉사는 물리칠 수 있는 힘을 갖는다. 본국의 세궁은 이궁으로 천반은 칠화七火이고, 지반은 십토十土이므로 수생하고, 지반 십토가 이궁에 앉아 거생에 해당하니, 일진수는 수생·거생하여 왕성하므로 일단 기본적인 자격은 갖추었다.

문리성장과 육의삼기도 참조하는데, 먼저 문괘를 보면 천보를 제외하고는 거의 흉의를 갖고 있으나, 다행히 육의삼기는 임가무위壬加戊位로 바다와 육지가 합치되는 형상인데, 모든 일에서 왕성하게 활동하는 기운이므로 세궁은 문괘가 약하지만 왕성한 기운을 가지고 있는 궁이다.

2) 명주의 성정

세궁의 분석으로 명주의 성정을 살펴보면 일진수가 십토十土이며 왕성하므로, 성품은 온후 독실하여 변함이 없고 순박하며, 실리적이고 변칙적인 것을 싫어한다.

똑똑하고 두뇌 회전이 빠르며, 머리 싸움에는 누구에게도 뒤지지 않는다는 자부심도 있다. 다만 지나치게 강하면 자만하여 안하 무인이 되기 쉽고, 욕심으로 무리하다가 실패하기 쉬우니 자만심과 욕심만 자제하면 크게 대성할 수 있다.

3) 손궁

손궁은 겁재궁으로 시궁과 형제궁에 해당한다. 손궁의 천반은 이화二火이고 지반은 오토五土이므로 수생하여 왕하나, 손궁의 궁오행은 목木이므로 지반 오토가 거극을 당하고, 육의삼기 또한 신가임위辛加壬位로 수생한 지반의 왕기를 감소시킨다. 그러나 문괘가 생기·생문·청룡으로 상문의 흉의를 능히 누를 수 있고, 궁오행과의 상생 관계를 이루어 손궁은 대길하다.

4) 진궁

진궁은 식신궁으로 월궁과 여손궁에 해당한다. 진궁의 천반은 삼목三木이며, 지반은 사금四金으로 목금木金 상극이 되고 궁오행도 목木이므로, 거극제를 당해 지반수는 힘을 전혀 못 쓰는 가운데 문괘 복덕과 생문이 흉의를 감소시키거나, 육의삼기가 을가신위乙加辛位이고 지반이 궁오행과의 유·묘酉卯 충파까지 있어 진궁은 흉궁에 속한다.

5) 간궁

간궁은 상관궁으로 연궁과 남손궁에 해당한다. 천궁의 천반은 팔목八木이고, 지반은 구금九金으로 금목 상극이 되었으나 거생되어 왕한다. 천을귀인은 동처에 붙으면 최상으로 치는데, 간궁에 천을귀인이 붙으며, 동처궁인 연궁에 해당하니 귀인의 기운이 있고 복록이 왕성하다. 비록 공망은 맞았으나 지반이 궁오행과 갑인충甲寅沖이 되고, 대충방인 곤궁의 지반과도 삼구충三九沖이 되어 공망과 충의 흉의가 동시에 해소되었으며, 문괘가 천의·개문·태을·휴문으로 길의가 충만하니 간궁은 대길하다.

6) 중궁

중궁은 정재궁으로 처궁에 해당한다. 정재가 중궁에 들었으니 편재는 중궁에 은복되었다. 중궁의 천반은 육수六水이며, 지반은 일수一水이므로 겸왕하고, 연궁과 월궁의 생조를 받으며 육의삼기 또한 계수癸水이므로 거극은 되었으나 궁의 지반은 일단 왕성하다. 문괘는 함지이며, 관재·구설·질병을 주관하는 흉성이고, 감궁이 공망이니 중궁은 총공망에 해당하며, 중궁은 길의와 흉의가 어우러지는 다사다난한 궁이다.

7) 감궁

감궁은 편인궁으로 부궁에 해당한다. 감궁의 천반은 오토五土이고 지반은 이화二火이므로 천반이 지반의 기운을 누설하고 있으며, 궁의 오행과도 거극을 당하고, 십이운성의 절에 해당하므로 기세가 완전히 꺾인 상태에서 감리지견의 상황을 보면 이궁의 천반이 칠화七火이고 감궁의 지반이 이화二火이므로 그나마 약간의 숨통은 열려있는 상황이다.

문괘는 개문이 두문·헌원의 흉의를 당해 낼 수 없고, 육의삼기는 정가기위正加己位로 삼기가 구진에 빠지고 육정六丁 옥녀가 손상을 당하는 형상으로, 재물로 인하여 시비 구설이 생기고 색란이 발동하는 방위이므로 육의삼기 역시 불길하다. 따라서 부궁인 감궁은 흉궁에 속한다.

8) 건궁

건궁은 정인궁으로 모궁에 해당한다. 건궁의 천반은 십토十土이고 지반은 칠화七火이므로 천반이 지반을 설기하고 있으며, 궁오행이 거극제를 하고, 십이운성의 묘와 절에 해당하므로 건궁의 지반은 쇠약하다. 그러나 월영의 생조가 있고, 육의삼기가 병가정위丙加丁位로 쇠약한 칠화七火를 구하고 있다. 문괘는 태음이 경문驚門의 흉액을 감당할 만하고, 천을귀인의 도움으로 어려운 상황을 피해 가고 있으나, 중궁과 일칠一七 충극이 되므로 모궁인 건궁은 흉궁에 속한다.

9) 태궁

태궁은 편관궁으로 귀궁에 해당한다. 태궁의 천반은 구금九金이고, 지반은 팔목八木으로 천반이 지반을 수극하고 있으며, 궁과도 거극하고 묘유卯酉 충파가 된다.

십이운성도 절지이고, 육의삼기 역시 계가병위癸加丙位로 전혀 도움이 안 된다. 문괘는 천을이 화해·사문을 대적하기 힘에 벅차다. 그러나 편관은 흉살이므로 오히려 약한 것이 도움이 될 수도 있다. 귀궁인 태궁은 흉궁에 속한다.

10) 곤궁

곤궁은 정관궁으로 관궁에 해당한다. 곤궁의 천반은 사금四金이고 지반은 삼목三木이므로 천반이 지반을 수극하고 있으나 음양의 조화를 이루어 수극이 완화되었다. 그러나 지지오행과 지반이 인신寅申 형충이 되고 거극이 되어 지반의 역량을 파괴하고 있다. 그렇지만 지반 삼목이 곤궁 토土에 통근하고 있고, 중궁 왕수의 생조를 받아 쇠약한 목木이 뿌리를 내릴 수 있게 되었다. 문괘는 직부와 경문景門이 절명·초요·경문驚門을 감당키 어려우나, 천을귀인이 붙어 흉의는 다소 해소가 되었으며, 육의삼기·무가경위의 흉은 지반이 월령을 얻어 어려운 와중에 희소식이 있을 것이다. 정관궁인 곤궁은 길한 와중에도 흉과 길이 반전을 거듭하는 공사 다망한 궁이다.

3. 평생국의 총평

본명의 일진궁인 세궁世宮을 해석하면 지반 십토十土가 이화궁에 앉아 거생하고, 천반이 지반을 수생하여 기초가 탄탄하므로 월령의 승극을 능히 이겨낼 수 있으며, 명주는 인간이 강직하고 명예를 중시하며, 위엄과 결단력이 있다. 부모궁인 감궁과 건궁의 기운이 약하므로 어려서 가정의 곤고함을 알 수 있고, 혼자 힘으로 자수 성가하는 명이다.

유년 사주 16~20세까지 손궁에 닿아 있어 생기·생문·청룡의 길의가 충만하고, 천충이 동하여 이동·변동의 기운이 있으므로 시골 벽촌에서 태어나 빈곤한 가정의 어려움을 극복하고 서울의 명문 대학에 합격하며, 소운과 명운이 양호한 26세에 행정고시에 합격한다. 태궁의 유년 사주 29~36세까지는 지반이 실기하고, 육의삼기의 천지 배합도 지반의 힘을 누설하고 있으며, 등사·화해·사문의 흉의가 횡행하여 사직할 기운이다.

그러나 천을의 도움으로 한직을 전전하며, 간궁의 유년 37~45세와 세궁인 이궁의 유년 46~52세, 간궁의 천반 유년인 53~60세까지 24년간은 이궁과 간궁의 길의가 충만하여 왕성하므로 승승장구하고 진급을 거듭하여 도지사·국회의원·장관까지 역임한다.

1) 형궁

형궁은 손궁으로 겁재궁이며, 가정적으로는 형제·자매, 사회적으로 친구·동료, 또는 상대방에 해당한다. 지반이 월령과 승극이 되고 궁과도 거극이 되지만, 천반이 수생하여 왕하고, 문괘가 생기·생문·청룡이 붙어 상문의 흉의를 능히 제압하고 뜻한 바를 성취할 수 있는 바탕이 된다.

본명은 독립심과 자립 정신이 강하고, 자기 자신의 신념을 믿으며, 행동하는 스타일인 동시에 친구·동료는 물론 형제들과도 화목하고, 사교성이 뛰어나서 신망과 관심과 호감을 얻어 주위에 많은 사람들이 모여드는 형국으로, 연국이 좋을 때에는 국회의원 같은 선출직 공무원으로 진출해도 무방하나, 관이 취약하여 총리 이상 대권은 쟁취할 수 없다.

2) 손궁孫宮

손궁은 진궁과 간궁으로 식상궁이다. 진궁인 식신궁은 수극·거극을 당해 쇠약하고, 생문·복덕이 흉의를 감소하나 궁과 충파가 되고, 육의삼기 역시 흉의를 띠고 있으므로 불 것이 없다. 간궁인 상관궁은 거생되어 왕하고, 동처인 연궁에 천을귀인이 붙었으며, 문괘 또한 개문·태을·천의가 받쳐주고, 공망은 되었으나 지반과 궁오행이 인신寅申 충극으로 해공이 되어 길하다.

본명은 사교성과 언변이 좋아서 사회에서나 직장에서 인기를 끌어 민중이 주위에서 떠날 줄 모르고, 설령 떠났다가도 다시 모여든다. 손아랫사람의 기세도 좋아 아들 자식 하나 크게 성공시킬 기운이다. 간궁은 지반 유년 37~45세, 천반 유년 53~60세까지를 관장하므로 이 시기에 승승장구할 수 있으며, 궁에 일마日馬·세마歲馬가 천을 귀인과 동궁하여 평생 분주하나 입신 발전하며 명진 사해한다.

3) 재궁

재궁은 중궁이며 처궁이다. 중궁에 정재가 들었으니 편재는 은복되어 사업은 금물이다. 상황에 따라선 은복된 편재가 표출되는 경우도 있지만, 본명은 부업이라도 투기·투자는 하면 안 된다. 중궁의 지반은 육의가 조하고 겸왕하여 왕하지만, 중궁의 힘만으로는 노력은 열심히 하는데 실속이 없는 재물궁으로, 본인이 노력하고 고생한 대가로 받는 봉급 이외의 재물에 욕심을 부리면 패가 망신한다.

그러나 다행인 것은 대길한 간궁의 생조를 받아 유기되었으며, 더욱 길한 것은 중궁이 길의가 충만한 연궁의 생조를 최상으로 치는데, 이 경우가 그러하므로 본명의 처는 상냥하고 친절하며, 아량이 넓고 이해심이 많아 주위 사람들의 마음을 잡는 매력이 있다. 또한 가정 생활도 알뜰하고 남편에 대한 내조도 손색이 없는 조강지처이다.

4) 관궁

관궁은 곤궁으로 정관궁이다. 지반은 수극·거극되고, 지지오행과 형충이 되어 역량이 파괴되고 있으나, 월령을 얻고 지반 삼목三木이 곤궁 토土에 착근하고 있다. 본래 중궁은 팔방을 지배하고 관리하는 총령궁이기 때문에, 변방의 팔궁이 중궁의 생조를 얻으면 최상으로 여긴다. 더구나 길한 연궁의 생을 받은 중궁이 곤궁을 생하고 있어 흉의가 길의로 변화하고, 관궁의 역량이 강화되어 행정부 요직을 두루 거치고, 도지사·국회의원·장관을 지낸다.

본명은 인품이 중후하고 비범하여 믿음직한 사람이다. 편관인 귀궁은 사기가 흉흉하여 무관보다는 문관 쪽에 진출하면 성공할 수 있다.

5) 부모궁

부궁인 감궁을 유추하면, 아버지는 고지식하고 소극적이어서 남과 잘 사귀지는 못하지만, 자립심이 강하고 건전하며 자수 성가한 분이다. 모궁인 건궁을 유추하면, 어머니는 신앙심이 강하고 가정에서 보수적이며, 자상하면서도 자녀들에게는 매우 엄격한 분이다. 본명은 손윗사람의 덕이 평범함에 있다.

4. 기문국 해석시 유의 사항

1) 기문 해석시 가장 중요한 점은 구궁 상호간 홍국수의 생화극제이다. 여기에서 중궁의 역할은 지대하다. 그 중 중궁과 동처와의 힘의 교류가 가장 크고, 동처 이외의 궁 가운데는 기문 출곤 원칙에 의한 곤궁과의 교류가 힘의 역량이 가장 크다
이와 같은 이유로 지금까지 풀이한 평생국의 곤궁이 정관궁이기 때문에 관의 길의가 더욱 향상되었다. 이러한 관점에서 볼 때 기문국 해석시 구궁 중 중궁을 항상 먼저 주시해야 한다.

2) 구궁의 문괘성장을 논할 때 팔문이 월령 또는 궁오행의 왕상에 해당하거나, 길괘·길성·길격국을 만나면 유기有氣하여 길하고, 팔문이 월령이나 궁오행의 휴수사에 해당하고, 흉괘·흉성·흉격국을 만나면 무기無氣하여 흉하다. 다른 사신도 모두 이 점을 기본으로 삼아 해석한다.
유의해야 할 것은 이와 같은 해석 방법과 더불어 기문 삼중반의 생극 여부와 문괘 성장 상호간의 관계도 아울러서 창조하여 해석한다.

3) 5·7·9 삼살三煞은 홍국수로 판단하고, 병경살丙庚煞은 육의삼기로 보는 신살이다. 이것은 병가경丙加庚·병가병丙加丙·경가병庚加丙을 일컫는데, 그 영향은 병丙을 재난으로 보고 경庚을 살상·분란·투쟁·쟁의·싸움 등을 일으킨다고 본다. 병경丙庚과 삼살이 동하였을 때 천반과 지반의 경중을 가려 경중을 헤아린다. 천반 병경丙庚은 더욱 흉하고, 지반 병경丙庚은 조금 경하며, 천반과 지반이 병경丙庚·병병丙丙·경경庚庚으로 구성되면 그 흉함이 더욱 중하다
삼살은 지반에 있는 것을 더욱 흉하게 본다. 삼살이 천반과 지반에 동시에 나타났을 때에는 지반이 먼저 동하고, 홀로 나타날 때는 그 자체로도 흉의가 발동한다.

5. 연국의 유년 계산법

　연국에서 유년을 계산하는 방식은, 시간時干에 해당하는 지반 육의삼기가 앉은 궁에서 9세를 시작하여, 배수로 음둔에는 역행하고 양둔에는 순행하여 붙인다. 유년의 해석 방법은 격국을 중심으로 해석하는데, 길격에 해당하는 궁은 운세가 길한 것으로 판단하고, 흉격에 해당하는 궁은 흉한 것으로 판단한다.

1) 양둔 3국 병인시丙寅時의 경우

乙 己 36세	壬 丁 81세	辛 乙 18세
丁 戊 27세	庚 45세	丙 壬 63세
己 癸 72세	戊 丙 9세	癸 辛 54세

2) 음둔 3국 병인시丙寅時의 경우

庚 乙 18세	壬 辛 54세	戊 己 36세
丁 戊 27세	丙 9세	乙 癸 72세
癸 壬 63세	己 庚 45세	辛 丁 81세

03
연국年局

　연국의 포국은 본명의 사주를 해당 년으로 바꾸어 조식한다. 평생국의 유년과 소운을 이용하여 해당 년을 판단하는 방법도 있지만, 해당 년의 신수와 각월의 운세까지 상세히 보기 위해서는 연국을 조식하여 판단하는 것이 옳은 방법이다.

1. 연국 포국법

　1) 연국을 조식할 때 본명이 1947년 음력 9월 21일 유시생酉時生이라면, 2007년 연국의 조식은 정해년 9월 21일 유시생의 명으로 국을 포국한다. 이 경우는 월국과 일국을 조식할 때도 동일하다. 예를 들면 다음과 같다.

예) 평생국의 사주 : 1947년 음력 9월 21일 유시酉時 곤명

丁　辛　壬　戊
酉　巳　戌　子

　이 사주의 평생국은 상강절 상원 음둔 5국으로 포국해야 한다.

2) 2007년의 연국을 조식하기 위한 사주는 2007년 음력 9월 21일 유시곤명이므로 상강절 상원 음둔 5국으로 기문국을 포국한다. 이번 경우는 평생국과 2007년도 연국과의 절후가 상강절 상원 음둔 5국으로 동일하나 절후가 다른 경우도 많다. 예를 들면, 본명의 2006년도 절후는 입동절 하원 3국에 해당한다. 이와 같이 평생국과 연국의 절후가 우연히 같은 경우도 있지만, 다른 경우도 많다는 걸 유념해야 한다.

예) 2007년의 연국을 조식하기 위한 사주 :

2007년 음력 9월 21일 유시酉時 곤명

나머지 6 ⋯ 2 = 9 ÷ 24 = 8 + 5 + 7 + 4
천반수   辛 戊 庚 丁
                        酉 戌 戌 亥

나머지 8 ⋯ 4 = 9 ÷ 44 = 10 + 11 + 11 + 12
지반수

천반 기본수를 합하여 9씩 공제한 나머지가 6이므로 천반수는 6이 되고, 지지 기본수를 합하여 9씩 공제한 나머지가 8이므로 지반수는 8이 된다.
절기는 상강절 상원에 해당하므로 삼원수는 음둔 5국에 해당한다.

2. 천지반 부법

음둔 5국陰遁五局   辛 戊 庚 丁
                          酉 戌 戌 亥

二三	七七	四十
三一	六八	九五
八六	五九	十四

　지반수 8은 중궁 지반에 붙인 후 감궁 9·곤궁 10·진궁 1· 손궁 2·중궁에 3은 은복되고, 건궁 4·태궁 5·간궁 6·이궁 7 순으로 순행하고, 천반수 8은 중궁 천반에 붙인 후 이궁은 7·간궁 8·태궁 9·간궁 10·중궁에 1은 은복되고, 손궁 2·진궁 3·곤궁 4·감궁 5 순으로 역행한다.

3. 팔괘 부법

7　二三·絶命	5　七七 禍害	1　四十 生氣
4　三一 遊魂		3　九五 絶體
8　八六 歸魂	2　五九 天宜	6　十四 福德

　중궁의 지반수가 8이므로 곤궁 생기·감궁 천의·태궁 절체·진궁 유혼·이궁 화해·건궁 복덕·손궁 절명·간궁 귀혼 순으로 붙인다.

4. 일가팔문 부법(상)   5. 태을구성 부법(하)

4 二二 景門 絶命	3 七七 杜門 禍害	7 四十 開門 生氣
8 三一 休門 遊魂		5 九五 死門 絕體
6 八六 驚門 歸魂	2 五九 傷門 天宜	1 十四 生門 福德

본국의 일주는 무술戊戌이며 무자戊子 순에 해당하고, 음둔국이므로 간궁에서부터 무자·을축·경인, 곤궁 신묘·임진·계사, 진궁 갑오·을미·병신, 건궁 정유·무술·기해 이므로 일주 무술이 건궁에 속하니, 건궁에 생문·감궁 상문·이궁 두문·손궁 경문景門·태궁 사문·간궁 경문驚門·곤궁 개문·진궁 휴문 순으로 붙인다.

1 二二 太乙 景門 絶命	5 七七 天符 杜門 禍害	3 四十 軒轅 開門 生氣
2 三一 攝提 休門 遊魂	7 六八 天乙	7 九五 咸池 死門 絕體
6 八六 青龍 驚門 歸魂	4 五九 招搖 傷門 天宜	8 十四 太陰 生門 福德

음둔국 무술戊戌 일주이므로 곤궁에서 갑자가 시작되어 감궁 을축·이궁 병인·간궁 정묘·태궁 무진 순으로 구궁을 역행하면 일주 무술이 닿는 궁이 손궁이니 손궁 태을·진궁 섭제·곤궁 헌원·감궁 초요·이궁 천부·간궁 청룡·태궁 함지·건궁 태음·중궁 천을 순으로 붙인다.

6. 지반 육의삼기 부법

二二 己 太 景 絶 乙 門 命	七七 癸 天 杜 禍 符 門 害	四十 辛 軒 開 生 轅 門 氣
三一 庚 攝 休 遊 提 門 魂	六八 戊 天 乙	九五 丙 咸 死 絶 池 門 體
八六 丁 青 驚 歸 龍 門 魂	五九 壬 招 傷 天 搖 門 宜	十四 乙 太 生 福 陰 門 德

음둔 5국이므로 중궁에서 무戊가 시작되어 손궁 기·진궁 경·곤궁 신·감궁 임·이궁 계·간궁 정·태궁 병·건궁 을 순으로 역행한다.

7. 천반 육의삼기 부법(상)   8. 시가팔문 부법(하)

庚己 太乙 景門 二二 絶命	己癸 天符 杜門 七七 禍害	癸辛 軒轅 開門 四十 生氣
丁庚 攝提 休門 三一 遊魂	戊 天乙 六八	辛丙 咸池 死門 九五 絶體
壬丁 青龍 驚門 八六 歸魂	乙壬 招搖 傷門 五九 天宜	丙乙 太陰 生門 十四 福德

시주가 신유辛酉이므로 부두는 갑인 계癸가 된다. 천반 육의 부법의 원칙은 시간時干이 소재한 궁에 시주의 부두를 올려 붙이는 것이다. 본국은 시간 신辛이 곤궁에 소재하므로 곤궁 육의 신辛 위에 계를 올려 붙이고, 부두 계와 동일한 지반 육의 계가 이궁에 위치하고 있으므로 부두 계가 붙은 방향으로 1칸씩 우전하여 건너 붙인다.

3 驚門	庚己 太乙 景門 二二 絶命	4 開門	己癸 天符 杜門 七七 禍害	5 休門	癸辛 軒轅 開門 四十 生氣
2 死門	丁庚 攝提 休門 三一 遊魂		戊 天乙 六八	6 生門	辛丙 咸池 死門 九五 絶體
1 景門	壬丁 青龍 驚門 八六 歸魂	8 杜門	乙壬 招搖 傷門 五九 天宜	7 傷門	丙乙 太陰 生門 十四 福德

신유시辛酉時이므로 부두는 갑인 계癸에 해당한다. 부두 계癸가 이궁의 지반 육의 삼기에 해당하므로 정위문은 경문景門이 된다. 음둔 5국이므로 5국의 고유궁인 중궁부터 역행하여 중궁 갑자·건궁 을유·태궁 병인·간궁 정묘·이궁 무진 순으로 세어 나가면 간궁에 시주인 신유辛酉가 닿으므로 먼저 확인된 정위문인 경문을 간궁에 붙이고, 진궁 사문·손궁 경문驚門·이궁 개문·곤궁 휴문·태궁 생문·건궁 상문·감궁 두문 순으로 음양둔 불문하고 우전하여 배치한다.

9. 천봉구성 부법

7 庚己 二二 天驚太景絶 沖門乙門命	8 己癸 七七 天開天杜禍 甫門符門害	1 癸辛 四十 天休軒開生 英門轅門氣
6 丁庚 三一 天死攝休遊 任門提門魂	戊 六八 天乙	2 辛丙 九五 天生咸死絶 芮門池門體
5 壬丁 八六 天景靑驚歸 蓬門龍門魂	4 乙壬 五九 天杜招傷天 心門搖門宜	3 丙乙 十四 天傷太生福 柱門陰門德

신유시이므로 부두는 갑인 계이다. 부두가 이궁의 지반 육의에 해당하므로 정위성은 천영이 된다. 다음 정위성인 천영을 시간時干이 소재한 곤궁에 붙이고, 태궁 천예·건궁 천주·감궁 천심·간궁 천봉·진궁 천임·손궁 천충·이궁 천보 순으로 음양둔 불문하고 우전하여 배치한다.

10. 직부팔장 부법

2 庚 二
   己 二
騰 天 驚 太 景 絶
蛇 沖 門 乙 門 命
	1 己 七
	   癸 七
	直 天 開 天 杜 禍
	符 甫 門 符 門 害
		8 癸 四
		   辛 十
		九 天 休 軒 開 生
		天 英 門 轅 門 氣

3 丁 三
   庚 一
太 天 死 攝 休 遊
陰 任 門 提 門 魂
	六 八
	戊
	天
	乙
		7 辛 九
		   丙 五
		九 天 生 咸 死 絶
		地 芮 門 池 門 體

4 壬 八
   丁 六
六 天 景 青 驚 歸
合 蓬 門 龍 門 魂
	5 乙 五
	   壬 九
	勾 天 杜 招 傷 天
	陳 心 門 搖 門 宜
		6 丙 十
		   乙 四
		朱 天 傷 太 生 福
		雀 柱 門 陰 門 德

신유시이므로 부두는 갑인 계이다. 부두 계가 이궁의 지반 육의에 해당하므로 이 궁에 직부를 붙이고, 음둔국이므로 손궁 등사·진궁 태음·간궁 육합·감궁 구진·건궁 주작·태궁 구지·곤궁 구천 순으로 좌전하여 역행 배치한다.

11. 완성된 연국

음둔 5국 陰遁五局

辛	戊	庚	丁
酉	戌	戌	亥

3, 4 偏官 庚 二 空亡, 祿星 己 二 騰天驚太景絶 蛇沖門乙門命	5 正官 己 七 癸 七 直天開天杜禍 符甫門符門害	6, 7 偏印 癸 四 天乙貴人 辛 十 九天休軒開生 天英門轅門氣
2 傷官 丁 三 庚 一 太天死攝休遊 陰任門堤門魂	偏財 六 戊 八 天 乙	8 正印 辛 九 (時) 丙 五 九天生咸死絶 地芮門池門體
1, 12 食神 壬 八 丁 六 六天景靑驚歸 合蓬門龍門魂	11 劫財 乙 五 驛馬 壬 九 勾天杜招傷天 陳心門搖門宜	9, 10 丙 十 (世, 月, 歲) 乙 四 朱天傷太生福 雀柱門陰門德

12. 연국에서 월을 정하는 법

연국에서 월을 정하는 법은 평생국으로 볼 때 유년을 정하는 것과 유사하다. 차이점은, 유년은 각각의 사주에 따라서 궁의 위치와 유년수가 변하지만, 월은 변하지 않는다. 각궁의 해당 월은 다음과 같다.

3월, 4월 손궁	5월 이궁	6월, 7월 곤궁
2월 진궁	중궁	8월 태궁
1월, 12월 간궁	11월 감궁	9월, 10월 건궁

04 행년

행년이란, 중궁을 제외한 변방의 8궁에 명주의 나이를 정하는 방법으로, 기문국을 해석할 때 하나의 동처궁으로 생각하고 해석한다.

1. 행년궁의 포국

건명의 행년궁을 정하는 법은 이궁에 1세를 붙이고 곤궁을 건너뛰어 구궁을 우전하면서 순행 배치한다. 곤명의 행년궁을 정하는 법은 감궁에 1세를 붙이고 간궁을 건너뛰어 구궁을 좌전하면서 역행 배치한다. 9세 이후에는 건명은 곤궁을, 곤명은 간궁을 건너뛰지 않고 차례대로 붙여 나간다.

1) 건명의 행년

손궁	7 15 23 31 39 47 55 63 71 79	이궁	1 8 16 24 32 41 48 56 64 72	곤궁	9 17 25 33 41 49 57 65 73
진궁	6 14 22 30 38 46 54 62 70 78	중궁		태궁	2 10 18 26 34 42 50 58 66 74
간궁	5 13 21 29 37 45 53 61 69 77	감궁	4 12 20 28 36 44 52 60 68 76	건궁	3 11 19 27 35 43 51 59 67 75

2) 곤명의 행년

손궁	6 13 21 29 37 45 53 61 69 77	이궁	5 12 20 28 36 44 52 60 68 76	곤궁	4 11 19 27 35 43 51 59 67 75
진궁	7 14 22 30 38 46 54 62 70 78	중궁		태궁	3 10 18 26 34 42 50 58 66 74
간궁	15 23 31 39 47 55 63 71 79	감궁	1 8 16 24 32 40 48 56 64 72	건궁	2 9 17 25 33 41 49 57 65 73

2. 명궁命宮

행년이 닿는 당해 년의 궁을 명궁命宮이라 한다. 연국을 포국하고 행년궁을 정해 외부적인 상황을 판단하는 데 이용할 만큼 1년 신수국에서의 명궁은 중요하게 여긴다. 명궁이 길문괘를 동반한 길한 궁에 닿으면 연국이 전체적으로 흉해도 흉국으로 판단하지 않는다. 명궁은 근본적으로 외적인 동향을 보고, 세궁 지반은 명주와 주거지로 보는데, 명궁이 흉하면 세궁이 아무리 길해도 명주와 주거지가 편안하다고 볼 수 없다.

05 연국의 해석

기문국을 해석할 때는 먼저 홍국수의 구성을 살펴야 한다. 연국의 해석은 평생국과 동일하다.

1. 국의 길흉

1) 본국의 연궁·중궁·일궁을 보는 성국의 여부는 불성이다. 왜냐 하면 연·월·일이 건궁에 몰려 있고, 연국의 주된 일을 관장하는 중궁과 건궁이 묘유충卯酉沖으로 깨져 있기 때문이다.

2) 홍국수의 전체적인 구궁의 상황을 보면, 구궁의 천반과 지반이 충극이 없이 모두 상생되어 있어 일견하여서는 왕성한 기세인 듯하나, 중궁이 연궁·월궁·일궁인 건궁과 충이 되어 깨져 있다. 시궁인 태궁도 설기되어 약하며, 홍국수 자체만의 힘의 세기를 보면 가장 강한 것이 구금九金이고, 다음으로 강한 것이 칠화七火이기 때문에 칠구七九 상전의 흉의가 무엇보다 강하다.

이 국의 감리지견을 보면 이중의 천반이 칠화이고, 감궁의 지반이 구금이므로 칠구 상전하여 하늘과 땅이 소통이 되지 않고, 더구나 1년 신수를 판단하는 명궁이 이 궁에 해당하므로, 이 국은 불성하고 통기의 여부도 불통된 흉국에 해당한다.

2. 구궁의 분석

1) 간궁

간궁은 1월과 12월을 주관하는 궁으로 식신궁에 속한다. 지반 6수가 천반 8목에 의해 설기당하고, 궁오행의 극을 받아 심히 쇠약하다. 천지반을 보면 중궁의 천지반과 뒤바뀐 둔갑국이 되었다. 둔갑국이 되면 그때 그때 처한 형편에 맞추어 일을 처리하는 데 능한 기운으로 보는데, 결국 변화가 많다는 의미이다. 따라서 일도 많고 어려움도 많은 월이라고 본다. 이것은 간궁에 앉은 경문驚門을 보아도 알 수 있다. 경문은 소송·구설·쟁투·사업 실패 등을 상징하기 때문이다.

그러나 천을귀인의 도움이 있고, 청룡·경문景門·육합의 길한 성정과 육의삼기 임가정壬加丁의 길의가 조력하여 흉의가 감소되었다.

1월과 12월의 간궁은 평궁에 해당한다.

2) 진궁

진궁은 2월을 주관하는 궁으로 상관궁에 속한다. 천반 3목이 지반 1수의 힘을 누설하고, 궁오행도 목에 해당하여 약한 지반을 더욱 설기하며, 지반 1수와 지지오행인 묘목卯木이 자묘子卯형을 이루어 진궁의 지반은 극흉하고, 문패 또한 사문·섭제가 붙어 밭 갈던 소가 발목이 부러지는 형국이다. 육의삼기 정가경丁加庚의 길의가 흉극의 세기를 감소하나 궁의 흉의를 모두 해소할 수 없다.

2월의 진궁은 대흉궁에 해당한다.

3) 손궁

손궁은 3월과 4월을 주관하는 궁으로 편관궁에 속한다. 천반과 지반이 이화乙火이므로 겸왕이고 거왕하며, 십이운성의 제왕궁에 해당하니 일단 큰일을 성사시킬 수 있는 힘을 갖추었다. 문패 역시 태을·경문이 붙어 길의가 충만한 월인 듯하나 편관에 해당하는 손궁의 육의 천반 경庚이 육의지반 기己의 생을 받아 기세가 당당하고, 세궁일궁인 건궁의 육의지반이 을목乙木이므로 젊은 외간 남자가 들어올 기운이다.

육의삼기를 보는 손궁의 격국이 경가기庚加己이므로 관사와 형장을 관장하는 형격에 해당하고, 문패가 절명·경문驚門·천충·등사의 흉의가 중중하니 외간 남자를 쳐내지 못하면 그로 인해 패가 망신할 운세이다. 그러나 궁이 공망이고 녹성의 길성으로 길게 끌지는 않는다.

3월·4월의 손궁은 흉궁에 해당한다.

4) 이궁

이궁은 5월을 주관하는 궁으로 정관궁에 속한다. 궁의 천지반이 쌍칠화雙七火가 되어 겸왕하고 거왕하며, 십이운성의 제왕궁에 해당하므로 극왕하다. 육의삼기 천지 배합이 기가계위己加癸位로 흙이 현무 도적을 품고 있는 형상으로 반드시 흉할 기운이고, 지지오행과 오오午午자형이 형성되어 극왕한 쌍칠화雙七火의 기세가 등등하다.

감리지견을 보면 기세가 등등한 쌍칠과 천반의 생을 받은 구금九金이 칠구七九 상전이 되어 최악의 흉살을 내포하고 있다. 칠화에서 구금을 육신 관계로 보면 여자·재물에 해당하므로 본명은 남편의 외도로 인해 근심 걱정이 떠날 줄 모르는 월이고, 천부가 더욱 불을 붙여 흉의는 매우 크다.

5월의 이궁은 흉궁에 해당한다.

5) 곤궁

곤궁은 6월과 7월을 주관하는 궁으로 편인궁에 속한다. 궁의 천반이 지반을 설기하나 거왕하고, 십이운성의 제왕궁에 해당하여 왕하다. 육의삼기 계가신위가 예측할 수 없는 불의의 재난을 품고 있고, 지반이 지지오행과 축미丑未 형충이 형성되어 궁의 기세가 불안하다. 그러나 궁의 기운이 왕하여 흉의를 부지할 만하고, 개문·생기·휴문·구지의 길의가 아우러져 흉의의 소통을 가로막고 있으며, 천을귀인이 붙어 귀인의 도움이 들어온다.

6월과 7월은 길궁에 해당한다.

6) 태궁

태궁은 8월을 주관하고 시궁과 정인궁에 속한다. 천반이 지반을 설기하고, 궁오행과 지지 오행도 지반의 기운을 누설하고 있어 쇠약하다. 육의삼기 신가병위도 병신합수하여 별 도움이 못 되고 있으며, 절체의 상사, 신체 손상, 사문의 사망, 형옥 함지의 관재 구설, 질병 등의 흉의를 생문·천예·구지가 당해 낼 재간이 없다.

8월은 흉궁에 해당한다.

7) 건궁

건궁은 9월과 10월을 주관하고, 세궁연궁·월궁, 그리고 세궁일진궁에 속한다. 천반 십토十土가 지반 사금四金을 수생하고 거왕하여 지반은 왕성하다. 육의삼기 병가을위는 주작함화격에 해당하여 인간 만사가 길하고 하늘의 은총을 얻을 기운이다. 그러나 천반 육의 병화丙火가 지지오행 술궁戌宮에 앉았으므로 삼기입묘에 해당하여 주작함화의 길의가 모두 헛일이 되었으며, 지반 사금四金과 중궁의 팔목八木이 충극하여 흉의가 더욱 가중되었으나, 문괘·복덕·생문·태음의 음덕이 흉의를 완화해 주고 있다.

9월과 10월은 평궁에 해당한다.

8) 감궁

감궁은 11월을 주관하고 겁재궁에 속한다. 지반 구금九金이 궁오행 수에 의해 거사당하고, 지지오행 자수子水와 신자 삼합하여 지반 구금을 설기하니 수기만 왕하다. 그러나 천반 오토五土가 수생하여 쇠약하지는 않다. 감리지견을 보면 이궁 천반 칠화七火와 감궁 지반 구금이 상전하여 흉의가 득세하고, 육의삼기 을가입위도 별로 협조를 못 한다. 문괘 역시 상문·초요·두문·구진의 흉살이 첩첩중중하다.

11월은 흉궁에 해당한다.

9) 중궁

중궁은 팔방을 지배하는 총령궁이며, 편재궁에 속한다. 지반 팔목八木이 궁오행의 극을 받아 거극제에 해당하나, 천반 육수六水가 생하고 육의가 무토戊土이므로 중궁의 지반은 왕하다. 그러나 진궁의 지반과 자묘子卯형이 되고, 연·월·일궁인 건궁의 지반과 묘유충卯酉冲이 되어 도화살 끼리의 형충이라, 부부 불화하고 손재·파재하며, 금과 목이 상쟁하고 있어 신경이 예민해지고 정신적인 고통이 있다. 그러나 문괘 천을과 곤궁의 생기·개문이 흉의를 완화시켜 편재궁인 중궁은 평궁에 해당한다.

중궁은 본래 문괘가 태을구성만이 앉는다. 그러면 팔문·팔괘 등은 어떻게 이용하는가? 그것은 기문 출곤 원칙에 의해, 중궁은 곤궁과의 교류가 지대하므로 곤궁의 팔문·팔괘 등을 참조하고, 연궁 또는 일궁이 중궁을 생할 때에는 연궁과 일궁에 소재하는 팔문·팔괘·천봉구성·직부팔장 등을 참조한다.

3. 연국의 총평

본명의 2007년도 전체적인 기운은 소통되는 해가 아니다. 특히 항상 염두에 둘 일은 관재 구설·손재·파재·이성 관계로 인하여 시비 구설 등이 보이므로 만사에 움직임보다는 내실을 다지고 조용히 있는 것이 자신에게 이익이 되는 해이다.

1) 2007년의 재물운

공격적이기보다는 지키는 것이 안전하다. 일상적인 관리 차원을 넘어선 재물의 이동과 변동은 해서는 안 된다. 본명의 올해 재물 관리는, 투기·투자·문서·매입 등을 기피하는 것은 물론, 보증·어음·수표 등의 관리에 빈틈이 없어 꼼꼼한 주의가 필요하다.

2) 2007년의 건강운

천반의 수생으로 왕한 중궁과 건궁의 지변이 묘유충卯酉冲이 되므로 간·담이 약해지고 대장에 병이 생기며, 수족 부상, 호흡기 계통의 질환, 간 질환, 신경 계통의 질환 등이 발생하므로 규칙적인 운동으로 몸과 마음을 다스리는 습관이 필요하다.

3) 2007년 2월운

2월의 운세는 변동·출행·행동 등을 시작하는 시기처럼 보이지만, 허영·분열·낭비가 많고 건강 관리에 유념하는 시기이다. 특히 방광염 등 비뇨기 계통의 질환에 주의해야 한다. 이 시기는 감추고, 은둔하고, 저장하는 데만 필요하다. 특히 중상 모략이 있으므로 수양의 시기이다.

4) 2007년 3·4월운

3·4월의 운세는 주어진 기운이 의심·놀람·분쟁·관재 구설의 기운이 있고, 주변 사람들과의 송사·소송으로 인해 불안한 마음으로 방황하는 형세이므로 범법의 유혹이 뒤따르니 증권·부동산 등 투기적인 일은 절대 금물이며, 금전 변동시에 경솔하지 말고 신중을 기해야 한다. 특히 나이 먹어서 망신살 뻗치지 않으려면 인간을 조심하는 달이다.

5) 2007년 5월운

5월의 운세는 사기 피해·관재·손해수가 있으며, 감추어진 기운을 보면 여자의 모략으로 남편이 궁지에 몰려 시비 구설에 휘말려들 운세이므로 남편과의 관계에 공을 들여야 하고, 본인의 처신도 신중하게 하며, 자신의 속을 보이지 말아야 한다.
5월은 본명의 명궁에 해당한다.

6) 2007년 6·7월운

6·7월의 운세는 전체적으로 길한 기운을 소유하는 달이다. 주된 용건은 재물·사업과 관련된 계약·협약 등의 기운이 있고, 자신과 의욕을 가지고 확장하는 변화의 단계이며, 삼길문 중의 하나인 개문과 생기가 동궁하여 길의가 충만한 궁이고, 귀인의 도움이 있다.

7) 2007년 8월운

8월의 운세는 감금·구속·납치를 당할 운이므로 몸가짐을 신중히 하고, 경솔하며 망령된 행동을 피해야 한다.

8) 2007년 9·10월운

9·10월의 운세는 전체적인 운세의 흐름이므로 무난하다. 자신의 속마음을 감추고 과감하게 일을 추진하는 게 유리하며, 아울러 이번 달은 투기적인 방향으로 일을 추진하면 뜻밖의 성사 기운이 있다. 그러나 타인의 재물을 탐하고 욕심내는 것은 자신에게 전혀 도움이 안 된다.

9) 2007년 11월운

11월의 운세는 질병·낙상·음해·사기의 기운이 있고, 상갓집에 가면 반드시 화가 생길 기운이니 피해야 하며, 피를 보는 싸움으로 관재가 있다. 구진과 두문이 동궁하면 투쟁·송사·도적으로 재앙이 발생한다.

10) 2007년 1·12월

1월과 12월의 운세는 도둑·침체·분쟁·놀람 등의 기운도 있고, 다된 일을 뒤집어버려 파국으로 몰아가는 흉의도 보이지만, 지나치게 욕심만 부리지 않으면 귀인의 도움으로 만사가 순리에 맞게 풀어지는 운세이다.

4. 해석시 유의 사항

1) 연국에서 부부 관계를 판단할 때 먼저 세궁과 관궁의 지반의 기운을 비교하여, 세궁 지반이 유기하여 왕하고, 관궁의 지반이 무기하여 쇠하면 일단 부부의 관계가 원만하다. 그리고 세궁 지반이 쇠하고 관궁의 지반이 왕하면 소통시켜 주는 인수가 동처궁에 해당하지 않을 시에는 관성이 세궁을 극하는 형국이라 부부 금실이 흉하다고 판단한다.

2) 육의삼기 을경乙庚의 상황을 보면 을은 여자, 경은 남자에 해당하므로, 앉은 궁이 상생하면 부부 화합이고 상극하면 부부 불화이다. 본국은 을경이 각각 건궁과 손궁에 위치해 대충방에 해당하여 남편과는 공방의 기운이 있다. 을경이 지반만으로 구성되면 공방의 기운은 더욱 왕하고, 본국과 같이 을은 지반에, 경은 천반에 배치되었을 경우에는 조금 경하다.

3) 세궁^{일궁}에 십이운성의 목욕이 임하면 주색 풍파이고, 육의삼기 신가을위辛加乙位 백호창광격은 색정 문제이며, 세궁과 재성궁이 대충방에 해당하여도 부부 불화의 조짐이다.

4) 연국 등에서 흉의의 기세가 등등해도 인수궁이 왕성하면 살화殺化가 되어 큰 화는 면한다.

06

 국月局

기문국을 적절하게 사용하는 요령은 평생국으로 연운年運을 같이 보고, 월국으로 일운과 월운을 같이 보는 것이 상례이다. 특히 월국은 기문 5변국 중 응기가 가장 예민한 국이므로 판단의 정확성을 기할 수 있어 신수점으로 응용하기 좋은 국이다.

1. 월국 포국법

평생국 포국은 생년·생월·생일·생시로써 조식하고, 연국도 해당 년의 생년·생월·생일·생시로써 조식한다. 하지만 월국은 해당 월과 생일·생시로써 조식한다. 예를 들면, 1938년 음력 2월 26일 진시생辰時生의 2007년 음력 3월의 월국 운세를 보려면, 2007년도 3월 26일 진시辰時의 사주를 구성하여 월·일·시만으로 천지반수를 산출하며, 포국법은 평생국·연국과 같다.

예) 2007년도 3월 26일 진시辰時 건명

나머지 5 ⋯ 1 = 9 ÷ 14 = 9 + 3 + 2
천반수   壬　丙　乙 : 丁
               辰　午　巳 : 亥

$$2 = 9 \div 18 = 5 + 7 + 6$$
지반수

천반 기본수를 합하여 9씩 공제한 후 나머지가 5이므로 천반수는 5이고, 지지 기본수를 합하여 9씩 공제하면 2로 딱 맞아 떨어지는데, 이런 경우와 같이 나머지가 없는 경우의 천지반수는 무조건 9로 대신한다. 그래서 이 월국의 경우 천반수는 5이고 지반수는 9가 된다. 절기는 양둔국 입하 하원이므로 삼원수는 양둔 7국에 해당한다.

2. 천지반 부법

양둔 7국陽遁七局

시주	일주	월주
壬	丙	乙
辰	午	巳

一三	六八	三一
二二	五九	八六
七七	四十	九五

지반수 9는 중궁 지반에 붙인 후 감궁 10·곤궁 1·진궁 2·손궁 3,·중궁에 4는 은복되고, 건궁 5·태궁 6·간궁 7·이궁 8 순으로 순행한다. 천반수 5는 중궁 천반에 붙인 후 이궁 6·간궁 7·태궁 8·건궁 9, 중궁에 10은 은복되고, 손궁 1·진궁 2·곤궁 3·감궁 4순으로 역행한다.

3. 팔괘 부법(상)   4. 일가팔문 부법(하)

6 一三 福德	8 六八 歸魂	4 三一 遊魂
1 二二 生氣	五九	2 八六 天宜
5 七七 害禍	3 四十 絶體	7 九五 絶命

중궁의 지반수가 9이므로 진궁 생기·태궁 천의·감궁 절체·곤궁 유혼·간궁 화해·손궁 복덕·건궁 절명·이궁 귀혼 순으로 붙인다.

5 一三 福德 死門	6 六八 歸魂 驚門	2 三一 遊魂 傷門
1 二二 生氣 生門	五九	4 八六 天宜 景門
3 七七 害禍 杜門	7 四十 絶體 開門	8 九五 絶命 休門

이 국의 일주는 병오丙午 일주이며, 경자庚子 순에 해당하고, 양둔국이므로 감궁에서부터 경자·신축, 임인, 건궁 계묘, 갑진, 을사, 진궁 병오·정미·무신이므로 일주 병오가 진궁에 속하니 진궁에 생문을 붙이고, 곤궁 상문·간궁 두문·태궁 경문景門·손궁 사문·이궁 경문·감궁 개문·건궁 휴문 순으로 붙인다.

5. 태을구성 부법

9 一三 天死福 乙門德	5 六八 天驚歸 符門魂	7 三一 咸傷遊 池門魂
8 二二 太生生 陰門氣	1 五九 太 乙	3 八六 軒景天 轅門宜
4 七七 招杜害 搖門禍	6 四十 青開絶 龍門體	2 九五 攝休絶 提門命

양둔군 병오丙午 일주이므로 간궁에서 갑자를 일으켜 이궁 을축·감궁 병인·곤궁 정묘·진궁 무진·손궁 을사·중궁 경오·건궁 신미·태궁 임신·간궁 계유·이궁 갑술 순으로 구궁을 순행하여 세어가다 보면 일주인 병오가 닿는 궁이 중궁이다. 따라서 중궁에 태을을 붙이고, 건궁 섭제·태궁 헌원·간궁 초요·이궁 천부·감궁 청룡·곤궁 함지·진궁 태음·손궁 천을 순으로 순행하여 돌려 붙인다.

6. 지반 육의삼기 부법(상)　　7. 천반 육의삼기 부법(하)

丁　一三 天　死　福 乙　門　德	庚　六八 天　驚　歸 符　門　魂	壬　三一 咸　傷　遊 池　門　魂
癸　二二 太　生　生 陰　門　氣	丙　五九 太 乙	戊　八六 軒　景　天 轅　門　宜
己　七七 招　杜　害 搖　門　禍	辛　四十 青　開　絕 龍　門　體	乙　九五 攝　休　絕 提　門　命

　양둔 7국이므로 태궁에서 무戊가 시작되어 간궁 기己·이궁 경庚·감궁 신辛·곤궁 임壬, 진궁 계癸·손궁 정丁·중궁 병丙·건궁 을乙 순으로 순행하여 돌려 붙인다.

癸　一三 丁 天　死　福 乙　門　德	丁　六八 庚 天　驚　歸 符　門　魂	庚　三一 壬 咸　傷　遊 池　門　魂
己　二二 癸 太　生　生 陰　門　氣	丙　五九 太 乙	壬　八六 戊 軒　景　天 轅　門　宜
辛　七七 己 招　杜　害 搖　門　禍	乙　四十 辛 青　開　絕 龍　門　體	戊　九五 乙 攝　休　絕 提　門　命

제6부 실전편　405

시주가 임진壬辰이므로 부두는 갑신 경庚이 된다. 본국은 시간時干 임壬이 곤궁에 위치하므로 곤궁 육의 임 위에 부두 경庚을 올려 붙이고, 부두 경에 해당하는 지반 육의가 이궁에 위치하므로 부두 경이 붙은 방향으로 우전하여 건너 붙인다.

8. 시가팔문 부법

3	癸一 丁三 驚天死福 門乙門德	4	丁六 庚八 開天驚歸 門符門魂	5	庚三 壬一 休咸傷遊 門池門魂
2	己二 癸二 死太生生 門陰門氣		五 丙九 太 乙	6	壬八 戊六 生軒景天 門轅門宜
1	辛七 己七 景招杜害 門搖門禍	8	乙四 辛十 杜青開絶 門龍門體	7	戊九 乙五 傷攝休絶 門提門命

임진시壬辰時이므로 부두는 갑신 경庚이다. 부두 경庚이 이궁의 지반 육의에 해당하므로 정위문은 경문景門이다. 다음 양둔 7국이므로 7국의 고유궁인 태궁에서 갑자를 일으켜 간궁 을축·이궁 병인·감궁 정묘·곤궁 무진·진궁 기사·손궁 경오·중궁 신미·건궁 임신·태궁 계유 순으로 순행하여 세어나가면 간궁에 임진시가 닿는다. 다음, 먼저 확인된 정위문인 경문을 간궁에 붙이고, 진궁 사문·손궁 경문·이궁 개문·곤궁 휴문·태궁 생문·건궁 상문·감궁 두문 순으로 음양둔 불문하고 우전하여 배치한다.

9. 천봉구성 부법(상)   10. 직부팔장 부법(하)

7 癸 一 丁 三 天 驚 天 死 福 沖 門 乙 門 德	8 丁 六 庚 八 天 開 天 驚 歸 甫 門 符 門 魂	1 庚 三 壬 一 天 休 咸 傷 遊 英 門 池 門 魂
6 己 二 癸 二 天 死 太 生 生 任 門 陰 門 氣	五 丙 九 太 乙	2 壬 八 戊 六 天 生 軒 景 天 芮 門 轅 門 宜
5 辛 七 己 七 天 景 招 杜 害 蓬 門 搖 門 禍	4 乙 四 辛 十 天 杜 青 開 絶 心 門 龍 門 體	3 戊 九 乙 五 天 傷 攝 休 絶 柱 門 提 門 命

임진시壬辰時이므로 부두는 갑신 경庚이다. 부두 경庚이 이궁의 지반 육의에 해당하므로 정위성은 천영이다. 다음 정위성인 천영을 시간時干 임壬이 소재한 곤궁에 붙이고, 태궁 천예·건궁 천주·감궁 천심·간궁 천봉·진궁 천임·손궁 천충·이궁 천보 순으로 음양둔 불문하고 우전하여 배치한다.

8 癸 一 丁 三 九 天 驚 天 死 福 天 沖 門 乙 門 德	1 丁 六 庚 八 直 天 開 天 驚 歸 符 甫 門 符 門 魂	2 庚 三 壬 一 騰 天 休 咸 傷 遊 蛇 英 門 池 門 魂
7 己 二 癸 二 九 天 死 太 生 生 地 任 門 陰 門 氣	五 丙 九 太 乙	3 壬 八 戊 六 太 天 生 軒 景 天 陰 芮 門 轅 門 宜
6 辛 七 己 七 玄 天 景 招 杜 害 武 蓬 門 搖 門 禍	5 乙 四 辛 十 白 天 杜 青 開 絶 虎 心 門 龍 門 體	4 戊 九 乙 五 六 天 傷 攝 休 絶 合 柱 門 提 門 命

임진시壬辰時이므로 부두는 갑신 경庚이다. 부두 경庚이 이궁의 지반 육의에 해당하므로 직부 팔장의 선두 주자인 직부를 이궁에 붙이고, 양둔국이므로 곤궁 등사·태궁 태음·건궁 육합·감궁 백호·간궁 현무·진궁 구지·손궁 구천 순으로 우전하여 순행 배치한다.

11. 완성된 월국

양둔 7국陽遁七局   壬 丙 乙
                辰 午 巳

1, 2, 13, 14 25, 26	劫財 癸 一 (月) 丁 三 九 天 驚 天 死 福 天 沖 門 乙 門 德	3, 15 27	丁 六 (世) 庚 八 直 天 開 天 驚 歸 符 甫 門 符 門 魂	4, 5, 16, 17 28, 29	正印 庚 三 壬 一 騰 天 休 咸 傷 遊 蛇 英 門 池 門 魂
12, 24	食神 己 二 (時) 癸 二 九 天 死 太 生 生 地 任 門 陰 門 氣		正官 五 丙 九 太 乙	6, 18 30	偏印 壬 八 戊 六 太 天 生 軒 景 天 陰 芮 門 轅 門 宜
10, 11, 22, 23	傷官 辛 七 己 七 玄 天 景 招 杜 禍 武 蓬 門 搖 門 害	9, 21	偏財 乙 四 辛 十 白 天 杜 青 開 絕 虎 心 門 龍 門 體	7, 8, 19, 20	正財 戊 九 乙 五 六 天 傷 攝 休 絕 合 柱 門 提 門 命

12. 월국에서 일日을 정하는 법

1) 월국에서 일을 정하는 법은 해당월 1일의 지지에 의해 일을 정한다. 예를 들면, 본국의 경우 3월의 초1일이 신사辛巳이므로 사巳의 지지궁인 손궁에서부터 1일이 시

작되고, 정방인 감·이·진·태궁에는 1일씩 거하고, 간방인 간·곤·건·손궁에는 2일씩 거하며, 우전하여 순회한다.

손궁	1, 2, 13, 14 25, 26	이궁	3, 15 27	곤궁	4, 5, 16, 17 28, 29
진궁	12, 24	중궁		태궁	6, 18, 30
간궁	10, 11, 22, 23	감궁	9, 21	건궁	7, 8, 19, 20

 2) 다른 예로, 정해년 9월 23일 신시생의 경우, 9월국의 일을 정하는 법은 정해년 9월 초 1일의 간지가 무인(戊寅)이므로 인(寅)의 지지궁인 간궁에서부터 1일이 시작되고, 아래와 같이 일을 정한다.

손궁	4, 5, 16, 17, 28	이궁	6, 18	곤궁	7, 8, 19, 20
진궁	3, 15, 27	중궁		태궁	9, 21
간궁	1, 2, 13, 14, 25, 26	감궁	12, 24	건궁	10, 11, 22, 23

13. 월국의 해석

월국의 해석은 평생국·연국의 해석과 동일하므로 참고하라.

1) 국의 길흉

월국에서 성국의 여부는 중궁과 월궁·일궁으로 판단한다.

이 월국의 성국과 통기 여부는 불성이고 불통이다. 감리지견 역시 감궁의 지반 십토十土와 이궁의 천반 육수六水가 극이 되어 이롭지 못하다. 그러나 구궁의 천반과 지반이 형충극이 없이 모두 상생하고 있으므로 불성 불통의 흉의와 감리지견의 불리함을 완화시켜 월국의 전체적인 흐름은 평국으로 판단한다.

2) 월궁의 총평

⑴ 손궁의 1, 2, 13, 14, 25, 26일 운세는 가까운 지인과 동료로 인해 다툼이 벌어지고, 중상 모략과 음해를 당한다. 불이 나도 피할 길이 없으며, 화재로 화상을 입어 장애인이 되고, 외출시 낙상·교통 사고 등도 조심해야 한다.

불안과 초조한 심정으로 헤매고 방황하는 날이며, 상갓집이나 병문안을 가면 병을 얻어온다. 계가정위 등사천교격, 사문, 중궁 형충, 뇌택귀매괘, 거왕지지 寅巳 삼형

⑵ 이궁의 3, 15, 27일 운세는 여자의 감언 이설에 넘어가 시비 구설이 엿보이는 기운이지만, 마음을 안정시키고 바른 길로 전진하면 즐거움이 있다.

귀인의 도움으로 모든 일이 수월하게 처리되고, 돈과 재물이 들어오며, 새로운 출발을 준비하는 날이기도 하다. 홍국수의 구성, 장생지, 천보, 개문, 직부

⑶ 곤궁의 4, 5, 16, 17, 28, 29일 운세는 주위와 단합이 깨져 서로 화합하지 못하고 훼방꾼으로 인해 중상 모략을 당한다. 활동이 분주하고 드나듦이 많지만 이익은 없으며, 긴요하게 도모하는 일이 타인의 음모로 인해 불리하게 돌아가고, 자신도 상처받고 본의 아니게 구설에 휘말린다. 몸가짐을 신중하게 하지 않으면 소모적 일이 발생하고, 멀리 출행하면 길을 잃고 방황하는 기운이다. 경가임위소격, 거극, 함지, 상문, 등사, 화수미제괘, 지지 자미子未 원진해, 지지 갑자甲子 삼합

⑷ 태궁의 6, 18, 30일 운세는 문서사로 인해 희소식이 들리고, 재물을 얻는 즐거움이 있으며, 직장인은 인기가 오르고 표창장을 받는다. 환자의 경우는 병이 치유되고, 죄인의 경우 사면 복권되는 날이다. 과거·고시 등 시험을 치는 데 길하고, 만사를 추구하는 데 길하며, 어떠한 어려움이 닥쳐도 하늘의 은공으로 풀어나가는 운세이다.

천을귀인, 거생, 생문, 태음, 천의

(5) 건궁의 7, 8, 19, 20일 운세는 금전 문제가 도화선이 되어 대립과 갈등을 하고, 계획이 중구난방이어서 우왕좌왕하며, 감언 이설에 속아넘어가기 쉬운 운세이다. 자기 능력 밖의 계획을 세우면 실패하고, 어음·계약·견적 등 여러 가지 서류상의 구설이 있으니 서류 검토를 면밀히 하고 계획을 신중하게 세워야 한다. 금전 유통은 뜻대로 되지 않으니 지금보다 더 많은 것을 얻으려 하지 말라. 기설, 절명, 섭제, 상문

(6) 감궁의 9, 21일 운세는 재산이 낭비되고 사람과 이별하며, 여자 때문에 손해를 본다. 새로운 사업의 계획은 단념하고, 지금까지 해 온 일에 최선을 다하는 자세가 필요하며, 서서히 발전을 도모해야 한다. 적은 돈은 비교적 활발하게 움직이나 큰돈은 생각하지 말라. 과로·요통·신장병·신경 계통의 질환에 주의하라. 을가신위 청룡도주격, 감리지견

(7) 간궁의 10, 11, 22, 23일 운세는 아랫사람한테 배신당하고 소송사는 어렵다. 충돌과 시비가 있으며, 허세에 빠져 재물의 손실이 있고, 주위에는 치열한 경쟁자의 칼날이 도사리고 있음을 명심하라. 분수에 맞지 않는 일은 포기하고 내실을 다지는 일진이다. 고혈압·불면증·스트레스를 주의할 것. 신가기위, 수화기제괘, 공망, 579 삼살회동, 축오파午 원진

(8) 진궁의 12, 24일 운세는 귀인의 도움이 있고, 모든 일에 이익이 도모되는 좋은 운이다. 명예와 지위가 향상되고, 많은 경쟁 속에서 돋보이는 위치에 오른다. 번영과 비약적인 발전이 있고, 새로운 일을 시작하며, 전진의 계기를 만들어 좋은 결과를 얻는 운세이다. 금전운도 융통이 잘 되는 일진이다. 녹성, 거생, 생기, 생문, 태음, 천임

(9) 중궁과 월궁·세궁일궁을 중심으로 해서 월국을 총체적으로 분석하면, 전국의 천지반이 상생하여 긴 안목으로 튼튼한 기반을 구축할 시기이며, 주위의 경쟁이 치열하니 원만한 처세를 잊지 말아야 할 시기이다. 직업상 영달하고 확장운이며, 경제 융통이 길하나 3월은 절대 무리해서는 안 되는 운세이다. 건강은 스트레스나 과로의 질환을 특히 조심해야 한다. 거생, 역마, 태을

3) 해석시 유의 사항

(1) 기문국에서 삼중반이란, 천·인·지 삼재를 천반·인반·지반으로 나눈 것인데, 이것을 연국으로 구분하는 근본적인 방법이 있다.

천반은 천봉구성을 위주로 점국에서 중요하게 다루는데, 구성이 팔문을 극하면 길하고 팔문이 구성을 극하면 하극상으로 흉하다.

인반은 팔문을 위주로 점사에서 중요하게 다루는데, 팔문이 구궁을 극하면 길하고, 구궁이 팔문을 극하면 인간이 상하는 것으로 보아 흉으로 본다. 왜냐 하면 인반은 현재 진행되고 있는 일의 중심이기 때문이다.

지반은 토지와 관련된 일로 점사에서 중요하게 다루는데, 양택·음택 등에서 주로 이용한다.

(2) 삼기법三奇法은 출행·원행 등의 길흉을 판단하는 방법으로, 참고 요소는 삼기 정·병·을丁丙乙과 시가팔문을 이용한다. 예를 들면, 삼기와 팔문 가운데 생문·경문·개문이 동궁하는 방향으로 출행하면 대길하고, 아울러 출행방에 길문·길괘·길격을 얻으면 출행에 안전하며, 반대이면 불길하다. 굳이 외출할 일이 있다면 길방으로 돌아서 목적지로 이동하면 만사가 여의롭다.

07 일국 日局

월국으로 일운日運과 월운을 같이 보듯이 일국도 시간운과 일운을 병행하여 보는 것이 기문국의 통례이다.

1. 일국 포국법

일국의 포국은 해당일과 생시로써 조식한다. 예를들면 1955년 음력 7월 12일 인시생寅時生의 2007년도 음력 9월 8일의 운세를 보려면 2007년도 음력 9월 8일 인시寅時로 사주를 구성하여 일日과 시時만으로 천지반수를 산출하며, 포국법은 평생국·연국·월국과 동일하다.

예) 2007년도 음력 9월 8 인시寅時 건명

$$7 = 5 + 2$$
천반수 戊 乙 : 庚 丁
       寅 酉 : 戌 亥
나머지 4 ⋯ 1 = 9 ÷ 13 = 3 + 10
      지반수

천간 기본수를 합하면 7이 된다. 9씩으로 공제가 불가능하므로 천반수는 그대로 7이고, 지지 기본수를 합하여 9로 공제한 나머지가 4이므로 지반수는 4이다. 그리하여 이 일국의 경우, 천반수는 7이고 지반수는 4이다. 절기는 하원 중원이므로 삼원수는 음둔 9국에 해당한다.

2. 천지반 부법

시주 일주
戊　乙
寅　酉

양둔 7국陽遁七局

三八	八三	五六
四七	七四	十一
九二	六五	一十

지반수 4는 중궁 지반에 붙이고, 감궁 5·곤궁 6·진궁 7·손궁 8, 중궁에 9는 은복되며, 건궁 10·태궁 1·간궁 2·이궁 3 순으로 순행한다. 그리고 천반수 7은 중궁 천반에 붙이고 이궁 8·간궁 9·태궁 10·건궁 1·천반수 2는 중궁에 은복되고, 손궁 3·진궁 4·곤궁 5·감궁 6 순으로 역행한다.

3. 팔괘 부법(상)   4. 일가팔문 부법(하)

8 三八 歸魂	6 八三 福德	2 五六 天宜
3 四七 絶體	七四	4 十一 遊魂
7 九二 絶命	1 六五 生氣	5 一十 禍害

중궁의 지반수가 4이므로 감궁 생기·곤궁 천의·진궁 절체·곤궁 유혼·건궁 화해·이궁 복덕·간궁 절명·손궁 귀혼 순으로 붙인다.

8 三八 歸魂 休門	7 八三 福德 開門	3 五六 天宜 杜門
4 四七 絶體 景門	七四	1 十一 遊魂 生門
2 九二 絶命 傷門	6 六五 生氣 驚門	5 一十 禍害 死門

이 일국의 일주는 을유乙酉이며 병자丙子 순에 해당하고, 음둔국이므로 감궁에서부터 병자·정축·무인, 이궁 기묘·경진·신사, 손궁 임오·계미·갑신, 태궁 을유·병술·정해이므로 일주 을유가 태궁에 속하니 태궁에 생문을 붙이고, 간궁 상문·곤궁 두문·진궁 경문·전궁 사문·감궁 경문·이궁 개문·손궁 휴문 순으로 붙인다.

5. 태을구성 부법

5 三八 天符 休門 歸魂	9 八三 天乙 開門 福德	7 五六 咸池 杜門 天宜
6 四七 青龍 景門 絶體	4 七四 招搖	2 十一 攝提 生門 遊魂
1 九二 太乙 傷門 絶命	8 六五 太陰 驚門 生氣	3 一十 軒轅 死門 禍害

음둔국 을유乙酉 일주이므로 곤궁에서 갑자를 일으켜 감궁 을축·이궁 병인·간궁 정묘·태궁 무진·건궁 기사·중궁 경오·손궁 신미·진궁 임신·곤궁 계유·감궁 갑술 순으로 역행하여 세어나가다 보면 일주인 을유가 간궁에 닿으므로 간궁에 태을을 붙이고, 태궁 섭제·건궁 헌원·중궁 초요·손궁 천부·진궁 청룡·곤궁 함지·감궁 태음·이궁 천을 순으로 역행하여 돌려 붙인다.

6. 지반 육의삼기 부법(상)   7. 천반 육의삼기 부법(하)

三 八 癸 天 休 歸 符 門 魂	八 三 戊 天 開 福 乙 門 德	五 六 丙 咸 杜 天 池 門 宜
四 七 丁 靑 景 絶 龍 門 體	七 四 壬 招 搖	十 一 庚 攝 生 遊 提 門 魂
九 二 己 太 傷 絶 乙 門 命	六 五 乙 太 驚 生 陰 門 氣	一 十 辛 軒 死 禍 轅 門 害

음둔 9국이므로 9국의 고유궁인 이궁에 육의삼기의 선두 주자인 무戊를 붙이고, 간궁 기己·태궁 경庚·건궁 신辛·중궁 임壬·손궁 계癸·진궁 정丁·곤궁 병丙·감궁 을 乙 순으로 역행하여 돌려 붙인다.

三 八 乙 癸 天 休 歸 符 門 魂	八 三 己 戊 天 開 福 乙 門 德	五 六 丁 丙 咸 杜 天 池 門 宜
四 七 辛 丁 靑 景 絶 龍 門 體	七 四 壬 招 搖	十 一 癸 庚 攝 生 遊 提 門 魂
九 二 庚 己 太 傷 絶 乙 門 命	六 五 丙 乙 太 驚 生 陰 門 氣	一 十 戊 辛 軒 死 禍 轅 門 害

시주가 무인戊寅이므로 부두는 갑술 기이다. 본 일국은 시간時干 무戊가 이궁에 위치하므로 이궁 지반 육의 무戊 위에 부두 기를 올려 붙이고, 부두 기에 해당하는 지반 육의가 간궁에 위치하므로 부두 기가 붙은 방향으로 3칸씩 건너 붙인다.

8. 시가팔문 부법

1 乙癸 三八 生門 天符 休門 歸魂	2 己戊 八三 傷門 天乙 開門 福德	3 丁丙 五六 杜門 咸池 杜門 天宜
8 辛丁 四七 休門 青龍 景門 絶體	壬 七四 招搖	4 癸庚 十一 景門 攝提 生門 遊魂
7 庚己 九一 開門 太乙 傷門 絶命	6 丙乙 六五 驚門 太陰 驚門 生氣	5 戊辛 一十 死門 軒轅 死門 禍害

무인戊寅이므로 부두는 갑술 기이다. 부두 기가 간궁의 지반 육의에 해당하므로 정위문은 생문이다. 다음 음둔 9국이므로 9국의 고유궁인 이궁에서부터 갑자를 시작하여 간궁 을축·태궁 병인·건궁 정묘·중궁 무진·손궁 기사·진궁 경오·곤궁 신미·감궁 임신·이궁 계유·간궁 갑술·태궁 을해·건궁 병자·중궁 정축·손궁 무인 순으로 역행하여 세어나가면 손궁에 무인시戊寅時가 닿는다.

다음 먼저 확인된 정위문인 생문을 손궁에 붙이고, 이궁 상문·곤궁 두문·태궁 경문·건궁 사문·감궁 경문·간궁 개문·진궁 휴문 순으로 음양둔 불문하고 우전하여 배치한다.

9. 천봉구성 부법(상)   10. 직부팔장 부법(하)

8　　乙 三 　　癸 八 天 生 天 休 歸 蓬 門 符 門 魂	1　　己 八 　　戊 三 天 傷 天 開 福 任 門 乙 門 德	2　　丁 五 　　丙 六 天 杜 咸 杜 天 沖 門 池 門 宜
7　　辛 四 　　丁 七 天 休 青 景 絶 心 門 龍 門 體	七 　　壬 四 　招 　搖	3　　癸 十 　　庚 一 天 景 攝 生 遊 甫 門 提 門 魂
6　　庚 九 　　己 二 天 開 太 傷 絶 柱 門 乙 門 命	5　　丙 六 　　乙 五 天 驚 太 驚 生 芮 門 陰 門 氣	4　　戊 一 　　辛 十 天 死 軒 死 禍 英 門 轅 門 害

무인戊寅이므로 부두는 갑술 기근이다. 부두 기근가 간궁의 지반 육의에 해당하므로 정위성은 천임이다. 다음 정위성인 천임을 시간時干 무戊가 소재한 이궁에 붙이고, 곤궁 천충·태궁 천보·건궁 천영·감궁 천예·간궁 천주·진궁 천심·손궁 천봉 순으로 음양둔 불문하고 우전하여 배치한다.

7　　　乙 三 　　　癸 八 九 天 生 天 休 歸 地 蓬 門 符 門 魂	6　　　己 八 　　　戊 三 朱 天 傷 天 開 福 雀 任 門 乙 門 德	5　　　丁 五 　　　丙 六 勾 天 杜 咸 杜 天 陳 沖 門 池 門 宜
8　　　辛 四 　　　丁 七 九 天 休 青 景 絶 天 心 門 龍 門 體	七 　　　壬 四 　　招 　　搖	4　　　癸 十 　　　庚 一 六 天 景 攝 生 遊 合 甫 門 提 門 魂
1　　　庚 九 　　　己 二 直 天 開 太 傷 絶 符 柱 門 乙 門 命	2　　　丙 六 　　　乙 五 騰 天 驚 太 驚 生 蛇 芮 門 陰 門 氣	3　　　戊 一 　　　辛 十 太 天 死 軒 死 禍 陰 英 門 轅 門 害

무인시戊寅時이므로 부두는 갑술 기이다. 부두 기가 간궁의 지반 육의에 해당하므로 직부팔장의 선두 주자인 직부를 간궁에 붙이고, 음둔국이므로 감궁 등사·건궁 태음·태궁 육합·곤궁 구진·이궁 주작·손궁 구지·진궁 구천 순으로 좌전하여 역행 배치한다.

11. 완성된 일국

음둔 9국陰遁九局　　　　　　　戊　乙
　　　　　　　　　　　　　　　寅　酉

07—11 傷官 乙 三 祿星　　　 癸 八 九 天 生 天 休 歸 地 蓬 門 符 門 魂	11—1 食神 己 八 空亡　　　 戊 三 朱 天 傷 天 開 福 雀 任 門 乙 門 德	1—5 劫財 丁 五 空亡, 驛馬　 丙 六 勾 天 杜 咸 杜 天 陳 沖 門 池 門 宜
05—07 偏財 辛 四 　　　　　　 丁 七 九 天 休 青 景 絶 天 心 門 龍 門 體	正印　　　 七 　　　　　 壬 四 招 搖	5—7　　　 癸 十 天乙貴人 (世) 庚 一 六 天 景 攝 生 遊 合 甫 門 提 門 魂
01—05 正財 庚 九 (時)　　　 己 二 直 天 開 太 傷 絶 符 柱 門 乙 門 命	11—01 偏官 丙 六 　　　　　 乙 五 騰 天 驚 太 驚 生 蛇 芮 門 陰 門 氣	7—11 正官 戊 一 　　　　　 辛 十 太 天 死 軒 死 禍 陰 英 門 轅 門 害

12. 일국에서 시간을 정하는 법

시간을 정하는 법은 구궁의 지지오행에 해당하는 시간에 의해 정한다.

평생국의 유년궁과 일궁은 생·년·월·일의 구성에 의해 변하지만, 월궁과 시간궁은 고유궁으로 변하지 않는다.

오전 7시부터 오전 11시까지 손궁	오전 11시부터 오후 1시까지 이궁	오후 1시부터 오후 5시까지 곤궁
오전 5시부터 오전 7시까지 진궁	중궁	오후 5시부터 오후 7시까지 태궁
오전 1시부터 오전 5시까지 간궁	오후 11시부터 익일 오전 1시까지 감궁	오후 7시부터 오후 11시까지 건궁

13. 일국의 해석

일국은 중요한 일의 점을 위해 조식하며, 평생국·연국·월국과 해석 방법이 거의 동일하다.

1) 국의 길흉

일국에서 성국의 여부는 중궁과 일궁으로 판단한다. 성국은 중궁지반 사금四金이 세궁일궁 지반수 일수一水를 생해 이루어졌다. 통기는 중궁과 시궁이 불통이고, 일궁과 시궁도 불통이며, 식상궁 이외에는 궁의 천지반이 모두 상극이 되어 불통이다. 감리지견은 이궁 천반 팔목八木과 감궁지반 오토五土가 극이 되어 이루지 못했다.

이 일국은 성국은 이루었지만, 통기와 감리지견이 불통이므로 전체적인 국의 흐름은 흉국이다.

2) 일국의 총평

당일의 일진은 정인이 입중궁했으므로 먼저 매매사·문서사를 논한다. 중궁의 천반 칠화七火가 지반 사금四金을 극하고 있으나, 궁오행 토土가 거생하여 쇠약하지는 않다. 그러나 중궁의 정인이 출곤하여 보니 망망 대해에 일엽 편주의 운이라 뜻대로 되는 일이 없고 사면 초가의 상태이며, 사막에서 광풍을 만난 격이니 앞길이 막막하다. 중궁의 문괘 역시 초요이므로 시비 구설이 생기고, 가내家內가 불안하여 매매사·문서사는 이루어지지 않으며, 원행에 불리하다.

3) 식상궁

식상궁을 보면 식신궁인 이궁과 상관궁인 손궁 모두 겸왕하여 왕하고, 이궁과 손궁의 천지반을 뒤집어도 삼팔목三八木의 같은 형세이므로 길의가 더욱 향상되었다. 식신궁인 이궁은 비록 공망이 붙어 복덕의 횡재, 개문의 사업 확장, 천을의 재물, 천임의 선무 공덕의 길성이 무위로 돌아가는 듯하지만, 상관궁인 손궁에 생문이 붙고 녹성에 해당하며, 천봉과 생문이 결합해 수산건괘를 이루어 대길하므로 손아랫사람, 특히 가정에서는 큰딸, 사회에서는 직급이 높은 여성으로 인하여 경사·희소식이 있다.

4) 재궁

재궁을 보면 편재궁인 진궁의 지반은 거생을 받아 왕하고, 육의삼기 신가정위와 청룡·천심·경문이 붙어 재물이 불어나는 즐거움이 있고 경사가 있으며, 중요한 일을 결정할 때 귀인의 도움이 있고, 큰 도모에 큰 이익을 얻는 길의가 있다.

정재궁인 간궁을 보면 지반이 거설당하고 육의삼기 경가기위가 형격에 해당하여 흉격이므로 구설·시비가 있고, 실의와 절망의 나락으로 떨어지는 위기에 처하나 개문·태을·휴문·직부의 길의와, 천주성과 시가팔문의 개문이 결합하여 택천괘를 이루어 대길하므로 흉의가 봄눈 녹듯 사라졌다.

5) 관궁

관궁을 보면 정·편관 모두 거극되고 천반의 생조도 없으므로 기초가 취약하다.

편관궁은 양 경문에 등사가 임하여 부딪치고 깨지는 형국으로, 교통 사고·강도 상해 등으로 건강을 해칠 수 있으니 주의를 요한다. 그러나 병가을위 주작함화격으로 기문 길격 14격 중의 하나이며, 공적인 일에 길하고 좋은 소식을 들으며 신뢰를 얻을 수 있는 격으로 흉의를 완화시키고 있다. 정관궁은 기가신위로 흉하며, 천영과 사문의 화거진괘도 흉하고, 문괘 역시 흉의가 중중하니 재직자는 협력자가 전혀 없는 방위이므로 근신이 필요하고, 영업자는 재물을 구하는 데 불리한 방위이므로 수양하는 것이 좋다.

6) 세궁

세궁일궁을 보면 비록 수극은 되었으나 거생에 해당하여 왕하며, 천보성이 붙어 금전 융통에 적극적으로 행하면 길하고, 천을귀인이 임하여 경영지사에 후원자의 도움으로 모든 일이 수월하게 해결된다. 또한 천보성과 경문이 결합하여 풍화가인괘를 이루니, 그 위치를 바르게 하고 도리만 지키면 만사가 형통이다.

겁재궁은 수극·거극당하여 쇠약하고, 공망에 해당하나 중궁의 생을 받은 지반이 대충방인 간궁의 지반과 충극이 되어 흉의가 감소되었으며, 육의삼기가 정가병위로 어려움이 극에 달한 뒤에는 길해질 수도 있는 형세이다.

7) 당일에 있어 모든 결정사는 손궁의 오전 7시부터 오전 11시까지 길하고, 교제적인 개척지사는 태궁의 오후 7시부터 오후 9시까지 길하다. 그리고 당일은 문서사·매매사·원행을 하기에는 흉국이다.

14. 해석시 유의 사항

1) 일국과 시국에서는 천봉구성과 팔문이 중심이다. 기문국에서 정·병·을丁丙乙삼기의 반응은 모든 응기의 시작이고, 천봉구성은 일의 진행 사항이며, 시가팔문은 응기의 결과물이므로 일국과 시국에서는 홍국수를 제외하고 천봉구성과 시가팔문을

중심으로 해석한다는 점을 기억해 두어야 한다.

2) 모든 기문국에서 내궁과 외궁의 개념으로 국의 길흉을 판단하는 방법이 있는데, 이것을 구분하면 내궁은 건궁·감궁·간궁·진궁을 말하고, 외궁은 손궁·이궁·곤궁·태궁을 말한다. 이러한 내궁과 외궁의 개념은 특히 연인 관계 등을 해석할 때 중요시 되는데, 예를 들면 내궁에 처를 대표하는 을乙이 있고, 외궁에 남편을 대표하는 경庚이 있는 경우, 공방의 기운이 있다고 판단한다.

일반적으로 기문국에서 내궁와 외궁은 중궁을 중심으로 대충방을 말하는데, 시국과 점국에서 응용하는 또다른 내사궁과 외사궁의 개념이 있다. 이것은 구궁을 절기에 의하여 구분하는 방법인데, 예를 들면 양둔절의 궁은 내사궁으로 감궁·간궁·진궁·손궁을 말하고, 음둔절의 궁은 외사궁으로 이궁·곤궁·태궁·건궁을 말한다. 내사궁과 외사궁의 판단 방법은 양둔절에 판단의 대상이 되는 육신이 내사궁에 있으면 가까운 곳에서 동하고, 외사궁에 있으면 먼 곳에서 동하며, 음둔절에는 이와 반대로 판단의 대상이 되는 육신이 외사궁에 있으면 가까운 곳에서 동하고, 내사궁이 있으면 먼 곳에서 동한다고 판단한다.

08 시국時局

1. 시국과 점국

시국이란, 사주의 생년월일시 가운데 생시生時만을 사용하여 포국하는 것이다. 점국이란, 사주와 관계 없이 길흉화복을 판단하기 위해 일정한 사람의 연월일시를 정하여 포국하는 것이다. 시국과 점국의 해석 방법은 유사하므로 이 장에서 시국과 점국을 구분하지 않고 동일하게 취급하였다.

점국은 일정한 사람의 천기天氣를 선정하여 점기占氣와 아울러서 자신감을 가지고 사용하면 상담자에게 고민을 해결할 수 있는 마음의 여유와 자신감을 줄 것이다. 만약 이러한 방법을 신뢰할 수 없다면 매화역수·육임·육효·역점 등 어느 것도 활용할 수 없다. 믿음을 가지고 적절하게 시점을 선택하여 점국을 응용하면 정확히 요점을 파악할 수가 있다. 점국을 포국할 때 기준이 되는 시를 어떻게 정할 것인가는 대단히 중요하다. 왜냐 하면 기준이 되는 시점에 따라서 기문국 자체가 변하기 때문이다.

2. 사주의 시주

사주의 시주를 기준시로 정해 사용하는 방법인데, 예를 들면 멀리 유학 가서 있는 자식이 객지에서 잘 있는지, 또는 해외 출장 중인 남편이 잘 하고 있는지 알아보는 점국의 경우, 시주를 기준으로 삼아 포국한다. 이러한 몇 가지 경우를 제외하고는 사주와 관계 없이 기준시를 정하여 사용한다.

3. 해당시 該當時

해당시는 사건이 시작되는 시점의 연월일시를 기준으로 사용한다. 예를 들면, 무슨 시합이나 경주에서 누가 이길 것이냐를 점할 때 그 시합이 열리는 시점을 기준으로 연월일시를 취하여 사용한다.

4. 단점시 短占時

1) 단점시란, 그 사실이 확인된 시점으로 점국을 포국하는 경우이다. 예를 들면, 어떠한 사건이 시작되는 시점이 해당시라면 그 사건이 확인된 시점으로 점국을 조식하는 경우를 말한다. 본래 사안에 따라 시점을 달리하는 것이 원칙이나, 사실적으로 국을 적용할 때는 단점시를 기준으로 점국을 조식하는 것이 일반적이며, 실제 상담에서 주로 이용한다.

2) 점국을 조식할 때 유의할 점은 일사일점주의 一事一占主義가 원칙이다. 한 가지 사안에 하나의 기문국을 포국하여 점을 치라는 이야기이다.

단시점시국 역시 사안과 동기가 분명해야 한다. 이를테면 실행에 옮기지도 않을 사항을 단시점의 대상으로 삼지 말아야 한다는 것이다. 왜냐 하면 점이란 마음 속에 내재돼 있는 기운이 발하고 견실해져서 점기가 되기 때문에 사안과 동기가 분명치 않으면 심기 心氣가 흐트러져 마음의 기가 산만해진다. 그리하여 단시점을 볼 때 성실하지 못하면 천기를 희롱한다는 것을 명심해야 한다.

3) 기문국에서는 구궁의 천반이 객이고 선동자이며, 지반이 주이고 후동자이다.

여기에서 주객이란, 먼저 움직이는 것이 길한지, 아니면 수비에 전력하는 것이 길한 것인지를 판단하는 기준이 되는데, 점국에서도 천반을 객으로, 지반을 주主로 보고, 천반과 지반의 생극 관계를 유추하여 주객 중 누가 길하고 흉한지를 판단한다.

09 시험론試驗論

시험점을 볼 때 평생국과 연국 등에 나타나는 운세의 흐름을 반드시 참고해야 한다. 예를 들면, 실력은 밑바닥인데 시험 보는 당일의 운세만 좋다고 해서 합격하는 것이 아니기 때문이다. 설령 합격한다 해도 공부를 따라갈 수가 없다. 결국 합격 여부를 묻는 시험점을 볼 때는 평생국과 연국에서 공부를 할 수 있는 능력이 있는지를 확인한 다음, 덧붙여서 점국을 조식해 판단해야 한다.

시험점의 조식 기준은 단점시의 연월일시나 사주의 수험 당일 시국으로 조식하여 판단한다. 육신은 관성과 인성을 중심으로 홍국수의 생극 관계·문괘성장 등을 자세히 살펴보고 판단한다.

- 정인궁이 생왕하고 특기하며 삼기가 임하면 시험운이 길하다. 또 일궁과의 관계를 보아서 충극이 되지 않고 합이 되면 길하다.
- 정관궁의 지반이 승왕·거왕·겸왕·승생·수생하면 길하다.
- 세年가 중궁을 조하여 일日을 생한 자, 중궁이 연年을 조하여 일을 생한 자, 중궁이 연궁의 관성을 생한 자, 연궁이 중궁의 관성을 생한 자는 시험운이 길하다.
- 연과 월이 함께 일을 생한 자, 연궁이 월을 조하여 일을 생한 자는 길하고, 이와 반대이면 흉하다.
- 연궁에 개문·복덕·천의·생기가 임하면 길하다.
- 정관궁의 지반이 승극·거극·승쇠·수극이면 시험에 낙방한다.

- 관성이 공망지나 고허지가 임하면 흉하다. 만약 관성이 수생이면 출공되는 시기에 합격한다.
- 귀한 자는 재가 동함을 요하고, 권력을 희망하는 자는 관살이 동함을 요한다.
- 관성이 유기하고, 관성궁의 문괘성장이 길하면 관직 시험이 대길하다.
- 일궁에 경문景門·정기丁奇가 붙은 경우, 직부궁이 일궁을 생하는 경우, 주작이 경문과 정기를 생하는 경우에 합격한다.
- 일궁의 격국이 흉하고, 공망 또는 십이운성의 묘지에 닿으면 시험운이 불리하다.
- 천보성이 일궁에 임한 경우, 정기가 길문괘를 얻고 천보가 일궁을 생하는 경우 등은 합격한다.
- 사진동처의 천지반과 관성의 상황으로 합격 여부의 판단을 보면 중궁과 명궁이 서로 연결 소통하여 일궁을 생하는 경우, 관성의 지반이 수생·겸왕 등으로 왕성한 경우, 명궁에 길문괘가 통하면 합격으로 본다.

예1)

음 9국 陰九局

乙 丙 丁 庚
未 戌 亥 午

丁 三 癸 六	歲	癸 八 戌 一	傷官 時	戊 五 丙 四
己 四 丁 五	食神	七 壬 二	正官	丙 十 庚 九
乙 九 己 十		辛 六 乙 三	月, 世	庚 一 辛 八

정관궁의 지반이 거생·수생으로 왕성하고, 문괘는 생문·복덕·청룡·개문이 붙어 길하다. 중궁의 식신이 기신인 곤궁의 편관을 화극금火剋金으로 제압하니, 길의가 더욱 상승한다. 이에 해당한 한 학생은 90년 입학 시험에서 서울대에 합격하였다.

예2)

　　　　　　　　　　　　　　　甲　庚　癸　辛
　　　　　양 2국陽二局　　　　　申　子　巳　未

傷官　　　丁 四		己 九	偏印　　　庚 六
月　　　　庚 十		丙 五	歲,時　　戊 八
乙 五	正官　　　　八	正印　　　丙 一
己 九	辛 六	癸 三
壬 十	癸 七	戊 二
丁 四	世　　　　乙 七	壬 二

일진수는 겸왕하여 왕하나 감리지견을 보면 칠구七九 상전하여 흉하며, 정관궁인 중궁의 지반은 거극을 당하고, 또한 천반이 설기하고 있으며, 월궁이 극을 하여 심히 쇠약하니 이에 해당한 한 고시 준비생은 고시에 낙방하였다.

10
소송론訴訟論

소송점은 성국과 통기, 그리고 일궁의 득기 여부를 구분하여 관살과의 힘의 균형을 보고 판단한다.

- 기문국의 포국은 송사가 발생하게 된 연월일시로 작국作局하되 연국과 유년 운을 참조한다.
- 관귀편관가 승왕·거왕·겸왕·승생·수생·거생되어 왕하면 흉하다.
- 연年이 중궁의 관귀를 조하는 경우, 중궁이 연상年上의 관귀를 조하는 경우, 연과 월이 함께 관귀를 조하는 경우, 연궁이 월상月上의 관귀를 조하는 경우는 대흉하다.
- 연궁에 화해·절명이 임하고, 경문驚門·상문·유혼이면 흉하다.
- 쌍금이나 쌍화가 연궁이나 중궁에 있으면 흉하고, 쌍금이나 쌍화가 관기에 해당하면 더욱 흉하다.
- 연궁의 관귀가 수생되고, 중궁의 관귀가 수생되면 흉하다.
- 관귀가 승사·거사·수극이 되거나, 공망 또는 고허지에 임하면 길하다.
- 연이 중궁의 관귀를 극하는 경우, 중궁이 연궁의 관귀를 극하는 경우는 길하다.
- 연이 중궁을 조하여 일을 생하고, 중궁이 연을 조하여 일日을 생하고, 연과 월이 함께 일을 생하고, 중궁이 일을 생하면 길하다.
- 식상궁이 승왕·거왕·겸왕·승생·수생·거생되어 왕하고 귀를 극하면 길하다.

- 연상에 생기·복덕·천의가 붙으면 길하다.
- 개문과 관제궁의 생화극제로 판단하면 개문과 관귀가 충극되고, 흉격이면 중형을 선고받고, 개문이 관귀를 생하면 죄인이 용서를 받으며, 개문과 관귀의 기세가 비슷하면 형을 가볍게 받는다.
- 개문이 공망이면 수사관이 피의자의 해명을 믿지 못하고, 관귀가 공망이 되고 삼기를 득하며 길문괘를 만나면 사면 복권된다.
- 천반의 육신六辛을 죄인으로 보고, 지반의 육신과 임·계壬癸를 감옥으로 본다.
- 일간 지반에 지반 육신이 자리하면 구속을 피하지 못하고, 천반 임·계가 지반 갑·을·신甲乙辛에 임하면 그물을 머리에 뒤집어쓴 형상으로 구금된다.
- 천반 육신이 지반의 임·계에 임하고, 십이운성의 묘지·고지에 해당하면 출옥하기 어렵다.
- 식상이 동하고 관성을 충극하면 본인이 이기는 것으로 해석한다. 이런 경우 식상과 관성의 힘의 세기를 관찰하고 문괘성장의 요소도 살펴야 한다.
- 소송점에서 어떠한 경우라도 관귀의 기운이 강한 것을 크게 꺼린다.

예1)

음 7국陰七局

戊 甲 癸 甲
辰 子 酉 子

正財 時	辛 四 辛 二	偏財	丙 九 丙 七	正印	癸 六 癸 十
食神	壬 五 壬 一	正財	庚 八 八	偏印 月	戊 一 戊 五
傷官	乙 十 乙 六	歲, 世	丁 七 丁 九	劫財	己 二 己 四

일궁의 지반은 수극되고 거쇠되어 쇠약하며, 문괘 또한 사문·섭제가 붙어 흉하다. 귀궁인 이궁의 지반은 거생되고 중궁이 생을 하여 귀의 흉의는 더욱 강해져, 일궁을 충극하고 이궁의 문괘 역시 헌원·경문驚門·화해로 흉의가 중중하여 갑자년에, 이에 해당한 어떤 사람은 사기 도박으로 구속되었다.

예2)

양 2국陽二局

丙 癸 甲 壬
辰 酉 辰 申

傷官 月, 時	戊 一 庚 六	食神	癸 六 丙 一	劫財 歲	壬 三 戊 四
偏印	丙 二 己 五	正官	五 辛 二	世	乙 八 癸 九
正印	庚 七 丁 十	偏財	己 四 乙 三	正財	丁 九 壬 八

일궁인 태궁의 지반이 거생되어 왕하고, 문괘는 천을·개문·복덕이 붙어 길의가 충만하다. 중궁에 정관이 들어 편관귀은 은복되었으므로, 한 젊은이는 이를 깨닫지 못하고 객기를 부려 폭행 치상으로 구속되었다가 임신년에 특사로 풀려났다.

11
실물론失物論

실물점은 분실한 물건을 찾는 점국으로, 작국作局은 물건을 잃어버린 시간이나, 또는 물건을 잃어버린 사실을 알았을 때를 기준으로 조식한다.

- 분실한 물건에 해당하는 오행수를 중심으로 실물점을 판단한다. 예를 들면,
  3·8 목木이면 목재·묘목·의류·지물·과일 등이고, 동물은 3목이 고양이이고, 8목이 토끼이다.
  2·7 화火이면 유류·전열품 등이고, 동물 중에서 7화가 말이다.
  5·10 토土이면 농산품·곡물류 등이고, 동물 중에서 5토는 개, 10토는 소와 양이다.
  4·9 금金이면 현금·금속·금전·귀금속 등이고, 동물 중에서 4금이 닭이다.
  1·6 수水이면 어류·술 등이고, 동물 중에서 6이 돼지이다.
- 육친으로 보면 인성은 문서와 골동품이고, 재성은 현금 등의 재물이다.
- 분실된 물건의 오행수가 승왕·거왕하면 물건을 되찾을 수 있고, 공망이나 고허방에 해당하거나, 십이운성의 쇠·절·사지에 닿으면 끝까지 못 찾는다.
- 실물류의 오행이 수생·거생되어 왕하면 비록 분실되었으나 다시 찾게 된다.
- 실물류가 공망·고허방·거쇠·거극에 해당하여도 수생되어 왕하면 출공된 후 귀편관를 충극하는 식상일에 찾고, 귀가 왕성한 경우는 못 찾는다.
- 도적의 거처는 칠살편관궁 쪽의 방향이고, 장물을 숨긴 장소는 귀를 생하는 자생

궁 쪽의 방향이다.
- 도적의 형제는 칠살편관이 양이면 남자 도적이고, 음이면 여자 도적이다. 구체적인 형상은 칠살이 해당하는 궁으로 가름하는데, 예를 들면 칠살이 태궁에 거하면 소녀 도적으로 본다.
- 도적이 근처에 있는지 판단하는 방법은 두 가지 방법이 있는데, 첫째는 일주의 지지가 자수子水일 경우, 1·6 수水가 일궁세궁에 앉아 있으면 집안의 도적으로 판단한다. 둘째는 일궁과 칠살궁의 위치를 헤아려 정하는데, 일궁과 편관궁이 근접해 있으면 도적은 가까이 있고, 멀리 있으면 도적은 멀리 있다.
- 귀가 거생·거왕·승생·승왕이면 도둑을 여러 차례 당해도 부족하다.
- 귀가 왕하면 도적을 잡기 어렵고, 잡은 후에도 처벌이 어렵다.
- 도적의 성씨를 알려면 칠살의 오행으로 판단하는데, 기운은 오음성五音姓:궁·상·각·치·우이다.
- 식상이 겸왕·거왕·승왕하여 왕상하고, 또는 중궁에서 동하면 관귀를 제극하여 도둑 맞은 물건을 찾을 수 있고, 도적도 잡힌다.
- 세년나 중궁의 괘가 쇠하면 도적은 잡히고, 중궁의 괘가 왕하면 잡을 수 없다.
- 귀가 수극·거극·승극되어 쇠약하면 도리어 도적을 잡을 수 있다.
- 일간과 육합이 같은 내궁에 있으면 실물을 찾을 수 있고, 반대로 외궁에 같이 있거나 내궁과 외궁으로 분리되어 있으면 찾지 못한다.
- 육합궁이 왕성하고 길문괘를 만나면 찾을 수 있고, 흉문괘를 만나면 못 찾는다.
- 천봉구성과 직부팔장으로 실물의 상황을 살펴보면, 일궁에 등사가 동궁하면 가까운 사람이 도적이다. 또한, 태음과 구지가 동궁하면 실물은 찾을 수 없고, 구진이 동궁하면 도적이 잡힌 상태이고, 구천이 동궁하면 실물은 장물로 넘어가 찾기 어렵다. 백호가 동궁하면 무뢰배가 가져갔고, 현무가 동궁하면 도적이 가져갔다.
- 현무는 직접적인 도적이고 칠살은 일시적인 도적이며, 천봉은 큰 도적이다.
- 천지반수를 아울러서 보면 북방의 1·6 수水를 도적으로 보며, 천봉·현무·두문이 있는 방향을 도적이 숨어 있는 장소로 상황에 따라서 판단한다.
- 도적으로 대표되는 현무를 중심으로 도둑의 상황을 판단하면, 현무에 역마 또

는 천마가 동궁하면 도적은 멀리 있고, 일궁에 현무가 동궁하면 가까이 있으며, 일궁과 현무가 대충방에 있을 경우 도적은 멀리 있다.
- 도적이 어떠한 사람인지는 현무가 상주하는 궁의 팔괘의 속성으로 판단한다. 예를 들면, 손궁에 현무가 있으면 장녀의 상이므로 거칠고, 어여쁜 젊은 아가씨가 도적이라고 판단한다.
- 숨은 곳을 알려면 구궁의 형태로 판단한다. 예를 들면, 현무가 있는 궁이 자子의 자리이면 범인은 항구 도시 근처에 숨어 있다. 그리고 간궁에 임하면 동북쪽의 구릉지 밑에 위치한 마을에 숨어 있는 것으로 판단하고, 방향은 두문이 붙은 방향으로 유추한다.
- 현무가 1·6 수水를 만나거나, 일주를 위주로 하여 십이운성의 묘지에 닿으면 범인은 깊이 숨어 있어 찾기 어렵다. 단, 천반 육의삼기에 수극되거나 충극되면 찾을 수 있다고 판단한다.
- 현무가 붙은 궁의 문괘성장이 사문·상문·화해·절체·절명·섭제 등으로 흉하면 범인은 잡힌다.
- 음둔국 포국시 현무가 붙지 않을 경우엔 구진을 도적으로 보고 판단한다.
- 도적을 잡을 수 있는 시기는 연월일시격으로 판단하는데, 천반 육의 경庚이 연간·월간·일간·시간 위에 앉는 경우를 말한다. 가령 경가년간庚加年干이면 연내에 잡히고, 경가월간庚加月干이면 그 달 안에 잡히며, 경가일간庚加日干이면 수일 내에 잡히는 것으로 판단한다.

예)

양 3국陽三局

己 戊 庚 辛
未 申 寅 未

偏官	癸 四 己 五	正財	戊 九 丁 十	歲, 時 世	己 六 乙 三
正官	丙 五 戊 四		八 庚 一	劫財	丁 一 壬 八
官鬼 月	辛 十 癸 九	傷官	壬 七 丙 二	食神	乙 二 辛 七

　일궁의 지반은 수생되고 중궁의 생을 받아 왕성하다. 관귀는 월령과 승극되고 십이운성의 포·장궁에 해당하니 관귀가 휴수되어 도적은 잡힌다. 도적은 동북방에서 살고 있고, 시건방지며 장성한 청년이다.

12
도망론逃亡論

　도망점은 범인이나 도적이 도망친 경우와 어린아이 등을 잃어버린 경우에 조식하는 기문국이다.

- 현무는 도적이고 1·6 수水에 해당하므로 범인을 추적하는 데는 1·6 수가 앉은 궁의 방향을 살펴서 판단하는 방업이 있다. 예를 들면, 1·6 수가 이궁에 있으면 이궁의 속성을, 곤궁에 있으면 곤궁의 속성을 참조한다.
- 현무가 복음격이 되면 범인은 근방에 숨어 있고, 반복음격이 되면 범인은 멀리 도망을 가서 숨어 있다.
- 세년가 중궁을 조하여 일세궁을 생하거나 세년가 중궁을 조하여 현무를 극하면 범인은 잡힌다.
- 현무가 임한 궁을 중궁이 생하면 도적은 멀리 도망을 갈 수 있고, 중궁이 극하면 도적은 체포된다.
- 현무궁에 을乙과 경庚이 붙어 있으면 남녀가 공모하여 범행을 저지르고 도망도 함께 한다.
- 육합을 도망친 사람으로, 상문시가팔문을 잡는 사람으로 보고, 육합과 상문의 생극 관계를 판단하여 범인의 동향을 파악한다. 예를 들면, 상문이 육합을 생하면 범인은 스스로 자수를 하고, 육합과 상문이 동궁하면 근처에 있는 것으로 판단한다.

- 고서에서 노비 도주의 점국이 나와 있는데, 일궁의 천반을 주인으로 보고 도망친 사람이 남자이면 천봉으로, 여자이면 천예로 하여, 도망친 시점을 기준으로 연월일시를 작국하여 찾을 수 있는지를 판단한다. 예를 들면, 일세궁이 천봉·천예를 극하면 잡을 수 있고, 반대로 천봉·천예가 일궁을 극하면 잡을 수 없다.
- 천봉·천예가 육합과 동궁이면 다른 사람의 꾐에 빠져 멀리 달아났으니 돌아오지 않고, 천봉·천예가 공망이면 깊이 숨었으니 찾을 수 없고, 천봉·천예가 입묘이면 계획을 하고 숨어 있는 상태이니 찾을 수 없다.
- 잃어버린 아이가 남자이면 육합으로, 여자이면 태음으로 보고, 양둔절이면 천반 육의를, 음둔절이면 지반 육의를 사용한다. 예를 들면, 남자아이의 행방이 묘연할 경우 육합이 임한 궁의 육의삼기가 경가무庚加戊이면, 음둔절에는 육의 지반을 사용하므로 육의 지반 무戊와 합이 되는 계癸가 있는 궁의 방향을 찾고, 양둔절이면 천반 육의와 합이 되는 을乙이 있는 방향에서 찾는다. 이때 누가 데려갔는지 사람을 추론할 때는 육합이 거하는 구궁의 속성으로 가늠한다. 예를 들면, 육합이 곤궁에 있으면 중년의 부인이 데리고 간 것으로 판단한다.
- 실종된 아이가 어느 방향에 있는지는 육합이 임한 궁을 참조한다. 예를 들어, 육합이 감궁이나 1·6 수가 있는 궁에 있으면 항구 도시·바닷가 근처로 추론한다. 거리의 원근 여부는 절기를 감안하여 판단하는데, 양둔절에 육합이 감궁·간궁·진궁·손궁에 앉으면 가까운 곳에 있고, 양둔절에 육합이 이궁·곤궁·태궁·건궁에 앉으면 멀리 있는 것으로 판단한다.
- 일간이 입묘된 경우는 찾기 어려운 상태이고, 실종된 아이가 돌아오는 시기는 연·월·일·시격으로 판단한다.
- 육합궁이 공망이 되었을 경우에는 육합 충극이 되는 방향에서 찾는다.

예)

음 4국 陰四局

丁 甲 乙 丙
卯 戌 未 子

食神	辛 七 戊 十	傷官	癸 二 壬 五	偏印 月	己 九 庚 八
正財 時	丙 八 己 九	偏官	一 乙 六	正印	戊 四 丁 三
偏財	丁 三 癸 四	劫財 歲	庚 十 辛 七	世	壬 五 丙 二

　일진수는 누설되고 거쇠되어 쇠약하며, 중궁의 편관과 충극이 되었고, 일궁에 도적 현무가 붙어 2월에 어린 여자와 돈을 가지고 도망쳤다. 그러나 정재궁의 육의삼기가 병가기위丙加己位로 화합에 길한 방위이고, 이궁의 천지반과 육의삼기가 왕하며, 문괘 천임과 개문이 결합하여 산천대축괘를 이루니 대길하다. 음력 5월에 부인 품으로 다시 돌아왔다.

13
구재론求財論

구재론은 재물을 구할 때 보는 점국으로 재성을 중심으로 판단한다.

- 재성궁이 득기거왕·겸왕·승왕·거생·수생하면 길하고, 실기거사·승사·수극·거극하거나 쇠지에 임하면 흉하다.
- 재성이 거왕생하고 장생지에 임하면 대길하다.
- 식상이 중궁이나 세년궁에서 동하여 재성을 조하면 대길하다.
- 재성이 득기하고 길문괘이면 귀인의 도움을 받거나 은행 융자 등을 얻어서 투자하면 길하고, 휴수이고 흉문괘이면 은행 융자 등이 되지 않아 투자할 돈도 구할 수 없다.
- 재성이 아무리 왕성하여도 공망을 만나면 투자에는 길하나 금전을 빌려주면 못 받는다.
- 재성이 실기하고 흉문괘이더라도 명궁이 길하면 흉의는 삭감된다.
- 연궁이 중궁을 생하고 중궁이 관성을 생하며, 재성 또한 유력하면 국가의 지원을 받아 사업을 하면 대길하다.
- 연궁이 중궁을 생하고 중궁이 인성궁을 생하는 가운데 인성궁의 수리가 오십토五十土이면 부동산업이나 건축 등의 사업에 투자하면 길하고, 일륙수一六水이면 수산업·냉장업 등에 투자하면 길하다. 이 경우 연궁에 휴문과 두문이 동궁하면 재원을 장기간 묻어두고 투자하는 것이 길하다.

- 재성궁이나 인성궁이 왕하고, 생문·복덕·개문·청룡 등을 만났을 때, 천지반수에 해당하는 사업에 투자하면 길하다. 예를 들면, 오십토이면 부동산·건축이고, 삼팔목三八木이면 임업이나 교육 사업에 투자하면 길하다.
- 구금九金이나 칠화七火가 재귀에 해당하면 아무리 재가 왕하여도 재물을 구할 수 없고, 사구금四九金인 재성에 병경丙庚이 붙으면 재사가 성사될지라도 반드시 후환이 따른다.
- 연국에서는 육의 무戊를 재신財神으로, 생문방을 재방財方으로 본다. 재물이 동하는 시기는 명궁의 천반 육의를 궁하는 오행의 월에 재물이 동하는 것으로 본다. 예를 들면, 명궁이나 행년궁의 천반 육의가 임壬인 경우, 재물이 동하는 시기는 병월丙月이나 오월午月이라고 판단한다.
- 재물을 구할 수 있을지 아닌지는 재신인 천반 육의 무戊가 임한 궁과 재방인 생문시가팔문이 어느 궁에 위치하는가를 보고 판단한다. 예를 들면, 재신과 재방이 내궁이나 외궁에 함께 있으면 재물을 구할 수 있고, 내궁과 외궁에 각각 거하면 재물을 구할 수 없다.
- 재신 무戊와 낙궁戊가 임한 궁의 오행이 서로 극을 하면 재물을 구할 수 없고, 재신과 재방이 대충방인 감궁과 이궁, 진궁과 태궁 등에 각각 거하면 구재는 더욱 불가능하다.
- 재신과 재방이 모두 공망지에 거하거나, 흉문괘를 만나거나, 십이운성의 묘절지에 거하면 구재는 불가능하다.
- 큰 재물인지 작은 재물인지의 여부는 재신과 재방이 삼기 정·병·을丁丙乙을 봉했는지, 길문괘를 얻었는지를 보고 판단한다.

예 1)

음 6국陰六局

| 丙 | 癸 | 癸 | 戊 |
| 辰 | 未 | 亥 | 戌 |

食神 時	辛 七 庚 三	傷官	庚 二 丁 八	世	丁 九 壬 一
正財	丙 八 辛 二	偏印	一 己 九	劫財	壬 四 乙 六
偏財	癸 三 丙 七	正官	戊 十 癸 十	偏官 歲,月	乙 五 戊 五

일진수는 수생되고 중궁에서도 수생하므로 길하다. 재성도 수생되고 장생지에 임하여 길하다. 일궁과 재성 모두 길하므로 크게 축재할 기운이나 불측의 후환을 조심해야 한다.

예2)

양 3국陽三局

己 甲 甲 戊
巳 午 寅 戌

劫財 月 時	戊 十 己 三	世	己 五 丁 八	正印	丁 二 乙 一
食神	癸 一 戊 二	正官	四 庚 九	偏印	乙 七 壬 六
傷官	丙 六 癸 七	偏財	辛 三 丙 十	正財 歲	壬 八 辛 五

일궁은 거설되어 쇠약하고, 재성은 수극·거설되어 더욱 미약하다. 연年이 중궁을 조하여 일궁을 극하고 일진이 하극상이므로 재물은 구할 수 없다.

제6부 실전편 443

예3)

양 5국陽五局

| 癸 | 辛 | 癸 | 丁 |
| 巳 | 酉 | 丑 | 丑 |

傷官 時	辛 一 乙 六	食神	丙 六 壬 一	劫財	乙 三 丁 四
偏印	癸 二 丙 五	正官	五 戊 二	世	壬 八 庚 九
正印 歲, 月	己 七 辛 十	偏財	庚 四 癸 三	正財	丁 九 己 八

일궁은 거생되어 왕하고, 문괘도 직부·청룡·개문·복덕이 붙어 일견하여서는 길한 듯하지만, 편재는 거생이나 공망이고, 정재는 수극·거극당하여 재물은 일말의 불씨도 없다.

연·월궁인 간궁의 정인도 공망이라, 해공되는 시기만 기다리는 와중에, 중궁·일궁·편재궁은 삼형이 형성되었고, 연·월궁의 육의삼기 또한 기가신위己加辛位로 한 순간의 실수에 의해 천추의 한을 남길 기운이다.

모 기업체의 어느 회장은 사업에 무리하게 투자하다 97년에 은행 등에서 금전 융통이 되지 않아 패가 망신하였다.

예4)

양 6국陽六局

| 丙 | 癸 | 辛 | 丙 |
| 辰 | 亥 | 卯 | 子 |

偏官 時	癸 二 丙 八	正官	己 七 辛 三	偏財	戊 四 癸 六
正印 月	辛 三 丁 七	食神	六 乙 四	正財	壬 九 己 一
偏印	丙 八 庚 二	劫財 歲	丁 五 壬 五	世	庚 十 戊 十

일궁은 겸왕하여 왕하고, 편재는 수생·정재가 수생·거생하여 대길하다. 문쾌는 편재궁에 직부·개문·태음·천의가 붙어 길의가 충만하다. 더욱 길한 것은 재신인 무토 戊土와 재방인 생문이 건궁에서 동궁하여 길의가 중중하다.

어떤 사업가는 부동산 투기로 96년에 거금을 얻었다.

14 혼인론婚姻論

혼인점은 결혼의 길흉을 보는 점국이다. 혼인점을 볼 때 방문 시점을 잡아 조식하는 단점시는 아주 예외적인 경우에 사용하고, 일반적으로 결혼의 길흉을 논하는 것은 평생국이나 연국으로 작국하여 보는 것이 정석이다. 남성은 재효재궁의 지반를 중심으로, 여성은 관효관궁의 지반를 중심으로 판단하는 방법이 있고, 육의 경庚을 남성, 삼기 을乙을 여성, 육합六合을 중매인으로 보고 판단하는 방법이 있다.

- 남성은 재효가 왕생하고 길문괘를 봉하면 대길하며, 재효가 공망되거나, 묘절지에 해당하거나, 형충파해되거나 극이 되어 쇠약하면 불길하다.
- 여성은 관효가 왕생하고 길문괘를 봉하면 대길하며, 관효가 공망되거나, 사묘절지에 해당하거나, 형충파해되거나 극이 되어 쇠약하면 불길하다.
- 남성은 연궁이 중궁을 조하여 재성을 생하거나, 중궁이 연궁을 조하여 재성을 생하거나, 연궁와 중궁을 함께 재성을 생하면 처를 구는 데 대길하다.
- 여성은 연궁이 중궁을 조하여 관성을 생하거나, 중궁이 연궁을 조하여 재성을 생하거나, 연궁과 중궁이 함께 관성을 생하면 부를 구하는 데 대길하다.
- 관성이 길문과 길괘이면 부운夫運이 길하고, 재성이 길문과 길괘이면 부운婦運이 길하다.
- 남성은 재성이 삼살을 이루거나, 재성은 강하나 일궁이 약하면 기다리는 것이 좋다.

- 여성은 관성이 삼살을 이루거나, 관성은 왕하나 일궁이 약하면 기다리는 것이 좋다.
- 결혼 상대가 많을 경우에는 일진을 생조하는 성씨를 택하는 것이 좋고, 또한 일진을 생조하는 방향의 혼처를 정하는 것이 좋다.
- 구궁 중 을녀乙女의 내궁은 곤궁·손궁·태궁·이궁이고, 경남庚男의 외궁은 건궁·감궁·간궁·진궁으로 지반 육의삼기 을과 경이 임한 궁의 위치에 따라서 남녀 문제를 판단한다.
- 을과 경이 임한 궁이 서로 상생·상합하거나, 을과 경이 동궁하면 결혼은 성사되고, 서로 극하는 경우는 깨진다고 판단한다. 예를 들면, 경궁이 을궁을 극하면 남자 측에서 싫어하는 상태이다.
- 을목乙木이나 경금庚金이 십이운성의 묘지에 해당하고 홍문괘를 봉하면 극부지상과 극처지상으로 판단한다.
- 여자 측에서 남자와 혼처를 정할 때 경금이 형충파해되거나 공망지에 해당하면 그 상대를 택하지 않는 것이 좋다.
- 중매인 육합을 보는 방법은, 육합궁이 경궁庚宮을 생하면 남자 측에서는 중매인이고, 육합궁이 을궁乙宮을 생하면 여자 측에서는 중매인이다.
- 격국을 이용하여 남녀 관계를 보는 방법은, 흉격이 관성에 임하면 남자 쪽이 불길하고, 흉격이 재성에 임하면 여자 쪽이 불길하다.
- 천둔과 인둔은 부부간의 애정이 두텁고, 대격과 소격은 상부·상처할 수 있다.
- 관성에 갑가병위甲加丙位 청룡화수격이 임하면 남편이 출세하고, 재성궁에 병가갑위丙加甲位 비조질혈격이 임하면 부인이 정숙하고 마음이 바르다.
- 기문 4대 흉격인 을가신위乙加辛位 청룡도주격, 신가을위辛加乙位 백호창광격, 계가정위癸加丁位 등사천교격, 정가계위丁加癸位 주작투강격이 재관궁에 임하면 부부 이별·사기 결혼·주색 잡기·횡액사·비명 횡사 등이 발생한다.
- 연월일시격 중 연월격은 시어머니와 관계가 좋지 않고, 일시격은 부부 가운데 한 명이 단명한다.
- 복간격·비간격·옥녀수문격·복궁격·비궁격은 부부가 모두 자기 주장이 강하여

충돌하는 형세이다.
- 패격·형격은 부부 모두 억세고 성정이 난폭한 것으로 판단하며, 오가삼사격은 남편이 첩을 두거나 바람을 피운다.

예1)

양 9국陽九局

乙 戊 辛 辛
卯 子 卯 酉

傷官	庚 一 壬 五	食神	癸 六 戊 十	正印	丁 三 庚 三
偏財 月, 時	戊 二 辛 四	正官	五 癸 一	偏印	己 八 丙 八
正財	壬 七 乙 九	世	辛 四 己 二	劫財	乙 九 丁 七

이 국은 여명으로, 일궁이 수생·승생하여 왕하고, 중궁의 정관도 수생되어 길하다. 문패는 일궁에 청룡이 붙고, 중궁도 태을귀인이 붙어 길하다. 구궁의 천지반은 극이 없고 모두 상생하니 부부의 애정이 두텁고 돈독하다.

예2)

음 6국陰六局

辛 庚 己 丁
巳 申 酉 丑

食神 時	乙 庚	三 三	傷官	戊 丁	八 八	世	癸 壬	五 一
正財	己 辛	四 二		己	七 九	劫財 月	丙 乙	十 六
偏財 歲	丁 丙	九 七	正官	庚 癸	六 十	偏官	辛 戊	一 五

이 국은 남명으로, 일궁이 수극·거극하여 쇠약하다. 연궁인 편재궁은 거생되어 왕하며, 공망에 해당하나 궁 자체가 칠구七九 상전하여 해공은 되었다. 그러나 중궁의 천지반과 편재궁의 천지반이 동시에 칠구가 상전하니 일궁이 쇠약하여 감당할 힘이 없다. 97년에 한 젊은이가 중매로 맞선을 여러 번 봤지만, 성사되지 않았다.

15
출행론出行論

출행점은 출행의 방향을 알아보는 점국이다.

- 일진일궁의 지반의 호아방護我方으로 출행하면 만사가 길하다. 호아방이란, 나를 보호하는 방향으로, 일시적인 위급시에 피신하는 방향이다. 일반적으로 호아방은 일진을 생하는 인성궁을 말한다. 다음으로 비겁궁과 식상궁도 길하다.
- 국란과 전쟁 등으로 장기간 피할 시에는 두문방을 이용한다.
- 관살방이나 공망방·사묘절방에 해당하면 출행은 불길하다.
- 출행의 가부는 일진궁의 수리로 판단한다. 천반수는 객客이고 동動이며, 지반수는 주主이고 정靜이므로, 천반이 지반을 생하는 경우가 출행에 가장 길하고, 지반이 천반을 극하는 경우도 길하다. 지반이 천반을 생하거나 천반이 지반을 극하면 출행에 불길하고, 천반이 지반을 극하는 수극의 경우는 상대방이 나를 사기 치는 것이므로 출행하지 않는 것이 좋다.
- 출행 예정지 해당궁의 육의삼기가 일간을 생조하면 길하고, 상충·상극이 되면 불길하다.
- 문괘로 출행방을 판단하면, 길방은 생문·개문·생기·복덕·천의 방향이고, 흉방은 사문·상문·경문驚門·절명·화해가 있는 방향이다.
- 일진이 사문·상문·절명·화해·경문驚門이 붙으면 불길하므로 출행하면 안 된다.
- 일진이 승사·거사하고, 다시 연지가 흉문이면 출행에 불리하다.

- 연궁이 중궁의 귀를 조하거나 중궁이 연상年上의 귀를 조하면 출행에 불길하다.
- 일진이 왕성하면 백 가지 살이 모두 풀어지므로 대길하다.
- 일진이 쇠약한 상태에서 연궁이나 중궁에 목귀가 동하면 교통 사고가 발생하고, 토귀가 동하면 도중에서 도적을 만나고, 화귀가 동하면 병액이나 화상을 당하고, 금귀가 동하면 횡액이나 검난을 당하며, 수귀가 동하면 수액이나 배로 이동할 때 배가 침몰될 우려가 있다.
- 출행시 수로나 육로의 선택은 휴문과 경문景門의 상황으로 판단한다. 휴문이 공망이 되고 삼기를 얻으면 수로가 길하고, 경문이 공망이 되고 삼기를 얻으면 육로가 길하다.
- 출행방에 기문 4대 흉격인 청룡도주·백호창광·등사천교·주작투강격을 만나면 크게 불리하고, 육의격형격을 만나도 출행에 불길하다.
- 쌍화·쌍금이 중궁이나 연궁에서 일진을 생하면 호아방인 인성으로 보지 않고 흉살로 판단한다.
- 일궁에 귀혼·두문이 임하면 출행하다 중도에서 돌아온다.
- 일궁의 지반수로 머무르고 있는 일수를 추정한다. 지반수가 1이면 1일을 유하고, 2이면 2일을 유하며, 3이면 3일을 유한다.
- 일궁의 천반수로 돌아오는 날을 추정한다. 천반수가 1이면 임계壬癸·해자亥子일에 귀가하고, 7이면 병정丙丁·사오巳午일에 귀가한다.
- 일궁의 육의삼기와 시궁의 육의삼기가 충극하면 출행을 비롯하여 모든 일에 불길하다.
- 위급할 때 피하는 방향은 오직 두문방이다. 두문이 앉은 궁의 지반이 왕하고, 길문괘를 만나면 은둔에 길하고, 지반이 쇠하며, 흉문괘이면 은둔에 흉하다.
- 두문방이 정·병·을丁丙乙 삼기와 있던지, 태음·육합·구지·구천·직부가 동궁하면 대길하고, 천마방天馬方에 해당해도 길하다.
- 두문과 지반 육의삼기로 은둔처의 길흉을 구분하면, 육무六戊가 닿으면 귀인의 보호가 있고, 육경六庚이 닿으면 반드시 불행한 사고를 당하며, 육신六辛·육임六壬은 천지의 극이므로 피난처도 불길하고, 육계六癸가 닿으면 천망의 자리이니 흉

하다.

- 추적자가 있을 경우에는 처음에 개문방으로 나아가 생문방·휴문방·삼기방 중 한 장소를 경유하여 두문방으로 들어가면 절대 잡히지 않는다.

예)

음 5국陰五局

丁	戊	丙	辛
巳	午	申	未

時	丙 八 己 七	世	乙 三 癸 二	歲,月	壬 十 辛 五
官鬼方	辛 九 庚 六	護我方	二 戊 三		丁 五 丙 十
空亡方	癸 四 丁 一	空亡方	己 一 工 四		庚 六 乙 九

일진은 수생·거생하여 왕하며, 호아방인 중궁이 왕한 일진을 생하니 백 가지 살이 침범할 수 없으므로 출행에 대길하고, 출행방은 식신궁이자 두문방인 태방이 길하고, 다음으로 상관궁인 곤방이 길하다.

16
질병론疾病論

질병점은, 홍국은 귀^{편관}를 질병으로, 연국은 천예를 질병으로 보고 점국을 판단하며, 발병 연월일시로 작국하는 데 평생국과 연국을 참고한다. 앞장에서 홍국의 질병론에 대하여 논하였으므로 이 장에서는 연국을 중심으로 질병을 논한다.

1. 육의삼기와 인체의 소속

(1) 육갑六甲 : 간장·머리   (2) 육을六乙 : 쓸개·담
(3) 육병六丙 : 심장·이마   (4) 육정六丁 : 소장·혀·이
(5) 육무六戊 : 비장   (6) 육기六己 : 위장
(7) 육경六庚 : 폐·힘줄   (8) 육신六辛 : 가슴
(9) 육임六壬 : 신장·방광   (10) 육계六癸 : 오장

2. 팔문과 병의 배치

(1) 생문生門 : 눈이 상하는 병, 몸이 허한 병
(2) 상문傷門 : 풍한·피부병

(3) 두문杜門 : 위장병·호흡기병

(4) 경문景門 : 식탐으로 인한 병, 종기

(5) 사문死門 : 귀신으로 인한 병, 혀의 병

(6) 경문驚門 : 과로가 누적돼 오는 병

(7) 개문開門 : 폐의 병, 목의 병, 부종

(8) 휴문休門 : 오한·설사병

3. 직부팔장과 병의 배치

(1) 직부直符 : 심장·심열心熱·심통

(2) 등사螣蛇 : 괴이함에 놀란 병, 몽유병·신병

(3) 태음太陰 : 폐병, 피로 누적으로 인한 병, 심복心腹의 통증

(4) 육합六合 : 중풍·마비

(5) 구진勾陳 : 토혈·만성병·오한

(6) 주작朱雀 : 횡액사, 머리·눈의 통증

(7) 구지九地 : 토의 신재神災, 음증陰症

(8) 백호白虎 : 액사·흉사·토혈

(9) 현무玄武 : 한열·인액·부상·사망

(10) 구천九天 : 크게 놀라서 생긴 병

4. 천봉구성과 병의 배치

(1) 천봉天蓬 : 물귀신이 씌어서 생긴 병

(2) 천임天任 : 묘지의 귀신이 씌어서 생긴 병

(3) 천충天沖 : 상갓집에 가서 부정 타서 생긴 병

(4) 천보天甫 : 하늘의 노여움으로 생긴 병
(5) 천영天英 : 부엌신의 분노로 생긴 병
(6) 천예天芮 : 조상님의 노여움으로 생긴 병
(7) 천주天柱 : 우물신의 분노로 생긴 병
(8) 천심天心 : 칠성신의 노여움으로 생긴 병
(9) 천금天禽 : 사당신의 분노로 생긴 병

5. 구궁과 인체의 소속

(1) 감궁坎宮 : 단전·신장·방광·음부·귀
(2) 곤궁坤宮 : 복부·비장, 오른쪽 어깨와 귀
(3) 진궁震宮 : 간·신경계통·눈
(4) 손궁巽宮 : 위장·간장·왼쪽 어깨·넓적다리
(5) 중궁中宮 : 복부·자궁·심장
(6) 건궁乾宮 : 머리·대장·오른쪽 발
(7) 태궁兌宮 : 입·오른쪽 폐·양쪽 손
(8) 간궁艮宮 : 다리·왼쪽 발
(9) 이궁離宮 : 머리·눈·얼굴·마음

• 일간일궁의 천반을 본인환자으로 보고 천예를 질병으로 보며, 연국의 판단을 먼저하는 것은 다른 점국과 동일하다.
• 일간이 득기하여 왕성하고 길문괘를 만나면 병은 치유된다.
• 일간이 실기하여 쇠약하고, 흉문괘를 만나거나 공망지·십이운성의 사묘절지에 닿으면 치료가 어렵다.
• 일간이 생문·천의를 만나면 병은 치유되고, 사문·절명을 만나면 치료가 어렵다.
• 천예의 기본 오행은 곤궁의 토성이므로 천예가 극이 되거나 설기시키는 궁에 닿

으면 병은 치유된다고 판단한다. 예를 들면, 천예가 목궁인 진궁·손궁에 닿으면 토성인 천예가 극이 되므로 병은 치유되고, 금궁인 태궁·건궁·수궁이 감궁에 닿으면 토성인 천예를 설기시키므로 질병이 역할을 다하지 못해 병은 완쾌된다고 판단한다.

- 천예궁이 공망을 맞으면 천예가 제 역할을 하지 못하므로 오히려 병은 치유된다.
- 격국을 질병점에 참고하면 청룡도주격·백호창광격은 흉격이지만, 병점에서는 길하게 작용하고, 비조질혈격·청룡회수격은 길격이지만, 병점에서는 흉하게 작용한다.
- 육의격형격·오불우시격은 생왕하면 치유가 불가능하고, 삼사三詐는 오래 된 병이며, 직사를 얻어 귀를 극하는 경우에 치유된다.
- 등사천교격은 귀신이 조화를 부리는 병이고, 주작투강격은 넋이 나가 버리는 병이다.
- 인둔과 귀둔은 병점에서 흉하게 작용하고, 복간격·비간격·복궁격·비궁격·패격·복음격이 질병점에 참고되는 흉격이다.

예1)

음 3국陰三局

壬 戊 戊 癸
戌 子 午 酉

正印	庚 八 乙 六	偏印	壬 三 辛 一 月	正官	戊 十 己 四
偏財	丁 九 戊 五		丙 二 二	偏官 歲	乙 五 癸 九
正財	癸 四 壬 十	世	己 一 庚 三	財時	辛 六 丁 八

편관궁인 태궁의 지반이 수생되고 거생되어 귀수가 왕성하며, 일세궁인 감궁의 문

괘는 천예가 일가·시가의 양 사문과 절명을 만난 사람이 93년 음력 8월에 간암으로 사망하였다.

예2)

음 9국陰九局

戊 癸 癸 戊
午 酉 亥 寅

正財	九 九	偏財 時	四 四	劫財	一 七
偏印	十 八		三 五	世	六 二
正印 歲	五 三	偏官	二 六	正官 月	七 一

일진수인 태궁의 지반은 극이 되어 쇠하고, 문괘는 천예와 일가·시가 양 사문이 동궁하니 사기가 중중하다. 감궁의 귀가 세년궁을 생하여 일궁을 조하니, 이에 해당한 어떤 사람은 98년 음력 12월에 뇌졸중으로 사망하였다.

17 직장론職場論

직장점은 관직이나 직장에서의 길흉을 보는 점국인데, 홍국에서는 관성을 중심으로 인성과 재성을 참조하며, 연국에서는 직부구성과 직사팔문을 중심으로 판단한다.

- 관성이 득기하여 왕성하고, 삼기를 봉하면 길하며, 관성이 실기하여 쇠약하고, 사신문괘성장도 무력하면 흉하다.
- 평생국에서 관성이 왕해도 신수국연국의 길흉에 의해 영전도 하고 좌천도 하는데, 일반적으로 정관을 중심으로 판단하지만 때로는 칠살편관을 중심으로 판단하는 경우도 있으므로 정·편관의 세기를 자세히 살펴야 한다. 그리고 홍국의 사항은 앞장의 관성론을 참고하기 바란다.
- 일궁이 사묘절지·공망지·고허방지·형충에 해당하면 불리하다.
- 관직과 관련해서는 직부를 관직으로, 직사를 직위로 보고 판단한다. 예컨대 직부가 사문·상문·두문·경문驚門과 동궁하면 그 직에 인연이 없다. 이와 같이 직사는 길문을 위주로 해석한다.
- 직부궁이 득기하고, 길문괘를 이루거나 정·병·을丁丙乙 삼기와 천덕·월덕이 만나면 가까운 시일 안에 승진한다. 여기에 연궁·중궁이 길신을 얻어 일간일궁의 천반을 생하면 반드시 승진한다.
- 직부가 무기無氣하고 흉문괘를 봉하면 승진은 되지 않는다.
- 직부궁이 사묘절지·공망지·고허방지에 해당하면 진급운은 불리하다.

- 일궁과 직부궁의 위치로 부임지의 거리를 판단한다. 예를 들면, 일궁이 감궁이고 직부궁이 건궁이면 가까운 거리로 부임하고, 대충방인 이궁에 직부가 임하면 멀리 부임한다. 즉, 일궁과 직부궁이 가까이 있으면 가까운 거리로, 멀리 있으면 먼 거리로 발령이 난다. 임지의 방향은 직부가 임한 궁과 같은 방향이다. 가령 직부가 태궁에 임하면 부임지는 서방이다.
- 직부궁과 생문궁이 상극이 되면 출장·파견 근무 등에 흉하고, 직부와 생문이 동궁하거나 직부궁과 생문궁이 서로 상생하면 출장·파견 근무·외근 등에 대길하다.
- 관성이 동하고 식상이 충극하지 않으면 직장을 구할 수 있고, 또 만약 충극하는 경우 재성이 소통시켜 주면 직장을 구할 수 있다.

18 부임론赴任論

부임점은 직장 이동·변동에 따른 점국인데, 발령 일시나 등청 일시로 작국하고, 다른 점국과 같이 연국신수국과 평생국의 상황을 반드시 참고해야 한다.

- 관성이 태세상수太歲上數:연궁의 천반수와 상생하면 반드시 승진하며, 상비相比하면 부임지에서 근무 기간을 채울 수 있고, 상극이 되면 오래 근무하지 못한다.
- 병경丙庚이나 칠구七九가 편관관귀이 되어 일간이나 세간을 충극하면 면직당한다.
- 관성이 연궁이나 중궁에 거하고 천마를 만나면 멀리 외교관으로 부임한다.
- 일지를 관성이 충하면 직업상 변동이다.
- 일지를 관귀가 충하면 관재 구설·질병사로 인해 면직당한다.
- 연궁의 수극되고 관성이 공망이면 사문·절명이 된 자는 파면당한다.
- 연궁이 개문·복덕이면 승진하고, 생문·생기자도 영전한다.
- 관성과 연年이 상생하면 이동수인데, 시기는 연궁의 천지반수를 가름한다.
  양둔은 연궁 천반수로, 음둔은 연궁 지반수로 보는데, 예를 들면 천지반이 1이면 임년壬年이고, 2이면 정년丁年이며, 3이면 갑년甲年에 이동한다.
- 부임하는 월은 관왕월에 부임한다. 예를 들면, 일륙一六이면 겨울에 부임하고, 삼팔三八이면 봄에 부임한다.

19 개점론 開店論

개점론은 상가·점포 등 사업을 개업할 때 보는 점국으로, 연국을 조식作局하여 판단하는데, 개업의 전체적인 상황을 파악하는 것이 중요한 관건이다.

- 일진일궁의 지반이 상극되거나 흉문괘를 봉逢하면 개업을 미뤄야 한다.
- 일진이 상생되고 길문괘를 봉하면 개업에 길하다.
- 관귀가 왕하고 흉문괘이면 개업에 불길하다.
- 생기·복덕·호아방은 길하고, 관귀·화해·절명·사문·상문방은 흉하다.
- 일간이 공망, 또는 사묘절지에 해당하면 손재수가 있다.
- 재성궁이 수생·승생·거생·승왕·거왕·겸왕하여 왕성하고, 생기·복덕이 동궁하면 개업에 대길하다.
- 재성궁이 휴수되고 흉문괘사문·상문·두문·화해·절명·귀혼이면 개업이나 사업 확장에 불길하다.

20 방문론訪問論

출행점은 일상적으로 외출하는 것을 보는 점이고, 방문점은 어떠한 특정한 목적을 가지고 사람을 방문할 때 그 결과를 보는 점국이다.

- 세궁일궁의 천반수는 방문을 하는 본인이고, 지반수는 방문을 받는 상대방이다.
- 일궁의 천지반이 서로 상생하고 길문괘를 봉하면 길하므로 방문의 목적을 달성한다.
- 일궁의 천지반이 상극되고 흉문괘를 봉하면 방문의 목적을 달성할 수 없다.
- 일궁 천지반의 득기 여부를 보고 누구에게 이익이 있는지 판단한다. 예를 들면, 지반이 천반을 생하면 본인나에게 이익이 있고, 천반이 지반을 생하면 상대방에게 이익이 있다.
- 일궁이나 방문하는 방향궁에 두문·귀혼이 임하고 공망지·사묘지에 닿으면 출행은 불길하다. 공망은 가는 길이 막히는 경우이고, 귀혼은 가다가 다시 돌아온다. 공망지에 닿으면 상대방이 집에 없는 경우이고, 사묘지에 닿으면 상대방이 집에 있으면서도 숨고 피한다.
- 개문궁이 득기하고 삼기를 얻으면 방문하는 목적을 이룬다.
- 개문궁이 일간궁을 충극하면 방문 목적을 달성할 수 없고, 모욕을 당한다.
- 점국에서 휴문을 천인상합이라 하여 부임·이주·매매·귀인의 도움이 있는 방향으로 본다.

- 휴문이 출행방 쪽에 거하면 길흉을 떠나 상대방을 만날 수 있다.
- 휴문궁에 문괘성장이나 격국이 흉하면 상대방을 만나도 별 소득이 없다.

21 임신과 출산론

임신과 출산점은 임신의 여부와 태아의 건강을 보는 점국으로 산모의 신수국과 방문 시점의 연월일시를 취하여 작국한다.

- 감궁의 지반과 이궁의 천반을 보아서 상생이나 겸왕하면 산모와 태아가 건강하고, 상극이면 흉하다.
- 손궁이 왕성하고 생문과 경문이 동궁하면 임신이다.
- 손궁이 공망지·병사묘지에 해당하거나 문괘성장이 흉하면 태아에게 불길하다.
- 천예궁의 천반이 생왕하고, 길문괘를 봉하면 임신이다.
- 천예궁의 천반은 태아이고 지반은 산모이므로, 천지반 상생이나 겸왕하면 태아와 산모가 모두 길하고 상극이면 모두 흉하다.
- 천예궁의 천지반이 상극되고 흉문괘를 만나면 반드시 산액이 발생한다.
- 태아는 손궁의 천보성이고, 산모는 곤궁의 천예성이므로, 순산의 여부는 천예의 생극을 살펴서 판단한다. 예를 들면, 천예성의 기본 오행이 토土이므로 천예가 임한 궁이 진궁이면 진궁의 목木이 천예의 토를 극하므로 산모가 난산하고, 천예가 임한 궁이 이궁이면 이궁의 화가 천예의 토를 생하므로 산모는 순산한다.
- 곤궁의 문괘가 길하면 태아가 건강하고, 반대로 흉문괘이면 산모와 태아가 모두 흉하다.
- 태아의 성별을 구별하는 방법은, 첫째 손궁의 지반수로 가름하는데, 지반수가

양수 1, 3, 5, 7, 9이면 아들이고, 음수 2, 4, 6, 8, 10이면 딸이다. 더불어 손궁의 천지반이 양수 복음이면 아들 쌍둥이고 음수 복음이면 딸 쌍둥이다. 둘째, 천예성이 임한 궁의 천반수로 가름하는데, 천반수가 양수이면 아들이고 음수이면 딸이다. 셋째, 곤궁에 임한 천봉구성으로 가름하는 방법인데, 구성이 양성 천봉·천임·천충·천보·천금이면 아들이고, 음성 천영·천예·천주·천심이면 딸이다.
아울러 천금성이 곤궁에 거하는 경우는 쌍둥이를 출산한다.

22 대인론 待人論

대인점은 집을 떠난 사람의 안위와 기다리는 사람이 올 것인지 등을 보는 점국으로 집 나간 사람의 연국신수국을 포국하여 판단한다.

- 세궁일궁은 천반수를 행인돌아올 사람으로 보고, 일진수일궁의 지반를 대인기다리는 사람 또는 가정·가택으로 본다.
- 일진수가 천반수를 생하면 계속 가고 있는 상황이고, 천반수가 일진수를 생하면 돌아온다.
- 천반이 관귀이면 진신進神이라 긴급한 일이 생겨 돌아오지 않고, 천반이 재성이면 퇴신退神이라 반드시 돌아온다
- 천반이 일진수를 극하면 돌아오지 않고, 일진이 천반을 극하면 돌아온다
- 천지반수가 비화比和이면 돌아오는 것이 지연된다.
- 일진이 왕상하고 길문괘에 삼기가 임하면 목적한 바를 이루고, 잘 있다고 판단한다.
- 일진이 휴수되거나, 십이운성의 사묘절지에 임하거나 공망지에 해당하면 불길하다.
- 7·9가 관귀가 되어 일진궁에 임하면 관재·질병 등 힘든 상황에 처해 있고, 여기에 흉문괘를 만나면 크게 흉하다.
- 연궁이 중궁을 조生하고 중궁이 일진을 생하는 경우, 중궁이 연궁을 조하고 연궁이 일진을 생하는 경우, 연궁과 월궁이 일진을 생하는 경우, 중궁이나 연궁이

월궁을 조하고 월궁이 일진을 생하면 반드시 돌아온다.
- 집 나간 사람의 돌아오는 시기를 알려면 일궁의 천반수를 입중궁한 후 구궁을 역포하여 일궁에 닿는 수로 그 시기를 헤아린다. 예를 들면, 일궁에 3·8이 닿으면 갑·을·인·묘甲乙寅卯일에 돌아오고, 2·7이 닿으면 병·정·사·오丙丁巳午일에 돌아온다.
- 귀양살이나 유배 등을 당하여 멀리 있는 경우, 돌아오는 해를 알려면 귀혼궁의 천반수를 입중궁하여 역포한 후 연궁에 닿는 수로 그 해를 결정한다. 예를 들면, 1·6이면 임·계·해·자壬癸亥子년이다. 아울러 연궁에 귀혼이 바로 붙으면 연궁의 천반수로 귀환 시기를 결정한다.
- 육의 경庚을 중심으로 귀가 시기를 정하는 방법도 있다. 예를 들면, 양둔국이면 천반 경庚을, 음둔국이면 지반 경을 보고 판단하는데, 사주의 연간이 경을 생하면 1년 안에, 월간이 생하면 한 달 안에, 일간이 생하면 며칠 안에, 시간이 생하면 당일에 귀가하는 것으로 판단한다. 돌아오지 않는 경우는 을경乙庚 합이 되거나, 경이 공망지·사묘지에 해당하는 경우이다.

23
객래론客來論

　　객래점은 찾아오는 사람을 객客으로, 맞이하는 사람을 주主로 정하고, 객과 주의 길흉을 헤아리는 점국이다. 포국은 점사의 연월일시로 작국하여 판단한다.

- 객이 출발하는 방향을 가지고 일궁의 지반을 주로 보는 방법이 있고, 객이 찾아오는 방향의 천반을 가지고 객이 찾아오는 목적을 알아보는 방법이 있다.
- 객방의 천반이 관귀가 되면 찾아오는 목적이 나한테 손해를 주는 사람이고, 더불어 관귀가 흉문괘를 만나면 시비 구설이 생긴다.
- 정관이 흉격이 되면 객으로 인하여 손해·송사·구설에 휘말린다.
- 객방궁의 문괘가 길하고 삼기가 임한 상태로 일궁을 생하면 주主한테 도움이 되는 객이고, 반대이면 도움이 전혀 안 되는 객이다.
- 객방궁에 역마가 동궁하면 객이 예정보다 일찍 도착하고, 중궁의 천지반이 일궁의 천지반을 극해도 객은 예정보다 일찍 찾아온다.
- 객방궁의 천반수가 공망수이거나 공망지에 해당하면 찾아오다 다시 되돌아간다.
- 객방궁의 천반이 천을귀인·녹마이면 귀한 객이고, 상문·조객을 봉하면 나쁜 소식을 가져오고, 도화를 지니고 있으며 호색한 자이고, 양인이면 총이나 칼을 쓰는 자이고, 천의이면 의사 또는 술객으로 본다.
- 객방국의 육신으로도 내객의 성향을 판단한다. 예를 들면, 인수이면 학자·손윗사람·문서·소식이고, 편관이면 경찰·군인·일·직업이며, 정재이면 아내·여동생·

재물에 관한 일이다.
- 객이 가져오는 물건이나 선물은 중궁 지반수의 오행으로 판단한다.
    - 1·6 수二六水이면 어류·수산물·주류 등이고,
    - 2·7 화二七火이면 전기·가전제품·약초·문서 등이고,
    - 3·8 목三八木이면 의복·과일·꽃·문구류·향료 등이고,
    - 4·9 금四九金이면 금은보석·금전·기계류 등이고,
    - 5·10 토五十土이면 농작물·육축 가공물·곡류 등이다.

24 소식론 消息論

소식점은 안부를 비롯해 어떠한 상황이나 동정을 보는 점국으로, 포국은 점사의 연월일시로 조식하며, 경문景門을 중심으로 판단한다.

- 소식점은 경문景門이 임한 궁의 상황으로 가름한다. 예를 들면, 경문과 길문괘가 동궁하면 좋은 소식이고, 경문이 흉문괘가 동궁하면 나쁜 소식이다.
- 경문이 일궁과 가까이 있으면 소식을 일찍 듣고, 멀리 있으면 소식을 늦게 듣는다.
- 경문이 내궁감궁·간궁·진궁·손궁에 있으면 소식을 빨리 듣고, 외궁이궁·곤궁·태궁·건궁에 있으면 소식을 늦게 듣는다.
- 경문에 주작이 동궁하거나, 공망지·사묘절지에 해당하면 헛되이 떠도는 소문만 듣는다.
- 경문이 득기하여 왕성하거나 삼기를 얻으면 진솔한 소식을 듣고, 경문이 실기 또는 쇠하고 삼기를 얻지 못하면 해로운 소식만 듣는다.
- 집을 떠나 멀리 있을 때 집안의 안부를 알아보는 방법은 인성궁을 참고한다.
  인성이 생왕하고 장생지에 거하면 집안은 평안하고, 인성이 휴수지에 임하여 쇠약하고 흉격을 만나면 집안은 불길하다.
- 일진이 생왕하고, 삼기를 얻거나 길격에 해당해도 집안은 평안한다.

25 투자론投資論

투자점은 사업을 목적으로 출자하는 금전 관계의 길흉을 보는 점국이다.

- 재궁이 거생·거왕·수생·승생·승왕하고, 유혼을 동궁하면 투자시에 대길하다.
- 재성이 왕하고 공망이면 투자는 길하나, 은행의 대출 등 금전 융통에는 흉하다.
- 관궁에 개문·생문이 붙고, 청룡 또는 복덕을 동궁하면 현재 운영하고 있는 사업을 확장하기 위한 투자에 길하다.
- 인성궁에 개문·생문·청룡·복덕이 붙으면 가택 증축·신축·토지·전답의 매수 등 부동산에 관련된 투자사에 대길하다.
- 인성궁의 지반이 3·8 목木에 해당하고, 개문·생문·청룡·복덕이면 임업·농원·과수원 등과 관련된 투자사에 길하다.
- 인성궁이나 관궁의 지반이 4·9 금金에 해당하고, 개문·생문·청룡·복덕이면 운수업·금융업·광산업 등의 투자사에 길하다.
- 재성궁이 득기하여 왕성하고 길문괘를 봉하면 자기 수중에 투자할 돈이 없어도 금전의 융통이 수월하게 되어 투자할 수 있다.
- 재성궁이 휴수되고 흉문괘를 봉하면 아무리 애를 써도 금전 융통이 되지 않고, 설사 돈이 있더라도 투자사가 마땅치 않다.
- 재성궁에 사문·상문·화해·절명이 동궁하면 금전 융통이 되지 않아 투자사에 임할 수 없으나, 재성궁의 지반이 유기하여 양성하면 비록 문괘가 흉해도 귀인의

도움으로 금전 융통은 가능하다.
- 세年가 중궁을 생하고 중궁이 관을 생하면 손윗사람의 도움이나 중앙 정부의 협조를 받아 사업을 크게 경영할 길운이다.
- 연年이 중궁을 생하거나 중궁이 연을 생하여 인성궁을 생하고 인성궁의 지반이 3·8 목木이면 국가 최고 통수권자나 중앙 정부에서 부름을 받을 희소식이 있으며, 임업·제지업·출판업 등의 사업에 정부 기관의 보조를 받을 수 있는 길조이다.
- 재궁이 유기하면 본인의 투자도 무난하게 진행된다.
- 인성궁에 휴문이나 두문이 동궁하면 당년사는 불리해도 장기간에 걸쳐서 운영하는 사업에 투자는 유리하다.
- 생문방에 삼기 정·병·을丁丙乙이 붙으면 투자에 길하다. 그러나 생문방이 입묘이거나 공망이면 끝없이 투자만 하다가 파산한다.

26

수생受生의 경중輕重

　수생의 특성에 대하여 재론하면, 수생은 구궁의 천반수가 구궁의 지반수를 생하는 것으로 천반이 3·8 목木이고 지반이 2·7 화火이면 목생화로 상이 하를 생함이며, 천반이 5·10 토土이고 지반이 4·9 금金이면 토생금으로 상이 하를 생함이며, 천반이 1·6 수水이고 지반이 3·8 목木이면 수생목으로 수생受生이고, 천반이 4·9 금이고 지반이 1·6 수이면 금생수로 수생이며, 천반이 2·7 화이고 지반이 5·10 토이면 화생토하여 상이 하를 생하는 것이다.

　그리고 수생도 합과 구궁의 상황에 따라서 대소의 경중이 있다. 예를 들면, 천반이 구금九金이고 지반이 일수一水이면 경신금庚申金이 임자수壬子水를 생하는 것이므로 단순하게 수생에 그치지 않고 신자申子수국을 이루므로 그 역량이 크게 나타난다. 더구나 신자수국이 감궁에 임하면 수왕지국이 되어 토궁이나 화궁이 겸왕·수생·승생·승왕으로 기초가 강하면 인간 만사가 여의롭지만, 반대로 토궁이나 화궁이 설극을 당해 기초가 약하면 횡액이 우려되는 형상이고, 해당하는 육친궁에 반드시 불길한 변고가 발생한다. 또한 수국이 극왕하여도 수국을 극하거나 설기하면 해당하는 육친궁의 변고를 막을 수 있다.

　여기에 수생하는 궁의 격국이 길하면 높은 자가 낮은 자를 돕는 운으로 상하가 화목하고 협조하며 타인의 간섭을 받지 않게 된다. 더불어 수생은 천의가 지의를 생하는 형상으로서 통치권자의 인정을 받고 공명을 구하는 데 유익하다.

27
구궁 생극九宮生剋의 경중輕重

　구궁이 서로 생하고 극하는 데도 대소 경중이 있다. 이것은 구궁간의 거리를 따져서 분별하는데, 가까운 궁에서 생하면 생은 더욱 중대하고, 먼 거리의 궁에서 생하면 생의 힘은 감소된다. 반대로 가까운 궁에서 극하면 극은 더욱 중대하고, 먼 거리의 궁에서 극하면 극의 힘은 감소된다.

- 구궁의 생극 관계에서 중궁의 역할은 지대하다. 예를 들면, 곤궁이 서로 4·9 금이고 손궁이 3·8 목일 경우, 양궁은 금목 상극이 되지만, 만약 중궁에 1·6 수가 거한다면 건궁의 금은 중궁의 수를 생하고, 중궁의 수는 손궁의 목을 생하니, 이 경우는 극이 아니고 오히려 생이 된다.
- 감궁이 1·6 수이고 이궁이 2·7 화일 경우, 양궁은 수화 상극이 된다. 그리고 중궁에 5·10 토가 거하면 이궁의 화는 중궁의 토를 생하여 감궁의 1·6 수를 극하니 극을 더욱 가중시키는 셈이다. 그러나 감궁의 1·6 수 또한 거왕에 해당하므로 극의 세기를 감당할 만하다.
- 감궁이 2·7 화이고 이궁이 1·6 수일 경우, 감궁의 화는 거극을 당하여 기반이 약하니 이궁이 수를 극하지 못한다. 그러나 중궁에 5·10 토가 거한다면 감궁의 화가 힘이 약해 중궁의 토를 적게 생하여도 중궁의 토는 거왕에 해당하므로 기세 당당하게 이궁의 수를 극한다.
　이궁의 1·6 수는 거극을 당하여 기초가 약하므로 중궁 토의 극을 감당할 재간이 없다.
- 간궁이 2·7 화이고 곤궁이 3·8 목이면 양궁이 목화 상생이 된다. 그러나 중궁에 4·9 금이 거한다면 중궁의 금과 곤궁의 목이 금목 상극이 되고, 중궁의 금과 간궁의 화가 화금 상극이 되므로 간궁과 곤궁 간에 목화 상생의 인연은 중궁의 금으로 인하여 절단이 되었으니 양궁은 두절된 상태이므로 양궁 간의 대인 외교에 인록이 없고, 재사·사업사 등의 모든 인연이 불통된다.
- 구궁간의 원근遠近에 대한 효과는, 근거리 궁의 생극은 효과가 빠르게 나타나므로 생하는 운은 속생하고, 극하는 운은 속극한다. 원거리 궁의 생극은 효과가 더디므로 상황에 따라서 유야무야되는 경우도 있다. 주궁主宮이 감궁이라면 건궁과 간궁은 근궁近宮이고, 손궁과 곤궁은 원궁遠宮이며, 이궁은 대충방에 해당한다. 대충방은 직접적인 통로이므로 생과 극의 길흉이 더욱 크고 빠르게 표출된다.

제7부 구운편

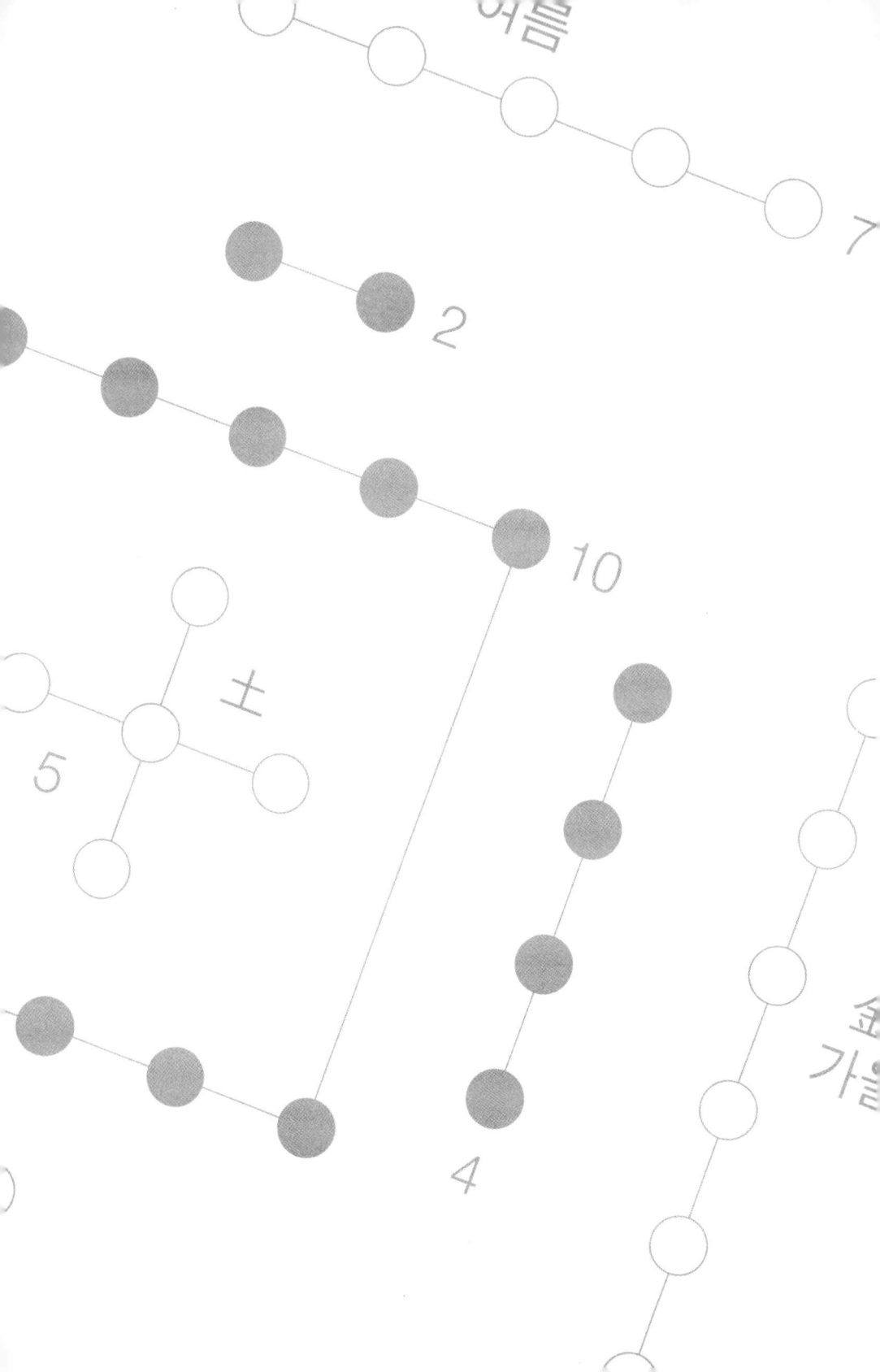

01
대국大局과 국운國運

대국이란 중원中原의 기운을 조식한 기문국이다. 중원을 중심으로 볼 때 우리 민족의 발생지이자 백두대간의 발원지인 백두산 인근이 중원인 황하강 유역의 동북방 쪽에 위치하고 있다.

그러므로 국운을 볼 때는 대국의 간궁 천지반수를 이용하여 간방입중국艮方入中局을 만들어 판단한다. 일본국의 운세는 진방의 천지반수를 이용한다.

1. 대국

대국은 우리 나라의 국운을 보기 위한 간방입중국의 바탕이 되는 기본적인 기문국에 해당하고, 중궁으로 입중되는 것은 간궁의 천반수와 지반수이다. 기문 둔갑으로 보는 국운은 계절별·날짜별로 보는 방법이 있고, 지방별 운세를 보는 방법과 기후를 보는 방법이 있다.

그런데 대국을 조식하기 위한 한 해의 시작을 어느 시점으로 보고 조식할 것인지가 관건인데, 음력 1월 1일을 기준으로 조식하는 방법도 있지만, 여기에서는 오랜 기간 임상 실험을 통하여 확인된 입춘절·입하절·입추절·입동절의 사계를 기준으로 작국하여 국운을 판단하는 방법을 설명한다.

2. 대국의 조식

대국을 조식하기 위한 사주는 일반적인 기문국의 포국 방법과 동일하다.

예 1) 2007년 입춘절立春節의 대국은 2007년 입춘절의 연월일시를 취하여 대국을 조식한다.

2007년 입춘 중원

양둔 5국陽遁五局

8	6	9	4
辛	己	壬	丁
未	巳	寅	亥
8	6	3	12

五六	十一	七四
六五	九二	二九
一十	八三	三八

입춘절立春節의 연월일시를 오행의 기본수로 바꾸고 9씩 공제하면 천반수는 9가 되며, 지반수는 2가 된다. 이를 입중하여 포국하면 간궁의 천반수는 1이 되고 지반수는 10이 되므로, 이 간궁의 천지반수 1과 10이 2007년 봄의 국운을 보기 위한 중궁의 입중수가 된다.

예2) 2007년 입하절立夏節의 대국은 2007년 입하절의 연월일시를 취하여 대국을 조식한다.

2007년 입하 중원

양둔 1국陽遁一局

己 庚 乙 丁
卯 子 巳 亥

七 九	二 四	九 七
八 八	一 五	四 二
三 三	十 六	五 一

입하절立夏節의 연월일시를 오행의 기본수로 바꾸고 9씩 공제하면 천반수는 1이 되며, 지반수는 5가 되므로, 이를 입중하여 포국하면 간궁艮宮의 천반수는 3이고 지반수도 3이다.

이 간궁의 천지반수 3이 2007년 여름의 국운을 보기 위한 중궁의 입중수가 된다.

예3) 2007년 입추절立秋節의 대국은 2007년 입추절의 연월일시를 취하여 대국을 조식한다.

2007년 입추 하원

음둔 8국陰遁八局

丁 甲 戊 丁
卯 戌 申 亥

一三	六八	三一
二二	五九	八六
七七	四十	九五

대국의 간궁수가 천지반 모두 7이므로 2007년 가을의 국운을 보기 위한 입중수는 천지반 모두 7이다.

예4) 2007년 입동절立冬節의 대국은 2007년 입동절의 연월일시를 취하여 대국을 조식한다.

2007년 입동 하원

음둔 3국陰遁三局　　　庚 丙 辛 丁
　　　　　　　　　　　寅 午 亥 亥

十一	五六	二九
一十	四七	七四
六五	三八	八三

대국의 간궁수가 천반은 6이고 지반은 5이므로 2007년 겨울의 국운을 보기 위한 입중수는 천반수가 6이고 지반수가 5이다.

3. 간방입중국艮方入中局의 조식

대국의 간궁에 있는 천반수와 지반수를 중궁에 입중시켜 간방입중국을 만들어 국운을 판단하는 기초로 삼는다.

대국의 간궁 천지반수를 입중궁할 때 10수를 쓰지 않고 대신 중궁의 은복수를 쓴다는 이론이 있지만, 필자는 10수 사용을 원칙으로 하고 있다. 2007년 봄·여름·가을·겨울의 간방입중국은 다음과 같다.

예1) 봄국의 간방입중국

2007년 입춘 중원

양둔 5국陽遁五局

辛	己	壬	丁
未	巳	寅	亥

七 四	二 九	九 二
八 三	一 十	四 七
三 八	十 一	五 六

입춘 대국의 간궁수인 천반 1과 지반 10을 입중궁하여 포국하였다.

예2) 여름국의 간방입중국

2007년 입하 중원

양둔 1국陽遁一局　　　　　　己　庚　乙　丁
　　　　　　　　　　　　　　卯　子　巳　亥

九七	四二	一五
十六	三三	六十
五一	二四	七九

입하 대국의 간궁수 천반 3과 지반 3을 입중궁하여 포국하였다.

예3) 가을국의 간방입중국

2007년 입추 하원

　　　　　音둔 8국陰遁八局　　　　　丁　甲　戊　丁
　　　　　　　　　　　　　　　　　　卯　戌　申　亥

三一	八六	五九
四十	七七	十四
九五	六八	一三

입추 대국의 간궁수 천반 7과 지반 7을 입중하여 포국하였다.

예4) 겨울국의 간방입중국

2007년 입동 하원

음둔 3국陰遁三局   庚 丙 辛 丁
              寅 午 亥 亥

二九	七四	四七
三八	六五	九二
八三	五六	十一

입동 대국의 간궁수 6과 5를 입중궁하여 포국하였다.

4. 도별국道別局의 조식

도별국이란, 우리 나라 8도의 운세를 보기 위한 기문국이며, 작국은 간방입중국을 바탕으로 다시 입중 포국하여 판단한다. 예를 들면, 충청도 지방의 운세를 보려면 간방입중국에서 충청도에 해당하는 진궁의 천지반수를 입중 포국하여 충청도국 판단의 기초로 삼는다.

구궁에 배치되는 우리 나라 8도의 분야도는 다음과 같다.

1) 도별 분야도 道別分野圖

전라도	경기도	황해도
충청도	중궁	평안도
함경도	경상도	강원도

2) 충청도국의 조식

충청도는 진궁에 속하므로 국운의 기초국인 간방입중국에서 진궁의 천지반수를 다시 입중 포국하여 도별국 판단의 기초로 삼는다. 2007년도 봄·여름·가을·겨울의 충청도국은 다음과 같다.

(1) 봄국의 충청도국

2007년 입춘 중원

양둔 5국 陽遁五局

辛 己 壬 丁
未 巳 寅 亥

四七	九二	六五
五六	八三	一十
十一	七四	二九

간방입중국의 진궁에 있는 천지반수가 충청도국의 중궁에 입중하였으며, 여름국·가을국·겨울국도 동일하다.

(2) 여름국의 충청도국

2007년 입하 중원

양둔 1국陽遁一局

己　庚　乙　丁
卯　子　巳　亥

六十	一五	八八
七九	十六	三三
二四	九七	四二

(3) 가을국의 충청도국

2007년 입추 하원

음둔 8국陰遁八局

丁　甲　戊　丁
卯　戌　申　亥

十四	五九	二二
一三	四十	七七
六八	三一	八六

(4) 겨울국의 충청도국

2007년 입동 하원 음둔 3국

음둔 3국 陰遁三局

庚	丙	辛	丁
寅	午	亥	亥

九二	四七	一十
十一	三八	六五
五六	二九	七四

02 지방국

지방국은 조선 시대 8도 334주의 각 고을을 구궁에 배치하여 지방 고을의 운세를 보기 위한 기문국이다. 이를 이용하여 개운법과 관련한 호아방·생기방·복덕방을 찾고 각도 각읍의 관장의 동태와 민초의 고난, 그리고 흉풍수해 등의 모든 길흉화복을 판단하였다.

지명이 오늘날의 도道 행정 구역과 지명 자체가 틀리는 곳이 다소 있지만, 당시의 지명 자체가 행정 구역을 이해하는 데 도움이 되리라 본다.

1. 지방별 분야도

지방별 분야는 경기도 33관, 충청도 54관, 전라도 56관, 강원도 26관, 경상도 71관, 함경도 24관, 평안도 42관, 황해도 23관으로 329주이고, 여기에 수원·광주·강화·송도와 황해도 우봉을 합하여 총 334주가 된다.

현재의 지명과 도계의 경계에서 약간의 차이가 있지만 분야도를 이용하면 쉽게 이해할 수 있다.

1) 경기도 분야도

수원, 남양, 안산, 시흥, 과천, 인천	부평, 양천, 강화, 통진	김포, 경도, 양주, 고양, 교하, 풍덕
안성, 용인, 양성, 진위	중궁	파주, 적성, 마전, 장단
청안, 청주, 진주, 죽산, 광주, 양지	충주, 연풍, 괴산, 음성	송도, 교동, 영춘, 제천, 단양, 청풍

2) 충청도 분야도

보령, 청양, 금정, 남포, 마량	서천, 홍산, 임천	한산, 석성, 부여
만경, 용안, 자인		공주, 은진, 노성
옥구, 진산, 임피, 부안	함열, 고산, 여산	진잠, 연산, 익산

3) 전라도 분야도

임실, 순창, 진안, 옥과, 광양, 구례, 곡성, 보성	흥양, 낙안, 순천, 장흥	능순, 화순, 동북, 창평, 광주, 남평
태인, 정읍, 금구, 김제, 담양, 전주		강진, 영암, 대정, 정의, 제주
운봉, 함양, 장수, 금산, 무주, 홍덕, 고부	고창, 영광, 무장, 남원, 용담	해남, 진도, 나주, 무안, 함평, 장성, 진원

4) 강원도 분야도

평해, 봉화, 황간, 청산, 영동, 보인, 회인	옥천, 회덕, 문의, 전의, 목천, 연기	천안, 직산, 온양, 정산, 예산, 신창, 평택
횡성, 강릉, 영월, 정선, 삼척, 울진		대흥, 아산, 덕산, 면천, 홍주, 당진
양구, 고성, 간성, 인제, 춘천, 홍천, 회양, 평창	금화, 금성, 회양, 통천, 흡곡, 낭천	결성, 해미, 서산, 태안, 안흥, 이천, 안협

5) 경상도 분야도

순흥, 풍기, 영천, 예안, 문경, 예천	진보, 영덕, 안동, 청하	함창, 용궁, 영해, 청송, 상주
경산, 양산, 동래, 김해		선산, 자인, 의성, 영천
경주, 금산, 언양, 울산, 기장, 남해, 하동	인동, 영양, 자인, 장기, 거제, 진주, 통영	신령, 개령, 귀의, 흥해, 연일, 진해, 의령, 거창

6) 함경도 분야도

경흥, 명천, 장진, 부령, 경성, 길주, 이원	서천, 홍원, 북청, 함흥, 영흥, 정평	문천, 고원, 안변, 덕원, 단천, 청도, 용원, 창원
갑산, 회령, 무산, 종성, 경원, 은성		웅천, 영산, 상산, 성주, 창령, 이원
사천, 당성, 곤양, 풍서, 부전, 삼수, 혜산	은덕, 온성, 안의, 수동, 고성	청진, 화대, 북청, 초계, 함암, 영광, 요덕, 삼가

7) 평안도 분야도

안주, 개천, 박천, 정주, 가산	곽산, 태천, 의천, 구성	철산, 용천, 의주, 삭주
숙천, 순천, 안주		창성, 벽동, 운산, 초산
양덕, 영원, 영유, 순안, 강동, 자산, 삼동	중화, 평양, 강계, 성천, 맹산	위원, 영변, 은산, 희천, 덕천

8) 황해도 분야도

안악, 곡산, 수안, 황주, 장연, 삼화	중화, 상원, 용강, 함종	평성, 강서, 증산, 철원, 삭령, 연천, 영평
문화, 서흥, 신계, 은율, 봉산		포천, 가평, 양근, 지평, 이천
장연, 송회, 평산, 제령, 풍천, 산천, 토산	웅진, 해주, 우봉	강원, 원주, 여주, 음죽, 백천, 연안, 금천, 강령

2. 지방국의 조식

충청도 공주 지방의 기운을 판단하려면 먼저 대국을 조식한 다음, 간방입중국, 충청도국, 노성·은진·공주가 속해 있는 충청도 태방국, 충청도 공주국 순으로 다섯 번의 과정을 거쳐 작국한다.

2007년도 공주의 봄국 조식은 다음과 같다.

1) 봄국의 충청도 태방국

노성·은진·공주가 속해 있는 충청도국 태궁의 천반수 1과 지반수 10을 입중하여 포국한다.

2007년 입춘 중원

양둔 5국陽遁五局

辛 己 壬 丁
未 巳 寅 亥

은진 七 四	二 九	공주 九 二
노성 八 三	一 十	四 七
三 八	十 一	五 六

여름·가을·겨울국의 조식도 각 계절에 해당하는 충청도국 태궁의 천지반수를 취하여 입중 포국한다.

2) 봄국의 공주국

공주국의 조식은 충청도 태방국에서 공주 지방에 해당하는 곤궁의 천반수 9와 지반수 2를 입중 포국한다.

2007년 입춘 중원

양둔 5국陽遁五局

辛 己 壬 丁
未 巳 寅 亥

五六	十一	七四
六五	九二	二九
一十	八三	三八

　국운을 보는 다른 방법으로는 해당 년의 음력 1월 1일을 기준으로 하는 방법이 있다. 조식은 시주를 제외하고 연주·월주·일주만으로 대국과 간방입중국을 작국하여 판단한다. 즉, 사주四柱가 아닌 삼주三柱가 된다.
　이 방법으로 보는 국운의 월국은 해당 년·해당 월·1일의 삼주로 대국과 간방입중국을 작국하여 판단하고, 일국은 해당 일의 일출 시간으로 대국과 간방입중국을 작국하여 길흉사를 판단한다.
　그러나 저자는 이 방법을 사용하지 않고 해당 년 음력 1월 1일의 삼주三柱와 일출 시간을 기준으로 시주를 뽑아 사주로써 대국과 간방입중국을 작국하고, 월국과 일국 역시 해당 연·월·일과 일출 시간으로 시주를 산출하여 사주로써 작국하여 국운을 판단한다.

03
국운의 해석 방법

　국운의 해석 방법은 대국·간방입중국·지방국이 거의 동일하다. 단, 대국의 해석은 우리 나라가 속해 있는 간궁을 위주로 판단하며, 주로 기후·환란·민정 등의 큰 흐름을 살피고 자세한 것은 간방입중국을 통하여 판단한다.

　간방입중국의 포국법은 대국의 간궁 천지반수를 취하여 입중 포국하는 것 이외에는 평생국의 포국과 동일하고, 홍국수·육의삼기·문괘성장·신살 등 기문 요소의 해석도 평생국과 동일하다.

　요점은 어떠한 환경에 대하여 해석할 때 어떤 기문 요소를 중심으로 보고 판단할 것인지가 중요하다. 예를 들면, 주식에 대한 점사는 인성을 중심으로 볼 것인지, 아니면 재성을 중심으로 볼 것인지, 재성을 중심으로 본다면 정재인지 편재인지, 어느 것을 중심으로 볼 것인지가 국운 해석의 요점이다.

1. 국운의 포국 1979년 입추절의 국운

　10. 26사태가 일어났던 1979년 입추절의 국운을 포국하여 해석 방법을 알아보자.
　1979년 입추절의 절입 일시를 기준으로 삼원수를 산출하면 일주 정미丁未는 삼원에서 하원에 속하며, 절기는 입추이므로 입추 하원 음둔 8국이 된다. 먼저 대국을 조식하면 다음과 같다.

제7부 국운편　495

2. 대국의 조식

1979년 입추 하원

음둔 8국 陰遁八局

3	4	9	6
丙	丁	壬	己
午	未	申	未
7	8	9	8

十九	五四	二七
一八	四五	七二
空亡 六三	三六	八一

3. 간방입중국의 조식

간방입중국의 천지반 부법은 대국의 간궁 천반수 6과 지반수 3을 중궁에 입중하여 천반수는 역행하게 하고 지반수는 순행하게 하여 작국한다.

1979년 입추 하원

음둔 8국 陰遁八局

丙	丁	壬	己
午	未	申	未

二七	七二	四五
三六	六三	九十
八一	五四	十九

4. 팔괘 부법

3 二七 絶體	1 七二 生氣	5 四五 禍害
8 三六 歸魂	六三	7 九十 絶命
4 八一 遊魂	6 五四 福德	2 十九 天宜

중궁 지반이 3이므로 이궁 생기·건궁 천의·손궁 절체·간궁 유혼·곤궁 화해·감궁 복덕·태궁 절명·진궁 귀혼 순으로 붙인다.

5. 일가팔문 부법(상)　6. 태을구성 부법(하)

1 二七 生 絶 門 體	8 七二 休 生 門 氣	4 四五 景 禍 門 害
5 三六 死 歸 門 魂	六三	2 九十 傷 絶 門 命
3 八一 杜 遊 門 魂	7 五四 開 福 門 德	6 十九 驚 天 門 宜

　일주는 정미丁未이고 경자庚子 순에 해당하며 음둔국이므로, 감궁부터 경자·신축·임인, 이궁 계묘·갑진·을사, 손궁 병오·정미·무신이므로 일주가 속하는 손궁에 생문이 붙고, 태궁 상문·간궁 두문·곤궁 경문景門·진궁 사문·건궁 경문驚門·간궁 개문·이궁 휴문 순으로 붙는다.

1 二七 太 生 絶 乙 門 體	5 七二 天 休 生 符 門 氣	3 四五 軒 景 禍 轅 門 害
2 三六 攝 死 歸 提 門 魂	9 六三 天 乙	7 九十 咸 傷 絶 池 門 命
6 八一 青 杜 遊 龍 門 魂	4 五四 招 開 福 搖 門 德	8 十九 太 驚 天 陰 門 宜

음둔국 정미丁未 일주이므로 곤궁에서부터 갑자甲子가 시작되어 감궁 을축·이궁 병인 순으로 세어나가다 보면 손궁에 정미 일주가 닿으므로 손궁에 태을·진궁 섭제· 곤궁 헌원·감궁 초요·이궁 천부·간궁 청룡·태궁 함지·건궁 태음·중궁 천을 순으로 돌려 붙인다.

7. 지반 육의삼기 부법

二七 壬 太 生 絶 乙 門 體	七二 乙 天 休 生 符 門 氣	四五 丁 軒 景 禍 轅 門 害
三六 癸 攝 死 歸 提 門 魂	六三 辛 天 乙	九十 己 咸 傷 絶 池 門 命
八一 戊 青 杜 遊 龍 門 魂	五四 丙 招 開 福 搖 門 德	十九 庚 太 驚 天 陰 門 宜

음둔 8국이므로 간궁에서 무戊가 시작되어 태궁 기己·건궁 경庚·중궁 신辛·손궁 임壬·진궁 계癸·곤궁 정丁·감궁 병丙·이궁 을乙 순으로 역행한다.

8. 천반 육의삼기 부법(상)   9. 시가팔문 부법(하)

己二七 壬 太 絶 乙 體	庚七二 乙 生 天 休 氣 符 門	丙四五 丁 軒 景 禍 轅 門 害
丁三六 癸 攝 死 歸 提 門 魂	六三 辛 天 乙	戊九十 己 咸 傷 絶 池 門 命
乙八一 戊 靑 杜 遊 龍 門 魂	壬五四 丙 招 開 福 搖 門 德	癸十九 庚 太 驚 天 陰 門 宜

사주가 병오丙午이므로 갑진 순에 속하니 부두는 임壬이 된다. 시간時干 병이 감궁에 있으므로 감궁 지반 육의 병 위에 임壬을 올려 붙이고 부두 임壬과 동일한 지반육의 임壬이 손궁에 위치하고 있으므로 부두 임이 붙은 방향으로 3칸씩 건너 붙인다.

7　　己二七 　　　壬 　生 太 生 絶 　門 乙 門 體	8　　庚七二 　　　乙 　傷 天 休 生 　門 符 門 氣	1　　丙四五 　　　丁 　杜 軒 景 禍 　門 轅 門 害
6　　丁三六 　　　癸 　休 攝 死 歸 　門 提 門 魂	六三 　　辛 2 　　天 　　乙	2　　戊九十 　　　己 　景 咸 傷 絶 　門 池 門 命
5　　乙八一 　　　戊 　開 靑 杜 遊 　門 龍 門 魂	4　　壬五四 　　　丙 　驚 招 開 福 　門 搖 門 德	3　　癸十九 　　　庚 　死 太 驚 天 　門 陰 門 宜

병오시丙午時이므로 부두는 갑진 임壬이다. 부두 임壬이 손궁의 지반 육의에 해당하므로 정위문은 두문이다.

음둔 8국이므로 8국의 고유궁인 간궁부터 갑자·태궁 을축·건궁 병인·중궁 정묘 순으로 세어나가면 곤궁에 병오가 닿으므로 정위문인 두문을 곤궁에 붙이고 태궁 경문景門·건궁 사문·감궁 경문·간궁 개문·진궁 휴문·손궁 생문·이궁 상문 순으로 음양둔 불문하고 우전하여 배치한다.

10. 천봉구성 부법

4				5				6			
	己壬	二七			庚乙	七二			丙丁	四五	
天柱	生門	太乙	生門	絶體	天心	傷門	天符	休門	生氣	天蓬	杜門	軒轅	景門	禍害
3								7			
	丁癸	三六				六辛	三		戊己	九十	
天芮	休門	攝提	死門	歸魂		天乙			天任	景門	咸池	傷門	絶命
2				1				8			
	乙戊	八一			壬丙	五四			癸庚	十九	
天英	開門	青龍	杜門	遊魂	天甫	驚門	招搖	開門	福德	天沖	死門	太陰	驚門	天宜

병오시丙午時이므로 부두는 갑진 임壬이다. 부두 임壬이 손궁의 지반 육의에 해당하므로 정위성은 천보이다.

정위성인 천보를 시간時干이 소재한 감궁에 붙이고, 간궁 천영·진궁 천예·손궁 천주·이궁 천심·곤궁 천봉·태궁 천임·건궁 천충 순으로 음양둔 불문하고 우전하여 돌려 붙인다.

11. 직부팔장 부법

1 　　　　己 二 　　　　壬 七 直 天 生 太 絶 符 柱 門 乙 體	8 　　　　庚 七 　　　　乙 二 九 天 傷 天 休 生 天 心 門 符 門 氣	7 　　　　丙 四 　　　　丁 五 九 天 杜 軒 景 禍 地 蓬 門 轅 門 害
2 　　　　丁 三 　　　　癸 六 騰 天 休 攝 死 歸 蛇 芮 門 提 門 魂	六 　　　　辛 三 　　天 　　乙	6 　　　　戊 九 　　　　己 十 朱 天 景 咸 傷 絶 雀 任 門 池 門 命
3 　　　　乙 八 　　　　戊 一 太 天 開 青 杜 遊 陰 英 門 龍 門 魂	4 　　　　壬 五 　　　　丙 四 六 天 驚 招 開 福 合 甫 門 搖 門 德	5 　　　　癸 十 　　　　庚 九 勾 天 死 太 驚 天 陳 沖 門 陰 門 宜

부두 임壬이 손궁의 지반 육의에 해당하므로 손궁에 직부를 붙이고, 음둔국이므로 진궁 등사·간궁 태음·감궁 육합·건궁 구진·태궁 주작·곤궁 구지·이궁 구천 순으로 역행 배치한나.

04

완성된 간방입중국

1979년 박대통령이 서거한 입추절의 국운

음둔 8국陰遁八局

丙 丁 壬 己
午 未 申 未

驛馬　　　　己 二 　　　　　　壬 七 直 天 生 太 絶 符 柱 門 乙 門 體	祿星　　　　庚 七 時　　　　　乙 二 九 天 傷 天 休 生 天 心 門 符 門 氣	丙 四 世,月,歲　　丁 五 九 天 杜 軒 景 禍 地 蓬 門 轅 門 害
空亡　　　　丁 三 　　　　　　癸 六 騰 天 休 攝 死 歸 蛇 芮 門 提 門 魂	六 　　　　辛 三 　　天 　　乙	天乙貴人, 長生 戊 九 　　　　　　　己 十 朱 天 景 咸 傷 絶 雀 任 門 池 門 命
空亡　　　　乙 八 　　　　　　戊 一 太 天 開 靑 杜 遊 陰 英 門 龍 門 魂	壬 五 　　　　　丙 四 六 天 驚 招 開 福 合 甫 門 搖 門 德	天乙貴人　　癸 十 　　　　　　庚 九 勾 天 死 太 驚 天 陳 沖 門 陰 門 宜

완성된 간방입중국, 즉 국운의 요점을 정리하면 다음과 같다.

일단 곤궁에 연세·월·일세이 모여 있어 불성·불통이 되었다. 일진은 거왕이 되었으나 중궁에 관귀가 들고 수생되어 왕한 귀와 일진이 극이 되었다. 백성에 해당하는 식신궁인 건궁 역시 수생·거왕하여 왕하지만, 중궁의 귀궁과 치귀자治鬼者인 식신궁이 동시에 생왕하여 충극을 해소시키는 재성의 역할이 필요하다. 그러나 간궁·진궁의 재성이 공망이 되어 중간 관리자의 역할을 못 하고 있다.

중궁의 귀와 건궁의 식신이 인·신寅申 충극이 되어 흉하고, 중궁의 귀와 곤궁의 5토±인 천강살과 극이 되어 흉살이 가중되었으며, 더욱 불길한 것은 대국의 간방이 공망지에 해당하여 흉의가 더욱 중중하다. 1979년 입추절 양력 10월 26일 박정희 대통령은 총격으로 서거하셨다.

1. 해석시 유의 사항

1) 기문국은 수리가 우선이다. 그래서 먼저 동처궁의 수리를 살핀 다음, 문패성장·신살 등의 복합적인 판단이 필요하며, 요점은 해석의 중심을 어느 육신으로 할 것인지가 관건이고, 이외의 해석은 일반 기문국과 거의 동일하다.

2) 일진 : 일진을 최고 통치권자로 보고, 식상을 일반 백성으로 본다. 나라가 태평하고 국민들이 살기가 평안함을 알려면 일진과 연궁·식상궁이 왕하고 겸하여 문패성장에 길한 경우이다. 흉한 경우는 박정희 대통령 서거의 절기와 같이 일진과 연年이 칠살의 극을 받고, 일진수가 쇠약한 경우이며, 더불어 사문·절명이 동궁하면 주위에 있는 많은 사람들까지 희생된다. 관성궁이 극왕하면 시대의 흐름을 역행하여 국사가 바뀌는 일이 있으나 길방만큼은 그 영향에서 벗어날 수 있다.

3) 관귀 : 관귀는 환란과 재앙의 주동자이다. 특히 1979년 대통령이 서거한 입추절 국운과 같이 일궁과 중궁이 칠살이 되는 경우에는 그 흉액이 이루 말할 수 없다. 나라에서 병란의 기미가 있을 때 관귀가 수극이 되거나, 또는 휴수지·사절지·공망지에 해당하고, 식상이 왕성하여 귀를 철저히 제압하면 병란을 평정할 수 있다.

관귀의 오행을 헤아려 재난의 종류를 분별하는데, 예를 들면 목귀木鬼가 중궁이나 연궁에 임하면 태풍·폭풍 등 바람에 의한 재앙이고, 화귀火鬼가 임하면 병란·병충해 등의 재앙이고, 토귀土鬼가 임하면 지진·산사태 등 흙으로 인한 재앙이고, 금귀金鬼가 임하면 환란·기상 이변 등의 재앙이며, 수귀水鬼가 임하면 홍수·수해 등 물로 인한 재앙이다.

4) 인성 : 인성궁이 쇠하고 충극이 있어 궁 자체가 불길하면 통치권자는 쇠락한다. 인성은 국운에서는 상왕으로, 지방국에서는 관장官長으로 본다.

5) 재성 : 재궁에 쌍화나 쌍금이 임하여 관귀를 생할 경우 비겁이 억제하지 못하면 나라에 혼란스러운 일이 발생한다.

6) 식상 : 식상은 일반 국민이다. 식상이 왕하고 길문괘이면 관귀를 치는 우군의 역할을 훌륭하게 수행한다. 환란시 식상이 연궁의 생조를 받으면 임금과 백성이 하나가 되어 어떠한 역란도 제압할 수 있다.

7) 중궁 : 중궁은 기문국의 주관자로서 근본적으로 동처와 결합하여 상부 상조해야 길하다. 예를 들면, 중궁과 연궁이 서로 극이 되면 통치권자가 쇠락하고, 생조하면 통치권자가 부흥한다. 중궁에 관귀가 들면 나라에 우환이 드는데, 이 경우 연궁의 상황을 관찰하여 판단한다. 가령 양년陽年에 연궁에 인성이 들면 왕실 종친으로 인한 문제인데, 사문·절체를 봉하면 흉사이고, 생기·복덕을 봉하면 경사이다.

8) 연궁 : 연궁은 나라의 주재자主宰者이므로 연지의 수리가 쌍금·쌍화로 겸왕하면 통치권자가 쇠락하고, 연지의 수리가 극이 되어 쇠하면 통치권자는 국정으로 인한 걱정거리가 생긴다. 쌍금·쌍화 등 극왕한 수리가 연궁을 생조하면 나라에 어려운 일이 발생한다. 연궁이 왕하고 길문괘이며 자손궁에 해당하면 통치권자

가 자손을 보는 경사가 있다. 자손궁이 생하는 재성이 왕해도 통치권자가 자손을 보지만, 사문·절명을 봉하면 얼마 살지 못하고 죽는다.

국상國喪의 시기는, 월을 알려면 해당 년 음력 1월 1일과 일출 시간으로 사주를 구성하여 대국·간방 입중국을 작국한 후 부모수인 인성의 지반을 재차 입중 역행시켜 지반 육의 경庚에 닿는 횟수로써 판단한다. 예를 들면, 경에 닿는 횟수가 3이면 갑월이고, 8이면 을월이다. 만약 지반 경이 공망에 해당하면 천반 육의 경에 닿는 횟수를 이용한다. 그리고 연궁에 절명이 거하면 육의 경을 사용치 않고 절명에 닿는 횟수를 이용한다.

국상일을 알려면 월을 산출한 횟수를 재차 입중 역행시켜 절명에 닿는 횟수로써 판단한다. 만약 절명의 대충방에 사문이 거하면 사문에 닿는 횟수를 이용한다.

9) 월궁 : 월궁은 재상·신하에 해당한다. 월궁이 연지의 생조를 받는 상태에서 칠살이 되면 역신이 반란을 도모한다. 단, 십이운성의 사절묘지에 임하면 초기에 제압당한다.

10) 관장官長 : 관장은 부모 또는 지방의 수령이며 인성에 해당한다. 태세연지와 관귀편관도 관장으로 본다. 관장의 이동 여부를 알려면 관성이 연궁을 생하거나 연궁이 관성을 생하면 이동·전출이 용이하다. 연궁과 관성궁에 개문·복덕이 임해도 이동이 수월하고, 두문·휴문이 임하면 힘들다.

관장의 파면 여부를 알려면 연궁이나 관궁이 극을 당하면서 화해·절명을 봉하거나, 연궁이 관성을 극하거나, 관성이 연궁이나 월궁에 있으면서 휴수된 경우이다. 관장의 사망 여부는 연궁에 사문·절명이 붙고, 인성이 공방이면서 해공되지 않는 경우이다.

관장의 교체 여부는 연궁과 중궁이 서로 극이 되고, 인성이 연궁에 있으면서 공방이 되지 않는 경우이다. 식상궁이 화해·절명을 봉하면 백성의 원성이 자자하고, 연지가 관성에 해당하면 백성이 편안하다. 중궁에 인성이 동하면 군왕·대통령이 거동하고, 관귀가 동하면 암행어사가 출두한다.

11) 공망 : 공망은 만사가 보람이 없는 헛수고이다. 그러므로 연궁이나 중궁이 공망지를 생하거나 칠살이 극왕한 경우는 공망으로 보지 않고 흉액으로 본다. 칠살이 공망지에 해당하면 헛소문에 놀라고, 공망에서 벗어나는 달에 이사는 출두하고 흉액은 발생한다.

12) 쌍화와 쌍금 : 화기火氣가 동하고 극왕하면 형살의 기운이며, 금기金氣가 동하고 극왕하면 역란의 기운이다. 화기가 연궁이나 중궁에서 겸왕하고 칠살에 해당하면 형화가 끊임이 없고, 금기가 그러하면 환란의 기운이다. 쌍금살은 극흉살로서 연궁에 들면 군왕이 쇠락하고, 식상에 들면 백성이 고통이며, 재성에 들면 굶주림에 허덕인다. 쌍금이 인성에 들면 양년에는 군왕이 쇠망하고, 음년에는 왕비가 쇠락한다. 일의 상황은 홍국수·문괘성장·신살 등의 형편을 판단하여 흉액의 경중을 가름한다.

중궁에 쌍화·쌍금 등 쌍수리가 임한 경우 응기는 왕절에 나타난다. 가령 중궁에 쌍화가 있으면 화왕절에 응기가 있고, 쌍금이 있으면 금왕절에 응기가 나타난다. 국 안에 쌍자가 임하면 쌍자의 수리를 입중 역행시켜 쌍자의 궁에 닿는 횟수를 세어 응기의 월을 판단한다. 3이면 인월寅月 또는 갑월甲月이다.

또한 일반적으로 기문국에서 응기를 판단할 때 병·경丙庚에 닿는 횟수를 세어 정하는데, 어느 시기에 병丙을 쓰고 경庚을 써야 하는지는 '보통 화는 난을 주도하고 금은 병兵을 주도한다'라고 고서에서 말하고 있지만, 확실한 것은 많은 임상 실험을 통하여 이치를 얻는 도리밖에 없다.

13) 화금의 기운이 강해 역란의 징조가 있을 때 그 월을 판단하는 방법은 관귀수를 입중 역행시켜 연궁에 닿는 횟수를 세어 판단한다. 가령 8이면 묘월卯月 또는 을월乙月이다.

14) 호아방 : 환란·병란 등으로 나라가 혼란스러울 때 피난처는 오직 호아방뿐이다. 호아방이란 관겁방은 피하고 인성방을 말하는데, 백사가 길하고 그 가운데 길

문괘를 봉하면 더욱 대길하다. 또는 9는 태백이고, 7은 형혹이며, 5는 천강으로 삼자가 모두 흉방이므로 부득이 피해야 할 경우는 일진방을 돌아서 생문·생기방으로 은둔하면 일단은 안전하다.

15) 연국에서는 연궁의 천지반을 군왕·대통령으로 보고 가장 소중하게 취급한다. 월궁의 천지반을 신하, 일궁의 천지반을 백성으로 본다. 연궁에 천지반이 상생하고 생기·생문 등 길문괘가 임하면 국가의 기운이 청명하고, 천지반이 극이 되거나 흉문괘를 봉하면 국가의 기운은 쇠락한다고 판단하여, 월궁과 일궁의 해석도 연궁과 동일하다.

연국에서 문괘성장·복음·공망·신살 등의 국운 해석은 일반 기문국과 거의 같다. 예를 들면, 사문·절명·천봉이 연궁에 임하거나, 사문·절명·천봉이 연궁이나 중궁의 칠화七火를 생하면 국가의 환란이 일어나고, 구금九金을 생하면 국상國喪으로 보는데, 양년陽年은 남자이고 음년陰年은 여자로 본다.

2. 풍수해

풍수해의 판단은 홍국수와 육의삼기를 이용하며 판단한다. 가령 3·8 목木이나 갑을이 동궁하면 바람으로 인한 재해가 있다. 여기에서의 甲은 甲子 순중의 戊이다.

2·7 화火나 병정丙丁이 동궁하면 가뭄과 무더위로 인한 피해가 있고,
5·10 토土나 무기戊己가 동궁하면 질병과 해충으로 인한 재난이 있고,
4·9 금金이나 경신庚申이 동궁하면 흉년과 환란의 피해가 있고,
1·6 수水나 임계壬癸가 동궁하면 홍수 등의 수해가 있다.

기문국에서의 판단은 대국의 경우 간방이 한국이므로 간방에 1·6 수, 또는 임·계 壬癸가 동궁하면 한국이 수해를 당하고, 간방 입중국에서 간방에 1·6 수, 또는 임·계

가 동궁하면 함경도 지방이 수해를 당한다. 지방국은 충청도국에서 태궁에 1·6 수, 또는 임·계가 동궁하면 공주·은진·노성 지방이 수해를 당한다고 판단한다.

3. 풍년과 흉년

1) 풍년과 흉년의 여부는 주로 5·10 토와 일진의 상황을 판단하여 가름하는데, 단편적인 방법과 복합적인 방법을 아울러서 이용해야만이 정확히 알 수 있다.
먼저 오행의 속성으로 보는 동물과 곡식류는 다음과 같다.

3·8 목은 바람·과일·소금·면화·비단·누에·모시 등이고
2·7 화는 불·채소류·약초류·유류·향료 등이고
5·10 토는 안개·비·콩·수수 등의 곡류 등이고
4·9 금은 서리·소·말 등의 가축, 보리·누룩 등이고
1·6 수는 물, 각종 생선, 들깨·조·콩류 등이다.

현재의 곡식류와는 다소 차이가 있으므로 오행의 속성을 참고로 헤아려 봐야 한다.

2) 5·10 토 : 기문국에서는 5·10 토를 전답으로 보고 풍년과 흉년의 여부를 판단한다. 예를 들면, 5·10 토가 극이 되면 전답이 유실되고 흉년이 들며, 5·10 토가 상생이 되면 전답을 개간하고 풍년이 든다. 5·10 토가 자·오子午방인 감궁과 이궁에 들면 풍년이 들고, 묘·유卯酉방인 진궁과 태궁에 들면 흉년이 든다. 이것은 자·오방이 무토戊土에 제왕·태지에 해당하므로 풍년이 들고, 묘·유방이 무토에 목욕·사지에 해당하므로 흉년이 든다고 판단한다. 홍극수 5·10 토와 육의삼기 무·기戊己는 동일하게 해석하는데, 5토는 무戊와 같고 십토는 기己와 같으며, 5·10이 무와 동궁하면 풍년이 든다.

토가 극이 되고 사절지에 임하면 흉년이 들고, 사문·절명과 동궁해도 흉년이 든다.
토가 수생·거생·겸왕 등으로 왕하면 풍년이 들고, 여기에 길문괘를 만나면 대풍이다.
토가 수극된 가운데 생왕궁에 있거나 수생된 가운데 사절지에 있으면 평년작으로 판단한다.

3) 일진 : 일진수의 생극 관계를 보고 풍년과 흉년의 여부를 판단한다. 예를 들면, 일진이 수생·거생·겸왕하여 왕하면 풍년이 들고, 여기에 길문괘를 만나면 대풍이 든다. 일진이 중궁과 연궁의 생조를 받으면 풍년이고, 아울러 생기·복덕을 만나면 대풍으로 판단한다. 그리고 관성궁이 극왕하면 흉년이 들지만, 수리가 왕하고 생기·복덕·천의·생문방 등 팔방에 파종하면 피해를 면할 수 있다.

05

2007년 입추절 국운

앞장에서 풀이한 2007년도 입추절 대국의 간방수가 천지반 모두 7이므로 간방입중국, 즉 국운의 중궁에 입중하여 포국한다.

2007년 입추 하원

음둔 8국 陰遁八局

丁 甲 戊 丁
卯 戌 申 亥

庚 三 壬 一 九 天 開 咸 景 遊 地 心 門 池 門 魂	正印　　　丙 八 　　　　　乙 六 朱 天 休 攝 杜 天 雀 蓬 門 堤 門 宜	空亡, 天乙貴人 戊 五 驛馬　　月　丁 九 勾 天 生 天 開 福 陳 任 門 乙 門 德
正財　　　己 四 　　時　癸 十 九 天 驚 太 休 絶 天 柱 門 陰 門 命	食神　　　　七 　　　　　辛 七 　　　青 　　　龍	正官　　　癸 十 空亡　　　己 四 六 天 傷 招 死 歸 合 冲 門 搖 門 魂
天乙貴人　丁 九 　　　　　戊 五 直 天 死 軒 驚 絶 符 芮 門 轅 門 體	劫財　　　乙 六 　　　　　丙 八 騰 天 景 太 傷 禍 蛇 英 門 乙 門 害	長生　　　壬 一 　歲,世　庚 三 太 天 杜 天 生 生 陰 甫 門 符 門 氣

제7부 국운편　511

1) 2007년 입추절 국운을 해석하기 위해 먼저 구궁의 홍국수 상황을 판단한다. 우선 눈에 띄는 것은 기문국 전체의 홍국수 천지반이 상극은 없고 모두 상생하고 있다는 점이다.

이런 상황은 극히 드문 기문국으로, 일단 길국으로 판단한다. 다음, 일궁세궁과 연궁세궁의 건궁을 보면 거극은 되었으나 수생되어 왕하고, 장생지에 해당하여 길의가 더욱 향상되었으며, 육의삼기 역시 임가경위로서 구설의 기운은 있지만, 정치인이나 군인은 입신 양명할 수 있는 배합으로 길하다. 육의 경금庚金이 지반 삼목三木을 충극하고 있으나 천반 육의 임수壬水와 천반 일수一水가 유통시켜 오히려 길의가 충만하게 되었으며, 문괘를 보면 생기는 의욕·시작·확장·재기·용기·해결을 도모하는 길의이고, 생문은 정위궁이 간궁으로 귀인의 도움이나 정벌·인기·명예 등을 도모하는 대길문이다.

천보는 천봉구성 가운데 가장 귀한 길성으로 재물·금전 융통·융합 등을 도모하고, 직부팔장의 태음은 정직·위엄·위용 등의 길의이므로 일궁과 연궁의 건궁은 대길하다.

2) 중궁을 관찰하면 일과 연의 생조를 얻는 쌍칠雙七의 기세가 등등하며, 편재와 편관과의 5·7·9五七九 삼살 회동이 되어 극과 극으로 치닫는 형세이다. 따라서 통치권자인 일궁과 백성인 중궁의 상황을 판단하면 인심의 동향은 개혁과 변동을 추구하는 것으로 나타나고, 통치권자는 어려운 가운데 심기 일전하여 국정을 편안하게 이끌어가는 형국이며, 신하궁인 월궁이 편관궁과 겹쳐 있고 중궁의 식신과 7·9 상전이 되므로 믿고 신뢰하면 부하 직원으로 인하여 정신적 괴로움을 겪는 기운이다.

통치권자의 상황을 판달할 때는 일궁을 중심으로 보되 연궁과 중궁을 참조해야 한다.

3) 우리 나라는 분단국으로서 대치하고 있으므로 겁재궁과 편관궁을 살펴 북한과의 상황을 판단한다. 외교적으로는 일궁이 우리 나라이므로 먼저 일궁과 겁재

궁과의 세기를 비교하면, 일궁은 수생하고 장생지에 해당하며, 겁재궁 또한 수생하고 거생되어 양궁 모두 왕하나 육의삼기와 문괘성장에서 우리가 월등히 유리하고, 편관이 공망지에 거하므로 동등한 위치에서 큰 의견 충돌 없이 우리가 주도하는 기운이라고 예상할 수 있다.

4) 풍년과 흉년의 여부는 지반 오십 토土 위에 금기가 있어 설기는 되었으나, 오토五土가 간궁에서 거왕하고 육의삼기가 정가무위丁加戌位로 어려움을 극복하고 승리를 쟁취하는 기운이니 평년작으로 판단한다.

5) 주식 시장을 주관하는 편재궁을 살펴보자. 일궁과 연궁의 생조를 받은 중궁이 다시 간궁의 편재를 생하고 있어 대길하고, 육의삼기 역시 정가무위로 부호의 형상이며, 천을귀인과 직부의 영향으로 우리 나라 주식 시장 최초로 종합주가지수가 2000포인트를 넘어 양력 11월 1일에는 2085포인트까지 파죽지세로 상승하였다. 그러나 천예와 사문이 결합하여 곤위지괘가 되니 대흉하고, 절체·헌원 등의 영향으로 장세의 호황을 길게 끌지 못했다. 주식의 상황을 볼 때는 편재를 중심으로 보되 인성을 참조해야 한다.

06

2007년 양력 11월 1일 국운

지금까지 풀이한 국운은 30여 년 동안 임상 실험을 통하여 검증된 방법으로서 1년을 춘하추동 사계절로 나누어 설명한 것이고, 이번에는 1년 중 하루의 국운을 보는 방법을 제시하는데, 국민들의 생활에 경제가 우선이므로 주식의 장세를 위주로 풀이하겠다.

대상은 2007년 양력 11월 1일 이다. 기문국에서 날짜를 중심으로 국운을 작국할 때는 일출 시간을 기준으로 한다. 국운의 포국과 해석은 다음과 같다.

1. 대국

2007년 양력 11월 1일 일출 오전 6시 56분

丁	己	庚	丁
卯	亥	戌	亥

九七	四二	一五
十六	三三	六十
五一	二四	七九

대국의 간방수가 5와 1이므로 간방입중국에 5와 1이 입중한다.

2. 간방입중국국운

2007년 양력 11월 1일일출 오전 6시 56분 상강 중원

음둔 8국陰遁八局

丁 己 庚 丁
卯 亥 戌 亥

空亡 驛馬　　　庚　一 　　　　　壬　五 九 天 開 天 景 生 地 心 門 乙 門 氣	傷官　　　　丙　六 祿星　　　　乙　十 朱 天 休 招 杜 絶 雀 蓬 門 搖 門 體	天乙貴人　　戊　三 　　　　　　丁　三 勾 天 生 攝 開 絶 陳 任 門 堤 門 命
正財 　時　　　　己　二 　　　　　　癸　四 九 天 驚 太 休 福 天 柱 門 乙 門 德	偏官　　　　五 　　　　　　辛　一 太 陰	正印 長生　　　　癸　八 　　　　　　己　八 六 天 傷 青 死 禍 合 沖 門 龍 門 害
丁　七 　　　　　　戊　九 直 天 死 驚 天 符 芮 門 符 宜	天乙貴人　乙　四 　　　　　丙　二 騰 天 景 軒 傷 歸 蛇 英 門 轅 門 魂	歲, 月, 世　　壬　九 　　　　　　庚　七 太 天 杜 咸 生 遊 陰 甫 門 池 門 魂

대국의 간방수를 입중하여 국운간방입중국을 작국한 후 주식의 장세를 분석하면 다음과 같다. 먼저 연·월·일이 건궁에 군집되어 불성·불통이지만, 일국·시국과 같이 짧은 시간은 연국 위주로 판단하기 때문에 크게 개념할 일은 아니다.

　다음, 편재궁인 건궁의 지반 구금九金이 거왕하고 5·7·9 삼살의 종극수終剋數에 해당하며, 육의삼기가 정가무위로 큰 재물이 들어오는 형상으로, 보물을 주관하는 직부와 아우러져 대길하다. 더욱 묘한 것은 일궁의 천지반 9·7과 편재궁의 천지반 7·9가 서로 뒤바뀌어 큰나큰 변동을 암시하고 있다. 실제로 2007년 양력 11월 1일 우리나라 주식 시장 최초로 종합주가지수가 2085.45포인트까지 상승하였다.

　기문 둔갑의 궁통을 글로써 모두 표한다는 것은 무리이지만, 이 책은 꼭 알아야 할 기초부터 고급까지 중요한 부분은 충분히 기술하였으며, 작금에는 기문 둔갑 포국법이 CD로도 제작되어 시중에 보급되고 있으나, 오류가 많으므로 자신이 직접 포국법을 이해하는 것이 기문 둔갑 활용의 지름길이다. 세상에는 힘을 들이지 않고 수확하는 열매는 없다. 한층 노력을 기울여 많은 임상 실험을 통해서 통달하기 바란다.

　예로부터 기문 둔갑·태을수·육임을 터득하면 살아 있는 신선이 된다고 하였는데, 그 중에서도 기문 둔갑이 으뜸이다. 다시 말하면 태을수는 천문 관측의 이론으로 시간을 포착하고, 육임은 신장神將의 이론으로 시간을 포착하며, 또 구성학은 장소의 개념만을 역설하는 데 반해, 기문 둔갑은 시간·장소·공간을 포괄적으로 활용하여 인사의 길흉을 판단하는 학문으로 운명을 예측하여 나쁜 일은 피해 가고 좋은 일은 배가하는 데 독보적인 학술이다.

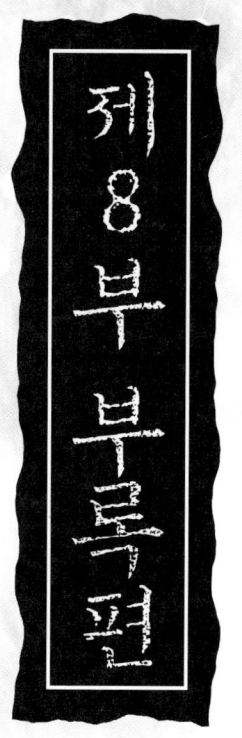

제8부 부록편

기문 둔갑 장신법과 만법 귀종은 술법術法으로 신과의 소통을 위한
하나의 접근 방법을 기록한 것이다. 이러한 비법秘法은 보통 사람은
도저히 이해가 안 되는 일이지만, 꼭 필요하고 이로운 데 사용한다면
'지성至誠이면 감천感天'이라는 말이 있듯이, 온갖 정성을 들여
술법대로 행하면 혹시 이루어지지 않을까 하는 마음에서
우리들의 귀에 익숙한 몇 가지를 소개하기로 한다.

01
장신법藏身法

장신법이란, 자신의 신체를 상대방의 눈에 보이지 않도록 감추는 술법으로 버드나무 가지를 이용하여 장신봉藏身棒을 만들어 사용한다.

만드는 방법은 다음과 같다.

동쪽으로 뻗은 버드나무 가지를 지름 3.6cm, 길이 36cm로 잘라서 장신 주문을 49번 조용히 외운 다음, 육정육갑인을 자른 버드나무 가지에 24번 찍는 흉내만 내고, 신향정信香精 한 알을 입으로 씹어서 버드나무 가지에 바른다. 다음, 약 3분 정도 심호흡으로 마음을 안정시킨 후, 건방서북쪽으로 9m쯤 걸어가 90cm 정도의 땅을 파고 묻은 후 40일째 되는 날 묻어둔 버드나무 가지, 즉 장신봉을 꺼내어 중간 정도를 왼손으로 잡고 서서 감방북쪽을 바라보며 장신 주문을 외우면, 위급한 상황에서 적의 눈에 띄지 않도록 몸을 숨겨 생명을 보호할 수 있다.

장신법을 행하지 않을 때에는 황색 비단으로 장신봉에 들어갈 만한 주머니를 만들어 보관하고, 위태로운 일이나 위험한 곳을 갈 때 꺼내어 사용하도록 한다. 황색 비단 주머니 겉에는 보호 부적을 써 넣어야 한다. 그리고 장신봉을 만드는 장소로 적합한 곳은 한적하고 평탄한 분지가 적당하며, 시간은 오전 11시에서 오후 1시 사이가 길하다.

1. 장신 주문 藏身呪文

| 구천도왕군 | 칙오방은신 | 청오지법령 | 수혼지난행 | 일체원밀의 |
| 九天都王君 | 勅五方隱身 | 聽吾之法令 | 遂昏之難行 | 一切遠密意 |

| 물정찰복순 | 급칙여의법 | 구천인봉행 | 지천천추열 | 지지지동경 |
| 勿停刹服巡 | 急勅如意法 | 九天印奉行 | 指天天推裂 | 指地地動驚 |

| 일섭제이법 | 중신급봉행 | 호천만억지 | 물조별체형 | 신향성의축 |
| 一攝諸異法 | 衆神急奉行 | 呼千萬億至 | 勿阻別滯形 | 信香誠意祝 |

| 수응부법행 | 소종여아의 | 문신구천군 | 위오법령자 | 봉참이신형 |
| 遂應付法行 | 所從如我義 | 問信九天君 | 違吾法令者 | 奉斬爾身形 |

급급여구천황인　제군율령칙섭
急急如九天皇人　帝君律令勅攝

2. 장신 부적 藏身符籍

• 황색 비단 주머니 겉에 쓰는 보호 부적

• 육정육갑인 六丁六甲印

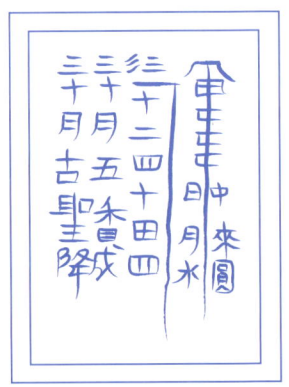

3. 육정육갑인六丁六甲印

1) 육정육갑인 만드는 방법

진방동쪽에서 벼락 맞은 대추나무벽조목를 구하여 가로와 세로 각 4.5cm 정도의 도장을 만들어 육정육갑인을 새기되, 양각陽刻해야 한다. 도장에 육정육갑인을 조각하는 날은 제除·성成·개開일에 하되 날씨가 비바람이 불거나 천둥·번개가 치는 궂은 날을 택하여 새긴다.

그러나 상가喪家나 상여 또는 소복한 여인 등 부정한 것을 보았을 경우에는 조각하지 말고 일주일쯤 지나 부정이 해소된 뒤 다시 제·성·개일 가운데 한 날을 택하여 조각한다.

2) 제除·성成·개開일은 다음과 같다.

月支	寅	卯	辰	巳	午	未	申	酉	戌	亥	子	丑
除日	卯	辰	巳	午	未	申	酉	戌	亥	子	丑	寅
成日	戌	亥	子	丑	寅	卯	辰	巳	午	未	申	酉
開日	丑	寅	卯	辰	巳	午	未	申	酉	戌	亥	子

예를 들면, 월지가 신申이면 유酉일은 제일, 진辰일은 성일, 미未일은 개일에 해당하며, 육정육갑인을 새기는 데 길일이다.

4. 신향정信香精 만드는 방법

신향정을 만드는 방법은 곽향藿香·백지白芷·모향茅香·천초川椒·구기자枸杞子·백자인柏子仁·관계官桂 각 1냥, 현정석玄精石·강황薑黃·세신細辛·금정석金精石·은정석銀精石·강진향降眞香·안식향安息香 : 또는 천편川片·대황大黃 각 1냥 5푼을 불에 살짝 볶아서 가

루를 만든다.

다음, 육갑육정인을 새긴 도장에 인주 대신 참기름에 갠 주사朱砂를 찍어 바른 후에 누런 황지 25장에 찍고 향을 피워 연기를 쐬면서 장신 주문 21번을 조용히 외운다. 그리고 주문이 끝나면 육갑정인을 찍은 누런 황지 25장을 불에 태워 재를 만든 뒤, 앞서 만든 약재 가루와 함께 꿀에 반죽하여 밤알만 하게 환丸을 만든다. 이것이 바로 신향정이다.

02
변신법變身法

변신법이란 자신의 신체를 타인의 형상으로 바꾸는 술법으로, 상식적인 판단에 의하면 절대 불가능한 일이지만 기문 둔갑 장신법에 수록되어 있으므로, 그 중에서 복잡하지 않은 비법 하나를 소개하겠으니 혹여 실험을 해서 뜻대로 되지 않았다고 필자를 나무라지 않았으면 한다.

먼저 변신법은 경자일庚子日에 까마귀나 까치 둥지를 받치고 있는 나무를 잘라서 길이 12cm, 넓이는 가로 7cm 세로 1.5cm 정도의 직사각형 모양으로 나무판을 만들어, 윗부분을 둥그스름하게 마무리한 뒤 변신부를 조각한다.

다음, 두 번째 경자일 인시寅時에 녹각교녹각을 고아서 풀처럼 만든 한약와 주사를 섞어 나무판에 새긴 변신부 위에 덧칠한 후에 그늘에서 건조시킨 뒤 3번을 반복한다. 이 물건은 변신판이라 호칭한다.

다음, 세 번째 경자일 인시에 오래 된 묘지에서 까마귀나 까치 육포 3접시, 은행 3접시, 소금 3접시, 술 3잔을 진설陳設하고, 변신판을 올려 정중하게 제사를 드린다.

다음, 변신을 행하려면 진방동쪽으로 서서 심호흡을 세 차례 한 후 다시 반대편인 태방서쪽의 기운을 세 번 들이마신 후, 변신판을 왼손에 들고 변신할 대상의 이름을 황색 종이에 주사로 써서 오른손에 쥔 후에 변신 주문을 19번 염하면 주사로 써넣은 사람의 형상으로 변한다. 실제적으로 형체가 완전히 변하는 것이 아니고, 남의 눈에 그 사람의 모습으로 보인다는 것이다.

변신법을 행하지 않을 때는 황색 비단 주머니를 만들어 변신판을 넣고 싸늘한 곳에 보관하되, 결혼한 여자와 개·고양이 등의 짐승들이 절대 보지 않도록 해야 한다.

• 변신부

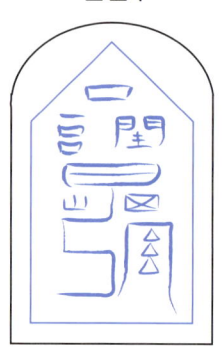

• 변신 주문

음양변화 본무정처 태허부운
陰陽變化 本無定處 太虛浮雲

혹동혹서 거무종적 래무성음
或東或西 去無蹤跡 來無聲音

아형무상 하소불급 수집천권
我形無常 何所不及 手執天權

신변만상 급급여율령
身變萬象 急急如律令

03 축지법縮地法

 축지법은 도술로 지맥地脈을 축소하여 먼 거리를 빨리 이동하려고 할 때 쓰는 술법으로, 기공과 체력 연마를 통하여 수련하는 방법으로는 기해단전氣海丹田의 공력을 단련하여 내공內攻의 힘을 길러야 하고, 운공조식運功調息을 통하여 임맥과 기경팔맥을 소통시켜 몸을 새털같이 가볍게 한 다음 축지법을 수련하는 방법이 있다. 그리고 술법으로 하는 방법은 기문 장신법의 축지법인데, 그 중 한 가지 방법을 소개하면 다음과 같다.

 먼저 자신의 거주지를 중심으로 진방동쪽 1리쯤의 흙 한 되와 100리 지점의 흙 한 되를 취한 다음, 지름 약 1m 20cm, 높이 1m 20cm의 육갑단六甲壇 : 육갑단이란 육십갑자를 패철 위에 그려 넣는 모양으로, 둥글게 포진하여 만든 단상을 만들어 그 밑에 채집한 흙을 높낮이가 없도록 판판하게 다진 후, 흙 위에다 '천리일보千里一步'라는 글씨를 왼손 가운뎃손가락으로 쓴다.

 다음, 수련시에는 녹각교에 주사를 타서 황지黃紙에 도두道頭 글자를 쓴 뒤에 왼쪽 발바닥 밑에 붙이고, '만리萬里'라는 글자를 써서 오른쪽 발바닥 밑에 붙인다. 그런 다음, '역마驛馬'라는 글자를 써서 왼손에 꽉 쥐고, '천마天馬'라는 글자를 써서 오른손에 꽉 쥔 후 동방을 향해 세 차례 가볍게 심호흡을 한 후에 축지 주문을 7번 염하고, 녹각교에 탄 주사액으로 축지부 1장을 써서 불사른다.

이와 같은 방법을 19일간 행하고, 마지막 날 육갑단 아래에 펼쳐 놓았던 흙을 거두어 물에 푼 후 가까운 강가나 바닷가에 흘려 보낸다. 머나먼 길을 빠른 시간 내에 이동하려고 할 때 이와 같은 방법을 행한 뒤 양팔을 좌우로 동시에 흔들면서 축지 주문도 계속 암송하며 앞으로 나아가면 천리길도 순식간에 도달한다.

유념할 점은, 수련시 남녀 관계는 절대 금해야 되고, 흙을 채집할 때에 동방이 바다이면 반대쪽인 서방의 흙을 같은 방식으로 채집한다.

• 축지부縮地符

• 축지 주문縮地呪文

일보백보 　기지자축 　봉산산평
一步百步 　其地自縮 　逢山山平

봉수수절 　봉화화멸 　봉지지축
逢樹樹折 　逢火火滅 　逢地地縮

오봉 　삼산구후선생 　율령 　섭
吾奉 　三山九侯先生 　律令 　攝

04

남녀 상응법 男女相應法

남녀 상응법이란, 현재 아무런 관계가 없더라도 나와 상대방이 서로 기운이 통하여 어느 순간 함께 화합하는 것을 말한다.

먼저 경자일庚子日에 동방으로 뻗은 은행나무를 취하여, 넓이는 가로 7.5cm, 세로 1.5cm, 길이는 18cm 정도의 상응판相應板을 만든 다음, 녹각교에 주사를 섞어 혼합하여 상응판에 남녀 상응부를 그려넣고 그늘에 말리는데, 같은 방법으로 3번을 반복한다. 그리고 다음 경자일에 오래 된 묘지 아래에서 제사를 지내는데, 제물은 까마귀 또는 까치 육포 3그릇, 은행 3그릇, 술 3잔을 진설하고 경건한 마음으로 제사를 지낸다.

다음, 남녀상사男女相思를 행하려면 행하기 3일 전부터 목욕 재계하여 몸과 마음을 깨끗이 하고, 황지에다 남녀 상응부 석 장을 써서 한 장은 불에 태우고, 한 장은 가슴에 붙인 다음, 나머지 한 장을 입에 살포시 물고 남녀 화합을 하고자 하는 사람의 이름을 "○○씨, 부디 오시옵소서"를 세 번 외우며, 남녀 상응판을 왼손에 들고 그가 살고 있는 방향을 비추면서 남녀 상응 주문을 정성껏 염하면, 어느 순간 그 사람이 옆에 와서 누워 있게 된다.

이 비법을 사용하면 사모하는 사람이 천 리 밖에 있더라도 만나 볼 수 있다. 그리고 곁에 누워 있는 사람은 영체靈體 : 신령스러운 몸이므로 육체 관계를 가지면 자신과 상대방 모두 정기가 난발되어 몸이 상하게 되니 경솔한 행동은 삼가기 바란다.

• 남녀 상응부男女相應符

• 남녀상응주문男女相呪文

원앙원앙　상사여갈　태상명아
鴛鴦鴛鴦　相思如渴　太上命我

흥부상응　가기의의　즉즉 회합
興符相應　佳期依依　卽卽會合

급 급 여율령
急急如律令

05
장풍掌風

장풍은 몸 안의 기氣를 손바닥에 모아 바람으로 내쏘는 무술로서 근래에는 소림무술少林武術을 대표하는 권법이다.

수련법으로는 와호법·점석법·점추법·삽사법·자일법·자월법·멸촉법·투경법·자정법·점두법이 있고, 수련을 시작할 시기는 뼈와 장기가 충분히 발육된 19세 이후가 적당하다. 수련에 들어가면 정신과 육체의 힘을 배양할 뿐만 아니라, 혈액 순환과 수련시 관절을 보호하기 위하여 먹는 약과, 손을 부드럽고 튼튼하게 보호하기 위해 손을 씻는 약재가 있다.

1. 약藥 처방법

1) 먹는 약의 처방은 다음과 같다. 세신細辛 1푼, 방풍防風 1푼, 백지白芷 1푼, 천궁川芎 1푼, 창출蒼朮 1푼, 껍질 벗긴 천초오川草烏 3푼의 비율로 고운 가루를 만들어, 수련시 팔다리에 피가 잘 통하지 않아 저리고 감각이 둔하게 되었을 때 복령을 연하게 우려낸 물에 3푼 정도를 1회 분량으로 타서 따뜻하게 복용한다1푼은 3.75그램, 1냥은 37.5그램이다.

2) 손을 씻는 약의 처방은 천남성天南星 1푼, 사상자蛇床子 1푼, 천초오川草烏 1푼, 백

부百部 1푼, 반하半夏 1푼, 투골초透骨草 1냥, 지골피地骨皮 1냥, 지정地丁 1냥, 자화紫化 1냥, 용골龍骨 1냥, 여로藜蘆 1냥, 해아海牙 1냥, 유황硫黃 1냥, 청염靑塩 4냥, 유기노劉寄奴 2냥을 식초 0.5리터, 물 0.5리터의 배율로 혼합하여 7할 정도가 남을 만큼 끓여 보관하고, 사용할 때는 불 위에 올려 놓아 미지근해지면 손을 담가서 어느 정도 데워진 후에 손을 꺼내어 수련을 쌓는다.

이와 같은 방법을 수련 중에 1회 더 반복한다. 먹는 약과 손 씻는 약을 필히 사용해야 장력을 키울 수 있으며, 음수陰手 음공陰功을 쌓는 방법이므로 명심해야 한다.

2. 수련 방법

1) 와호법臥虎法의 수련 방법은 양손의 엄지·중지·집게손가락을 모아 어깨 넓이로 땅을 짚고, 허리와 양다리를 쭉 뻗어 양쪽 발가락 끝으로 땅을 딛고 몸을 지탱하며 팔굽혀펴기를 반복한다. 양손의 세 손가락과 양 발가락 이외의 몸은 땅에 닿으면 안 된다.

   숙달이 되면 처음에는 30kg 정도의 무게를 등에 얹고 단련하고, 다음에는 60kg 정도의 무게를 등에 얹고 단련한다. 수련 시간은 새벽녘과 저녁 무렵이 길하고, 차츰 체력에 맞춰 횟수를 정한다.

2) 점석법占石法의 수련 방법은 양손의 집게손가락을 팔목과 동시에 나무와 돌 같은 딴딴한 물체를 대상으로 하여 앞으로 쭉 내뻗는 동작이다. 일정한 시간이 필요 없이 틈틈이 연마하면 되는데, 손가락이 아프고 지치면 약물에 손을 담그고 다시 되풀이하다 보면 드디어 딱딱한 물체에 손가락 끝부분 정도의 자국이 난다.

3) 점추법点錘法의 수련 방법은 약 5kg 정도 되는 추쇠붙이를 탄력성 있어 부드럽고 쉽게 끊어지지 않는 줄로 엮어 들보에 메어단다. 다음, 30cm 가량 떨어져 똑바

로 서서 온몸에 힘을 주고 단전의 기를 모아 추를 향해 손바닥을 힘차게 내뻗는다,
추와의 거리는 수련의 정도에 따라서 점차적으로 늘려나가고, 약 150cm 정도의 거리에서 손바람으로 추를 움직이면 점추법의 연마는 성공이다.

4) 삽사법揷沙法의 수련 방법은 모래를 불에 따뜻하게 달군 다음 나무상자 같은 곳에 담아 다리를 조금 굽은 듯하게 기마세로 서서 모래를 내지를 수 있을 정도의 단상에 올려 놓고 정신을 집중하여 단전의 기를 모아 손을 곧게 펴서 모래를 내지른다. 그렇게 하면 손톱 주위에 상처가 생기는데, 수련 전과 후에는 반드시 약물에 손을 적당한 시간 담근 후 약물을 닦아내지 말고 축축한 채 그대로 손을 말린다. 이와 같은 방법을 반복하여 삽사법을 수련한다.

5) 자일법刺日法과 자월법刺月法의 수련 방법은 해와 달을 이용하여 수련하는 방법으로, 아침에 붉은 태양이 떠오를 때와 저녁에 달이 뜨는 때를 택하여 온몸의 기를 손가락 끝에 집중시켜 해와 달을 향하여 300번 정도 내찌르는 방법이다.

6) 멸촉법滅燭法의 수련 방법은 바람이 들어오지 않는 널찍하고 잔잔한 공간에서 촛불을 어깨 높이 정도로 받침대를 이용하여 세워놓고, 집게손가락 끝으로 촛불을 향하여 내찌르는 방법이다. 처음에는 90cm 정도의 거리를 두고 수련하며, 연마의 정도에 따라서 거리를 점점 늘려나간다. 약 3m 정도의 거리에서 손가락으로 한 번에 촛불을 끄면 멸촉법의 수련은 이루어진 것이다.

7) 투경법透勁法의 수련 방법은 멸촉법을 성공한 후에 수련하는 방법으로, 종이나 헝겊을 이용하여 등을 만들어 촛불를 넣어놓고 내찌르는 수련법이다. 거리는 3m 정도에서 손바닥을 내뻗어 촛불이 꺼지면, 다음에는 유리 등 속에 촛불을 넣고 3m 정도의 거리에서 끌 수 있으면 투경법은 완성된 것이다.

8) 자정법刺井法의 수련 방법은 아침저녁으로 물가에 서서 손가락 끝으로 물을 향해 내지르는 수련법이다. 동작은 온몸의 기운을 손가락 끝에 모아 정신을 집중시켜 물의 중심을 향해 쭉 내뻗는 방법으로, 매일 300번씩 반복하여 수련한다. 수련이 깊어지면 물이 용솟음치듯이 튕겨올라 몇 미터씩 치솟는다.

9) 점두법坫豆法은 장풍 수련으로 인하여 손이 붓거나 문드러지고, 혈액 순환이 되지 않아 저리고 감각이 무디어지는 것을 방지하기 위해 둥근 콩 10개 정도를 손에 쥐고 앞뒤로 이리저리 굴려 지압 효과를 냄으로써 혈액 순환이 원활하게 이루어지도록 하는 수련법이다.

이상과 같은 장풍 수련을 3년 이상 하면 개인에 따라서 다소의 차이는 있겠으나 부드러우면서도 강한 기류가 발산되어 멀리 떨어진 거리에서도 가벼운 물체를 쓰러뜨리며, 10년 이상 수련하면 지풍指風이 강력하게 발산되어 바위에 구멍을 낼 수 있고, 자신도 모르는 사이에 사람을 상하게 할 수 있으므로 군자의 덕을 쌓고 항상 자신을 낮추는 자세를 갖기 바란다.

06
벼락부자가 되는 법

이 비법은 기문 둔갑만의 비술秘術로서 구전으로 전해 내려오는 방법이다. 저자의 스승님 말씀으로는 국내 굴지의 모 사업가도 실제로 이 방법을 사용함으로써 몇 년 사이에 회사가 크게 번성하여 거부巨富가 되었다고 한다.

사주를 보아 일견하여서는 부자의 사주인데도 무슨 일이든 하는 일마다 잘 안 되는 것은, 앞을 가로막는 훼방살 때문이므로 이 훼방살만 집 또는 사업 장소에 들어오지 못하도록 막아주면 만사 형통이다.

방법은, 먼저 평생국의 팔괘를 작국하여 생기방生氣方과 복덕방福德方을 확인한 다음, 동방東方으로 뻗은 버드나무를 지름 7cm 길이 15cm 정도로 잘라 물에 불린 다음, 그늘에서 바싹 말린 후 두꺼비 암수 한 쌍을 조각한다. 암수의 구별은, 수놈은 조금 작게, 암놈은 조금 크게 조각함으로써 구분한다.

다음, 조각한 두꺼비에 금분을 미지근한 물에 개어 갑자甲子일에 두꺼비 겉에 칠한 다음 그늘에 건조시킨다.

다음, 건조시킨 두꺼비의 등 부분에 득재부를 다음 갑자일에 그려넣고, 한 마리는 사람 손이 타지 않는 생기 방향의 으슥한 곳에 배치하고, 다른 한 가지는 같은 방법으로 복덕 방향의 으슥한 곳에 배치한 후, 매월 초3일 두꺼비 앞에 성의껏 재를 지내면 모든 재앙이 침범하지 않고 날로 재물이 불어난다고 한다.

이 두꺼비는 내가 모신다기보다는 나의 수호신으로서 훼방살을 퇴치하고, 나를 보호한다는 의미이다.

- 득재부

07
수명壽命을 연장하는 법

　사람의 수명은 천명天命이라 하여 하늘이 맡아 좌우하므로 명이 길고 짧음은 하늘만이 아는 일이며, 하늘이 정한 명은 그 어떤 방법으로도 연장할 수가 없다. 그러나 인간의 천수天數 : 하늘이 내린 수명를 관장하는 하느님이 도우려고 한다면 어떤 기적인들 불가능하겠는가.
　하늘이 정한 명을 연장하는 데는 오직 착한 일을 많이 해서 하늘을 감동시키는 게 제일 좋은 방법이다.

1. 음덕陰德을 쌓으라

　지성이면 감천이라고, 지극한 정성은 하늘도 감동한다 하였다. 짧은 명을 연장하는 데는 그 무엇보다도 선행을 많이 해서 음덕을 쌓는 일이므로 아무도 모르게 덕행을 하는 일이다.
　그리고 남의 눈에 띄게 좋은 일을 한다는 것은 신神도 모르게 쌓는 음덕이 아니므로 덕은 될지언정 짧은 명이 길어진다고 할 수 없다. 오로지 음덕만이 수명 연장에 가장 좋은 방법이다.

제8부 부록편　535

2. 허심합도虛心合道의 생활을 하라

　식물이나 동물이나 모두 타고난 수명이 있다. 일년초는 잘 가꾸어도 연내에 말라 죽지만, 소나무나 은행나무는 천 년을 끄덕없이 버틴다. 파리는 1주일의 수명이요, 닭은 7년, 개는 15년, 모두 천명天命을 지니고 태어난다.
　사람은 몇 살까지 살 수 있을까? 현대 의학에서 관찰한 바에 의하면 모든 생물이 완전히 성숙하는 데 필요한 기간의 5갑절은 살 수 있다고 하였다. 그러면 사람이 완전히 성숙하는 데 사람에 따라 차이는 있지만 20~25세라고 하면 어림잡아 사람의 천명은 115~120세라고 한다.
　그런데 신기한 사실은 옛날의 의서인《동의보감》에서도 사람의 수명을 4만 3천2백여 일, 약 120세로 치고 있다는 사실이다.
　한평생을 병 없이 오래 산다는 것은 누구나 원하고 있는 소망이지만, 뜻대로 되지 않는 것이 현실이다.
　그러나 건강의 주인이 사람의 마음이고 보면, 마음을 될 수 있는 대로 평온하게 유지하고 허심합도사람이 허심 탄회하게 되면 천지간의 의도와 합치됨의 열두 가지 생활 방식을 지나치지 않게 적당히 수행하는 것이 장수長壽의 비결이다.

　　하나, 생각이 많으면 신경이 쇠약해지고
　　둘, 걱정이 많으면 뜻이 흩어지며
　　셋, 욕심이 많으면 뜻이 혼미해지고
　　넷, 일이 많으면 과로하게 되고
　　다섯, 말을 많이 하면 기가 소멸되고
　　여섯, 웃음이 많으면 내장이 상하고
　　일곱, 근심이 많으면 마음이 불안하며
　　여덟, 지나치게 즐기면 뜻이 넘치고
　　아홉, 기쁨이 지나치면 착각에 빠지고
　　열, 노여움이 많으면 모든 혈액이 고르지 못하고

열하나, 좋아하는 것이 많으면 정신이 헷갈려 갈피를 못 잡고,
열둘, 미워하는 것이 많으면 초조하고 즐거움이 없다.

이상의 열두 가지 허심합도의 생활 방식을 평소에도 꾸준히 수행하여 120세까지 장수하기를 바란다.

08 장수약 제조법

정력을 아끼고 식욕을 잘 조절하는 것이 건강과 늙지 않음의 근본이 된다. 사람은 누구나 곱게 늙으면 120세를 살기 마련인데, 늙을수록 초조하여 산삼이다, 노루피다, 해구신이다, 하여 별의별 건강법으로 몸을 괴롭히고 있으니, 결국 진지황秦始皇처럼 불로초를 구하다가 59세도 채 넘기지 못하고 죽는 결과가 된다.

다음은 원천강袁天罡의 《만법귀종萬法歸宗》이란 책 내용 중에 장수약을 제조하는 방법이 있어 이를 수록하니 참고하기 바란다.

인삼人蔘·오미자五味子·관계官桂·백출白朮·유향乳香·공진空辰·주사朱砂 각 1푼, 웅황雄黃 2푼, 감송甘松·승마升麻·백지白芷·고본藁本·천궁川芎·삼내三奈·황백黃栢·복령茯苓·황금黃芩·황련黃蓮·감초甘草 각 0.5푼의 비율로 처방하여 이들 약재를 모두 가루로 만든 다음, 물을 붓고 처음에는 센 불로 달인 뒤 어느 정도 시간이 지나면 약한 불로 타지 않게 조리면 장수약이 완성된다.

장수약을 복용시에는 티스푼 1/2 정도를 따뜻한 물에 타서 아침과 저녁으로 복용하되, 100일 이상 계속 복용하는 것이 좋다. 100일 정도만 복용해도 음양이 조화가 되어 기의 흐름이 원활해져 건강하게 장수한다.

09 시험에 합격하는 법

국가 고시·입학 시험·취직 시험·승진 시험·자격 시험·면접 시험 등을 좋은 성적으로 합격하려면 먼저 본인이 평소 갈고 닦은 실력이 우선이지만, 한편으론 시험을 치르는 당일의 정신이 잡스러움이 섞이지 않아 깨끗하고, 운세의 좋고 나쁨에 의해서도 영예와 치욕 및 기쁨과 슬픔이 엇갈린다. 그러므로 평소에 공부는 열심히 했지만 그날의 정신 상태와 운에 의하여 나쁜 점수를 얻어 시험에 떨어진다면 그 얼마나 상심이 크겠는가 하여 시험장에 들어가면 정신이 맑아지고 운의 도움도 받을 수 있는 간단하고 효험이 큰 비법을 소개하겠다.

기문 둔갑에서는 삼원 둔갑술이란 술법이 있는데, 이 술법은 일종의 방위술로서 주로 병술兵術에 이용되었으며, 삼국 시대에 활약했던 제갈공명과 명나라 건국시 주원장을 도와 큰 공을 세운 유백온 등이 삼원 둔갑술에 정통하였다.

시험을 잘 치는 방법은 먼저 기문국을 작국하여 생기방을 찾으면 더욱 좋고, 아니면 기문국이나 생기방을 전혀 모르는 경우에는 시험 보는 당일 시험장에 입장하기 전에 무조건 동방을 바라보고 서서 동서남북으로 각각 한 걸음씩 살짝 구르듯이 떼었다가 원위치로 되돌아온다. 이 행동은 땅의 기운을 일깨우는 방법이다.

다음, 그 자세에서 떠오르는 태양을 바라보며 눈을 지그시 감고 심호흡을 세 번 반복한다. 이렇게 하면 태양의 기氣가 온몸에 스며들어 자신감이 생기고 차분하며 의욕적인 시험일이 된다.

　이러한 방법의 원리는 하늘·인간·땅, 즉 삼원이 삼위일체가 되어 하나의 기운 덩어리로 화하여 그날의 활력소로 전환시키는 방법으로, 시험장에 들어가면 정신이 맑아지고 하늘과 땅의 기운을 받아 합격의 영예를 얻을 수 있다.

10
구천현녀九天玄女 이보법耳報法

이보법이란 신神에게서 과거·현재·미래에 대하여 정확하게 계시啓示를 받는 술법으로 여러 종류의 방법이 전해지고 있으나, 그 중에서 가장 간편하게 행할 수 있는 구천현녀 이보에 대하여 논하고자 한다.

구천현녀 이보법은 옛날 황석공黃石公이 장량張良:자는 子房에게 전수하였고, 그후 이순풍李淳風·원천강袁天罡·악비岳飛·유백온劉伯溫 등으로 전승되었던 비급이다.

방법은 매월 초하룻날에 행하므로 초하루 삼일 전부터 몸과 마음을 깨끗이 한 다음 초하룻날 동이 트기 전 현녀부 석 장과 이름·사주팔자를 경면주사로 황지에 써서 그늘에 말린다.

그 다음에 동이 틀 무렵 밖으로 나가 마음을 차분히 가라앉히고 동방의 떠오르는 태양을 바라보고 서서 지그시 눈을 감고 양손을 편안하게 배꼽 밑 단전 위에 살포시 붙이면서 코로 숨을 깊게 들이마시고 내쉬기를 세 차례 반복한 뒤, 아래의 현녀 주문을 아홉 번 염念한 후 미리 써 놓은 이름과 사주팔자 현녀부 석 장을 불사른다.

• 현녀부玄女符

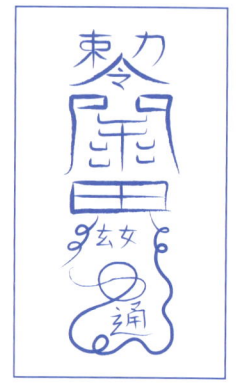

• 현녀 주문玄女呪文

| 옥황상제 | 구천현녀 | 육정육갑 |
| 玉皇上帝 | 九天玄女 | 六丁六甲 |

| 동심호석 | 상하천문 | 관통만리 |
| 同心護席 | 上下天門 | 貫通萬里 |

| 태상노군 | 급급여율령 | 칙 | 옴굉 |
| 太上老君 | 急急如律令 | 勅 | 唵轟 |

　이상의 방법을 끝내고 돌아와서 개나 닭 우는 소리 등 모든 잡소리가 들리지 않도록 방을 차단한다. 그리고 반상盤上에 정화수를 떠놓고 삼색 과일을 차린 후 진중하게 격식을 갖추고 만수향萬壽香과 강신향降神香을 태우면서 현녀 주문과 이명 주문을 번갈아 외우고 현녀부와 이명부를 불사르면 갑자기 눈앞이 어둑해지면서 희미하게 신神의 형체가 나타난다.

　이런 광경이 나타나면 술법은 성공한 것이고, 아무런 변화가 없으면 다시 현녀 주문과 이명 주문을 외우면서 현녀부와 이명부를 신의 형체가 보일 때까지 반복한다. 술법이 성공하면 일단 멈추고, 다음 날 다시 현녀 주문과 이명 주문을 나지막이 외우면서 현녀부와 이명부를 불사르면 귓속에서 벌이 "웅웅" 하고 우는 것 같은 소리가 들린다. "웅웅" 하고 우는 소리가 하루 종일 그치지 않고 들리면 술법은 성공한 것이다.

　삼일째 되는 날 다시 현녀 주문과 이명 주문을 외우면서 현녀부와 이명부를 불사르면 이번에는 벌이 우는 소리가 아닌 신선神仙의 말소리가 들린다. 그래도 계속 주문을 외우고 날이 끝날 무렵에 신선에게 "항상 좋은 일에 임하겠으니 묻는 말에 뭐든지 답변해 주십시오." 하고 부탁을 청한다.

　그리고 신선이 승낙하면 술법은 완전히 성공한 것이다. 이후부터는 신선을 부르고 싶을 때 오직 현녀 주문과 현녀부만을 불사르면 신선이 하강하여 "무슨 일로 불렀는가?" 하고 물을 것이다. 그러면 신선에게 묻고 싶은 내용에 대해 물으면 신선이 답변해 준다.

이 술법은 아무나 성공하는 것이 아니고 평소에 마음의 도량을 닦은 자만이 성공할 수 있다. 만약 마음이 음침하고 바르지 못하면 평생 술법을 되풀이해도 이룰 수가 없고, 오히려 신의 노여움만 살 것이다.

• 이명부 耳鳴符

• 이명 주문 耳鳴呪文

옥황상제　구천 현녀　급 화 답　언 어 이 보
玉皇上帝　九天玄女　急和答　言語耳報

태상노군　급 급 여 율 령　칙　옴 굉
太上老君　急急如律令　勅　唵 轟

제8부 부록편 543

기문둔갑정해

1판 1쇄 인쇄 2008년 10월 10일
1판 1쇄 발행 2008년 10월 20일

지 은 이 청암 곽동훈
편집주간 장상태
편집기획 김범석
디 자 인 김범석 정은영

발 행 인 김영길
펴 낸 곳 도서출판 선영사
주   소 서울시 마포구 서교동 485-14 영진빌딩 1층
Tel 02-338-8231~2   Fax 02-338-8233
E-mail sunyoungsa@hanmail.net
Web site www.sunyoung.co.kr

등   록 1983년 6월 29일 (제02-01-51호)

ISBN 978-89-7558-290-5   93150

ⓒ 이 책은 도서출판 선영사가 저작권자와의 계약에 따라 발행한 것이므로 본사의
　서면 허락 없이는 어떠한 형태나 수단으로도 이 책의 내용을 이용하지 못합니다.

잘못된 책은 바꾸어 드립니다.